高职高专土建类立体化系列教材——建筑工程技术专业

建设法规

主编 秦志华

副主编 徐 笛 宋 玲

参编 姚亚锋 巩艳玲 吴生海 施 佳

机械工业出版社

建设法规贯穿于建设工程项目实施的全过程,其内容主要包括我国基本建设程序中所涉及的建设工程相关法律、法规和规定。本书以《中华人民共和国建筑法》为主线,将执业资格和职业岗位的要求作为教材内容的选择标准,与建造师、施工员、质量员、安全员、资料员等资格考试大纲内容相结合,与现行工程建设法律法规及标准相结合,力求体现教材的理论性和应用性。

本书共设八个项目,内容包括:建设工程法规基础、建筑许可法律制度、建设工程发包与承包法律制度、建设工程监理法律制度、建设工程合同法律制度、建设工程安全生产法律制度、建设工程质量法律制度、建设工程其他相关法律制度。每个项目后附有技能训练,帮助学生理解法律条文的法律含义,提高应用法律、法规分析工程案例和解决工程建设问题的能力。

本书可作为高等职业学院、高等专科学校土建类专业的教学用书,也可作为相关从业人员的岗位培训教材,还可供相关专业工程技术人员学习参考。

图书在版编目(CIP)数据

建设法规 / 秦志华主编 . —北京:机械工业出版社,2023.11

高职高专土建类立体化系列教材 . 建筑工程技术专业

ISBN 978-7-111-74426-9

Ⅰ.①建… Ⅱ.①秦… Ⅲ.①建筑法 – 中国 – 高等职业教育 – 教材 Ⅳ.① D922.297

中国国家版本馆 CIP 数据核字(2023)第 238399 号

机械工业出版社(北京市百万庄大街22号 邮政编码100037)
策划编辑:张荣荣　　　　　　责任编辑:张荣荣
责任校对:甘慧彤　梁　静　　封面设计:张　静
责任印制:常天培
固安县铭成印刷有限公司印刷
2024年2月第1版第1次印刷
184mm×260mm・16 印张・396 千字
标准书号:ISBN 978-7-111-74426-9
定价:49.00 元

电话服务　　　　　　　　　　网络服务
客服电话:010-88361066　　　机 工 官 网:www.cmpbook.com
　　　　　010-88379833　　　机 工 官 博:weibo.com/cmp1952
　　　　　010-68326294　　　金 书 网:www.golden-book.com
封底无防伪标均为盗版　　　　机工教育服务网:www.cmpedu.com

前言

建设法规是高职高专建筑工程技术、工程管理、工程造价等专业教学计划中所设置的专业必修课程之一，也是目前国家规定的从事建筑活动的专业技术人员执业资格考试（如建造师、造价工程师、监理工程师等）和职业岗位考试（如施工员、监理员、造价员、安全员、质检员、资料员等）的重要内容。

通过学习，学生能够了解从事建筑活动、参与工程建设时所应遵守的相关法律、法规和规定，理解各条文的法律含义，知晓法律、法规和其他专业课程之间的关系，培养学生的工程法律意识，使学生能够应用法律、法规分析工程案例，解决工程建设实际问题。

本教材自2017年出版以来，新颁布与修订了一批与建设工程相关的法律法规、部门规章与司法解释。

2017年11月《标准化法》修订，2017年12月《招标投标法》修订，2019年4月《建筑法》《行政许可法》修订，2020年4月《固体废物污染环境防治法》修订，2021年1月《民法典》实施，2021年4月《消防法》修订，2021年6月《安全生产法》修订。

2019年3月《招标投标法实施条例》修订，2019年4月《建设工程质量管理条例》修订，2019年7月《政府投资条例》实施，2019年10月《优化营商环境条例》颁布，2020年5月《保障农民工工资支付条例》实施，2020年9月《保障中小企业款项支付条例》实施。

2018年1月《建筑市场信用管理暂行办法》《招标公告和公示信息发布管理办法》实施，2018年6月《必须招标的工程项目规定》《必须招标的基础设施和公用事业项目范围规定》实施，2019年1月《建筑工程施工发包与承包违法行为认定查处管理办法》实施，2020年3月《房屋建筑和市政基础设施项目工程总承包管理办法》实施，2020年5月《关于推进建筑垃圾减量化的指导意见》颁布，2021年3月《建筑工程施工许可管理办法》《实施工程建设强制性标准监督规定》修订。

2021年1月《最高人民法院关于审理建设工程施工合同纠纷案件适用法律问题的解释（一）》实施。

本次修订原教材相关内容均按上述颁布或修订的法律法规、部门规章、司法解释进行修订。

本书由南通职业大学秦志华任主编，建工集团徐笛和南通职业大学宋玲任副主编，南通职业大学姚亚锋、巩艳玲、吴生海、施佳参与编写。其中，项目1、3、5由秦志华、徐笛编写，项目2、4由姚亚锋、巩艳玲、施佳编写，项目6、7、8由徐笛、吴生海、宋玲编写，全书由秦志华统稿。

特别感谢徐广舒教授，正是在徐广舒教授前一版教材的基础上，本次修订才能事半功倍顺利完成。

本书在编写过程中参考了大量的法律法规、国内同类教材和相关文献，在此谨向各位作者表示衷心的感谢！

由于成书时间仓促和编者水平所限，书中不足之处在所难免，敬请读者在使用过程中给予指正和提出宝贵意见。

编 者

目录

前言

项目1　建设工程法规基础 …………… 1
 1.1　法律体系的构成 ………………… 1
 1.2　建设工程法规概述 ……………… 4
 1.3　建设法律关系 …………………… 7
 1.4　建设工程法律责任制度 ………… 11
 项目小结 ………………………………… 18
 技能训练 ………………………………… 18

项目2　建筑许可法律制度 …………… 21
 2.1　建筑许可法律制度概述 ………… 21
 2.2　建筑工程施工许可制度 ………… 22
 2.3　建筑企业资质管理制度 ………… 27
 2.4　建造师注册执业制度 …………… 34
 项目小结 ………………………………… 41
 技能训练 ………………………………… 42

项目3　建设工程发包与承包法律制度 …… 47
 3.1　建设工程发承包法律一般规定 …… 47
 3.2　建设工程招标投标制度 ………… 49
 3.3　建设工程发包与承包 …………… 65
 3.4　建设工程发包与承包计价管理 …… 67
 3.5　建筑市场信用体系建设 ………… 69
 项目小结 ………………………………… 72
 技能训练 ………………………………… 73

项目4　建设工程监理法律制度 ……… 82
 4.1　建设工程监理概述 ……………… 82

 4.2　建设工程监理实施 ……………… 84
 4.3　工程监理企业资质管理 ………… 85
 4.4　工程监理人员从业资格管理 …… 89
 4.5　建设工程监理法律责任 ………… 93
 项目小结 ………………………………… 96
 技能训练 ………………………………… 96

项目5　建设工程合同法律制度 ……… 99
 5.1　建设工程合同概述 ……………… 99
 5.2　建设工程合同的订立 …………… 101
 5.3　建设工程合同的效力 …………… 104
 5.4　建设工程的履行、变更、转让
   和终止 …………………………… 108
 5.5　建设工程合同违约责任和争议
   解决 ……………………………… 114
 5.6　建设工程合同体系 ……………… 117
 项目小结 ………………………………… 125
 技能训练 ………………………………… 125

项目6　建设工程安全生产法律制度 …… 133
 6.1　施工安全生产许可证制度 ……… 133
 6.2　施工安全生产责任制度和
   安全生产教育培训制度 ………… 137
 6.3　施工现场安全防护制度 ………… 145
 6.4　施工安全事故应急救援与
   调查处理 ………………………… 149
 6.5　相关主体安全责任 ……………… 154
 项目小结 ………………………………… 161

技能训练 …………………………… 162

项目7　建设工程质量法律制度 ……… 172
　7.1　工程建设标准 …………………… 172
　7.2　建设工程质量监督制度 ………… 176
　7.3　建设工程行为主体的质量责任
　　　　和义务 ……………………………… 177
　7.4　建设工程竣工验收备案制度 …… 184
　7.5　建设工程质量保修制度 ………… 187
　7.6　建筑工程五方责任主体项目
　　　　负责人质量终身责任 ………… 188
　　项目小结 …………………………… 190
　　技能训练 …………………………… 190

项目8　建设工程其他相关法律制度 …… 199
　8.1　建设工程代理制度 ……………… 199
　8.2　建设工程物权制度 ……………… 203
　8.3　建设工程债权制度 ……………… 207
　8.4　建设工程担保制度 ……………… 208
　8.5　建设工程保险制度 ……………… 212
　8.6　施工节约能源制度 ……………… 215
　8.7　施工环境保护制度 ……………… 222
　8.8　建设工程劳动合同制度 ………… 228
　　项目小结 …………………………… 239
　　技能训练 …………………………… 239

参考文献 …………………………………… 250

项目 1
建设工程法规基础

> **学习目标**
> 1. 了解我国法律体系的构成
> 2. 熟悉建设工程法规体系的构成及其内容
> 3. 熟悉建设法规的概念、调整对象和作用
> 4. 掌握建设工程法律关系的构成要素
> 5. 了解建设法律责任的构成要素及建设活动中常见的法律责任

新中国成立 70 多年来经济快速发展、社会长期稳定两大奇迹的实践证明,法治是国家治理体系和治理能力的重要依托,社会主义法治是我国制度之治最基本最稳定最可靠的保障。中国特色社会主义进入新时代,中华民族迎来了从站起来、富起来到强起来的伟大飞跃。当前,世界百年未有之大变局加速演变,国际环境不稳定性、不确定性明显上升,我国日益走近世界舞台中央,国内改革发展稳定任务日益繁重,全面依法治国在党和国家工作全局中的地位更加突出、作用更加重大。作为新时代社会主义建设者,必须增强法律意识和法治观念,学法、知法、守法、用法。

1.1 法律体系的构成

1.1.1 法律体系的概念

1-1 法律体系的构成

中国特色社会主义法律体系,是以宪法为统帅,以法律为主干,以行政法规、地方性法规为重要组成部分,由宪法相关法、民法商法、行政法、经济法、社会法、刑法、诉讼与非诉讼程序法等多个法律部门组成的有机统一整体。

1.1.2 法律体系的层次

我国法的形式是以宪法为核心的制定法形式,根据不同法律文件的效力层级,法律体系的层次划分为:

1. 宪法

宪法是中国特色社会主义法律体系的统帅。宪法是国家的根本法,在中国特色社会主义法律体系中居于统帅地位,是国家长治久安、民族团结、经济发展、社会进步的根本保障。

中国宪法在中国特色社会主义法律体系中具有最高的法律效力，一切法律、行政法规、地方性法规的制定都必须以宪法为依据，遵循宪法的基本原则，不得与宪法相抵触。

宪法也是建设法规的最高形式，是依法建设的根本基础。如宪法规定：国务院领导和管理经济工作和城乡建设、生态文明建设，县级以上地方各级人民政府依照法律规定的权限，管理本行政区域内的城乡建设事业等。

2. 法律

法律是中国特色社会主义法律体系的主干。宪法规定，全国人民代表大会及其常务委员会（简称全国人大及其常委会）行使国家立法权。全国人大及其常委会制定的法律，解决的是国家发展中带有根本性、全局性、稳定性和长期性的问题，是国家法制的基础，确立了国家经济建设、政治建设、文化建设、社会建设以及生态文明建设各个方面重要的基本的法律制度，为行政法规、地方性法规的制定提供了重要依据，行政法规和地方性法规不得与法律相抵触。

建设工程法律是指行使国家立法权的全国人大及其常委会审议颁布的属于建设部门主管业务范围的各项法律。主要内容包括国家关于基本建设方面的方针、政策，涉及全国建设领域的根本性、长远性的重大问题，以及建筑市场管理的基本规范。

建设工程法律是建设法规体系的核心和基础。包括《中华人民共和国民法典》（简称《民法典》）、《中华人民共和国建筑法》（简称《建筑法》）、《中华人民共和国城乡规划法》（简称《城乡规划法》）、《中华人民共和国土地管理法》（简称《土地管理法》）、《中华人民共和国城市房地产管理法》（简称《城市房地产管理法》）、《中华人民共和国安全生产法》（简称《安全生产法》）、《中华人民共和国环境保护法》（简称《环境保护法》）、《中华人民共和国招标投标法》（简称《招标投标法》）等法律文件。

3. 行政法规

行政法规是中国特色社会主义法律体系的重要组成部分。国务院根据宪法和法律，制定行政法规。行政法规可以就执行法律的规定和履行国务院行政管理职权的事项做出规定，同时对应当由全国人大及其常委会制定法律的事项，国务院可以根据全国人大及其常委会的授权决定先制定行政法规。行政法规是将法律规定的相关制度具体化，是对法律的细化和补充。

国务院适应经济社会发展和行政管理的实际需要，按照法定权限和法定程序制定了大量行政法规，包括行政管理的各个领域，涉及国家经济、政治、文化、社会事务等各个方面。

建设行政法规是指国务院依法制定并颁布的建设领域行政法规的总称，属于建设部门主管业务范围内的各项法规。建设行政法规其法律地位和效力低于宪法和法律，在建设法律体系中居"中坚"地位，一般是对建设法律条款的进一步细化，以便法律的实施，包括《建设工程质量管理条例》《建设工程安全生产管理条例》《建设工程勘察设计管理条例》《中华人民共和国土地管理法实施条例》（简称《土地管理法实施条例》）《中华人民共和国招标投标法实施条例》（简称《招标投标法实施条例》）《安全生产许可证条例》《民用建筑节能条例》等规范性文件。

4. 地方性法规、自治条例和单行条例

地方性法规是中国特色社会主义法律体系的又一重要组成部分。根据宪法和法律，省、自治区、直辖市的人民代表大会及其常务委员会根据本行政区域的具体情况和实际需要，在不同宪法、法律、行政法规相抵触的前提下，可以制定地方性法规。

设区的市的人民代表大会及其常务委员会根据本市的具体情况和实际需要，在不同宪法、法律、行政法规和本省、自治区的地方性法规相抵触的前提下，可以对城乡建设与管理、环境保护、历史文化保护等方面的事项制定地方性法规，法律对设区的市制定地方性法规的事项另有规定的，从其规定。

民族自治地方的人民代表大会有权依照当地民族的政治、经济和文化特点，制定自治条例和单行条例；自治条例和单行条例可以依照当地民族的特点对法律和行政法规的规定做出变通规定，但不得违背法律和行政法规的基本原则，不得对宪法和民族区域自治法的规定以及其他法律、行政法规专门就民族自治地方所做的规定做出变通规定；自治区的自治条例和单行条例报全国人大常委会批准后生效，自治州、自治县的自治条例和单行条例报省、自治区、直辖市的人民代表大会常委会批准后生效。

经济特区所在地的省、市的人民代表大会及其常委会根据全国人大及其常委会的授权决定，可以根据经济特区的具体情况和实际需要，遵循宪法的规定以及法律、行政法规的基本原则，制定法规，在经济特区范围内实施。

地方性法规可以就执行法律、行政法规的规定和属于地方性事务的事项做出规定，同时除只能由全国人大及其常委会制定法律的事项外，对其他事项国家尚未制定法律或者行政法规的，可以先制定地方性法规。地方性法规是对法律、行政法规的细化和补充，是国家立法的延伸和完善。

地方性建设法规是指在不与宪法、法律、行政法规相抵触的前提下，由省、自治区、直辖市人民代表大会及其常委会制定并颁布的建设方面的法规，只能在本行政区域有效。如《江苏省绿色建筑发展条例》《江苏省工程建设管理条例》《江苏省建筑市场管理条例》《山东省建设工程招标投标管理条例》《新疆维吾尔自治区建筑市场管理条例》等地方性法规文件。

5. 规章

（1）部门规章。国务院各部委、中国人民银行、审计署和具有行政管理职能的直属机构，可以根据法律和国务院的行政法规、决定、命令，在本部门的权限范围内，制定规章。部门规章规定的事项应当属于执行法律或者国务院的行政法规、决定、命令的事项。没有法律或者国务院的行政法规、决定、命令的依据，部门规章不得设定减损公民、法人和其他组织权利或者增加其义务的规范，不得增加本部门的权力或者减少本部门的法定职责。

建设部门规章是指根据国务院规定的职责范围，建设行政主管部门依法制定或建设行政主管部门与国务院有关部门联合依法制定并颁布的建设领域的各项规章。部门规章规定的事项应当属于执行法律或国务院的行政法规、决定、命令的事项，其名称通常是"规定""办法""实施意见"等。规章是将法律、行政法规的规定具象化，以便更好地贯彻和执行，同时又是法律、行政法规的补充。

建设部门规章包括建筑工程质量管理、建设市场管理、建设活动主体资质管理、建设活动从业人员资格管理、工程建设标准化管理等方面多个规范性文件，其地位和效力低于建设行政法规。如《实施工程建设强制性标准监督规定》《建筑业企业资质管理规定和资质标准实施意见》《建筑工程施工许可管理办法》《关于推进建筑业发展和改革的若干意见》等规章文件。

（2）地方政府规章。省、自治区、直辖市和设区的市、自治州的人民政府，可以根据法律、行政法规和本省、自治区、直辖市的地方性法规，制定规章。地方政府规章可以就下列事项做出规定：①为执行法律、行政法规、地方性法规的规定需要制定规章的事项；②属于本行政区域的具体行政管理事项。

地方政府规章，限于城乡建设与管理、环境保护、历史文化保护等方面。没有法律、行政法规、地方性法规的依据，地方政府规章不得设定减损公民、法人和其他组织权利或者增加其义务的规范。

地方政府建设规章是指地方政府规章中制定并颁布的建设方面的规章。如《江苏省国有资金投资工程建设项目招标投标管理办法》《江苏省政府关于加快推进建筑产业现代化促进建筑产业转型升级的意见》《江苏省房屋建筑和市政基础设施工程质量监督管理办法》等地方性规章文件。

1.1.3　建设法规体系

建设法规体系是国家法律体系的重要组成部分，其必须与国家的宪法和相关法律保持一致。

建设法规体系主要由宪法、法律、行政法规、地方性法规、自治条例和单行条例、部门规章和地方政府规章以及国际公约等构成。

具体而言，我国的建设法律体系有两条主线，第一条是以《建筑法》为主展开的建设工程行政法律体系，主要体现的是政府建设行政主管部门与建设工程参与各方之间的行政法律关系。第二条主线则是以《民法典》为主展开的建设工程民事法律关系，它主要体现的是平等的建设工程参与各方之间的民事法律关系。

1.2　建设工程法规概述

1.2.1　建设法规的概念

建设法规是指国家权力机关或其授权的行政机关制定的，由国家强制力保证实施的，旨在调整国家及其有关机构、企事业单位、社会团体、自然人之间在建设活动中或建设行政管理活动中发生的各种社会关系的法律规范的总称。

建设工程中涉及的主要法律规范可以概括为"三法、四条例、一解释、若干规章"。"三法"具体指《民法典》《建筑法》《招标投标法》，"四条例"具体指《建设工程质量管理条例》《建设工程安全生产管理条例》《建设工程勘察设计管理条例》《招标投标法实施条例》，"一解释"具体指《最高人民法院关于审理建设工程施工合同纠纷案件适用法律问题的解释（一）》，"若干规章"具体指建设行政主管部门针对工程建设方面制定的行政规章。

1.　建设活动

建设活动是指从事土木工程、建筑工程、线路管道和设备安装工程（以下统称建设工程）的新建、扩建、改建活动及装修工程活动。

作为一个工程项目的建设过程，建设活动的内容包括项目立项、资金筹措、建设实施、竣工验收及项目后评估等一系列活动。

2. 建设行政管理活动

建设行政管理活动是指国家建设行政主管部门依据法律、行政法规以及规定的职权代表国家对建设活动进行的监督和管理行为。

1.2.2 建设法规调整的对象

建设法规调整的对象主要是"三建"（城市建设、村镇建设、工程建设）和"三业"（建筑业、房地产业、市政公用事业）活动中所产生的各种社会关系。具体体现在以下三个方面：

1. 建设活动中的行政管理关系

建设活动中的行政管理关系，是指国家及其建设行政主管部门与建设单位、设计单位、施工单位、建筑材料和设备生产供应单位及建设监理等咨询服务单位之间发生的相应的管理与被管理关系。建设活动与国家经济发展、人民生命财产安全息息相关，国家及其建设行政主管部门必须进行全面的严格管理。建设活动中的行政管理关系包括两个相互关联的方面，一方面是提供规划、指导、协调与服务，另一方面是检查、监督、控制与调节。

2. 建设活动中的经济协作关系

参与建设活动的各单位或个人之间的经济协作关系是一种平等自愿、互利互助的横向协作关系，一般应以经济合同的形式确定。经济合同是法人之间为了实现一定的经济目的、明确相互权利义务关系的协议，如建设单位与勘察设计单位之间签订的建设工程勘察设计合同、建设单位与施工单位签订的建设工程施工合同、建设单位与监理单位签订的建设工程监理合同等，这些协议也应由建设法规来加以规范和调整。

3. 从事建设活动的主体内部民事关系

建设活动中的民事关系是指因从事建设活动而产生的自然人、法人和非法人组织之间的民事权利和义务关系。主要包括建设活动中发生的有关自然人的损害、侵权、赔偿关系，建设领域从业人员的人身和经济权利保护关系，房地产交易中买卖、租赁、产权关系，土地征用、房屋拆迁导致的拆迁安置关系等。建设活动中的民事关系既涉及国家社会利益，又关系个人的利益，因此必须按照《民法典》和建设法规中的民事法律予以规范、调整。

以上三种社会关系既相互密切联系，又各具自身属性。它们各自的形成条件、处理关系的原则或调整手段、适用的范围、适用规范的法律后果等都不完全相同。

1.2.3 建设法规的基本特征和作用

1. 建设法规的特征

建设法规是调整建设活动各方面关系的法律、法规、部门规章和地方性法规等规范性法律文件。建设法规覆盖面广，涉及国民经济各个行业的基本建设活动领域，是运用综合的手段对行政的、经济的、民事的社会关系加以规范调整的法规，其主要的法律规范性质多数属于行政法或经济法的范围，除具备一般法律特征外，还具有不同于其他法律的特征。

（1）行政隶属性。行政隶属性是建设法规的主要特征，也是区别于其他法律的主要特征。国家投入建设活动的资金额巨大，需要消耗大量的人力、材料、机械设备、土地等资源。在建设过程中涉及的部门和单位多，影响建筑工程质量的因素多，实施周期长等。建设行业的这些特征决定了建设法规必然要采取直接体现行政权力活动的调整方法，即以行政指令为主的方法调整相关法律关系。调整方式包括授权、命令、禁止、许可、免除、确认、计划和撤销等。

（2）经济性。经济性是建设法规的又一重要特征。建设活动直接为社会创造财富，为国家增加积累，建筑产业对社会经济发展和国民经济总产值增长的贡献突出，支柱产业的地位日益增强。在国民经济20个行业中仅次于工业、农业、商业居第四位，并带动了其他各行各业的发展。

（3）政策性。建设法律规范体现着国家的工程建设政策。它一方面是实现国家工程建设政策的工具，另一方面也把国家工程建设政策规范化。国家的建设形势总是处于不断发展变化之中，工程建设法规也应随着建设政策的变化而变化。近几年来，国家、建设行政主管部门等先后对原有的建设法律、法规、规章进行了修订，也出台了相应的新的规章、办法等。

（4）综合性。建设法规不仅是经济法的重要组成部分，还包括了行政法、民法、商法的内容，具有综合性的特征。建设法规同时又具有一定的独立性和完整性，有自己的完整体系。

（5）技术性。为保证工程建设产品的质量和人民生命财产的安全，大量的建设法规是以技术规范形式出现的，如各种设计规范、施工规范、验收规范等。

2. 建设法规的作用

建设法规是国家组织和管理建设活动、规范建设活动行为、加强建设市场管理、保障城乡建设事业健康发展的重要工具。概括起来，建设法规的作用主要体现在以下三个方面。

（1）规范、指导建设行为。规范、指导建设行为的建设法规包括建设活动组织管理、建设活动市场管理、建设活动的技术标准等，对企业的设立程序、资质准入、市场行为、违法责任等做出法律规定，为规范建设活动起到了积极的指导意义。只有在法律规定的范围内进行的建设活动才能得到法律的保护，主要表现为：

1）义务性规定。如《建筑法》第五十九条"建筑施工企业必须按照工程设计要求、施工技术标准和合同的约定，对建筑材料、建筑构配件和设备进行检验，不合格的不得使用"；第十四条"从事建筑活动的专业技术人员，应当依法取得相应的执业资格证书，并在执业资格证书许可的范围内从事建筑活动"，就属于义务性规定。

2）禁止性规定。如《建筑法》第二十八条"禁止承包单位将其承包的全部建筑工程转包给他人，禁止承包单位将其承包的全部建筑工程肢解以后以分包的名义分别转包给他人"；第五十四条"建设单位不得以任何理由，要求建筑设计单位或者建筑施工企业在工程设计或者施工作业中，违反法律、行政法规和建筑工程质量、安全标准，降低工程质量"，就属于禁止性规定。

3）授权性规定。如《建筑法》第二十七条"大型建筑工程或者结构复杂的建筑工程，可以由两个以上的承包单位联合共同承包。共同承包的各方对承包合同的履行承担连带责任"，就属于授权性规定。

（2）保护合法建设行为。法律只有对在建设法规许可的范围内进行的建设行为予以确认和保护。认真贯彻执行建设法规是建设活动主体的责任和基本义务，国家保护和鼓励合法建设行为。

如《建筑法》第四条规定"国家扶持建筑业的发展，支持建筑科学技术研究，提高房屋建筑设计水平，鼓励节约能源和保护环境，提倡采用先进技术、先进设备、先进工艺、新型建筑材料和现代管理方式"。

（3）处罚违法建设行为。要实现建设法规对建设行为的规范、指导和制约作用，必须对违法建设行为给予及时、应有的处罚。处罚违法建设行为是法律的一种强制性手段，通过对违法建设行为的处罚，客观上起到保护和鼓励合法建设行为的积极性作用。

如《建筑法》第六十五条规定"发包单位将工程发包给不具有相应资质条件的承包单位的，或者违反本法规定将建筑工程肢解发包的，责令改正，处以罚款"。

1.3 建设法律关系

1.3.1 法律关系的概念

法律关系是指由法律规范所确定和调整的一定社会关系之间的权利义务关系。法律关系的直接内容就是规定权利和义务，这些不同的权利和义务就形成了不同的法律关系。

1.3.2 法律关系的主体

《民法典》的民事主体包括三类，自然人、法人和非法人组织。

1. 自然人

自然人是基于出生而成为法律关系主体的有生命的人，包括公民、外国人、无国籍的人。作为法律关系主体的自然人必须具备相应的民事权利能力和民事行为能力。自然人从出生时起到死亡时止，具有民事权利能力，依法享有民事权利，承担民事义务。而民事行为能力是民事主体以其行为参与民事法律关系，取得民事权利，履行民事义务和承担民事责任的资格。自然人的民事行为能力，是指自然人能够独立通过意思表示，进行民事行为的能力。根据民法典的规定，自然人的民事行为能力分为以下三种类型：

1-2 民事法律关系主体

（1）完全民事行为能力人。这类人可以独立实施民事法律行为，享有民事权利、承担义务和责任。完全民事行为能力人包括两种：年满18周岁且能完全辨认自己行为的成年人；十六周岁以上未满18周岁的未成年人，以自己的劳动收入为主要生活来源的，视为完全民事行为能力人。

（2）限制民事行为能力人。这类人实施民事法律行为由其法定代理人代理或者经其法定代理人同意、追认；但是，可以独立实施纯获利益的民事法律行为或者与其年龄、智力相适应的民事法律行为。限制民事行为能力人包括两种：八周岁以上的未成年人；不能完全辨认自己行为的成年人。

（3）无民事行为能力人。这类人由其法定代理人代理实施民事法律行为。包括两种：不满八周岁的未成年人；不能辨认自己行为的成年人。

2. 法人

法人是与自然人相对应的概念，是法律赋予社会组织具有法律人格的一项制度。这一制度为确立社会组织的权利、义务，便于社会组织独立承担责任提供了基础。法人是建设工程活动中最主要的主体。

《民法典》规定，法人是具有民事权利能力和民事行为能力，依法独立享有民事权利和承担民事义务的组织。

（1）法人应当具备的条件。法人应当具备下列条件：

1）法人应当依法成立。法人不能自然产生，它的产生必须经过法定的程序。法人的设立目的和方式必须符合法律的规定。设立法人，法律、行政法规规定须经有关机关批准的，依照其规定。

2）法人应当有自己的名称、组织机构、住所、财产或者经费。法人的名称是法人相互区别的标志和法人进行活动时使用的代号。法人的组织机构是指对内管理法人事务、对外代表法人进行民事活动的机构。法人的住所则是法人进行业务活动的所在地，也是确定法律管辖的依据。法人以其主要办事机构所在地为住所。依法需要办理法人登记的，应当将主要办事机构所在地登记为住所。有必要的财产或者经费是法人进行民事活动的物质基础。它要求法人的财产或者经费必须与法人的经营范围或者设立目的相适应，否则将不能被批准设立或者核准登记。

3）法人能够独立承担民事责任。法人的民事权利能力和民事行为能力，从法人成立时产生，到法人终止时消灭。法人必须能够以其全部财产或者经费承担在民事活动中的债务，在民事活动中给其他主体造成损失时能够承担赔偿责任。法人以其全部财产独立承担民事责任。

4）有法定代表人。依照法律或者法人章程的规定，代表法人从事民事活动的负责人，为法人的法定代表人。法定代表人以法人名义从事的民事活动，其法律后果由法人承受。法人章程或者法人权力机构对法定代表人代表权的限制，不得对抗善意相对人。法定代表人因执行职务造成他人损害的，由法人承担民事责任。法人承担民事责任后，依照法律或者法人章程的规定，可以向有过错的法定代表人追偿。

（2）法人的分类。法人分为营利法人、非营利法人和特别法人三大类。

1）营利法人。以取得利润并分配给股东等出资人为目的成立的法人，为营利法人。营利法人包括有限责任公司、股份有限公司和其他企业法人等。营利法人经依法登记成立。依法设立的营利法人，由登记机关发给营利法人营业执照。营业执照签发日期为营利法人的成立日期。

2）非营利法人。为公益目的或者其他非营利目的成立，不向出资人、设立人或者会员分配所取得利润的法人，为非营利法人。非营利法人包括事业单位、社会团体、基金会、社会服务机构等。具备法人条件，为适应经济社会发展需要，提供公益服务设立的事业单位，经依法登记成立，取得事业单位法人资格；依法不需要办理法人登记的，从成立之日起，具有事业单位法人资格。

3）特别法人。机关法人、农村集体经济组织法人、城镇农村的合作经济组织法人、基层群众性自治组织法人，为特别法人。有独立经费的机关和承担行政职能的法定机构从成立之日起，具有机关法人资格，可以从事为履行职能所需要的民事活动。

3. 非法人组织

非法人组织是不具有法人资格，但是能够依法以自己的名义从事民事活动的组织。非法人组织包括个人独资企业、合伙企业、不具有法人资格的专业服务机构等。

1.3.3 建设法律关系的构成要素

建设法律关系是指由建设法律规范所确定和调整的，在建设活动或建设行政管理活动中所产生的权利义务关系。

建设法律关系由建设法律关系主体、建设法律关系客体和建设法律关系内容三个要素构成，缺少其中一个要素就不能构成建设法律关系。

1. 建设法律关系主体

建设法律关系主体，主要是指参加或管理、监督建设活动，受建设工程法律规范调整，在法律上享有权利、承担义务的人。主要有国家机关、社会组织和自然人。

（1）国家机关。国家机关分为国家权力机关和国家行政机关。

国家权力机关是指全国人大及其常委会和地方各级人民代表大会及其常委会。国家权力机关参加工程建设法律关系的职能是审查批准国家建设计划和国家预决算、制定和颁布建设法律、监督检查国家各项建设法律的执行。

国家行政机关是依照国家宪法和法律设立的依法行使国家行政职权、组织管理国家行政事务的机关。它包括国务院及其所属各部委、地方各级人民政府及其职能部门。

（2）社会组织。作为法律关系主体的社会组织一般应为法人。法人是指具有民事权利能力和民事行为能力，依法享有民事权利和承担民事义务的组织。法人必须依法成立，有必要的财产或者经费，有自己的名称、组织机构和场所，能够独立承担民事责任。

法人是建设工程活动中的基本主体，主要是工程建设的投资者和工程建设的承担者。工程建设的投资者就是建设单位，工程建设的承担者包括建设工程勘察设计单位、建筑业企业、工程监理企业、工程造价咨询单位等。法人的法定代表人是自然人，依照法律或者法人组织章程的规定，代表法人行使职权。

（3）自然人。自然人也可以成为工程建设法律关系的主体。如建设企业工作人员（建筑工人、专业技术人员、注册执业人员等）同企业单位签订劳动合同时，即成为劳动法律关系主体。作为建设法律关系主体的自然人必须具备相应的民事权利能力和民事行为能力。民事权利能力是民事主体依法享有民事权利和承担民事义务的资格。自然人的民事权利能力始于出生，终于死亡。民事行为能力是民事主体通过自己的行为取得民事权利和履行民事义务的资格。

2. 建设法律关系客体

建设法律关系客体是指建设法律关系的主体享有权利和承担义务所共同指向的对象。建设法律关系客体一般也分为财、物、行为和非物质财富。

（1）表现为财的客体。财一般是指资金及各种有价证券。在建设法律关系中表现为财的客体主要是建设资金，如基本建设贷款合同的标的，即一定数量的货币。

（2）表现为物的客体。法律意义上的物是指可为人们控制的并具有经济价值的生产资料和消费资料。在建设法律关系中表现为物的客体主要是建筑材料、机械设备、建筑产品等。各个具体的建设项目是建设法律关系中的客体。

（3）表现为行为的客体。法律意义上的行为是指人的有意识的活动。在建设法律关系中表现为行为的客体是完成一定的工作，如勘察设计、施工安装、检查验收等活动。这些行为都可以成为合同法律关系的客体。

（4）表现为非物质财富的客体。法律意义上的非物质财富是指人们脑力劳动的成果或智力方面的创作，也称智力成果，包括知识产权、技术秘密及在特定情况下的公知技术。在建设法律关系中表现为非物质财富的客体有设计专利、工程施工图等。

3. 建设法律关系内容

建设法律关系内容即建设权利和建设义务。

（1）建设权利。建设权利是指建设法律关系主体在法定范围内，根据国家建设管理要求和自己业务活动的需要有权进行各种建设活动。权利主体可要求其他主体做出一定的行为或抑制一定的行为，以实现自己的建设权利。因其他主体的行为而使建设权利不能实现时，有权要求国家机关加以保护并予以制裁。

（2）建设义务。建设义务是指建设法律关系主体必须按照法律规定或约定承担应负的责任。

建设义务和建设权利是相互对应的，相应主体应自觉履行建设义务。义务主体如果不履行或不适当履行，就要受到法律的制裁，承担相应的法律责任。

1.3.4 建设法律关系的产生、变更和终止

1. 建设法律关系的产生

建设法律关系的产生是指建设法律关系的主体之间形成了一定的权利和义务关系。如建设单位与施工单位签订了施工合同，双方主体之间就自然产生了相应的权利和义务。

2. 建设法律关系的变更

建设法律关系的变更是指建设法律关系的三个要素发生变化。

（1）主体变更。主体变更是指法律关系主体数目增多或减少，也可以是主体改变。在合同中，客体不变，相应权利义务也不变，此时主体改变也称为合同转让。

（2）客体变更。客体变更是指法律关系中权利义务所指向的事物发生变化。客体变更可以是其范围变更，也可以是其性质变更。

（3）内容变更。法律关系主体与客体的变更，必然导致相应的权利和义务即内容的变更。

3. 建设法律关系的终止

建设法律关系的终止，是指建设法律关系主体之间的权利义务不复存在，彼此丧失了约束力。建设法律关系的终止形式包括：

（1）自然终止。法律关系自然终止，是指某类法律关系所规范的权利义务顺利得到履行，取得了各自的利益，从而使该法律关系达到完结。

（2）协议终止。法律关系协议终止，是指法律关系主体之间协商解除某类工程建设法律关系规范的权利义务，致使该法律关系归于终止。

（3）违约终止。法律关系违约终止，是指法律关系主体一方违约，或发生不可抗力，致使某类法律关系规范的权利不能实现。

4. 建设法律关系产生、变更和终止的原因

建设法律关系只有在一定的情况下才能产生，同样这种法律关系的变更和终止也是由一定情况决定的。这种引起法律关系产生、变更和终止的客观现象和事实，即是人们通常称之为的法律事实。法律事实即是法律关系产生、变更和终止的原因。法律事实按是否包含当事人的意志为依据，分为事件和行为两类。

（1）事件。事件是指不以人们的意志为转移而产生的，能够引起法律关系产生、变更和终止的客观现象。这些客观事件的出现与否，是主体无法预见和控制的，包括自然事件、社

会事件、意外事件。如地震、台风、战争、罢工等。

（2）行为。行为是指法律关系主体有意识的、能够引起法律关系变更和终止的活动。行为包括积极的作为和消极的不作为。

1.4 建设工程法律责任制度

1.4.1 法律责任的概念、特征和类别

1. 法律责任的概念

法律责任有广、狭两种含义。广义的法律责任是指守法的义务，即任何组织和个人都有遵守法律、维护法律尊严的义务。如每个公民都有遵守法律的责任（义务），人民法院有责任（义务）保护当事人的合法权利等。狭义的法律责任，专指违法者对自己实施的违法行为必须承担的某种法律上带有强制性、惩罚性的责任。这种法律责任同违法行为密切联系，即凡是进行了违法行为的人，都必须对国家和受害者承担相应的法律责任。

法律责任体现了个人与个人、个人与社会和国家之间权利义务统一关系，是法律体系中不可缺少的重要组成部分。法律责任是保护法律关系主体的权利得到实现的可靠法律手段，是在法律体系范围内抵制和预防违法行为的重要法律形式，是解决权利义务纠纷和冲突的文明方式。

建设法律责任是不履行建设法律、法规规定的义务所引起的后果。

2. 法律责任的特征

法律责任不同于其他的社会责任如政治责任、道义责任等，具有如下主要特征：

（1）法律责任与违法行为相联系，只有对违法者才能追究其法律责任。违法是承担法律责任的根据，不构成违法的，不承担惩罚性的责任。由于无过错而不构成违法，但是造成损害的，也应当承担一定的补偿性的责任。法律关系主体违反法律不仅包括没有履行法定义务，而且还包括超越法定权利。任何违反法定的义务或超越法定权利的行为，都是对法律秩序的破坏，因而必然要受到国家强制力的修正或制裁。

（2）法律责任主要是一定国家机关代表国家对违法者实行法律制裁的根据，在法律上应有明确具体的规定。法无明文规定不为罪，对不同的违法行为，法律规定的法律责任不同，法律责任的大小同违反法律义务的程度相适应。违反法律义务的内容多、程度大，法律责任就大；相反，违反法律义务的内容少、程度浅，法律责任就小。

（3）法律责任体现了违法者与国家机关之间的关系，它意味着一定的国家机关要代表国家查清违法行为的性质、特点、情节，它具有国家强制性，是由国家强制力予以保障的。因此，只能由国家司法机关和国家授权的专门机关来追究法律责任，其他任何组织和个人都无此项权力。

3. 法律责任的类别

根据违法性质和危害大小，可以将法律责任分为民事责任、行政责任和刑事责任。

（1）民事法律责任。民事法律责任是指民事法律关系的主体，没有按照法律规定履行自己的义务而应负的法律责任。承担民事法律责任的方式主要以财产性的经济补偿为主，以非财产性的排除措施为辅。一般经济赔偿只能等于不能高于受害人所受的损失，并归属受害人。《民法典》中有关承担民事责任的方式主要有：停止侵害，排除妨碍，消除危险，返还

财产，恢复原状，修理、重作、更换，继续履行，赔偿损失，支付违约金，消除影响、恢复名誉，赔礼道歉。法律规定惩罚性赔偿的，依照其规定。以上承担民事责任的方式，可以单独适用，也可以合并适用。

民事法律责任除法律规定外，往往还允许当事人自由处分，可以自行协商，或减或免，国家一般不予干预。

（2）行政法律责任。行政法律责任是指行政法律关系主体由于违反行政法律规范规定的义务构成行政违法以及行政不当而依法承担法律上的后果。行政法律责任包括行政处罚和行政处分。

行政处罚是指行政机关依法对违反行政管理秩序的公民、法人或者其他组织，以减损权益或者增加义务的方式予以惩戒的行为。

根据《中华人民共和国行政处罚法》的规定，行政处罚的种类包括警告、通报批评、罚款、没收违法所得、没收非法财物、暂扣许可证件、降低资质等级、吊销许可证件、限制开展生产经营活动、责令停产停业、责令关闭、限制从业、行政拘留，以及法律、行政法规规定的其他行政处罚。限制人身自由的行政处罚，只能由法律设定。行政法规可以设定除限制人身自由以外的行政处罚。

行政处分是指国家行政机关依照行政隶属关系给予有违法失职行为的国家机关公务人员的一种惩罚措施。根据《中华人民共和国公务员法》的规定，行政处分包括警告、记过、记大过、降级、撤职、开除。

（3）刑事法律责任。刑事法律责任是指依据国家刑事法律规定，对行为人由于违反刑事法律规定构成刑事违法而依法追究的法律责任。根据《中华人民共和国刑法》（简称《刑法》）的规定，承担刑事责任的刑罚一类是主刑，即管制、拘役、有期徒刑、无期徒刑、死刑；另一类是附加刑，包括罚金、剥夺政治权利、没收财产。

刑事责任与行政责任不同之处在于：一是追究的违法行为不同，追究行政责任的是一般违法行为，追究刑事责任的是犯罪行为；二是追究责任的机关不同，追究行政责任由国家特定的行政机关依照有关法律的规定决定，追究刑事责任只能由司法机关依照《刑法》的规定决定；三是承担法律责任的后果不同，追究刑事责任是最严厉的制裁，甚至可以判处死刑，比追究行政责任严厉得多。

1.4.2　法律责任的构成要件

通常，有违法行为就要承担法律责任，受到法律制裁。但并不是每一个违法行为都要引起法律责任，只有符合一定条件的违法行为才能引起法律责任。这种能引起法律责任的各种条件的总和称为法律责任的构成要件。

1. 法律责任的一般构成要件

法律责任的一般构成要件包括以下四个条件，它们之间互为联系、互为作用，缺一不可。

（1）有损害事实发生。损害事实就是违法行为对法律所保护的社会关系和社会秩序造成的侵害。即受到的损失和伤害的事实，包括人身、财产、精神三个方面。

损害事实首先具有确定性，即是已发生的而不是即将发生。没有损害事实，则不构成法律责任。其次，损害事实不同于损害结果，损害结果是违法行为对行为指向的对象所造成的实际损害。有些违法行为尽管没有损害结果，但已经侵犯了一定的社会关系或社会秩序，因而也要承担法律责任，如犯罪的预备、未遂、中止等。

（2）存在违法行为。违法行为必须是违反法律规定的行为，才需承担法律责任。法律规范中规定法律责任的目的就在于让国家的政治生活和社会生活符合统治阶级的意志，以国家强制力来树立法律的威严，制裁违法，减少犯罪。如果没有违法行为，就无须承担法律责任，而且合法的行为还要受到法律的保护。如果行为没有违法，尽管造成了一定的损害结果，也不承担法律责任。

（3）违法行为与损害事实之间有因果关系。违法行为与损害事实之间的因果关系，指的是违法行为与损害事实之间存在着客观的、必然的因果关系。就是说，一定的损害事实是该违法行为所引起的必然结果，该违法行为正是引起损害事实的原因。

（4）违法者主观上有过错。所谓过错，是指行为人对其行为及由此引起的损害事实所抱的主观态度，包括故意和过失。如果行为在主观上既没有故意也没有过失，则行为人对损害结果不必承担法律责任。如企业在施工中遇到严重的暴风雨，造成停工，从而延误了工期，在这种情况下，停工行为和延误工期造成损失的结果并非出自施工者的故意和过失，而属于不可抗力，因而不应承担法律责任。

2. 法律责任的特殊构成要件

特殊构成要件是指由法律特殊规定的法律责任的构成要件，它们不是有机地结合在一起的，而是分别同一般要件构成法律责任。

（1）特殊主体。在一般构成要件中对违法者即承担责任的主体没有特殊规定，只要具备了相应的行为能力即可成为责任主体。而特殊主体则不同，它是指法律规定违法者必须具备一定的身份和职务时才能承担法律责任。主要是指刑事责任中的职务犯罪，如贪污、受贿等，以及行政责任中的职务违法，如徇私舞弊、以权谋私等。不具备这一条件时，则不承担这类责任。

（2）特殊结果。在一般构成要件中，只要有损害事实的发生就要承担相应的法律责任，而在特殊结果中则要求后果严重、损失重大，否则不能构成法律责任。如质量监督人员对建设工程的质量监督工作粗心大意、不负责任，致使应当发现的隐患而没有发现，造成严重的质量事故，那么他就要承担玩忽职守的法律责任。

（3）无过错责任。一般构成要件都要求违法者主观上必须有过错，但许多民事责任的构成要件则不要求行为者主观上是否有过错，只要有损害事实的发生，行为人就要承担一定的法律责任。这种责任主要反映了法律责任的补偿性，而不具有法律制裁意义。

（4）转承责任。一般构成要件都是要求实施违法行为者承担法律责任，但在民法和行政法中，有些法律责任则要求与违法者有一定关系的第三人来承担。如未成年人将他人打伤的侵权赔偿责任，应由未成年人的监护人来承担。

1.4.3 建设活动中常见的法律责任

建设活动中常见的法律责任同样可分为民事责任、行政责任和刑事责任。

1. 建设活动中的民事责任

承担民事责任的目的主要并不是对责任人的惩罚，而是恢复受害人的权利、补偿受害人的损失。建设活动中的民事责任包括违约行为责任和侵权行为责任。

建设活动中的违约行为责任表现为违反约定义务。如建设工程工期延误、工程质量不合格、发包人延误支付工程进度款等，仅限于财产责任。《建筑法》第三十五条规定，工程监理单位不按照委托监理合同的约定履行监理义务，对应当监督检查的项目不检查或者不按照规定检查，给建设单位造成损失的，应当与承包单位承担连带赔偿责任。

建设活动中的侵权行为责任表现在违反法定义务。如因建筑产品质量不合格造成他人财产、人身损害，在公共场所、道旁或通道上挖坑、修缮、安装地下设施时，没有设置明显标志和采取安全措施造成他人损害，建筑物及建筑物上的搁置物、悬挂物发生倒塌、脱落、坠落造成他人损害。侵权行为责任承担责任的方式是停止侵害和赔偿损失，包括财产责任和非财产责任。

2. 建设活动中的行政责任

我国工程建设领域中，常见的行政责任承担形式是对建设单位、勘察设计单位、施工单位、工程监理单位等参建单位的行政处罚。包括警告、罚款、没收违法所得、没收非法财物、责令停产停业、暂扣或者吊销许可证、暂扣或者吊销执照等。如《建筑法》第六十五条规定，发包单位将工程发包给不具有相应资质条件的承包单位的，或者违反本法规定将建筑工程肢解发包的，责令改正，处以罚款。超越本单位资质等级承揽工程的，责令停止违法行为，处以罚款，可以责令停业整顿，降低资质等级；情节严重的，吊销资质证书；有违法所得的，予以没收。未取得资质证书承揽工程的，予以取缔，并处罚款；有违法所得的，予以没收。《建筑法》第六十七条规定，承包单位将承包的工程转包的，或者违反本法规定进行分包的，责令改正，没收违法所得，并处罚款，可以责令停业整顿，降低资质等级；情节严重的，吊销资质证书。

3. 建设活动中的刑事责任

建设活动中的刑事责任的主要承担方式是刑罚。建设工程领域常见的刑事法律责任主要有：

（1）重大责任事故罪。在生产、作业中违反有关安全管理的规定，因而发生重大伤亡事故或者造成其他严重后果的，处三年以下有期徒刑或者拘役；情节特别恶劣的，处三年以上七年以下有期徒刑。

（2）强令违章冒险作业罪。强令他人违章冒险作业，或者明知存在重大事故隐患而不排除，仍冒险组织作业，因而发生重大伤亡事故或者造成其他严重后果的，处五年以下有期徒刑或者拘役；情节特别恶劣的，处五年以上有期徒刑。

在生产、作业中违反有关安全管理的规定，有下列情形之一，具有发生重大伤亡事故或者其他严重后果的现实危险的，处一年以下有期徒刑、拘役或者管制：

1）关闭、破坏直接关系生产安全的监控、报警、防护、救生设备、设施，或者篡改、隐瞒、销毁其相关数据、信息的。

2）因存在重大事故隐患被依法责令停产停业、停止施工、停止使用有关设备、设施、场所或者立即采取排除危险的整改措施，而拒不执行的。

3）涉及安全生产的事项未经依法批准或者许可，擅自从事矿山开采、金属冶炼、建筑施工，以及危险物品生产、经营、储存等高度危险的生产作业活动的。

（3）重大劳动安全事故罪。安全生产设施或者安全生产条件不符合国家规定，因而发生重大伤亡事故或者造成其他严重后果的，对直接负责的主管人员和其他直接责任人员，处三年以下有期徒刑或者拘役；情节特别恶劣的，处三年以上七年以下有期徒刑。

（4）工程重大安全事故罪。建设单位、设计单位、施工单位、工程监理单位违反国家规定，降低工程质量标准，造成重大安全事故的，对直接责任人员，处五年以下有期徒刑或者拘役，并处罚金；后果特别严重的，处五年以上十年以下有期徒刑，并处罚金。

（5）消防责任事故罪。违反消防管理法规，经消防监督机构通知采取改正措施而拒绝执行，造成严重后果的，对直接责任人员，处三年以下有期徒刑或者拘役；后果特别严重的，处三年以上七年以下有期徒刑。

（6）不报、谎报安全事故罪。在安全事故发生后，负有报告职责的人员不报或者谎报事故情况，贻误事故抢救，情节严重的，处三年以下有期徒刑或者拘役；情节特别严重的，处三年以上七年以下有期徒刑。

（7）串通投标罪。投标人相互串通投标报价，损害招标人或者其他投标人利益，情节严重的，处三年以下有期徒刑或者拘役，并处或者单处罚金。

投标人与招标人串通投标，损害国家、集体、公民的合法利益的，依照前款的规定处罚。

（8）强迫劳动罪。以暴力、威胁或者限制人身自由的方法强迫他人劳动的，处三年以下有期徒刑或者拘役，并处罚金；情节严重的，处三年以上十年以下有期徒刑，并处罚金。

明知他人实施前款行为，为其招募、运送人员或者有其他协助强迫他人劳动行为的，依照前款的规定处罚。

单位犯前两款罪的，对单位判处罚金，并对其直接负责的主管人员和其他直接责任人员，依照第一款的规定处罚。

（9）雇用童工从事危重劳动罪。违反劳动管理法规，雇用未满十六周岁的未成年人从事超强度体力劳动的，或者从事高空、井下作业的，或者在爆炸性、易燃性、放射性、毒害性等危险环境下从事劳动，情节严重的，对直接责任人员，处三年以下有期徒刑或者拘役，并处罚金；情节特别严重的，处三年以上七年以下有期徒刑，并处罚金。

有前款行为，造成事故，又构成其他犯罪的，依照数罪并罚的规定处罚。

（10）污染环境罪。违反国家规定，排放、倾倒或者处置有放射性的废物、含传染病病原体的废物、有毒物质或者其他有害物质，严重污染环境的，处三年以下有期徒刑或者拘役，并处或者单处罚金；情节严重的，处三年以上七年以下有期徒刑，并处罚金；有下列情形之一的，处七年以上有期徒刑，并处罚金：

1）在饮用水水源保护区、自然保护地核心保护区等依法确定的重点保护区域排放、倾倒、处置有放射性的废物、含传染病病原体的废物、有毒物质，情节特别严重的。

2）向国家确定的重要江河、湖泊水域排放、倾倒、处置有放射性的废物、含传染病病原体的废物、有毒物质，情节特别严重的。

3）致使大量永久基本农田基本功能丧失或者遭受永久性破坏的。

4）致使多人重伤、严重疾病，或者致人严重残疾、死亡的。

有前款行为，同时构成其他犯罪的，依照处罚较重的规定定罪处罚。

【案例】

1. 背景

2021年7月、8月，某市大道二期工程第二标段、第三标段向社会公开招标，并采用最低造价中标评标办法。经招标方的资格预审、实地考察及随机抽签等程序后，共有7家单位成为参加最后投标单位。7家建筑公司的代表在得知被确定为投标单位后，多次进行密谋串通投标，约定由中标单位给予其他单位总计约700万元好处费。2021年11月，某市法院对此案公开审理进行宣判，依法以串通投标罪分别判处有关涉案人员有期徒刑2年、缓刑2年至有期徒刑6个月、缓刑1年的不等刑罚，并处罚金15万元至80万元。

2. 问题

谈谈以上串通投标行为涉及的行政责任、民事责任及刑事责任。

3. 分析

（1）串通投标的行为人应承担的行政责任具体为：

1）对于参与串通行为的投标人，其中标无效，并对行为人处中标项目金额千分之五以上千分之十以下的罚款，对单位直接负责的主管人员和其他直接责任人员处单位罚款数额百分之五以上百分之十以下的罚款；有违法所得的，并处没收违法所得；情节严重的，取消其一至二年内参加依法必须进行招标的项目的投标资格并予以公告，直至由工商行政管理机关吊销营业执照。另外在政府招标采购中，根据《中华人民共和国政府采购法》（简称《政府采购法》）的规定，对于串通的投标供应商应处以采购金额千分之五以上千分之十以下的罚款，列入不良行为记录名单，在一至三年内禁止参加政府采购活动，有违法所得的，并处没收违法所得，情节严重的，由工商行政管理机关吊销营业执照。

2）对于参与串通行为的招标人，根据不同的行为处以不同程度的罚款。如招标人对投标人实行歧视待遇或限制投标人之间竞争的，责令改正，可以处一万元以上五万元以下的罚款；招标人向他人透露已报送标书内容或泄露标底的，给予警告，可以并处一万元以上十万元以下的罚款；招标人与中标人订立背离合同实质性内容的协议的，责令改正，可以处中标项目金额千分之五以上千分之十以下的罚款。同时，对于在政府招标采购中参与串通行为的国家机关工作人员依法给予行政处分。

3）对于参与串通行为的招标代理机构，处五万元以上二十五万元以下的罚款，对单位直接负责的主管人员和其他直接责任人员处单位罚款数额百分之五以上百分之十以下的罚款；有违法所得的，并处没收违法所得；情节严重的，暂停直至取消招标代理资格。

4）对于参与串通行为的评标委员会成员，给予警告，没收收受的财物，可以并处三千元以上五万元以下的罚款，取消担任评标委员会成员的资格，不得再参加任何依法必须进行招标的项目的评标。

5）依法必须进行招标的项目，因串通行为导致其中标无效的，应依照法律规定的中标条件从其余投标人中重新确定中标人或者重新进行招标。

（2）串通投标行为人的民事责任。

1）串通投标行为人为投标人时，受损害方为招标人、其他未参与串通投标的投标人（以下简称公正投标人）。

对于招标人，串通投标行为人应承担合同无效的责任。招标投标过程实际上就是要约承诺的过程。招标人发出招标公告，是要约邀请；投标人报送标书，是要约行为；招标人通过开标、评标，最终确定中标人，是承诺行为。因此招标投标的过程也就是招标人与投标人签订合同的过程。投标人串通投标的，其中标无效，即投标人与招标人之间因中标而达成的合同关系无效。

串通投标行为人应承担的合同无效责任有：串通投标行为人因中标而取得的招标人的财产，应予以返还，不能返还的应予以折价补偿；同时赔偿招标人的损失，包括无效招标的费用（如编制招标文件的费用、组织评标的费用等）、重新招标多支出的费用、招标延误所造成的损失等。

对于公正投标人，串通投标行为人应承担共同侵权责任。串通投标行为人的串通行为，符合侵权行为的构成要件有：串通行为违法；行为人主观上具有过错；有损害事实；损害与行为之间有因果关系。

串通投标行为人应承担的侵权责任为：赔偿公正投标人参与投标的费用（如编制投标文件的费用、交通费用等）；重新参与投标而多支出的费用；其他实际损失。对于间接损失，有人认为串通投标人也应赔偿。但招标投标是一种要约承诺行为，投标人并不必然会成为中标人；即使存在其他投标人有串通投标的行为，导致的结果是中标无效，应重新确定中标人或重新招标，所以公正投标人仍不会必然成为中标人。因此不存在所谓的间接损失。

串通投标人对于招标人、公正投标人因调查行为人串通行为所支付的合理费用也应赔偿。另外，由于串通投标人的行为属于恶意串通，损害国家、集体或他人利益的行为，串通投标行为人因中标、串通行为等取得的额外收入为非法所得，应予以收缴。

2）串通投标行为人是招标人与投标人时，受损害方为公正投标人。串通投标行为人应承担合同无效、恶意串通、共同侵权的民事责任。

首先，因串通投标而中标的，其中标无效，即因中标而在招标人与投标人之间产生的合同关系无效。

其次，由于这种串通行为属于恶意串通，因此串通投标的招标人、投标人因串通行为而取得的财产，包括有关价款、商品、原材料、设备等应予以收缴。

另外，串通投标的招标人、投标人对于公正投标人应承担共同侵权的责任，即对于公正投标人因参与投标而支出的费用、重新参与投标而多支出的费用、其他实际损失等承担连带赔偿责任。

同时，公正投标人有权要求重新确定中标人或重新招标、请求赔偿相关侵权行为的调查费用。

3）在串通投标行为的概念中并不涉及招标代理机构、评标委员会。作为招标人的代理人，如果他们接受招标人的授意进行串通行为，则与招标人共同承担相应的民事责任，即串通行为导致的中标无效，非法所得予以没收，对于公正投标人承担赔偿损失的责任。如果串通行为不是招标人授意，而是其自行与投标人进行的，则根据其行为对中标情况的影响程度而定，如影响中标结果的，中标无效，其对招标人承担违反委托合同的违约责任，对公正投标人承担共同侵权的赔偿责任，并收缴非法所得。

（3）串通投标行为的刑事责任。法院以串通投标罪予以判决处罚，其依据的是刑法第二百二十三条的规定：投标人相互串通投标报价，损害招标人或者其他投标人利益，情节严重的，处三年以下有期徒刑或者拘役，并处或者单处罚金。投标人与招标人串通投标，损害国家、集体、公民的合法利益的，依照前款的规定处罚。

项目小结

建设法规在各项建设活动中的作用日趋显著，基本建设程序的各阶段各环节工作都涉及相应的法律、法规和规章，我国五个层次的法律法规框架体系日益完善。建设法律关系、法律责任等知识是运用法律法规条文分析和解决建设工程实践问题的基础。

本节涉及的主要法律法规文件有《立法法》《民法典》《建筑法》。

技能训练

一、单项选择题

1. 中国特色社会主义法律体系以宪法为统帅，以宪法相关法、民法商法等多个法律部门的法律为主干，由（　　）等多个层次的法律规范构成。
   A. 宪法、法律、部门规章　　　　B. 刑法、民法、经济法
   C. 法律、行政法规、地方性法规　　D. 宪法、刑法、民法

2. 下列法规中，属于部门规章的是（　　）。
   A.《建设工程质量管理条例》　　　B.《北京市建筑市场管理条例》
   C.《重庆市建设工程造价管理规定》D.《招标公告发布暂行办法》

3.《建设工程安全生产管理条例》属于我国建设法律法规体系中的（　　）。
   A. 法律　　　B. 行政法规　　　C. 行政规章　　　D. 地方法规

4. 李某购买了一套位于某住宅小区的公寓，1年后发现厨房渗漏，于是向住宅小区的开发商提出维修。本案例中法律关系的主体是（　　）。
   A. 李某和小区物业管理公司　　　B. 李某和小区开发商
   C. 李某和小区施工单位　　　　　D. 小区开发商和小区施工单位

5. 建设单位和乙工程设计单位签订了某城市广场工程的设计合同，双方约定自合同签订之日起3个月内，设计单位向建设单位提交该城市广场工程的全套设计施工图，设计费为860万元。则该合同法律关系的客体是（　　）。
   A. 某城市广场工程　　　　　　　B. 860万元设计费
   C. 全套设计施工图　　　　　　　D. 设计合同中双方的权利与义务

6. 建设单位和乙监理企业就某写字楼的工程监理事宜签订了监理委托合同，监理费为120万元。则该120万元监理费属于（　　）。
   A. 合同法律关系的主体　　　　　B. 合同法律关系的客体
   C. 合同法律关系的权利　　　　　D. 合同法律关系的义务

7. 法律责任的特征是（　　）。
   A. 政治性　　　B. 道义性　　　C. 义务性　　　D. 惩罚性

8. 客体和内容是法律关系的三要素，如果三要素发生变化则说明（　　）。
   A. 法律关系变更　B. 法律关系解除　C. 法律关系终止　D. 法律关系不变

9. 法人必须要能够承担民事责任，其前提是（　　）。
   A. 依法成立　　　　　　　　　　B. 有必要的财产和经费
   C. 有自己的名称和组织机构　　　D. 有固定的生产经营场所

10. 关系内容的变更，是法律关系（　　）变更的结果。

A. 主体　　　　　B. 客体　　　　　C. 主体或客体　　　　D. 主体与客体

11. 能够引起法律关系产生、变更和消灭的情况称为（　　　）。
   A. 事件　　　　　B. 行为　　　　　C. 法律事实　　　　　D. 事实

12. 企业是法人，关于该施工企业应当具备条件的说法，正确的是（　　　）。
   A. 该施工企业能够自然产生　　　　B. 该施工企业能够独立承担民事责任
   C. 该施工企业的法定代表人是法人　　D. 该施工企业不必有自己的住所、财产

13. 法律责任的承担方式中，属于行政处分的是（　　　）。
   A. 降级　　　　　B. 罚款　　　　　C. 责令停产停业　　　D. 取消投标资格

14. 工程建设活动中，施工企业与建设单位形成的是（　　　）。
   A. 刑事法律关系　　　　　　　　B. 民事商事法律关系
   C. 社会法律关系　　　　　　　　D. 行政法律关系

15. 法人进行民事活动的物质基础是（　　　）。
   A. 有自己的名称　　　　　　　　B. 有自己的组织机构
   C. 有必要的财产或经费　　　　　D. 有自己的住所

16. 关于建设工程刑事责任的说法，正确的是（　　　）。
   A. 刑事责任是法律责任中最严重的一种，不包括没收财产
   B. 造成经济损失 50 万元，应当追究刑事责任
   C. 强令他人违章冒险作业，造成重大伤亡事故的，应当承担刑事责任
   D. 投标人相互串通投标报价，损害招标人利益的，应当单处罚金

17. 关于建设活动中的民事商事法律关系的说法，正确的是（　　　）。
   A. 建设活动中的民事商事法律关系不是平等主体之间的关系
   B. 建设活动中的民事商事关系主要是非财产关系
   C. 惩罚性责任是建设活动中的民事商事关系的主要责任形式
   D. 在建设活动中，建设单位与施工企业之间的合同关系属于民事商事法律关系

18. 关于法的效力层级的说法，正确的是（　　　）。
   A. 当一般规定与特别规定不一致时，优先适用一般规定
   B. 地方性法规的效力高于本级地方政府规章
   C. 特殊情况下，法律、法规可以违背宪法
   D. 行政法规的法律地位仅次于宪法

19. 下列法人中，属于特别法人的是（　　　）。
   A. 基金会法人　　B. 事业单位法人　　C. 社会团体法人　　D. 机关法人

20. 下列法律责任中，属于民事责任承担方式的是（　　　）。
   A. 警告　　　　　B. 吊销许可证　　　C. 责令停产停业　　D. 停止侵害

二、多项选择题

1. 以下建设法律法规中属于建设行政法规的有（　　　）。
   A.《建筑法》　　　　　　　　　　B.《建设工程质量管理条例》
   C.《建设工程勘察设计管理条例》　　D.《城市房屋拆迁条例》
   E.《建筑工程施工许可管理办法》

2. 根据违法性质可以将法律责任分为（　　　）。

A. 民事责任　　　　　B. 行政责任　　　　　C. 行政处罚
D. 刑事责任　　　　　E. 道义责任

3. 下列选项中，属于民事法律关系客体的有（　　）。
A. 建设工程施工合同中的工程价款
B. 建设工程施工合同中的建筑物
C. 建材买卖合同中的建筑材料
D. 建设工程勘察合同中的勘察行为
E. 建设工程设计合同中的施工图

4. 建设工程法律关系主体的范围包括（　　）。
A. 自然人　　　　　　B. 建设单位　　　　　C. 承包单位
D. 国家机关　　　　　E. 某大学建工学院

5. 建设工程法律关系的内容包括（　　）。
A. 标的　　　　　　　B. 价款　　　　　　　C. 质量
D. 法律权利　　　　　E. 法律义务

6. 建设工程法律责任的一般构成要件包括（　　），它们之间互为联系、互为作用，缺一不可。
A. 有损害事实发生　　B. 存在违法行为
C. 职务犯罪　　　　　D. 违法行为与损害事实之间有因果关系
E. 违法者主观上有过错

7. 法律关系产生、变更和终止的原因即是法律事实。法律事实以是否包含当事人的意志为依据，分为（　　）。
A. 事件　　　　　　　B. 行为　　　　　　　C. 自然灾害
D. 不可抗力　　　　　E. 不作为

8. 在我国基本建设程序中，属于工程建设施工阶段各环节的工作内容有（　　）。
A. 施工图审查　　　　B. 施工图会审　　　　C. 施工组织设计审查
D. 设计概算审批　　　E. 施工许可证办理

9. 刑罚中附加刑的种类有（　　）。
A. 罚款　　　　　　　B. 管制　　　　　　　C. 拘役
D. 剥夺政治权利　　　E. 没收财产

10. 下列行政责任的承担方式中，属于行政处分的有（　　）。
A. 警告　　　　　　　B. 记过　　　　　　　C. 降级
D. 撤职　　　　　　　E. 罚款

项目 2
建筑许可法律制度

> **学习目标**
> 1. 掌握建筑施工许可制度的各项规定
> 2. 熟悉建筑工程从业单位资质管理的规定
> 3. 了解建筑业企业资质管理制度
> 4. 了解建造师执业资格制度

建筑工程活动是一项专业性、技术性极强的特殊活动,对建设工程是否具备施工条件以及从事建筑活动的单位和专业技术人员进行严格的管理和事前控制,对于规范建设市场秩序,保证建设工程质量和施工安全生产,提高投资效益,保障公民生命财产安全和国家财产安全,具有十分重要的意义。

2.1 建筑许可法律制度概述

2.1.1 建筑许可的概念

根据《中华人民共和国行政许可法》(简称《行政许可法》)的规定,行政许可是指行政机关根据公民、法人或者其他非法人组织的申请,经依法审查,准予其从事特定活动的行为。

2-1 建筑许可制度

建筑许可是指建设行政主管部门依申请,准许、变更或终止公民、法人和其他组织从事建筑活动的具体行政行为。根据《建筑法》的规定,建筑许可包括三项许可制度,即建筑工程施工许可制度、从事建筑活动的单位资质制度和从事建筑活动的个人资格制度。

2-2 行政许可一般程序

2.1.2 建筑许可的特点

建筑许可行为的主体是建设行政主管部门,而不是其他行政机关,也不是其他公民、法人或组织,以对建筑工程的开工和从事建筑活动的单位和个人资格实施行政监督管理为目的。

许可的反面是禁止。建筑工程开工和从事建筑活动，只有在符合特定条件的情况下才允许进行。否则，就有可能对国家、社会或公民造成危害，法律将予以禁止。

建筑许可是依据建设单位或从事建筑活动的单位和个人的申请而做出的行政行为，申请是许可的必要条件。建筑许可的有关事项与条件必须依据法律法规的规定进行，不得随意设置。

2.1.3　建筑许可的意义

《建筑法》对三项许可制度做出明确规定，体现了国家对建设活动这一特殊经济活动进行从严和事前控制的管理，具有非常重要的意义。

（1）实行建筑许可制度有利于国家对基本建设进行宏观调控，既可以监督建设单位尽快建成拟建项目，防止闲置土地，影响公众利益，又能保证建设项目开工后能够顺利进行，避免由于不具备条件盲目上马，给参与建设的各方造成不必要的损失，同时也有助于建设行政主管部门对在建项目实施有效的监督管理。

（2）实行建筑许可制度有利于规范建筑市场，保证建筑工程质量和建筑安全生产，维护社会经济秩序，提高投资效益，保障公民生命财产和国家财产安全。

（3）实行建筑许可制度既有利于确保从事建筑活动的单位和人员素质，又有利于维护他们的合法权益。

2.2　建筑工程施工许可制度

建筑工程施工许可制度是指建设行政主管部门根据建设单位的申请，在建筑工程开工前依法对建筑工程是否符合开工条件进行审查，对符合条件者准许该建筑工程开始施工并颁发施工许可证的一项法定制度。

2.2.1　施工许可证的申请主体

建设单位（又称业主或项目法人）是建设项目的投资者，施工许可证的申请是建设单位的责任，而不是施工单位或者其他单位的，更不是建设行政主管部门的。

《建筑法》规定，建筑工程开工前，建设单位应当按照国家有关规定向工程所在地县级以上人民政府建设行政主管部门申请领取施工许可证；但是，国务院建设行政主管部门确定的限额以下的小型工程除外。按照国务院规定的权限和程序批准开工报告的建筑工程，不再领取施工许可证。

《住房和城乡建设部办公厅关于全面推行建筑工程施工许可证电子证照的通知》（建办市〔2020〕25号）规定，全面推行施工许可电子证照。自2021年1月1日起，全国范围内的房屋建筑和市政基础设施工程项目全面实行施工许可电子证照。电子证照与纸质证照具有同等法律效力。

设立和实施建筑工程施工许可证制度，目的是通过对建筑工程施工所应具备的基本条件的审查，避免不具备条件的建筑工程盲目开工而给相关当事人造成损失和社会财富的浪费，保证建筑工程开工后的顺利建设。这是一种事前控制制度。

2.2.2 施工许可证的申领范围

在中华人民共和国境内从事各类房屋建筑及其附属设施的建造、装修装饰和与其配套的线路、管道、设备的安装，以及城镇市政基础设施工程的施工，建设单位在开工前应当依照《建筑工程施工许可管理办法》的规定，向工程所在地的县级以上地方人民政府住房城乡建设主管部门（以下简称发证机关）申请领取施工许可证。

1. 不需要办理施工许可证的工程

（1）国务院建设行政主管部门确定的限额以下的小型工程。《建筑工程施工许可管理办法》规定，工程投资额在30万元以下或者建筑面积在300平方米以下的建筑工程，可以不申请办理施工许可证。

省、自治区、直辖市人民政府住房城乡建设主管部门可以根据当地的实际情况，对限额进行调整，并报国务院住房城乡建设主管部门备案。

（2）不重复办理施工许可证的建设工程。《建筑法》规定，按照国务院规定的权限和程序批准开工报告的建筑工程，不再领取施工许可证。这有两层含义：一是实行开工报告批准制度的建设工程，必须符合国务院的规定，其他任何部门的规定无效；二是开工报告与施工许可证不要重复办理。

开工报告制度是我国沿用已久的一种建设项目开工管理制度。需要说明的是，国务院规定的开工报告制度与工程建设监理中的开工报告虽然在字面上都是"开工报告"，但二者之间有着本质的区别：

1）性质不同。前者是政府主管部门的一种行政许可制度，后者则是监理单位对施工单位开工准备工作的认可。

2）主体不同。前者是建设单位向政府主管部门申报，后者则是施工单位向监理单位提出。

3）内容不同。前者主要是建设单位应具备的开工条件，后者则是施工单位应具备的开工条件。

（3）抢险救灾工程、临时性建筑及农民自建低层住宅。《建筑法》规定，抢险救灾及其他临时性房屋建筑和农民自建低层住宅的建筑活动，不适用本法。

（4）文物保护的纪念建筑和古建筑等的修缮，不适用《建筑法》施工许可管理规定。依法核定作为文物保护的纪念建筑物和古建筑等的修缮，依照文物保护的有关法律规定执行。

（5）军用房屋建筑，另行规定。军用房屋建筑工程建筑活动的具体管理办法，由国务院、中央军事委员会依据《建筑法》制定。

2. 可以直接发放开工证书的工程

《国务院办公厅关于进一步优化营商环境更好服务市场主体的实施意见》（国办发〔2020〕24号），全面推行工程建设项目分级分类管理，在确保安全的前提下，对社会投资的小型低风险新建、改扩建项目，由政府部门发布统一的企业开工条件，企业取得用地、满足开工条件后做出相关承诺，政府部门直接发放相关证书，项目即可开工。

除了以上不需要办理施工许可证的工程，其他应当申请领取施工许可证的建筑工程未取得施工许可证的，一律不得开工。任何单位和个人不得将应该申请领取施工许可证的工程项目分解为若干限额以下的工程项目，规避申请领取施工许可证。

2.2.3 施工许可证的申领条件

对需要领取施工许可证的建筑工程，由建设单位按规定向发证机关提出申请。为建设项目开工和施工单位进场做好各项前期准备工作，是建设单位应尽的义务。建设单位申请领取施工许可证，应当具备下列条件，并提交相应的证明文件。

1. 依法应当办理用地批准手续的，已经办理该建筑工程用地批准手续

根据《城市房地产管理法》《土地管理法》的规定，建设单位依法以出让或划拨方式取得建筑工程用地土地使用权，应当向县级以上地方人民政府土地管理部门申请登记，经县级以上地方人民政府土地管理部门核实，由同级人民政府颁发土地使用权证书。

建设单位取得土地使用权证书表明已经办理了该建筑工程用地批准手续。

2. 依法应当办理建设工程规划许可证的，已经取得建设工程规划许可证

在城市、镇规划区，规划许可证包括建设用地规划许可证和建设工程规划许可证。建设用地规划许可证是建设单位在向土地管理部门申请征用、划拨土地前，经城市规划行政主管部门确认建设项目位置和范围符合城市规划的法定凭证，是建设单位用地的法律凭证。建设工程规划许可证是城市规划行政主管部门依法核发的，确认有关建设工程符合城市规划要求的法律凭证。两者针对对象不同，前者针对的是用地，后者针对的是工程具体设计和施工情况。办理的先后顺序是：先规划部门核发用地规划许可证，后土地管理部门发放土地使用权证，再规划部门申请建设工程规划许可证。

3. 施工场地已经基本具备施工条件，需要征收房屋的，其进度符合施工要求

施工场地应该具备的基本施工条件，视建设工程项目的具体情况而定。如：已完成场地的"三通一平"，已进行现场的施工测量，已建立永久性坐标点等。

房屋征收是指根据城市规划和国家专项工程的迁建计划以及当地政府的用地文件，拆除和迁移建设用地范围内房屋及其附属物，并由征收人对原房屋及其附属物的所有人或使用人进行补偿和安置的行为。对城市旧区成片进行综合开发的，应根据建筑工程建设计划，在满足施工要求的前提下，分期分批进行征收。征收必须按计划和施工进度要求进行，过早过迟都会造成损失和浪费。

4. 已经确定施工企业

建筑工程的施工必须由具备相应资质的建筑施工企业来承担。在建筑工程开工前，建设单位必须确定承包该建筑工程的建筑施工企业，并签订建设工程承包合同，明确双方的责任、权利和义务。

建设单位确定建筑施工企业可以通过招标发包或直接发包两种方式。按照规定应当招标的工程没有招标，应当公开招标的工程没有公开招标，或者肢解发包工程，以及将工程发包给不具备相应资质条件的企业的，所确定的施工企业无效。

5. 有满足施工需要的资金安排、施工图纸及技术资料，建设单位应当提供建设资金已经落实承诺书，施工图设计文件已按规定审查合格

施工图设计文件是实现建筑工程的最根本的技术文件，是工程施工的直接依据。勘察、设计单位应按工程施工顺序和施工进度，安排好施工图纸配套交付计划，保证满足施工的需要。施工图设计的深度应能满足设备材料的安排和非标准设备的制作、施工图预算的编制、施工等要求。在建筑工程开工前，建设单位应当组织建筑施工企业和设计单位进行图纸会审和设计交底。施工企业要领会设计意图,掌握技术要求,以便精心施工。

技术资料一般包括地形、地质、水文、气象等自然条件资料,是建筑工程施工的重要前提条件。掌握客观、准确、全面的技术资料,是建筑工程质量和安全的重要保证。

国家实施施工图设计文件审查制度。施工图设计文件审查,是指建设主管部门认定的施工图审查机构按照有关法律、法规,对施工图涉及公共利益、公众安全和工程建设强制性标准的内容进行的审查。施工图设计文件未经审查合格的不得使用,建设主管部门不得颁发施工许可证。

6. 有保证工程质量和安全的具体措施

施工企业编制的施工组织设计中有根据建筑工程特点制定的相应质量、安全技术措施,建立工程质量安全责任制并落实到人。专业性较强的工程项目编制专项质量、安全施工组织设计,并按照规定办理工程质量、安全监督手续。

(1)保证工程质量和安全具体措施是施工组织设计的一项重要内容。施工组织设计的编制是施工准备工作的中心环节,完整、科学、合理的施工组织设计将直接影响建筑工程质量和建筑安全生产,影响施工能否顺利进行。

(2)建设单位在领取施工许可证或者开工报告之前,应当按照国家有关规定办理建筑工程质量监督手续。

县级以上地方人民政府住房城乡建设主管部门不得违反法律法规规定,增设办理施工许可证的其他条件。

需要强调的是,上述几个方面的法定条件是建设单位申领施工许可证所必须同时具备的必要条件,缺一不可。

发证机关在收到建设单位报送的《建筑工程施工许可证申请表》和所附证明文件后,对于符合条件的,应当自收到申请之日起七日内颁发施工许可证;对于证明文件不齐全或者失效的,应当当场或者五日内一次告知建设单位需要补正的全部内容,审批时间可以自证明文件补正齐全后作相应顺延;对于不符合条件的,应当自收到申请之日起七日内书面通知建设单位,并说明理由。

建筑工程在施工过程中,建设单位或者施工单位发生变更的,应当重新申请领取施工许可证。

2.2.4 施工许可证的时间效力

1. 延期规定

建设单位应当自领取施工许可证之日起三个月内开工。因故不能按期开工的,应当在期满前向发证机关申请延期,并说明理由;延期以两次为限,每次不超过三个月。

既不在三个月内开工又不向发证机关申请延期或超过延期次数、时限的,施工许可证自行废止。施工许可证废止后,建设单位需按规定重新领取施工许可证,方可开工。

2. 中止施工

所谓中止施工,是指建筑工程开工后,在施工过程中因特殊情况的发生而中途停止施工的情形。在施工过程中,造成中止施工的特殊原因较为复杂,主要有:地震、洪水等不可抗力;宏观调控、压缩基建规模、停建缓建建筑工程等。

在建的建筑工程因故中止施工的,建设单位应当自中止施工之日起1个月内向发证机关报告，报告内容包括中止施工的时间、原因、在施部位、维修管理措施等，并按照规定做好建筑工程的维护管理工作。建设单位要与施工单位共同做好中止施工建筑工程的现场安全、防火、防盗、维护等项工作，并保管好工程技术档案资料。

3. 恢复施工

所谓恢复施工，是指建筑工程中止施工后，造成中断施工的情况消除，而继续进行施工的一种行为。

恢复施工时，中止施工不满一年的，建设单位应当向为该建筑工程颁发施工许可证的建设行政主管部门报告恢复施工的有关情况；中止施工满一年的，建筑工程恢复施工前，建设单位应当报发证机关核验施工许可证。建设行政主管部门对中止施工满一年的建筑工程进行审查，是否仍具备组织施工的条件，符合条件的，应允许恢复施工，施工许可证继续有效；对不符合条件的，不许恢复施工，施工许可证收回，待具备条件后，建设单位重新申领施工许可证。

2.2.5 违法责任

1. 未经许可擅自开工应承担的法律责任

《建筑法》规定，未取得施工许可证或者开工报告未经批准擅自施工的，责令改正，对不符合开工条件的责令停止施工，可以处以罚款。《建设工程质量管理条例》规定，建设单位未取得施工许可证或者开工报告未经批准，擅自施工的，责令停止施工，限期改正，处工程合同价款1%以上2%以下的罚款。

2. 规避办理施工许可应承担的法律责任

《建筑工程施工许可管理办法》规定，对于未取得施工许可证或者为规避办理施工许可证将工程项目分解后擅自施工的，由有管辖权的发证机关责令停止施工，限期改正，对建设单位处工程合同价款1%以上2%以下罚款；对施工单位处3万元以下罚款。

3. 骗取和伪造施工许可应承担的法律责任

建设单位采用欺骗、贿赂等不正当手段取得施工许可证的，由原发证机关撤销施工许可证，责令停止施工，并处1万元以上3万元以下罚款；构成犯罪的，依法追究刑事责任。

建设单位隐瞒有关情况或者提供虚假材料申请施工许可证的，发证机关不予受理或者不予许可，并处1万元以上3万元以下罚款；构成犯罪的，依法追究刑事责任。建设单位伪造或者涂改施工许可证的，由发证机关责令停止施工，并处1万元以上3万元以下罚款；构成犯罪的，依法追究刑事责任。

4. 单位责任人应承担的法律责任

给予单位罚款处罚的，对单位直接负责的主管人员和其他直接责任人员处单位罚款数额5%以上10%以下罚款。单位及相关责任人受到处罚的，作为不良行为记录予以通报。

5. 发证机关及其工作人员的法律责任

发证机关及其工作人员，违反《建筑工程施工许可管理办法》，对不符合条件的申请人准予施工许可的、对符合条件的申请人不予施工许可或者未在法定期限内做出准予许可决定的、对符合条件的申请不予受理的、利用职务上的便利收受他人财物或者谋取其他利益的、不依法履行监督职责或者监督不力造成严重后果的，由其上级行政机关或者监察机关责令改正；情节严重的，对直接负责的主管人员和其他直接责任人员，依法给予行政处分。

【案例 2-1】未取得施工许可证，签订的建设工程合同无效。案例来源：最高人民法院。

2013 年 6 月 25 日，A 公司向 B 公司发出《中标通知书》，通知 B 公司中标恒和国际商务会展中心工程。2013 年 6 月 26 日，A 公司和 B 公司签订《建设工程施工合同》。因 A 公司施工手续一直未完善、图样变更等原因，造成工程推进困难，B 公司要求顺延工期，由此造成的停窝工等损失均由 A 公司承担，后诉至法院。截至本案一审庭审结束前，案涉工程未取得建设工程规划许可证、建设工程施工许可证等手续。

最高人民法院认为，案涉工程未取得建设工程规划许可证等建设手续，违反了《城乡规划法》《建筑法》等相关法律的强制性规定，规避了国家对规划体系、工程质量等问题的监管，损坏了国家利益和社会公共利益，依照《合同法》第五十二条（现为《民法典》第一百五十三条）的规定，双方签订的《建设工程施工合同》无效。

2.3 建筑企业资质管理制度

工程建设活动是一项专业性、技术性很强的经济活动，它与整个国家经济的发展、人民生活的改善有着密切的关系。建筑工程投资大、周期长，一旦发生问题，将给国家和人民的生命财产安全造成极大损失。而随着科学发展和技术进步，越来越多的新技术、新方法、新材料将应用于建设领域，使得工程建设过程日趋复杂。因此，为了提高我国工程建设水平，保证建筑工程的质量和安全，国家对从事建设活动的主体资格作了严格限定。

2.3.1 从业单位资质管理规定

所谓资质管理，是指资格认证、资质审查的管理，是建筑市场管理的一项重要内容。《建筑法》规定，从事建筑活动的建筑施工企业、勘察单位、设计单位和工程监理单位，应当具备下列条件：

（1）有符合国家规定的注册资本。
（2）有与其从事的建筑活动相适应的具有法定执业资格的专业技术人员。
（3）有从事相关建筑活动所应有的技术装备。
（4）法律、行政法规规定的其他条件。

从事建筑活动的建筑施工企业、勘察单位、设计单位和工程监理单位，按照其拥有的注册资本、专业技术人员、技术装备和已完成的建筑工程业绩等资质条件，划分为不同的资质等级，经资质审查合格，取得相应等级的资质证书后，方可在其资质等级许可范围内从事建筑活动。

2.3.2 建筑业企业资质管理规定

建筑业企业是指从事土木工程、建筑工程、线路管道设备安装工程的新建、扩建、改建等施工活动的企业。

1. 建筑业企业资质序列、类别和等级

《建设工程企业资质管理制度改革方案》（建市〔2020〕94 号）规定，建筑业施工资质分为综合资质、施工总承包资质、专业承包资质和专业作业资质。

将 10 类施工总承包企业特级资质调整为施工综合资质，可承担各行业、各等级施工总承包业务；保留12类施工总承包资质，将民航工程的专业承包资质整合为施工总承包资质；将36类专业承包资质整合为18类；将施工劳务企业资质改为专业作业资质，由审批制改为备案制。综合资质和专业作业资质不分等级；施工总承包资质、专业承包资质等级原则上压减为甲、乙两级（部分专业承包资质不分等级），其中，施工总承包甲级资质在本行业内承揽业务规模不受限制。

2. 建筑业企业资质的法定条件

《建筑业企业资质管理规定》中规定，建筑业企业应当按照其拥有的资产、主要人员、已完成的工程业绩和技术装备等条件申请建筑业企业资质，经审查合格，取得建筑业企业资质证书后，方可在资质许可的范围内从事建筑施工活动。

（1）有符合规定的净资产。企业净资产是指企业的资产总额减去资产负债后的净额，属于企业所有并可以自由支配的资产，即所有者权益。相对于注册资本而言，其更能体现企业的经济实力。从事经营活动的企业组织，都必须具备基本的责任能力，能够承担与其经营活动相适应的财产义务，这既是法律权利与义务相一致、利益与风险相一致原则的反映，也是保护债权人利益的需要。因此，建筑业企业的注册资本、净资产必须适应从事建筑活动的需要，不得低于最低限额。

以建筑工程施工总承包企业为例，按照《建筑业企业资质等级标准》《施工总承包企业特级资质标准》的规定，特级企业净资产3.6亿元以上，一级企业净资产1亿元以上，二级企业净资产4000万元以上，三级企业净资产800万元以上。

（2）有符合规定的专业技术人员。工程建设施工活动是一项专业性、技术性很强的活动。因此，从事施工活动的建筑业企业必须拥有足够的注册建造师、各专业工程技术人员、现场施工管理人员和技术工人。按照《建筑业企业资质等级标准》《施工总承包企业特级资质标准》的规定，建筑工程施工总承包企业各类人员及其数量规定详见表2-1。

对企业技术负责人的规定，特级企业：技术负责人具有15年以上从事工程技术管理工作经历，且具有工程序列高级职称及一级注册建造师或注册工程师执业资格；主持完成过两项及以上施工总承包一级资质要求的代表工程的技术工作或甲级设计资质要求的代表工程或合同额2亿元以上的工程总承包项目。一级企业：技术负责人具有10年以上从事工程技术管理工作经历，且具有结构专业高级职称。二级企业：技术负责人具有8年以上从事工程技术管理工作经历，且具有结构专业高级职称或建筑工程专业一级注册建造师执业资格。三级企业：技术负责人具有5年以上从事工程技术管理工作经历，且具有结构专业中级以上职称或建筑工程专业注册建造师执业资格。

表2-1 建筑工程施工总承包企业各类人员及其数量规定

序号	资质等级	资质标准（各类人员数量/人）			
		注册建造师	中级以上职称人员	现场管理人员	中级工以上技术工人
1	特级	50（一级）	本类别相关的行业工程设计甲级资质标准要求的专业技术人员		
2	一级	12（一级）	30	50	150
3	二级	12	15	30	75
4	三级	5	6	15	30

（3）有符合规定的企业工程业绩。工程建设施工活动是一项重要的实践活动，有无承担过类似工程的经验及其业绩奖项，是衡量施工企业技术水平和管理水平的一项重要标准。还

是以建筑工程施工总承包企业为例,《建筑业企业资质等级标准》中规定的一、二级资质的企业工程业绩如下:

一级企业:近5年承担过下列4类中的2类工程的施工总承包或主体工程承包,工程质量合格。

1)地上25层以上的民用建筑工程1项或地上18～24层的民用建筑工程2项。

2)高度100m以上的构筑物工程1项或高度80～100m(不含)的构筑物工程2项。

3)建筑面积3万m^2以上的单体工业、民用建筑工程1项或建筑面积2万～3万m^2(不含)的单体工业、民用建筑工程2项。

4)钢筋混凝土结构单跨30m以上(或钢结构单跨36m以上)的建筑工程1项或钢筋混凝土结构单跨27～30m(不含)[或钢结构单跨30～36m(不含)]的建筑工程2项。

二级企业:近5年承担过下列4类中的2类工程的施工总承包或主体工程承包,工程质量合格。

1)地上12层以上的民用建筑工程1项或地上8～11层的民用建筑工程2项。

2)高度50m以上的构筑物工程1项或高度35～50m(不含)的构筑物工程2项。

3)建筑面积1万m^2以上的单体工业、民用建筑工程1项或建筑面积0.6万～1万m^2(不含)的单体工业、民用建筑工程2项。

4)钢筋混凝土结构单跨21m以上(或钢结构单跨24m以上)的建筑工程1项或钢筋混凝土结构单跨18～21m(不含)[或钢结构单跨21～24m(不含)]的建筑工程2项。

三级资质企业不再要求工程业绩。

(4)有符合规定的技术装备。企业没有相应的技术装备就无法进行具有较强专业性、技术性特点的建筑活动。建筑业施工企业活动,必须有相应的施工机械设备与质量检验测试手段,才能适应越来越多的大跨度、超高层和结构复杂的建设工程的建设。

建筑业企业的资质等级,是施工单位人员素质、资金数量、技术装备、管理水平、工程业绩等综合能力的体现,反映了该企业从事某项施工活动的资格和能力,是国家对建设市场准入管理的重要手段。为此,我国的法律规定施工单位除应具备企业法人营业执照外,还应取得相应的资质证书,并严格在其资质等级许可的经营范围内从事施工活动。

3. 建筑业企业资质申请

企业可以申请一项或多项建筑业企业资质。企业首次申请或增项申请资质,应当申请最低等级资质。企业申请建筑业企业资质,应当提交以下材料:

(1)建筑业企业资质申请表及相应的电子文档。

(2)企业营业执照正副本复印件。

(3)企业章程复印件。

(4)企业资产证明文件复印件。

(5)企业主要人员证明文件复印件。

(6)企业资质标准要求的技术装备的相应证明文件复印件。

(7)企业安全生产条件有关材料复印件。

(8)按照国家有关规定应提交的其他材料。

企业申请建筑业企业资质,应当如实提交有关申请材料。资质许可机关收到申请材料后,应当按照《行政许可法》的规定办理受理手续。

4. 建筑业企业资质许可

（1）下列建筑业企业资质，由国务院住房城乡建设主管部门许可：

1）施工总承包资质序列特级资质、一级资质及铁路工程施工总承包二级资质。

2）专业承包资质序列公路、水运、水利、铁路、民航方面的专业承包一级资质及铁路、民航方面的专业承包二级资质；涉及多个专业的专业承包一级资质。

（2）下列建筑业企业资质，由企业工商注册所在地省、自治区、直辖市人民政府住房城乡建设主管部门许可：

1）施工总承包资质序列二级资质及铁路、通信工程施工总承包三级资质。

2）专业承包资质序列一级资质（不含公路、水运、水利、铁路、民航方面的专业承包一级资质及涉及多个专业的专业承包一级资质）。

3）专业承包资质序列二级资质（不含铁路、民航方面的专业承包二级资质）；铁路方面专业承包三级资质；特种工程专业承包资质。

（3）下列建筑业企业资质，由企业工商注册所在地设区的市人民政府住房城乡建设主管部门许可：

1）施工总承包资质序列三级资质（不含铁路、通信工程施工总承包三级资质）。

2）专业承包资质序列三级资质（不含铁路方面专业承包资质）及预拌混凝土、模板脚手架专业承包资质。

3）施工劳务资质。

4）燃气燃烧器具安装、维修企业资质。

省、自治区、直辖市人民政府住房城乡建设主管部门应当自受理申请之日起20个工作日内初审完毕，并将初审意见和申请材料报国务院住房城乡建设主管部门。

国务院住房城乡建设主管部门应当自省、自治区、直辖市人民政府住房城乡建设主管部门受理申请材料之日起60个工作日内完成审查，公示审查意见，公示时间为10个工作日。其中，涉及公路、水运、水利、通信、铁路、民航等方面资质的，由国务院住房城乡建设主管部门会同国务院有关部门审查。

建筑业企业资质证书分为正本和副本，由国务院住房城乡建设主管部门统一印制，正、副本具备同等法律效力。资质证书有效期为5年。

5. 建筑业企业资质证书延续

建筑业企业资质证书有效期届满，企业继续从事建筑施工活动的，应当于资质证书有效期届满3个月前，向原资质许可机关提出延续申请。

资质许可机关应当在建筑业企业资质证书有效期届满前做出是否准予延续的决定；逾期未做出决定的，视为准予延续。

6. 建筑业企业资质证书变更

企业在建筑业企业资质证书有效期内名称、地址、注册资本、法定代表人等发生变更的，应当在工商部门办理变更手续后1个月内办理资质证书变更手续。

由国务院住房城乡建设主管部门颁发的建筑业企业资质证书的变更，企业应当向企业工商注册所在地省、自治区、直辖市人民政府住房城乡建设主管部门提出变更申请，省、自治区、直辖市人民政府住房城乡建设主管部门应当自受理申请之日起2日内将有关变更证明材料报国务院住房城乡建设主管部门，由国务院住房城乡建设主管部门在2日内办理变更手续。

7. 企业发生合并、分立、重组以及改制的资质管理

企业发生合并、分立、重组以及改制等事项，需承继原建筑业企业资质的，应当申请重新核定建筑业企业资质等级。

企业需更换、遗失补办建筑业企业资质证书的，应当持建筑业企业资质证书更换、遗失补办申请等材料向资质许可机关申请办理。资质许可机关应当在2个工作日内办理完毕。

企业遗失建筑业企业资质证书的，在申请补办前应当在公众媒体上刊登遗失声明。

企业申请建筑业企业资质升级、资质增项，在申请之日起前一年至资质许可决定做出前，有下列情形之一的，资质许可机关不予批准其建筑业企业资质升级申请和增项申请：

（1）超越本企业资质等级或以其他企业的名义承揽工程，或允许其他企业或个人以本企业的名义承揽工程的。

（2）与建设单位或企业之间相互串通投标，或以行贿等不正当手段谋取中标的。

（3）未取得施工许可证擅自施工的。

（4）将承包的工程转包或违法分包的。

（5）违反国家工程建设强制性标准施工的。

（6）恶意拖欠分包企业工程款或者劳务人员工资的。

（7）隐瞒或谎报、拖延报告工程质量安全事故，破坏事故现场、阻碍对事故调查的。

（8）按照国家法律、法规和标准规定需要持证上岗的现场管理人员和技术工种作业人员未取得证书上岗的。

（9）未依法履行工程质量保修义务或拖延履行保修义务的。

（10）伪造、变造、倒卖、出租、出借或者以其他形式非法转让建筑业企业资质证书的。

（11）发生过较大以上质量安全事故或者发生过两起以上一般质量安全事故的。

（12）其他违反法律、法规的行为。

8. 建筑业企业资质证书撤回

取得建筑业企业资质证书的企业，应当保持资产、主要人员、技术装备等方面满足相应建筑业企业资质标准要求的条件。

企业不再符合相应建筑业企业资质标准要求条件的，县级以上地方人民政府住房城乡建设主管部门、其他有关部门，应当责令其限期改正并向社会公告，整改期限最长不超过3个月；企业整改期间不得申请建筑业企业资质的升级、增项，不能承揽新的工程；逾期仍未达到建筑业企业资质标准要求条件的，资质许可机关可以撤回其建筑业企业资质证书。

被撤回建筑业企业资质证书的企业，可以在资质被撤回后3个月内，向资质许可机关提出核定低于原等级同类别资质的申请。

9. 建筑业企业资质证书撤销

有下列情形之一的，资质许可机关应当撤销建筑业企业资质：

（1）资质许可机关工作人员滥用职权、玩忽职守准予资质许可的。

（2）超越法定职权准予资质许可的。

（3）违反法定程序准予资质许可的。

（4）对不符合资质标准条件的申请企业准予资质许可的。

（5）依法可以撤销资质许可的其他情形。

以欺骗、贿赂等不正当手段取得资质许可的，应当予以撤销。

10. 建筑业企业资质证书注销

有下列情形之一的，资质许可机关应当依法注销建筑业企业资质，并向社会公布其建筑业企业资质证书作废，企业应当及时将建筑业企业资质证书交回资质许可机关：

（1）资质证书有效期届满，未依法申请延续的。
（2）企业依法终止的。
（3）资质证书依法被撤回、撤销或吊销的。
（4）企业提出注销申请的。
（5）法律、法规规定的应当注销建筑业企业资质的其他情形。

2.3.3 建筑业企业承包工程范围

根据《建筑业企业资质等级标准》的规定，建筑工程施工总承包企业承包工程范围为：

（1）一级企业可承担下列建筑工程的施工：高度200m以下的工业、民用建筑工程；高度240m以下的构筑物工程。

（2）二级企业可承担下列建筑工程的施工：高度100m以下的工业、民用建筑工程；高度120m以下的构筑物工程；建筑面积4万m^2以下的单体工业、民用建筑工程；单跨跨度39m以下的建筑工程。

（3）三级企业可承担下列建筑工程的施工：高度50m以下的工业、民用建筑工程；高度70m以下的构筑物工程；建筑面积1.2万m^2以下的单体工业、民用建筑工程；单跨跨度27m以下的建筑工程。

2.3.4 禁止承揽工程的有关规定

1. 禁止无资质承揽工程的规定

《建筑法》规定，承包建筑工程的单位应当持有依法取得的资质证书，并在其资质等级许可的业务范围内承揽工程。

《建设工程质量管理条例》也规定，施工单位应当依法取得相应等级的资质证书，并在其资质等级许可的范围内承揽工程。

《建设工程安全生产管理条例》进一步规定，施工单位从事建设工程的新建、扩建、改建和拆除等活动，应当具备国家规定的注册资本、专业技术人员、技术装备和安全生产条件，依法取得相应等级的资质证书，并在其资质等级许可的范围内承揽工程。

随着工程建设法规体系的不断完善和建设市场的整顿规范，以无资质的方式承揽建设工程，特别是大中型建设工程的行为已极为罕见，往往是采取比较隐蔽的"挂靠"形式。而在专业工程分包或者劳务作业分包中仍存在着无资质承揽工程的现象。

需要说明的是，无资质承包主体签订的专业分包合同或者劳务分包合同都是无效合同。但是，当作为无资质的"实际施工人"的利益受到侵害时，其可以向合同相对方（即转包方或违法分包方）主张权利，甚至可以向建设工程项目的发包方主张权利。《最高人民法院关于审理建设工程施工合同纠纷案件适用法律问题的解释（一）》第四十三条规定，"实际施工人以转包人、违法分包人为被告起诉的，人民法院应当依法受理。实际施工人以发包人为被告主张权利的，人民法院应当追加转包人或者违法分包人为本案第三人，在查明发包人欠付转包人或者违法分包人建设工程价款的数额后，判决发包人在欠付建设工程价款范围内对实际施工人承担责任"。这样就在依法查处违法承揽工程的同时，也使实际施工人的合法权益得到保障。

2. 禁止超越资质承揽工程的规定

《建筑法》和《建设工程质量管理条例》均规定，禁止施工单位超越本单位资质等级许可的业务范围承揽工程。

同无资质承揽工程一样，随着法制的不断健全和建设市场秩序的整顿规范，以及市场竞争的加剧，建设单位对施工单位的要求也在不断提高，所以在施工总承包活动中超越资质承揽工程的现象已不多见。但是，在联合共同承包和分包工程活动中依然存在着超越资质等级承揽工程的问题。

联合共同承包是国际工程承包的一种通行的做法，一般适用于大型或技术复杂的建设工程项目。采用联合承包的方式，可以优势互补，增加中标机会，并可降低承包风险。但是，施工单位应当在资质等级范围内承包工程，这同样适用于联合共同承包。就是说，联合承包各方都必须具有与其承包工程相符合的资质条件，不能超越资质等级去联合承包。如果几个联合承包方的资质等级不一样，则须以低资质等级的承包方为联合承包方的业务许可范围。

在分包工程活动中，较为常见的越级承揽工程的现象，就是采取所谓"扩大劳务分包"的方式，即建设工程承包企业将超越劳务企业资质等级或超越劳务范围的工程分包给劳务企业，并就此双方签订劳务分包合同。

《建筑法》规定，禁止总承包单位将工程分包给不具备相应资质条件的单位。住房和城乡建设部《房屋建筑和市政基础设施工程施工分包管理办法》进一步规定，分包工程承包人必须具有相应的资质，并在其资质等级许可的范围内承揽业务。

3. 禁止以他企业或他企业以本企业名义承揽工程的规定

《建筑法》规定，禁止建筑施工企业超越本企业资质等级许可的业务范围或者以任何形式用其他建筑施工企业的名义承揽工程。禁止建筑施工企业以任何形式允许其他单位或者个人使用本企业的资质证书、营业执照，以本企业的名义承揽工程。

《建设工程质量管理条例》也规定，禁止施工单位超越本单位资质等级许可的业务范围或者以其他施工单位的名义承揽工程。禁止施工单位允许其他单位或者个人以本单位的名义承揽工程。

在实践中，为在市场竞争中拿到建设工程项目，一些施工单位因自身资质条件不符合发包工程所要求的资质条件，往往会采取一些手段骗取发包方的信任，包括借用其他施工单位的资质证书，以其他施工单位的名义承揽建设工程项目等。这种做法，一方面扰乱了建设市场秩序，另一方面也给建设工程留下了质量隐患。因借用他人名义的往往是自身资质等级不高、人员素质较差、管理水平落后的小企业或"包工头"，在拿到工程后还要向出借方支付管理费，为了赚钱往往采用偷工减料、以次充好等非法手段，这就势必给工程带来隐患。因此，法律明令禁止这种违法行为，不论是借用方还是出借方，都将受到法律的惩处。

在分包工程中也要防止出现以他企业名义或他企业以本企业名义承揽工程的违法行为。《房屋建筑和市政基础设施工程施工分包管理办法》规定，分包工程发包人没有将其承包的工程进行分包，在施工现场所设项目管理机构的项目负责人、技术负责人、项目核算负责人、质量管理人员、安全管理人员不是工程承包人本单位人员的，视同允许他人以本企业名义承揽工程。

2.3.5 违法行为应承担的法律责任

1. 企业申请办理资质违法行为应承担的法律责任

《建筑法》规定，以欺骗手段取得资质证书的，吊销资质证书，处以罚款；构成犯罪的，依法追究刑事责任。

《建筑业企业资质管理规定》中规定，申请企业隐瞒有关真实情况或者提供虚假材料申请建筑业企业资质的，资质许可机关不予许可，并给予警告，申请企业在1年内不得再次申请建筑业企业资质。

企业以欺骗、贿赂等不正当手段取得建筑业企业资质的，由原资质许可机关予以撤销；由县级以上地方人民政府住房城乡建设主管部门或者其他有关部门给予警告，并处3万元的罚款；申请企业3年内不得再次申请建筑业企业资质。

企业未按照规定及时办理建筑业企业资质证书变更手续的，由县级以上地方人民政府住房城乡建设主管部门责令限期办理；逾期不办理的，可处以1000元以上1万元以下的罚款。

2. 无资质承揽工程应承担的法律责任

《建筑法》规定，发包单位将工程发包给不具有相应资质条件的承包单位的，责令改正，处以罚款。未取得资质证书承揽工程的，予以取缔，并处罚款；有违法所得的，予以没收。

《建设工程质量管理条例》进一步规定，施工单位未取得资质证书承揽工程的，予以取缔，处工程合同价款2%以上4%以下的罚款；有违法所得的，予以没收。

3. 超越资质等级承揽工程应承担的法律责任

《建筑法》规定，超越本单位资质等级承揽工程的，责令停止违法行为，处以罚款，可以责令停业整顿，降低资质等级；情节严重的，吊销资质证书；有违法所得的，予以没收。

《建设工程质量管理条例》进一步规定，施工单位超越本单位资质等级承揽工程的，责令停止违法行为，对施工单位处工程合同价款2%以上4%以下的罚款，可以责令停业整顿，降低资质等级；情节严重的，吊销资质证书；有违法所得的，予以没收。

4. 允许其他单位或者个人以本单位名义承揽工程应承担的法律责任

《建筑法》规定，建筑施工企业转让、出借资质证书或者以其他方式允许他人以本企业的名义承揽工程的，责令改正，没收违法所得，并处罚款，可以责令停业整顿，降低资质等级；情节严重的，吊销资质证书。对因该项承揽工程不符合规定的质量标准造成的损失，建筑施工企业与使用本企业名义的单位或者个人承担连带赔偿责任。

《建设工程质量管理条例》规定，施工单位允许其他单位或者个人以本单位名义承揽工程的，责令改正，没收违法所得，对施工单位处工程合同价款2%以上4%以下的罚款；可以责令停业整顿，降低资质等级；情节严重的，吊销资质证书。

2.4 建造师注册执业制度

执业资格制度是指对具备一定专业学历、资历的从事建筑活动的专业技术人员，通过考试和注册确定其执业的技术资格，获得相应建筑工程文

2-3 建造师注册执业制度

件签字权的一种制度。

在技术要求较高的行业实行专业技术人员执业资格制度已成为国际惯例。《建筑法》规定，从事建筑活动的专业技术人员，应当依法取得相应的执业资格证书，并在执业资格证书许可的范围内从事建筑活动。

目前，我国对从事建筑活动的专业技术人员已建立起注册建筑师、注册工程师（包括注册结构工程师、注册土木工程师、注册电气工程师、注册公共设备工程师、注册化工工程师等）、注册建造师、注册监理工程师、注册造价工程师等执业资格制度。

2.4.1 建造师考试与注册

为加强建设工程项目管理，提高工程项目总承包及施工管理专业技术人员素质，规范施工管理行为，保证工程质量和施工安全，2002年12月5日，人事部、建设部联合印发了《建造师执业资格制度暂行规定》（人发〔2002〕111号），标志着我国建造师执业资格制度的工作正式启动。

《建造师执业资格制度暂行规定》中规定，我国的建造师是指从事建设工程项目总承包和施工管理关键岗位的专业技术人员。国家对建设工程项目总承包和施工管理关键岗位的专业技术人员实行执业资格制度，纳入全国专业技术人员执业资格制度，统一规划。

1. 建造师的考试

建造师分为一级建造师和二级建造师。

（1）一级建造师的报考条件和考试科目。一级建造师执业资格实行全国统一大纲、统一命题、统一组织的考试制度，由人力资源和社会保障部、住房和城乡建设部共同组织实施，原则上每年举行一次考试，住房和城乡建设部负责编制一级建造师执业资格考试大纲和组织命题工作。

凡遵守国家法律、法规，具备下列条件之一者，可以申请参加一级建造师执业资格考试：

1）取得工程类或工程经济类大学专科学历，工作满6年，其中从事建设工程项目施工管理工作满4年。

2）取得工程类或工程经济类大学本科学历，工作满4年，其中从事建设工程项目施工管理工作满3年。

3）取得工程类或工程经济类双学士学位或研究生班毕业，工作满3年，其中从事建设工程项目施工管理工作满2年。

4）取得工程类或工程经济类硕士学位，工作满2年，其中从事建设工程项目施工管理工作满1年。

5）取得工程类或工程经济类博士学位，从事建设工程项目施工管理工作满1年。

报名条件中有关学历或学位的要求是指经国家教育行政主管部门承认的正规学历或学位，从事建设工程项目施工管理工作年限是指取得规定学历前、后从事该项工作的时间总和，其截止日期为报名当年年底。

一级建造师执业资格考试分综合考试和专业考试，综合考试包括《建设工程经济》《建设工程法规及相关知识》《建设工程项目管理》三个科目，这三个科目为各专业考生统考科目，专业考试为《专业工程管理与实务》一个科目。《专业工程管理与实务》科目分为10个专业，即：建筑工程、公路工程、铁路工程、民航机场工程、港口与航道工程、水利水电工程、市政公用工程、通信与广电工程、矿业工程、机电工程。考生在报名时根据工作需要和自身条件选择一个专业进行考试。

考试成绩实行2年为一个周期的滚动管理办法，参加全部4个科目考试的人员必须在连续的两个考试年度内通过全部科目。

参加一级建造师执业资格考试合格，由各省、自治区、直辖市人事部门颁发人事部统一印制，人力资源和社会保障部、住房和城乡建设部用印的《中华人民共和国一级建造师执业资格证书》。该证书在全国范围内有效。

（2）二级建造师的报考条件和考试科目。二级建造师执业资格实行全国统一大纲，各省、自治区、直辖市命题并组织考试的制度。

凡遵纪守法并具备工程类或工程经济类中等专科以上学历并从事建设工程项目施工管理工作满2年的人员，可报名参加二级建造师执业资格考试。

二级建造师执业资格考试分综合考试和专业考试，综合考试包括《建设工程施工管理》《建设工程法规及相关知识》两个科目，这两个科目为各专业考生统考科目。专业考试为《专业工程管理与实务》一个科目，该科目分为6个专业，即：建筑工程、公路工程、水利水电工程、矿业工程、机电工程和市政公用工程。考生在报名时根据工作需要和自身条件选择一个专业进行考试。

二级建造师执业资格考试成绩实行滚动管理，参加全部3个科目考试的人员必须在连续的两个考试年度内通过全部科目。

参加二级建造师执业资格考试合格者颁发人力资源和社会保障部、住房和城乡建设部统一格式的《中华人民共和国二级建造师执业资格证书》，该证书在所在行政区域内有效。

2. 建造师的注册

注册建造师，是指通过考试合格取得中华人民共和国建造师资格证书（以下简称资格证书），并按照规定注册，取得中华人民共和国建造师注册证书（以下简称注册证书）和执业印章，担任施工单位项目负责人及从事相关活动的专业技术人员。

注册建造师实行注册执业管理制度，注册建造师分为一级注册建造师和二级注册建造师。

取得一级建造师资格证书并受聘于一个建设工程勘察、设计、施工、监理、招标代理、造价咨询等单位的人员，应当通过聘用单位向单位工商注册所在地的省、自治区、直辖市人民政府建设主管部门提出注册申请。省、自治区、直辖市人民政府建设主管部门受理后提出初审意见，并将初审意见和全部申报材料报国务院建设主管部门审批；涉及铁路、公路、港口与航道、水利水电、通信与广电、民航专业的，国务院建设主管部门应当将全部申报材料送同级有关部门审核。符合条件的，由国务院建设主管部门核发《中华人民共和国一级建造师注册证书》，并核定执业印章编号。

取得二级建造师资格证书的人员申请注册，由省、自治区、直辖市人民政府建设主管部门负责受理和审批，具体审批程序由省、自治区、直辖市人民政府建设主管部门依法确定。

取得资格证书的人员，经过注册方能以注册建造师的名义执业。未取得注册证书和执业印章的，不得担任大中型建设工程项目的施工单位项目负责人，不得以注册建造师的名义从事相关活动。

3. 一级建造师实行电子注册证书

《住房和城乡建设部办公厅关于全面实行一级建造师电子注册证书的通知》(建办市〔2021〕40号)规定,自2022年1月1日起,一级建造师统一使用电子证书,纸质注册证书作废。

全国范围内准予一级建造师初始注册、增项注册、重新注册、延续注册的,不再发放纸质注册证书或加贴防伪贴;聘用单位基本信息修改的,不再加贴防伪贴;因纸质注册证书遗失、污损或个人信息修改等需重新发放注册证书的,不再补发或更换纸质注册证书。执业印章使用电子证书上的注册编号。

电子证书使用时限为180天,但使用时限距注册专业有效期或建造师满65周岁不足180天的,使用时限截止日期以注册专业有效期截止日期或建造师满65周岁当日为准。超出使用时限的电子证书无效,需重新下载电子证书并再次确认使用时限。一级建造师打印电子证书后,应在个人签名处手写本人签名,未手写签名或与签名图像笔迹不一致的,该电子证书无效。一级建造师应妥善保管本人的国家政务服务平台账号,因本人保管不善造成账号信息泄露所产生的一切后果由本人承担。有关单位和个人可通过"中国建造师网"微信公众号扫描电子证书上的二维码,查询一级建造师注册信息。电子证书与纸质注册证书的聘用单位信息、个人基本信息、注册专业有效期等不一致的,以电子证书信息为准。电子证书信息发生变更的,需登录国家政务服务平台或住房和城乡建设部政务服务门户重新下载。

2.4.2 建造师执业

建造师受聘并注册于一个具有资质的施工、勘察、设计、监理、招标代理或造价咨询企业的,可担任工程项目管理和工程总承包项目负责人;担任施工单位项目负责人的,必须受聘并注册于一个具有施工资质的企业。

《建造师执业资格制度暂行规定》中规定,建造师注册受聘后,可以建造师的名义担任建设工程项目施工的项目经理,从事其他施工活动的管理,从事法律、行政法规或国务院建设行政主管部门规定的其他业务。

1. 执业范围

(1)工程范围。一级注册建造师可担任大、中、小型工程规模的施工单位项目负责人,或在项目中担任施工单位其他关键工作岗位并以一级注册建造师的名义执业;二级注册建造师可以承担中、小型工程规模的施工单位项目负责人,或在项目中担任施工单位其他关键工作岗位并以二级注册建造师的名义执业。

(2)地域范围。一级注册建造师可在全国范围内以注册建造师名义执业。通过二级建造师资格考核认定,或参加全国统考并达到统一合格分数线标准取得二级建造师资格证书并经注册人员,可在全国范围内以注册建造师名义执业。

2. 履行责任

注册建造师应当取得本企业法定代表人书面授权,按规定在授权范围内行使职权,并承担相应的责任。

注册建造师应当按照设计图样、质量标准和合同约定要求组织施工,建立工程质量保证体系,落实质量计划,控制质量目标,确保工程质量,对工程施工质量管理承担相应责任。

注册建造师应当建立工程施工安全管理体系,落实安全生产责任制度、安全生产规章制度和操作规程，严格落实特种作业人员管理制度，确保安全生产费用有效使用，对工程安全生产承担施工管理责任。

注册建造师应当遵守国家对环境保护的强制性规定，采取有效措施，加强对噪声、扬尘、遗撒、异味、垃圾的有效控制，减少对环境的破坏，合理布置施工现场，保证职工工作、生活场所符合安全卫生要求，最大限度保证社会公众利益，对环境保护承担施工管理责任。

注册建造师应当按照建筑节能、节地、节水标准组织施工，确保资源合理利用。

3. 其他规定

担任施工单位项目负责人的注册建造师，应当按照国家劳动用工有关规定，规范项目劳动用工管理，切实保障劳务人员合法权益。

注册建造师不得同时在两个及以上建设工程项目上担任施工单位项目负责人和以注册建造师名义执业。注册建造师担任项目负责人期间原则上不得更换。建设工程合同履行期间变更项目负责人的，应当于项目负责人变更72小时内向建设行政主管部门和有关部门备案。建设工程项目竣工验收前或注册建造师移交项目手续办结前，注册建造师不得变更注册至另一企业。

注册建造师可担任聘用企业建设工程项目管理或工程总承包项目负责人；注册建造师所在聘用企业具有施工资质的，可按规定从事相关的施工管理活动并在相关文件上签章；聘用企业不具有施工资质的，可从事施工管理咨询服务活动。

2.4.3 建造师的权利与义务

1. 建造师的基本权利

《建造师执业资格制度暂行规定》中规定，建造师经注册后，有权以建造师名义担任建设工程项目施工的项目经理及从事其他施工活动的管理。《注册建造师管理规定》进一步规定，注册建造师享有下列权利：

（1）使用注册建造师名称。

（2）在规定范围内从事执业活动。

（3）在本人执业活动中形成的文件上签字并加盖执业印章。

（4）保管和使用本人注册证书、执业印章。

（5）对本人执业活动进行解释和辩护。

（6）接受继续教育。

（7）获得相应的劳动报酬。

（8）对侵犯本人权利的行为进行申述。

建设工程施工活动中形成的有关工程施工管理文件，应当由注册建造师签字并加盖执业印章。施工单位签署质量合格的文件上，必须有注册建造师的签字盖章。

2. 建造师的基本义务

《建造师执业资格制度暂行规定》中规定，建造师在工作中，必须严格遵守法律、法规和行业管理的各项规定，恪守职业道德。建造师必须接受继续教育，更新知识，不断提高业务水平。

《注册建造师管理规定》进一步规定，注册建造师应当履行下列义务：

（1）遵守法律、法规和有关管理规定，恪守职业道德。
（2）执行技术标准、规范和规程。
（3）保证执业成果的质量，并承担相应责任。
（4）接受继续教育，努力提高执业水准。
（5）保守在执业中知悉的国家秘密和他人的商业、技术等秘密。
（6）与当事人有利害关系的，应当主动回避。
（7）协助注册管理机关完成相关工作。

注册建造师不得有下列行为：
（1）不履行注册建造师义务。
（2）在执业过程中，索贿、受贿或者谋取合同约定费用外的其他利益。
（3）在执业过程中实施商业贿赂。
（4）签署有虚假记载等不合格的文件。
（5）允许他人以自己的名义从事执业活动。
（6）同时在两个或者两个以上单位受聘或者执业。
（7）涂改、倒卖、出租、出借、复制或以其他形式非法转让资格证书、注册证书和执业印章。
（8）超出执业范围和聘用单位业务范围从事执业活动。
（9）法律、法规、规章禁止的其他行为。

担任建设工程施工项目负责人的注册建造师在执业过程中，应当及时、独立完成建设工程施工管理文件签章，无正当理由不得拒绝在文件上签字并加盖执业印章。担任施工项目负责人的注册建造师应当按照国家法律法规、工程建设强制性标准组织施工，保证工程施工符合国家有关质量、安全、环保、节能等有关规定。担任施工项目负责人的注册建造师，应当按照国家劳动用工有关规定，规范项目劳动用工管理，切实保障劳务人员合法权益。担任建设工程施工项目负责人的注册建造师对其签署的工程管理文件承担相应责任。

建设工程发生质量、安全、环境事故时，担任该施工项目负责人的注册建造师应当按照有关法律法规规定的事故处理程序及时向企业报告，并保护事故现场，不得隐瞒。

2.4.4　建造师违法责任

注册建造师违法从事相关活动的，违法行为发生地县级以上建设主管部门或者其他有关管理部门应当依法查处，并将违法事实、处理结果告知注册机关；依法应当撤销注册的，应当将违法事实、处理建议及有关材料报注册机关。注册建造师注册所在地建设主管部门负责对注册建造师的行为做出处理。注册建造师异地执业的，当地建设主管部门应当将建议转交注册建造师注册所在地建设主管部门处理。

1. 无证、多单位、多项目执业行为应承担的法律责任

未取得注册证书和执业印章，担任大中型建设工程项目施工单位项目负责人，或者以注册建造师的名义从事相关活动的，签署的工程文件无效，由县级以上地方人民政府建设主管部门或者其他有关部门给予警告，责令停止违法活动，并可处以1万元以上3万元以下罚款。

注册建造师未办理变更注册而继续执业的，由县级以上地方人民政府建设主管部门或者其他有关部门责令限期改正；逾期不改正的，可处以 5000 元以下罚款。

注册建造师允许他人以自己的名义从事执业活动，或擅自修改其他注册建造师签章的文件的，由县级以上地方人民政府建设主管部门或其他有关部门给予警告，责令改正，由注册机关吊销其注册证书，一年内不予注册。

注册建造师同时在两个或者两个以上单位受聘并执业的，在未完成注册单位变更前，在另一企业从事执业活动的，所负责的项目全部完成前或向其他注册建造师移交项目手续完成前，变更注册至另一企业的，由县级以上地方人民政府建设主管部门或其他有关部门给予警告，责令改正；没有违法所得，处以 1 万元以下罚款；有违法所得的，处以违法所得 3 倍以下且不超过 3 万元罚款。

伪造、扣押、涂改、倒卖、出租、出借或以其他形式非法转让资格证书、注册证书和执业印章的企业或个人，由县级以上地方人民政府建设主管部门或其他有关部门给予警告，责令改正，并记入企业或个人的不良信用档案；没有违法所得的，处以 1 万元以下罚款，停止执业一年；有违法所得的，处以违法所得 3 倍以下且不超过 3 万元罚款，停止执业两年；构成犯罪的，依法追究刑事责任，并由注册机关吊销其注册证书。

注册建造师同时在两个或两个以上项目从事执业活动的，或超出本人、聘用企业业务范围从事执业活动的，由县级以上地方人民政府建设主管部门或其他有关部门给予警告，责令改正，并处以 1 万元以下罚款。

2. 不良质量行为应承担的法律责任

注册建造师在执业过程中违反国家规定，降低工程质量标准，造成重大安全事故并负有直接责任的，处五年以下有期徒刑或者拘役，并处罚金；后果特别严重的，处五年以上十年以下有期徒刑，并处罚金。

注册建造师瞒报、谎报重大质量、安全、环境事故的，处以 1 万元以上 3 万元以下罚款，由注册机关吊销其注册证书；构成犯罪的，依法追究刑事责任。

注册建造师在从事工程施工活动过程中，偷工减料，使用不合格的建筑材料、建筑构配件和设备的，或者有其他不按照工程设计图纸或者施工技术标准施工的行为的，责令改正，处以 1 万以上 3 万以下罚款；情节严重的，由注册机构吊销注册证书，三年内不得再次申请注册；造成建筑工程质量不符合规定的质量标准而返工、修理的，赔偿因此造成的损失，最多不超过 10 万元；构成犯罪的，依法追究刑事责任。

3. 不良安全行为应承担的法律责任

未履行安全生产管理职责的，责令限期改正；逾期未改正的，责令施工单位停业整顿；造成重大安全事故、重大伤亡事故或者其他严重后果，构成犯罪的，依照刑法有关规定追究刑事责任，尚不够刑事处罚的，处以 2 万元以上 20 万元以下罚款或者按照管理权限给予撤职处分并由注册机关吊销其注册；自刑罚执行完毕或者受处分之日起，五年内不得再次申请注册。

4. 环保、节能责任

注册建造师在执业过程中，造成环境污染危害的，责令改正，处以 1 万元以上 3 万元以下罚款；情节严重的，由注册机构吊销注册证书，三年内不得再次申请注册；造成重大环境污染事故，导致公私财产重大损失或者人身伤亡严重后果构成犯罪的，依法追究刑事责任。

对担任施工单位项目负责人的注册建造师，未按照节能设计进行施工的，责令改正，并记入注册建造师不良记录档案;整改所发生的工程费用,由施工单位负责;可以给予警告,情节严重的,对施工单位处以工程合同价款2%以上4%以下罚款。

5. 贿赂、虚假记录处罚

注册建造师在执业过程中通过索贿、受贿、行贿等手段为个人或企业谋取合同约定费用外的其他不法利益的,由县级以上地方人民政府建设主管部门或其他有关部门给予警告,责令改正;没有违法所得的,处以1万元以下罚款,停止执业一年;有违法所得的,处以违法所得3倍以下且不超过3万元罚款,停止执业两年;构成犯罪的,依法追究刑事责任,并由注册机关吊销其注册证书。

注册建造师违反国家有关强制性技术标准签署有虚假记载等不合格的文件,编造执业过程文件的,由县级以上地方人民政府建设主管部门或其他有关部门责令改正,处以1万元以上3万元以下罚款;情节严重的,由注册机关吊销其注册证书,三年内不得给予注册;情节特别严重并对社会造成严重影响的,不再给予注册。

注册建造师或其聘用企业未按要求提供注册建造师信用档案信息的,由县级以上地方人民政府建设主管部门或者其他有关部门责令限期改正;逾期未改正的,可处以1000元以上1万元以下罚款。

6. 违反强制性标准应承担的法律责任

注册建造师未执行法律、法规和工程建设强制性标准的,责令停止执业3个月以上1年以下;情节严重的,由注册机关吊销注册证书,5年内不予注册;造成重大安全事故的,终身不予注册;构成犯罪的,依法追究刑事责任。

【案例2-2】同时在两个或者两个以上单位受聘或者执业,应如何处理?案例来源:苏州市中级人民法院。

宋某系一级建造师,2009年起在A公司工作,其建造师资格证书于2009年起注册于A公司,其社会保险自2014年起由A公司为其缴纳。2018年1月至12月,宋某又同时服务于B公司,主要为B公司水电分公司做水电安装预决算及预决算业务指导工作,在B公司有固定办公场所,按月领取报酬,全年累计领取96000余元。2019年A公司中标某室内装饰工程招标项目,宋某为该中标项目负责人。

对于宋某的行为应如何认定及处理?

宋某的上述行为,应当认为属于《注册建造师管理规定》中"同时在两个或者两个以上单位受聘或者执业"的情形,违反了注册建造师不得同时在两个或者两个以上单位受聘或者执业的规定。可以由县级以上地方人民政府住房和城乡建设主管部门或者其他有关部门给予警告,责令改正,没有违法所得的,处以1万元以下的罚款;有违法所得的,处以违法所得3倍以下且不超过3万元的罚款。

项目小结

建筑许可法律制度涉及《建筑法》《建设工程质量管理条例》《建筑工程施工许可管理办法》《建筑业企业资质等级标准》《施工总承包企业特级资质标准》《建筑业企业资质管理规定》等法律、行政法规,分别从主体资格、业务承揽、质量责任等方面阐述了建筑工程施工许可、建筑业企业资质管理、建造师执业资格管理三项法律制度及其有关法律规定。

本项目涉及的主要法律法规文件有《行政许可法》《建筑工程施工许可管理办法》。

技能训练

一、单项选择题

1. 建筑施工企业确定后，在建筑工程开工前，建设单位应当按照国家有关规定向工程所在地县级以上人民政府建设行政主管部门申请领取（　　）。

　　A．建设用地规划许可证　　　　　　B．建设工程规划许可证
　　C．施工许可证　　　　　　　　　　D．安全生产许可证

2. 关于建筑工程施工许可管理的说法，错误的是（　　）。

　　A．申请施工许可证是取得建设用地规划许可证的前置条件
　　B．保证工程质量和安全的施工措施须在申请施工许可证前编制完成
　　C．只有法律和行政法规才有权设定施工许可证的申领条件
　　D．消防设计审核不合格的，不予颁发施工许可证

3. 根据《建筑法》，在建工程因故中止施工的，建设单位应当自中止施工之日起（　　）内，向施工许可证颁发机关报告，并按照规定做好建筑工程的维护管理工作。

　　A．15日　　　　B．1个月　　　　C．2个月　　　　D．3个月

4. 某建筑工程因故中止施工已满一年，在恢复施工前，建设单位已领取的施工许可证应当（　　）。

　　A．申请延期　　B．自行废止　　C．报发证机关核验　　D．重新更换

5. 某建设单位于2016年3月1日领取了施工许可证，因某种原因工程未能按期开工，建设单位按照《建筑法》的规定向发证机关多次办理了申请延期手续，该工程最迟应当在（　　）开工。

　　A．2016年5月1日　　　　　　　B．2016年6月1日
　　C．2016年9月1日　　　　　　　D．2016年12月1日

6. 根据《建筑工程施工许可管理办法》，对于未取得施工许可且不符合开工条件的项目责令停止施工，应对（　　）处以罚款。

　　A．勘察单位　　　　　　　　　　B．建设单位和施工企业
　　C．设计单位　　　　　　　　　　D．建设单位和监理单位

7. 根据《建筑法》及相关法规，建设单位应当办理施工许可证的工程是（　　）。

　　A．国务院批准开工报告的工程　　　B．城镇市政基础设施工程
　　C．建筑面积200m²以上的工程　　　D．工程投资额在20万元以上的工程

8. 建筑施工企业出借资质证书允许他人以本企业的名义承揽工程，情节严重的，其可能受到的最严重的行政处罚是（　　）。

　　A．吊销资质证书　　　　　　　　B．责令改正，没收违法所得
　　C．降低资质等级　　　　　　　　D．处以罚款

9. 根据《建筑业企业资质管理规定》，施工企业隐瞒相关情况或提供虚假材料申请建筑业企业资质的，不予受理并给予警告，申请人在（　　）内不得再次申请。

　　A．4年　　　　B．3年　　　　　C．2年　　　　　D．1年

10. 关于施工企业违法行为应承担法律责任的说法，正确的是（　　）。
   A. 未取得资质证书承揽工程的，予以取缔，并处罚款，有违法所得的，予以没收
   B. 超越本单位资质等级承揽工程的，责令停止违法行为并降低资质等级
   C. 将承包的工程转包时，责令改正并没收违法所得
   D. 允许他人以本企业名义承揽工程的，没收违法所得并处罚款和吊销资质证书

11. 某项目由具备相应建筑业企业资质的建设单位自行施工。关于确定监理单位的说法，正确的是（　　）。
   A. 应当自行委托监理单位　　　　　B. 应当招标选择监理单位
   C. 可不委托监理单位　　　　　　　D. 应当由建设主管部门指定监理单位

12. 关于禁止无资质或超资质承揽工程的说法，正确的是（　　）。
   A. 施工总承包单位可以将房屋建筑工程的钢结构工程分包给具有相应资质的钢结构施工单位
   B. 总承包单位可以将建设工程分包给包工头
   C. 联合体承包中，可以以高资质等级的承包方为联合体承包方的业务许可范围
   D. 劳务分包单位可以将其承包的劳务再进行分包

13. 关于施工企业承揽工程的说法，正确的是（　　）。
   A. 施工企业可以允许其他企业使用自己的资质证书和营业执照
   B. 施工企业应当拒绝其他企业转让资质证书
   C. 施工企业在施工现场所设项目管理机构的项目负责人可以不是本单位人员
   D. 施工企业由于不具备相应资质等级只能以其他企业名义承揽工程

14. 建筑施工企业出借资质证书允许他人以本企业的名义承揽工程，情节严重的，其可能受到的最严重的行政处罚是（　　）。
   A. 吊销资质证书　　　　　　　　　B. 责令改正，没收违法所得
   C. 降低资质等级　　　　　　　　　D. 处以罚款

15. 注册建造师采取弄虚作假等手段取得注册建造师继续教育证书的，一经发现（　　）。
   A. 立即吊销其注册建造师证书
   B. 立即注销其建造师资格证书
   C. 立即取消其继续教育记录，记入不良信用记录，对社会公布
   D. 处以 1 万元罚款

16. 施工企业项目经理未履行安全生产管理职责，被施以刑法，依法 5 年内不得担任任何施工企业的主要负责人、项目负责人。该期间的起算时间为（　　）。
   A. 犯罪行为发生之日　　　　　　　B. 案件移送审查之日
   C. 刑法执行完毕之日　　　　　　　D. 刑事判决生效之日

17. 关于注册建造师执业的说法，正确的是（　　）。
   A. 不得同时担任同一工程相邻分段发包的施工项目负责人
   B. 可以担任二级及以下建筑企业资质的建设工程项目施工的项目经理
   C. 可以同时在一个施工企业和一个设计单位执业
   D. 不得在一级建筑业企业执业

18. 根据《注册建造师执业管理办法（试行）》，注册建造师可担任两个项目的项目负责

人的情形是（　　）。

　　A．两个项目的发包人是同一单位

　　B．因发包人原因导致停工超过 3 个月

　　C．合同约定的工程验收合格，正在办理工程结算

　　D．建造师同时具有两个专业的执业资格

19．甲为某事业单位的技术人员，取得一级建造师资格证书后，正确的做法是（　　）。

　　A．甲不辞职，即可受聘并注册于一个施工企业

　　B．甲辞职后，可以受聘并注册于一个勘察企业

　　C．甲不辞职，即可受聘并注册于一个设计企业

　　D．甲辞职后，只能受聘并注册于一个施工企业

20．根据《建筑法》，以欺骗手段取得资质证书需承担的法律责任是（　　）。

　　A．资质许可由原资质许可机关予以撤回

　　B．吊销资质证书，并处罚款

　　C．给予警告，或处罚款

　　D．申请企业 5 年内不得再次申请建筑业企业资质

二、多项选择题

1．根据《建设工程施工许可管理办法》，下列工程项目无须申请施工许可证的有（　　）。

　　A．北京故宫修缮工程　　　　　　B．长江汛期抢险工程

　　C．工地上的工人宿舍　　　　　　D．某私人投资工程

　　E．部队导弹发射塔

2．某大型体育馆项目总投资 6000 万元，经划拨方式取得建设用地使用权。施工合同价 4000 万元，工期 18 个月。则领取施工许可证前，应当具备的开工条件包括（　　）。

　　A．已经取得建设用地批准书和建设工程规划许可证

　　B．已经确定施工单位

　　C．已经确定监理单位

　　D．到位资金必须超过 1800 万元

　　E．已通过消防设计审核

3．关于施工许可证法定批准条件的说法，正确的有（　　）。

　　A．已经确定施工企业

　　B．有满足施工需要的施工图及技术资料，施工图设计文件已按规定进行审查

　　C．建设资金已经落实

　　D．按照规定需要委托监理的工程已经委托监理

　　E．按照国务院规定的权限和程序已批准开工报告

4．新建施工企业，在向建设行政主管部门申请资质时，（　　）不是必备的条件。

　　A．有符合规定的注册资本　　　　B．有符合规定的专业技术人员

　　C．有符合规定的技术设备　　　　D．有符合规定的工程业绩

　　E．有符合规定的办公用房房产证

5．根据规定，具有一级资质的房屋建筑工程施工总承包企业可以承担的工程范围包括（　　）。

A．高度 200m 以下的工业建筑工程　　B．高度 240m 以下的民用建筑工程
C．高度 240m 以下的构筑物工程　　D．建筑面积 4 万 m^2 以下的单体民用建筑工程
E．单跨跨度 39m 以下的建筑工程

6．关于无资质承揽工程，下列表述中错误的有（　　）。
A．无资质承包主体签订的专业分包合同或劳务分包合同都是无效合同
B．当作为无资质的"实际施工人"的利益受到损害时，不能向合同相对人主张权利
C．当无资质的"实际施工人"以分包人为被告起诉时，法院不应受理
D．无资质的"实际施工人"不能以发包人为被告主张权利
E．发包人只在欠款的范围内对实际施工人承担责任

7．根据《建造师执业资格制度暂行规定》中的规定，以下关于建造师的权利说法正确的有（　　）。
A．使用注册建造师名称
B．在本人执业活动中形成的文件上签字并加盖执业印章
C．执行技术标准、规范和规程
D．保证执业成果的质量，并承担相应责任
E．保管和使用本人注册证书、执业印章

8．关于注册建造师执业范围的说法，正确的有（　　）。
A．一级注册建造师可担任大型工程规模的施工单位项目负责人
B．一级注册建造师可在项目中担任施工单位关键工作岗位并以一级注册建造师的名义执业
C．一级注册建造师可在全国范围内以注册建造师名义执业
D．二级注册建造师可以承担大、中、小型工程规模的施工单位项目负责人
E．二级注册建造师可在项目中担任施工单位关键工作岗位并以二级注册建造师的名义执业

9．根据《住房城乡建设部办公厅等关于开展工程建设领域专业技术人员职业资格"挂证"等违法违规行为专项整治的通知》，下列关于"挂证"的说法，正确的有（　　）。
A．建造师注册证书不可以租借使用
B．建造师注册单位与实际工作单位不一致的属于"挂证"
C．人力资源服务机构可以提供建造师租借信息服务
D．违规使用"挂证"人员的单位，将被通报，记入不良行为记录，并列入建筑市场主体"黑名单"
E．人力资源服务机构因工作需要扣押建造师注册证书属于"挂证"

10．根据《建筑工程施工许可管理办法》，下列建设工程中，不需要办理施工许可证的有（　　）。
A．抢险救灾及其他临时性房屋建筑
B．农民自建低层住宅
C．按照国务院规定的权限和程序批准开工报告的建筑工程
D．工程投资额在 50 万元以下的建筑工程
E．建筑面积在 500m^2 以下的建筑工程

11. 关于建筑企业资质证书的申请和延续的说法，正确的有（　　）。
   A. 企业首次申请或增项申请资质，应当申请最低等级资质
   B. 申请人以书面形式承诺符合审批条件的，行政审批机关根据申请人的承诺直接做出行政批准决定
   C. 建筑企业只能申请一项建筑企业资质
   D. 建筑企业资质证书有效期届满前6个月，企业应当向原资质许可机关提出延续申请
   E. 企业按规定提出延续申请后，资质许可机关未在资质证书有效期届满前做出是否准予延续决定的，视为准予延续

12. 2018年1月15日，某建设单位为其工程领取了施工许可证，因未能按期开工，建设单位于2018年3月10日、5月10日两次向发证机关报告了工程准备的进展情况，直到2018年7月1日开工建设。关于该工程施工许可证的说法，正确的有（　　）。
   A. 该工程施工许可证自行废止
   B. 延期开工未超过6个月，施工许可证继续有效
   C. 应当在2018年4月15日前申请延期
   D. 不能按时开工，应当在1个月内报告
   E. 2018年7月1日开工之前，需要重新申领施工许可证

13. 关于建筑业企业资质法定条件的说法，正确的有（　　）。
   A. 有符合规定的净资产
   B. 必须自行拥有一定数量的大中型机械设备
   C. 企业净资产以企业申请资质前3年总资产的平均值为准考核
   D. 除各类别最低等级资质外，取消关于注册建造师等人员的指标考核
   E. 有符合规定的、已完成的工程业绩

项目 3
建设工程发包与承包法律制度

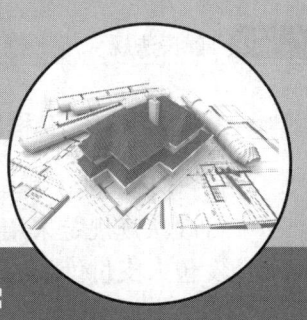

> **学习目标**
> 1. 了解建设工程发承包的方式及法律一般规定
> 2. 熟悉建设工程招标投标基本程序
> 3. 掌握建设工程施工投标法律制度
> 4. 熟悉建设工程发包与承包法律制度
> 5. 掌握建设工程发包与承包计价管理办法
> 6. 了解建筑市场主体不良行为认定标准

建设工程发包是建设工程的建设单位（或总承包单位）将建设工程任务通过招标发包或直接发包的方式，交付给具有法定从业资格的单位完成，并按照合同约定支付报酬的行为。

建设工程承包是具有法定从业资格的单位依法承揽建设工程任务，通过签订合同确立双方的权利与义务，按照合同约定取得相应报酬，并完成建设工程任务的行为。

3.1 建设工程发承包法律一般规定

3.1.1 建设工程发承包方式

《建筑法》规定，建筑工程发包与承包有两种方式，即招标投标和直接发包。

1. 建设工程招标投标

建设工程招标投标是建设单位对拟建的建设工程项目通过法定的程序和方式吸引承包单位进行公平竞争，并从中选择条件优越者来完成建设工程任务的行为。这是市场经济条件下常用的一种建设工程项目交易方式。建筑工程实行招标发包的，发包单位应当将建筑工程发包给依法中标的承包单位。

2. 建设工程直接发包

建设工程直接发包是对不适于招标发包的建设工程，或者法律法规未要求招标发包的建设工程，建设单位可以直接与承包单位签订承包合同，而将工程项目委托给承包方的交易方式。建设工程实行直接发包的，发包单位应当将建设工程发包给具有相应资质条件的承包单位。

3.1.2 建设工程承包合同形式

《民法典》规定,当事人订立合同,可以采用书面形式、口头形式或者其他形式。法律、行政法规规定采用书面形式的,应当采用书面形式。建设工程合同是承包人进行工程建设,发包人支付价款的合同。建设工程合同包括工程勘察、设计、施工合同。建设工程合同应当采用书面形式。

《建筑法》也明确规定,建筑工程的发包单位与承包单位应当依法订立书面合同,明确双方的权利和义务。发包单位和承包单位应当全面履行合同约定的义务。不按照合同约定履行义务的,依法承担违约责任。

同时,《民法典》规定,法律、行政法规规定或者当事人约定合同应当采用书面形式订立,当事人未采用书面形式但是一方已经履行主要义务,对方接受时,该合同成立。

3.1.3 承包单位资质要求

承包建设工程的单位应当持有依法取得的资质证书,并在其资质等级许可的业务范围内承揽工程。禁止建筑施工企业超越本企业资质等级许可的业务范围或者以任何形式用其他建筑施工企业的名义承揽工程。禁止建筑施工企业以任何形式允许其他单位或者个人使用本企业的资质证书、营业执照,以本企业的名义承揽工程。

【案例3-1】承包人超越资质等级承包工程,所签订的施工合同无效。案例来自于最高人民法院。

1993年7月16日,潇湘综合公司(甲方)与冷水滩区建设总公司(乙方)签订《承包施工合同书》,该合同于1993年7月17日经冷水滩区公证处公证。合同约定:整个潇湘水利枢纽工程均由乙方承包,包土建工程建造,包机电安装,包投产运行发电。

涉案工程没有进行验收,潇湘综合公司自2001年5月4日起进行发电经营,潇湘综合公司已实际使用涉案工程(电站)。后因双方当事人就工程款的结算问题产生纠纷,2004年4月22日,永州建设公司遂向一审法院提起诉讼。

法院查明:1989年5月30日,建设部建施字第224号文件《建设部关于发布〈施工企业资质等级标准〉的通知》第二条第3项明确:三级企业可承包中小型水利水电建筑工程施工。

冷水滩区建设总公司在签订合同时具有建筑施工三级资质,可以承接中小型水利水电建筑工程施工。但依据《水利水电枢纽工程等级划分及设计标准(山区、丘陵区部分)(试行)》(标准号:SDJ12-78)的划分,涉案工程应为大(2)型规模,须具备二级企业资质方能承包,故永州建设公司系超越资质等级承包工程。依照上述规定,《承包施工合同书》应认定为无效。而且原《合同法》和相关司法解释亦禁止超越资质等级承包工程,故一审判决认定涉案合同为无效合同并无不当。

合同被确认无效后,当事人依据该合同所取得的财产,应返还给对方。但本案系建设工程施工合同纠纷,其特殊之处在于建设工程的施工过程,就是承包人将劳务及建筑材料物化到建设工程的过程。合同无效后,发包人取得的财产形式上是承包人建设的工程,而实际上是承包人对工程建设投入的劳务及建筑材料,通常表现为工程款,故而无法适用恢复原状的返还原则,只能折价补偿。

因《承包施工合同书》依法被认定为无效，则双方在合同中关于拖欠工程款造成损失的违约赔偿约定也属无效条款。亦即，永州建设公司只能就已经施工完成的工程主张相应工程款，而无权基于合同本身关于违约金的约定主张权利。故其要求按照《承包施工合同书》约定的实际停工人员的工资总额的五倍赔偿损失缺乏法律依据，法院不予支持。对于工程款拖欠造成停工、窝工的损失，依据"谁主张、谁举证"的证据规则应由永州建设公司予以证明。但其未能提供有效证据导致鉴定机构无法确认该项损失的具体数额，此不利后果由永州建设公司承担。

3.1.4 建设工程发承包禁止行为

1. 发包单位禁止行为

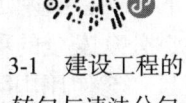

3-1 建设工程的
转包与违法分包

《建筑法》规定，发包单位及其工作人员在建筑工程发包中不得收受贿赂、回扣或者索取其他好处。这将严重扰乱建设市场的正常秩序，违背公平竞争的原则，必须予以禁止。

提倡对建筑工程实行总承包，禁止将建筑工程肢解发包。肢解发包是指建设单位将本应由一个承包单位整体承建完成的建设工程肢解成若干部分，分别发包给不同承包单位的行为。从实际中反映出来的情况看，肢解工程的结果是相互扯皮、费用升高、管理混乱。

建筑工程的发包单位可以将建筑工程的勘察、设计、施工、设备采购一并发包给一个工程总承包单位，也可以将建筑工程勘察、设计、施工、设备采购的一项或者多项发包给一个工程总承包单位；但是不得将应由一个承包单位完成的建筑工程肢解成若干部分发包给几个承包单位。

勘察设计发包的最小单位为"单项工程"，施工发包的最小单位为"单位工程"，即不得将一个单项工程的勘察设计分成若干部分发包给几个勘察设计单位，也不得将一个单位工程的施工划分为若干部分发包给几个施工单位。

《建设工程质量管理条例》进一步规定，建设单位不得将建设工程肢解发包。建设单位将建设工程肢解发包的，责令改正，处工程合同价款 0.5% 以上 1% 以下的罚款；对全部或者部分使用国有资金的项目，可以暂停项目执行或者暂停资金拨付。

2. 承包单位禁止行为

《建筑法》规定，承包单位及其工作人员不得利用向发包单位及其工作人员行贿、提供回扣或者给予其他好处等不正当手段承揽工程。通过行贿以获得工程承包权是一种不正当竞争行为。

《建筑法》还规定，禁止承包单位将其承包的全部建筑工程转包给他人，禁止承包单位将其承包的全部建筑工程肢解以后以分包的名义分别转包给他人。

承包工程施工，必须自行组织完成或按照有关规定分包部分工程，不得非法转包。在实践中，有些承包单位为规避法律，将其承包的工程不是一并转包他人，而是全部进行肢解后发包给多个承包方，实际上也是一种变相转包行为，同样为法律所不允许。

3.2 建设工程招标投标制度

建筑工程发包与承包的主要方式是招标投标。《招标投标法》《招标投标法实施条例》等对强制招标的范围、招标投标活动中应遵循的基本原则，招标、投标、开标、评标和中标各阶段的行为规则，违反法律应承担的法律责任等作了详细的规定。

《招标投标法》是整个招标投标领域的基本法。一切有关招标投标的活动都不得违背《招标投标法》及其相关的法规、规章和规范性文件的规定。

3.2.1 建设工程依法必须招标的范围和规模标准

1. 依法必须招标的范围

3-2 必须招标的范围和规模

《招标投标法》规定，在中华人民共和国境内进行下列工程建设项目包括项目的勘察、设计、施工、监理以及与工程建设有关的重要设备、材料等的采购，必须进行招标：①大型基础设施、公用事业等关系社会公共利益、公众安全的项目；②全部或者部分使用国有资金投资或者国家融资的项目；③使用国际组织或者外国政府贷款、援助资金的项目。具体范围和规模标准，由国务院发展计划部门会同国务院有关部门制订，报国务院批准。

经国务院批准，国家发展和改革委员会发布的《必须招标的工程项目规定》中就范围标准具体规定如下：

（1）大型基础设施、公用事业等关系社会公共利益、公众安全的项目包括：①煤炭、石油、天然气、电力、新能源等能源基础设施项目；②铁路、公路、管道、水运，以及公共航空和A1级通用机场等交通运输基础设施项目；③电信枢纽、通信信息网络等通信基础设施项目；④防洪、灌溉、排涝、引（供）水等水利基础设施项目；⑤城市轨道交通等城建项目。

（2）全部或者部分使用国有资金投资或者国家融资的项目包括：①使用预算资金200万元人民币以上，并且该资金占投资额10%以上的项目；②使用国有企业、事业单位资金，并且该资金占控股或者主导地位的项目。

（3）使用国际组织或者外国政府贷款、援助资金的项目包括：①使用世界银行、亚洲开发银行等国际组织贷款、援助资金的项目；②使用外国政府及其机构贷款、援助资金的项目。

2. 依法必须招标的规模标准

按照《必须招标的工程项目规定》，必须招标范围内的各类工程建设项目，包括项目的勘察、设计、施工、监理以及与工程建设有关的重要设备、材料等的采购，达到下列标准之一的，必须进行招标：

（1）施工单项合同估算价在400万元人民币以上。

（2）重要设备、材料等货物的采购，单项合同估算价在200万元人民币以上。

（3）勘察、设计、监理等服务的采购，单项合同估算价在100万元人民币以上。

同一项目中可以合并进行的勘察、设计、施工、监理以及与工程建设有关的重要设备、材料等的采购，合同估算价合计达到前款规定标准的，必须招标。

3. 可以不进行招标的建设工程项目

《招标投标法》规定，涉及国家安全、国家秘密、抢险救灾或者属于利用扶贫资金实行以工代赈、需要使用农民工等特殊情况，不适宜进行招标的项目，按照国家有关规定可以不进行招标。

《招标投标法实施条例》规定，除《招标投标法》规定可以不进行招标的特殊情况外，有下列情形之一的，可以不进行招标：

（1）需要采用不可替代的专利或者专有技术。

（2）采购人依法能够自行建设、生产或者提供。

（3）已通过招标方式选定的特许经营项目投资人依法能够自行建设、生产或者提供。

（4）需要向原中标人采购工程、货物或者服务，否则将影响施工或者功能配套要求。

（5）国家规定的其他特殊情形。

《政府采购法》规定，政府采购工程进行招标投标的，适用《招标投标法》。《政府采购法实施条例》进一步规定，政府采购工程依法不进行招标的，应当依照《政府采购法》和本条例规定的竞争性谈判或者单一来源采购方式采购。

《国务院办公厅关于促进建筑业持续健康发展的意见》（国办发〔2017〕19号）中规定，在民间投资的房屋建筑工程中，探索由建设单位自主决定发包方式。对依法通过竞争性谈判或单一来源方式确定供应商的政府采购工程建设项目，符合相应条件的应当颁发施工许可证。

任何单位和个人不得将依法必须进行招标的项目化整为零或者以其他任何方式规避招标。

所谓化整为零，即把达到法定强制招标限额的项目切割为几个小项目，每个小项目的金额均在法定招标限额以下，以此来达到逃避招标的目的。除将项目化整为零以规避招标外，还有其他方式，如故意拖长合同的执行期，并采取分期付款的方式，从而很难确定合同的总金额；先签一个小数额的合同，执行完毕后再续签若干次，既满足了采购需求，也达到了规避招标的目的。但无论是什么方式，只要目的在于规避强制招标制度，都是法律所禁止的。

【案例3-2】建设工程必须进行招标而未招标，合同无效。案例来自于最高人民法院。

2012年9月17日，都匀经开区管委会作为"回购人（甲方）"，渝万公司作为"投资人（乙方）"签订《向山要地BT合同》。主要内容包括：一、总则。工程采用"工程投资建设与移交回购"的模式（简称BT模式）进行投资建设。甲方作为本工程项目的回购主体，在乙方按照合同约定投资建设和移交本工程项目后，甲方按照本合同回购乙方投资建设的内容。二、工程项目概况。1.工程名称：都匀经济开发区国际城向山要地暨场平工程项目。2.工程内容：本项目包括挖掘、爆破、回填、碾压等场地平整及部分路基工程、路面、雨污水管网、路灯、绿化等市政设施工程和场平范围约1km^{2}的修建性详细规划。具体以甲方提供的施工内容为准。3.建设规模：涉及1500亩土地的土石方量约1000万m^{3}及市政设施工程，总投资约2.5亿元（其中征地拆迁等前期工程约1亿元，向山要地、场平及市政设施工程约1.5亿元）。

关于案涉《向山要地BT合同》的性质和效力，最高人民法院认为：

根据《合同法》第二百六十九条"建设工程合同是承包人进行工程建设，发包人支付价款的合同。建设工程合同包括工程勘察、设计、施工合同"之规定（现《民法典》第七百八十八条），《向山要地BT合同》："甲方作为本工程项目的回购主体，在乙方按照合同约定投资建设和移交本工程项目后，甲方按照本合同回购乙方投资建设的内容"，符合上述法律规定对建设工程施工合同的界定，双方之间通过缔结合同形成了建设工程施工合同关系，故案涉合同的性质为建设工程施工合同。

根据《招标投标法》第三条"在中华人民共和国境内进行下列工程建设项目包括项目的勘察、设计、施工、监理以及与工程建设有关的重要设备、材料等的采购，必须进行招标：（二）全部或者部分使用国有资金投资或者国家融资的项目"之规定，案涉工程属于全部使用国有资金投资或者国家融资的项目，必须进行招标，本案已查明案涉工程未经过招标。故根据《关于审理建设工程施工合同纠纷案件适用法律问题的解释》第一条"建设工程施工合同具有下列情形之一的，应该根据合同法第五十二条第（五）项的规定（现《民法典》第一百五十三条第一款），认定无效：（三）建设工程必须进行招标而未招标或者中标无效的"之规定，案涉合同因违反法律的强制性规定而无效。

3.2.2　招标投标应遵循的基本原则

《建筑法》规定，建筑工程发包与承包的招标投标活动，应当遵循公开、公正、平等竞争的原则，择优选择承包单位。《招标投标法》也规定，招标投标活动应当遵循公开、公平、公正和诚实信用的原则。

（1）公开原则。公开原则就是要求招标投标活动具有透明度，实行招标信息、招标程序公开，即发布招标公告，公开开标，公开中标结果，使每一个投标人获得同等的信息，知悉招标的一切条件和要求。

（2）公平原则。公平原则就是要求给予所有投标人平等的机会，使其享有同等的权利并履行相应的义务，不歧视任何一方。

从这一原则出发，《招标投标法》规定，依法必须进行招标的项目，其招标投标活动不受地区或者部门的限制。任何单位和个人不得违法限制或者排斥本地区、本系统以外的法人或者其他组织参加投标，不得以任何方式非法干涉招标投标活动。

招标作为市场经济体制的产物，其最大的特点就是通过充分竞争，生产要素得以在不同部门、地区之间自由流动和组合，从而使招标人获得质优价廉的货物、工程和服务。因此，一个统一、开放、竞争、规范的市场，不存在任何形式的限制、垄断或干涉，是招标发挥作用的外部环境和前提条件。

（3）公正原则。公正原则包含两方面的含义：一是发包方应当根据公开、公正的招标原则，为承包方创造一个平等的机会，评标时按事先公布的标准对待所有的投标竞争者。二是投标方在投标过程中，都处于平等竞争的地位，不允许任何一方享有在投标中的任何特权。

（4）诚实信用原则。诚实信用原则也称诚信原则，是民事活动的基本原则之一。招标投标当事人应以诚实、善意的态度行使权利、履行义务，以维持双方的利益平衡及自身利益与社会利益的平衡。在当事人之间的利益关系中，诚信原则要求尊重他人利益，以对待自己事务的注意对待他人事务，保证法律关系的当事人都能得到自己应得的利益。在当事人与社会的利益关系中，诚信原则要求当事人不得通过自己的活动损害第三人和社会的利益，必须在法律范围内以符合其社会经济的方式行使自己的权利。

从这一原则出发，《招标投标法》规定了不得规避招标、串通投标、泄露标底、骗取中标、转包合同等诸多义务，要求当事人遵守，并规定了相应的罚则。

3.2.3 建设工程招标方式

1. 公开招标与邀请招标

《招标投标法》规定，招标分为公开招标和邀请招标。

公开招标是指招标人以招标公告的方式邀请不特定的法人或者其他组织投标。

《招标投标法实施条例》规定，国有资金占控股或者主导地位的依法必须进行招标的项目，应当公开招标。

邀请招标是指招标人以投标邀请书的方式邀请特定的法人或者其他组织投标。

《招标投标法》规定，国务院发展计划部门确定的国家重点项目和省、自治区、直辖市人民政府确定的地方重点项目不适宜公开招标的，经国务院发展计划部门或者省、自治区、直辖市人民政府批准，可以进行邀请招标。

重点建设项目至少应具备两个标准：一是在投资规模上达到国家规定的大型或中型标准，二是在实际作用上对国民经济或本地区经济和社会发展有重大影响。这类项目大多属于基础设施、基础产业和支柱产业项目，或是高科技并能带动行业技术进步的项目。为保证对重点建设项目的管理，保证重点建设项目的工程质量和按期竣工，必须采用公开招标方式。

在某些特定情况下，如由于项目技术复杂或有特殊要求，涉及专利权保护，受自然资源或环境限制，新技术或技术规格事先难以确定等原因，可供选择的具备资格的投标单位数量有限，实行公开招标不适宜或不可行的重点建设项目，招标人经批准可选用邀请招标。

《招标投标法实施条例》进一步规定，国有资金占控股或者主导地位的依法必须进行招标的项目，应当公开招标；但有下列情形之一的，经批准可以邀请招标：

（1）技术复杂、有特殊要求或者受自然环境限制，只有少量潜在投标人可供选择。

（2）采用公开招标方式的费用占项目合同金额的比例过大。

招标人采用邀请招标方式的，应当向3个以上具备承担招标项目的能力、资信良好的特定法人或者其他组织发出投标邀请书。

2. 总承包招标和两阶段招标

《招标投标法实施条例》规定，招标人可以依法对工程以及与工程建设有关的货物、服务全部或者部分实行总承包招标。以暂估价形式包括在总承包范围内的工程、货物、服务属于依法必须进行招标的项目范围且达到国家规定规模标准的，应当依法进行招标。以上所称暂估价，是指总承包招标时不能确定价格而由招标人在招标文件中暂时估定的工程、货物、服务的金额。

对技术复杂或者无法精确拟定技术规格的项目，招标人可以分两阶段进行招标。第一阶段，投标人按照招标公告或者投标邀请书的要求提交不带报价的技术建议，招标人根据投标人提交的技术建议确定技术标准和要求，编制招标文件。第二阶段，招标人向在第一阶段提交技术建议的投标人提供招标文件，投标人按照招标文件的要求提交包括最终技术方案和投标报价的投标文件。

3.2.4 建设工程招标基本程序及相关规定

建设工程招标的基本程序主要包括：履行项目审批手续、组织招标、编制招标文件、发布招标公告或投标邀请书、资格审查、发售招标文件、

3-3 开评标规定

开标、评标、发中标通知书和签订合同。

1. 履行项目审批手续

《招标投标法》规定，招标项目按照国家有关规定需要履行项目审批手续的，应当先履行审批手续，取得批准。招标人应当有进行招标项目的相应资金或者资金来源已经落实，并应当在招标文件中如实载明。企业在参加要求履行审批手续的项目投标时，特别须注意招标项目是否已获有关部门审核批准。在项目审批前擅自开始招标工作，因项目未被批准而造成损失的，招标人应当自行承担法律责任。

《招标投标法实施条例》进一步规定，按照国家有关规定需要履行项目审批、核准手续的依法必须进行招标的项目，其招标范围、招标方式、招标组织形式应当报项目审批、核准部门审批、核准。项目审批、核准部门应当及时将审批、核准确定的招标范围、招标方式、招标组织形式通报有关行政监督部门。

2. 组织招标

（1）招标人自行组织招标。《招标投标法》规定，招标人具有编制招标文件和组织评标能力的，可以自行办理招标事宜。任何单位和个人不得强制其委托招标代理机构办理招标事宜。

依法必须进行招标的项目，招标人自行办理招标事宜的，应当向有关行政监督部门备案。

《招标投标法实施条例》进一步规定，招标人具有编制招标文件和组织评标能力，是指招标人具有与招标项目规模和复杂程度相适应的技术、经济等方面的专业人员。

（2）委托招标代理机构。《招标投标法》规定，招标代理机构是依法设立、从事招标代理业务并提供相关服务的社会中介组织。招标代理机构应当具备下列条件：①有从事招标代理业务的营业场所和相应资金；②有能够编制招标文件和组织评标的相应专业力量。

招标人有权自行选择招标代理机构，委托其办理招标事宜。任何单位和个人不得以任何方式为招标人指定招标代理机构，招标代理机构应当在招标人委托的范围内办理招标事宜。

招标代理机构与行政机关和其他国家机关不得存在隶属关系或者其他利益关系。

《招标投标法实施条例》进一步规定，招标代理机构在其资格许可和招标人委托的范围内开展招标代理业务，任何单位和个人不得非法干涉。招标代理机构不得在所代理的招标项目中投标或者代理投标，也不得为所代理的招标项目的投标人提供咨询。

3. 编制招标文件

《招标投标法》规定，招标人应当根据招标项目的特点和需要编制招标文件。招标文件应当包括招标项目的技术要求、对投标人资格审查的标准、投标报价要求和评标标准等所有实质性要求和条件以及拟签订合同的主要条款。

国家对招标项目的技术、标准有规定的，招标人应当按照其规定在招标文件中提出相应要求。

招标项目需要划分标段、确定工期的，招标人应当合理划分标段、确定工期，并在招标文件中载明。

招标文件不得要求或者标明特定的生产供应者以及含有倾向或者排斥潜在投标人的其他内容。

招标人应当确定投标人编制投标文件所需要的合理时间；但是，依法必须进行招标的项目,自招标文件开始发出之日起至投标人提交投标文件截止之日止,最短不得少于20日。

招标人应当根据招标项目的特点和需要编制招标文件。《标准施工招标文件》(2007年版)中,就招标文件组成通常包括:招标公告(或投标邀请书)、投标人须知、评标办法、合同条款及格式、工程量清单、图纸、技术标准和要求、投标文件格式、投标人须知前附表规定的其他材料等内容。

《招标投标法实施条例》进一步规定,招标人编制的招标文件的内容违反法律、行政法规的强制性规定,违反公开、公平、公正和诚实信用原则,影响潜在投标人投标的,依法必须进行招标的项目的招标人应当在修改招标文件后重新招标。

招标人对招标项目划分标段的,应当遵守《招标投标法》的有关规定,不得利用划分标段限制或者排斥潜在投标人。依法必须进行招标的项目的招标人不得利用划分标段规避招标。

招标人应当在招标文件中载明投标有效期。投标有效期从提交投标文件的截止之日起算。

招标人设有最高投标限价的,应当在招标文件中明确最高投标限价或者最高投标限价的计算方法。招标人不得规定最低投标限价。

4. 发布招标公告或投标邀请书

(1)招标公告。《招标投标法》规定,招标人采用公开招标方式的,应当发布招标公告。依法必须进行招标的项目的招标公告,应当通过国家指定的报刊、信息网络或者其他媒介发布。招标公告应当载明招标人的名称和地址、招标项目的性质、数量、实施地点和时间以及获取招标文件的办法等事项。

《招标投标法实施条例》进一步规定,依法必须进行招标的项目的招标公告,应当在国务院发展改革部门依法指定的媒介发布。在不同媒介发布的同一招标项目的资格预审公告的内容应当一致。指定媒介发布依法必须进行招标的项目的境内资格预审公告,不得收取费用。

《招标公告和公示信息发布管理办法》规定,依法必须招标项目的招标公告和公示信息应当在"中国招标投标公共服务平台"或者项目所在地省级电子招标投标公共服务平台(以下统一简称"发布媒介")发布。省级电子招标投标公共服务平台应当与"中国招标投标公共服务平台"对接,按规定同步交互招标公告和公示信息。对依法必须招标项目的招标公告和公示信息,发布媒介应当与相应的公共资源交易平台实现信息共享。

依法必须招标项目的资格预审公告和招标公告,应当载明以下内容:

1)招标项目名称、内容、范围、规模、资金来源。
2)投标资格能力要求,以及是否接受联合体投标。
3)获取资格预审文件或招标文件的时间、方式。
4)递交资格预审文件或投标文件的截止时间、方式。
5)招标人及其招标代理机构的名称、地址、联系人及联系方式。
6)采用电子招标投标方式的,潜在投标人访问电子招标投标交易平台的网址和方法。
7)其他依法应当载明的内容。

(2)投标邀请书。招标人采用邀请招标方式的,应当发投标邀请书。

在邀请招标中,招标人有可能故意邀请一些不符合条件的法人或其他组织作为其内定中标人的陪衬，搞假招标。为了防止这种现象的发生，《招标投标法》对邀请招标的对象所具备的条件做出限定，即招标人采用邀请招标方式的，应当向三个以上具备承担招标项目的能力、资信良好的特定的法人或者其他组织发出投标邀请书。

投标邀请书应当载明招标人的名称和地址、招标项目的性质、数量、实施地点和时间以及获取招标文件的办法等事项。

（3）其他规定。《招标投标法》规定，招标人可以根据招标项目本身的要求，在招标公告或者投标邀请书中，要求潜在投标人提供有关资质证明文件和业绩情况，并对潜在投标人进行资格审查；国家对投标人的资格条件有规定的，依照其规定。

招标人不得以不合理的条件限制或者排斥潜在投标人，不得对潜在投标人实行歧视待遇。

5. 资格审查

资格审查程序是为了在招标投标过程中剔除资格条件不适合承担或履行合同的潜在投标人或投标人。采用资格审查程序，可以缩减招标人评审和比较投标文件的数量。资格审查可分为资格预审和资格后审。

（1）资格预审。资格预审是在投标前对潜在投标人进行的资格审查。《招标投标法实施条例》规定，招标人采用资格预审办法对潜在投标人进行资格审查的，应当发布资格预审公告、编制资格预审文件。

招标人可以对已发出的资格预审文件进行必要的澄清或者修改。澄清或者修改的内容可能影响资格预审申请文件编制的，招标人应当在提交资格预审申请文件截止时间至少3日前，以书面形式通知所有获取资格预审文件的潜在投标人；不足3日的，招标人应当顺延提交资格预审申请文件的截止时间。

《招标投标法实施条例》规定，招标人应当合理确定提交资格预审申请文件的时间。依法必须进行招标的项目提交资格预审申请文件的时间，自资格预审文件停止发售之日起不得少于5日。

潜在投标人或者其他利害关系人对资格预审文件有异议的，应当在提交资格预审申请文件截止时间2日前提出。招标人应当自收到异议之日起3日内做出答复；做出答复前，应当暂停招标投标活动。

《招标投标法实施条例》规定，资格预审应当按照资格预审文件载明的标准和方法进行。国有资金占控股或者主导地位的依法必须进行招标的项目，招标人应当组建资格审查委员会审查资格预审申请文件。资格审查委员会及其成员应当遵守《招标投标法》和本条例有关评标委员会及其成员的规定。

资格预审结束后，招标人应当及时向资格预审申请人发出资格预审结果通知书。未通过资格预审的申请人不具有投标资格。通过资格预审的申请人少于3个的，应当重新招标。

招标人编制的资格预审文件的内容违反法律、行政法规的强制性规定，违反公开、公平、公正和诚实信用原则，影响资格预审结果的，依法必须进行招标的项目的招标人应当在修改资格预审文件后重新招标。

（2）资格后审。资格后审是在投标后（一般是在开标后）对投标人进行的资格审查。《招标投标法实施条例》规定，招标人采用资格后审办法对投标人进行资格审查的，应当在开标后由评标委员会按照招标文件规定的标准和方法对投标人的资格进行审查。

（3）资格审查的内容。无论是预审还是后审，都是审查潜在投标人或投标人是否具有独立订立合同的权利（投标人营业执照副本及其年检合格的证明材料）；是否具有履行合同的能力（投标人资质证书副本和安全生产许可证等材料的复印件，经会计师事务所或审计机构审计的财务会计报表，包括资产负债表、现金流量表、利润表和财务情况说明书的复印件）；是否具有完成的类似项目业绩（类似项目的中标通知书、合同协议书、工程竣工验收证书的复印件）；是否在近几年内有与骗取合同有关的犯罪或严重违法行为；是否发生诉讼及仲裁（法院或仲裁机构做出的判决、裁决等有关法律文书复印件）。

如果国家对投标人的资格条件另有规定的，招标人必须依照其规定，不得有与这些规定相冲突或低于这些规定的要求。

在不损害商业秘密的前提下，潜在投标人或投标人应向招标人提交能证明上述有关资质和业绩情况的法定证明文件或其他资料。

是否进行资格审查及资格审查的要求和标准，招标人应在招标公告或投标邀请书中载明。这些要求和标准应平等地适用于所有的潜在投标人或投标人。招标人不得规定任何标准、要求或程序，限制或排斥潜在投标人。招标人也不得规定歧视某一投标人或某些投标人的标准、要求或程序。

6. 发售招标文件

《招标投标法实施条例》规定，招标人应当按照招标公告规定的时间、地点发售招标文件。招标文件的发售期不得少于 5 日。招标人发售招标文件收取的费用应当限于补偿印刷、邮寄的成本支出，不得以营利为目的。

招标人可以对已发出的招标文件进行必要的澄清或者修改。澄清或者修改的内容可能影响投标文件编制的，招标人应当在投标截止时间至少 15 日前，以书面形式通知所有获取招标文件的潜在投标人；不足 15 日的，招标人应当顺延提交投标文件的截止时间。

《招标投标法》规定，招标人对已发出的招标文件进行必要的澄清或者修改的，该澄清或者修改的内容为招标文件的组成部分。

招标人不得向他人透露已获取招标文件的潜在投标人的名称、数量以及可能影响公平竞争的有关招标投标的其他情况。招标人应当确定投标人编制投标文件所需要的合理时间，依法必须进行招标的项目，自招标文件开始发出之日起至投标人提交投标文件截止之日止，最短不得少于 20 日。

潜在投标人或者其他利害关系人对招标文件有异议的，应当在投标截止时间 10 日前提出。招标人应当自收到异议之日起 3 日内做出答复；做出答复前，应当暂停招标投标活动。

7. 开标

《招标投标法》规定，开标应当在招标文件确定的提交投标文件截止时间的同一时间公开进行；开标地点应当为招标文件中预先确定的地点。提交投标文件的截止时间以后收到的投标文件，则应不予开启，原封不动地退回。

开标由招标人主持。招标人委托招标代理机构办理招标事宜的，可以由招标代理机构按照委托招标合同的约定负责主持开标事宜。对依法必须进行招标的项目，有关行政机关可以派人参加开标，以监督开标过程严格按照法定程序进行。招标人应邀请所有投标人参加开标。

开标时，由投标人或者其推选的代表检查投标文件的密封情况，也可以由招标人委托的公证机构检查并公证；经确认无误后，由工作人员当众拆封，宣读投标人名称、投标价格和投标文件的其他主要内容。招标人在招标文件要求提交投标文件的截止时间前收到的所有投标文件，开标时都应当当众予以拆封、宣读。开标过程应当记录，并存档备查。

《招标投标法实施条例》进一步规定，招标人应当按照招标文件规定的时间、地点开标。投标人少于3个的，不得开标；招标人应当重新招标。投标人对开标有异议的，应当在开标现场提出，招标人应当当场做出答复，并制作记录。

开标过程应当记录，并存档备查。开标过程进行记录，要求对开标过程中的重要事项进行记载，包括开标时间，开标地点，开标时具体参加单位、人员，唱标的内容，开标过程是否经过公证等都要记录在案。

8. 评标

评标是指在工程开标后，由招标人组织的评标委员会依据招标文件规定的评标办法，以公正平等、经济合理、技术先进为原则，对各投标人的投标书进行审查、评比和分析，是整个招标与投标过程中重要的环节。

（1）评标委员会。《招标投标法》规定，评标由招标人依法组建的评标委员会负责。依法必须进行招标的项目，其评标委员会由招标人的代表和有关技术、经济等方面的专家组成，成员人数为5人以上单数，其中技术、经济等方面的专家不得少于成员总数的2/3。

评标委员会成员的名单在中标结果确定前应当保密。与投标人有利害关系的人不得进入相关项目的评标委员会，已经进入的应当更换。

招标人或其委托的招标代理机构不从依法组建的评标专家库中抽取专家的，评标无效；情节严重的，由有关行政监督部门依法给予警告。

评标委员会成员应当客观、公正地履行职务，遵守职业道德，对所提出的评审意见承担个人责任。评标委员会成员不得私下接触投标人，不得收受投标人的财物或者其他好处。评标委员会成员和参与评标的有关工作人员不得透露对投标文件的评审和比较、中标候选人的推荐情况以及与评标有关的其他情况。

《招标投标法实施条例》进一步规定，评标过程中，评标委员会成员有回避事由、擅离职守或者因健康等原因不能继续评标的，应当及时更换。被更换的评标委员会成员做出的评审结论无效，由更换后的评标委员会成员重新进行评审。

招标人应当向评标委员会提供评标所必需的信息，但不得明示或者暗示其倾向或者排斥特定投标人。评标委员会成员不得向招标人征询确定中标人的意向，不得接受任何单位或者个人明示或者暗示提出的倾向或者排斥特定投标人的要求，不得有其他不客观、不公正履行职务的行为。

（2）评标方法。《招标投标法》规定，评标委员会应当按照招标文件确定的评标标准和方法，对投标文件进行评审和比较。

评标的方法主要有：经评审的最低投标价法、单因素评标法和综合评估法。任何未在招标文件中列明的标准和方法，均不得采用，对招标文件中已列明的标准和方法，不得作任何改变。

有下列情形之一的，评标委员会应当否决其投标：

1）投标文件未经投标单位盖章和单位负责人签字。

2）投标联合体没有提交共同投标协议。

3）投标人不符合国家或者招标文件规定的资格条件。

4）同一投标人提交两个以上不同的投标文件或者投标报价，但招标文件要求提交备选投标的除外。

5）投标报价低于成本或者高于招标文件设定的最高投标限价。

6）投标文件没有对招标文件的实质性要求和条件做出响应。

7）投标人有串通投标、弄虚作假、行贿等违法行为。

（3）投标文件的澄清。《招标投标法》规定，评标委员会可以要求投标人对投标文件中含义不明确的内容作必要的澄清或者说明，但是澄清或者说明不得超出投标文件的范围或者改变投标文件的实质性内容。

《招标投标法实施条例》进一步规定，投标文件中有含义不明确的内容、明显文字或者计算错误，评标委员会认为需要投标人做出必要澄清、说明的，应当书面通知该投标人。投标人的澄清、说明应当采用书面形式，并不得超出投标文件的范围或者改变投标文件的实质性内容。评标委员会不得暗示或者诱导投标人做出澄清、说明，不得接受投标人主动提出的澄清、说明。

对投标报价存在前后矛盾的投标文件，除招标文件另有约定外，应按下述原则进行修正和确认：大小写不一致的以大写为准，单价与数量的乘积之和与所报的总价不一致的应以单价为准；标书正本和副本不一致的，以正本为准。这些修改一般应由投标人代表签字确认。

（4）评标报告。《招标投标法》规定，评标委员会完成评标后，应当向招标人提出书面评标报告，并推荐合格的中标候选人。评标委员会经评审，认为所有投标都不符合招标文件要求的，可以否决所有投标。依法必须进行招标的项目的所有投标被否决的，招标人应当依照本法重新招标。

《招标投标法实施条例》进一步规定，评标完成后，评标委员会应当向招标人提交书面评标报告和中标候选人名单。中标候选人应当不超过3个，并标明排序。评标报告应当由评标委员会全体成员签字。对评标结果有不同意见的评标委员会成员应当以书面形式说明其不同意见和理由，评标报告应当注明该不同意见。评标委员会成员拒绝在评标报告上签字又不书面说明其不同意见和理由的，视为同意评标结果。

9. 中标和签订合同

（1）中标人的确定。《招标投标法》规定，招标人根据评标委员会提出的书面评标报告和推荐的中标候选人确定中标人。招标人也可以授权评标委员会直接确定中标人。

中标人的投标应当符合下列条件之一：能够最大限度地满足招标文件中规定的各项综合评价标准；能够满足招标文件的实质性要求，并且经评审的投标价格最低，但是投标价格低于成本的除外。

《招标投标法实施条例》进一步规定，依法必须进行招标的项目，招标人应当自收到评标报告之日起3日内公示中标候选人，公示期不得少于3日。投标人或者其他利害关系人对依法必须进行招标的项目的评标结果有异议的，应当在中标候选人公示期间提出。招标人应当自收到异议之日起3日内做出答复；做出答复前，应当暂停招标投标活动。

国有资金占控股或者主导地位的依法必须进行招标的项目，招标人应当确定排名第一的中标候选人为中标人。排名第一的中标候选人放弃中标、因不可抗力不能履行合同、不按照招标文件要求提交履约保证金，或者被查实存在影响中标结果的违法行为等情形，不符合中标条件的，招标人可以按照评标委员会提出的中标候选人名单排序依次确定其他中标候选人为中标人，也可以重新招标。

《招标投标法》还规定，依法必须进行招标的项目，招标人应当自确定中标人之日起15日内，向有关行政监督部门提交招标投标情况的书面报告。

（2）中标通知书。中标通知书就是招标人向中标的投标人发出的告知其中标的书面通知文件。《招标投标法》规定，中标人确定后，招标人应当向中标人发出中标通知书，并同时将中标结果通知所有未中标的投标人。投标人提交的投标属于一种要约，招标人的中标通知书则为投标人要约的承诺。中标通知书对招标人和中标人都具有法律效力。项目招标投标确定的中标价格要体现合理造价要求，杜绝造价过低带来的安全质量问题。

中标通知书发出后，招标人改变中标结果的，或者中标人放弃中标项目的，应当依法承担法律责任。除不可抗力外，招标人改变中标结果的，应当适用定金罚则双倍返还中标人提交的投标保证金，给中标人造成的损失超过返还的投标保证金数额的，还应当对超过部分予以赔偿；未收取投标保证金的，对中标人的损失承担赔偿责任。如果是中标人放弃中标项目，不与招标人签订合同的，则招标人对其已经提交的投标保证金不予退还，给招标人造成的损失超过投标保证金数额的，还应当对超过部分予以赔偿；未提交投标保证金的，对招标人的损失承担赔偿责任。

（3）合同签订。《招标投标法》规定，招标人和中标人应当自中标通知书发出之日起30日内，按照招标文件和中标人的投标文件订立书面合同。招标人和中标人不得再行订立背离合同实质性内容的其他协议。招标文件要求中标人提交履约保证金的，中标人应当提交。

《最高人民法院关于审理建设工程施工合同纠纷案件适用法律问题的解释（一）》规定，当事人签订的建设工程施工合同与招标文件、投标文件、中标通知书载明的工程范围、建设工期、工程质量、工程价款不一致，一方当事人请求将招标文件、投标文件、中标通知书作为结算工程价款的依据的，人民法院应予支持。发包人将依法不属于必须招标的建设工程进行招标后，与承包人另行订立的建设工程施工合同背离中标合同的实质性内容，当事人请求以中标合同作为结算建设工程价款依据的，人民法院应予支持，但发包人与承包人因客观情况发生了在招标投标时难以预见的变化而另行订立建设工程施工合同的除外。

发包人将依法不属于必须招标的建设工程进行招标后，与承包人另行订立的建设工程施工合同背离中标合同的实质性内容，当事人请求以中标合同作为结算建设工程价款依据的，人民法院应予支持，但发包人与承包人因客观情况发生了在招标投标时难以预见的变化而另行订立建设工程施工合同的除外。

招标人和中标人在中标合同之外就明显高于市场价格购买承建房产、无偿建设住房配套设施、让利、向建设单位捐赠财物等另行签订合同，变相降低工程价款，一方当事人以该合同背离中标合同实质性内容为由请求确认无效的，人民法院应予支持。

中标人应当按照合同约定履行义务，完成中标项目；中标人不得向他人转让中标项目，也不得将中标项目肢解后分别向他人转让；中标人按照合同约定或者经招标人同意，可以将中标项目的部分非主体、非关键性工作分包给他人完成。接受分包的人应当具备相应的资格条件，并不得再次分包；中标人应当就分包项目向招标人负责，接受分包的人就分包项目承担连带责任。

（4）法律责任。《招标投标法》规定，招标人在评标委员会依法推荐的中标候选人以外确定中标人的，依法必须进行招标的项目在所有投标被评标委员会否决后自行确定中标人的，中标无效。责令改正，可以处中标项目金额5‰以上10‰以下的罚款；对单位直接负责的主管人员和其他直接责任人员依法给予处分。

招标人与中标人不按照招标文件和中标人的投标文件订立合同的，或者招标人、中标人订立背离合同实质性内容的协议的，责令改正；可以处中标项目金额5‰以上10‰以下的罚款。

中标人不履行与招标人订立的合同的，履约保证金不予退还，给招标人造成的损失超过履约保证金数额的，还应当对超过部分予以赔偿；没有提交履约保证金的，应当对招标人的损失承担赔偿责任。中标人不按照与招标人订立的合同履行义务，情节严重的，取消其2~5年内参加依法必须进行招标的项目的投标资格并予以公告，直至由工商行政管理机关吊销营业执照。因不可抗力不能履行合同的，不适用此规定。

《招标投标法实施条例》规定，中标人无正当理由不与招标人订立合同，在签订合同时向招标人提出附加条件，或者不按照招标文件要求提交履约保证金的，取消其中标资格，投标保证金不予退还。对依法必须进行招标的项目的中标人，由有关行政监督部门责令改正，可以处中标项目金额10‰以下的罚款。

【案例3-3】签订背离合同实质内容的"阴阳合同"无效。案例来自于最高人民法院，案号（2018）最高法民终1250号。

2015年3月，发包人、招标公司发布工程招标文件，承包人予以响应，并提出工程报价。2015年4月10日，发包人、招标公司向承包人发送《中标通知书》；2015年4月11日，发包人和承包人签订《建设工程施工合同》（以下简称中标合同），工程价款1.9亿余元。同日，双方另行签订《建设工程施工备案合同》（以下简称备案合同），该合同缩小了工程范围，约定工程价款9000余万元，约定备案合同不用于报建备案之外的其他任何用途。2016年9月5日，承包人向发包人提交《工程决算报告》，载明案涉工程已于2016年8月30日竣工验收合格，除工程价款1.9亿元外，又提出部分增项工程款。发包人授权人员签收，并未提出异议。后承包人索要工程欠款，将发包人诉至法院。

最高人民法院认为：中标合同系双方经过合法招标投标程序签订，属双方真实意思表示，应为有效。同日签订的备案合同仅作备案之用，工程范围、工程价款等实质性内容均与中标价格不一致，备案合同不予采信。

中标合同签订后，招标人和中标人另行签订的背离中标合同实质性内容的其他协议无效，发包人、承包人应依据中标合同确定双方的权利和义务。双方应遵循诚信原则，不得签订背离合同实质内容的"阴阳合同"。

3.2.5 建设工程施工投标基本程序及相关规定

1. 建设工程施工投标的基本程序

（1）投标人获得招标信息，编制投标文件，按期参加投标。
（2）接受招标单位的资格审查，提供相应的审查文件。
（3）通过审查的施工单位，及时购买招标文件、施工图和有关的资料。
（4）组织相关人员研究招标文件，制订工程承包方案，确定投标价格。

（5）根据要求编制完整的工程投标文件，按规定送达招标文件中指定的地点。

（6）按期参加开标会。如果中标，在规定的时间内与招标人签订工程承包合同。

2. 投标人

《招标投标法》规定，投标人是响应招标、参加投标竞争的法人或者其他组织，不包括自然人。但自然人可以作为投标主体参加科研项目投标活动。

所谓响应招标，是指潜在投标人获得招标信息或收到投标邀请书后，进行的购买投标文件，接受资格审查，编制投标文件等活动。参加投标竞争是指按照招标文件的要求在规定的时间内提交投标文件的活动。

投标人应当具备承担招标项目的能力和国家规定或者招标文件规定的对投标人的资格条件。投标人通常应当具备下列条件：

（1）与招标文件要求相适应的人力、物力和财力。

（2）招标文件要求的资质证书和相应的工作经验与业绩证明。

（3）法律、法规规定的其他条件。

《招标投标法实施条例》规定，投标人参加依法必须进行招标的项目的投标，不受地区或者部门的限制，任何单位和个人不得非法干涉。

与招标人存在利害关系可能影响招标公正性的法人、其他组织或者个人，不得参加投标。单位负责人为同一人或者存在控股、管理关系的不同单位，不得参加同一标段投标或者未划分标段的同一招标项目投标。违反以上规定的，相关投标均无效。

投标人发生合并、分立、破产等重大变化的，应当及时书面告知招标人。投标人不再具备资格预审文件、招标文件规定的资格条件或者其投标影响招标公正性的，其投标无效。

3. 投标保证金

投标保证金是指投标人按照招标文件的要求向招标人出具的、以一定金额表示的投标责任担保。投标人在递交投标文件的同时，应按投标人须知前附表规定的金额、担保形式和"投标文件格式"规定的投标保证金格式递交投标保证金，并作为其投标文件的组成部分。联合体投标的，其投标保证金由牵头人递交，并应符合投标人须知前附表的规定。

投标保证金的实质就是为了避免因投标人在投标有效期内随意撤回、撤销投标或中标后不能提交履约保证金和签署合同等行为而给招标人造成损失。投标人不按要求提交投标保证金的，其投标文件作废标处理。

招标人与中标人签订合同后5个工作日内，向未中标的投标人和中标人退还投标保证金。有下列情形之一的，投标保证金将不予退还：

（1）投标人在规定的投标有效期内撤销或修改其投标文件。

（2）中标人在收到中标通知书后，无正当理由拒签合同协议书或未按招标文件规定提交履约担保。

《招标投标法实施条例》规定，招标人在招标文件中要求投标人提交投标保证金的，投标保证金不得超过招标项目估算价的2%。投标保证金有效期应当与投标有效期一致。依法必须进行招标的项目的境内投标单位，以现金或者支票形式提交的投标保证金应当从其基本账户转出。招标人不得挪用投标保证金。

4. 投标文件

（1）投标文件的编制要求。投标人应当按照招标文件的要求编制投标文件。投标人只有按照招标文件载明的要求编制自己的投标文件，方有中标的可能。投标文件应当对招标文件有关工期、投标有效期、质量要求、技术标准和要求、招标范围等实质性内容做出响应。不能存有遗漏、回避或重大的偏离。否则将被视为废标，失去中标的可能。

投标文件应用不褪色的材料书写或打印，并由投标人的法定代表人或其委托代理人签字或盖单位章。委托代理人签字的，投标文件应附法定代表人签署的授权委托书。投标文件应尽量避免涂改、行间插字或删除。如果出现上述情况，改动之处应加盖单位章或由投标人的法定代表人或其授权的代理人签字确认。

投标文件正本一份，副本份数按招标文件要求。正本和副本的封面上应清楚地标记"正本"或"副本"的字样。当副本和正本不一致时，以正本为准。投标文件的正本与副本应分别装订成册，并编制目录。

（2）施工投标文件的编制内容。《中华人民共和国标准施工招标文件》明确规定，施工投标文件应包括下列内容：

1）投标函及投标函附录。
2）法定代表人身份证明或附有法定代表人身份证明的授权委托书。
3）联合体协议书。
4）投标保证金。
5）已标价工程量清单。
6）施工组织设计。
7）项目管理机构。
8）拟分包项目情况表。
9）资格审查资料。
10）投标人须知前附表规定的其他材料。

如投标人须知前附表规定不接受联合体投标的，或投标人没有组成联合体的，投标文件不包括联合体协议书。

（3）投标文件的补充、修改或撤回。《招标投标法》规定，投标人在招标文件要求提交投标文件的截止时间前，可以补充、修改或者撤回已提交的投标文件，并书面通知招标人。补充、修改的内容为投标文件的组成部分。

《招标投标法实施条例》进一步规定，投标人撤回已提交的投标文件，应当在投标截止时间前书面通知招标人。招标人已收取投标保证金的，应当自收到投标人书面撤回通知之日起5日内退还。投标截止后投标人撤销投标文件的，招标人可以不退还投标保证金。

（4）投标文件的送达与签收。《招标投标法》规定，投标人应当在招标文件要求提交投标文件的截止时间前，将投标文件送达投标地点。招标人收到投标文件后，应当签收保存，不得开启。投标人少于3个的，招标人应当依法重新招标。在招标文件要求提交投标文件的截止时间后送达的投标文件，招标人应当拒收。

《招标投标法实施条例》进一步规定，未通过资格预审的申请人提交的投标文件，以及逾期送达或者不按照招标文件要求密封的投标文件，招标人应当拒收。招标人应当如实记载投标文件的送达时间和密封情况，并存档备查。

5. 联合体投标

联合体投标，是指两个以上法人或者其他组织可以组成一个联合体，以一个投标人的身份共同投标的行为。《建筑法》规定，大型建筑工程或者结构复杂的建筑工程，可以由两个以上的承包单位联合共同承包。

《招标投标法》规定，联合体各方均应当具备承担招标项目的相应能力；国家有关规定或者招标文件对投标人资格条件有规定的，联合体各方均应当具备规定的相应资格条件。由同一专业的单位组成的联合体，按照资质等级较低的单位确定资质等级。

联合体各方应当签订共同投标协议，明确约定各方拟承担的工作和责任，并将共同投标协议连同投标文件一并提交招标人。联合体中标的，联合体各方应当共同与招标人签订合同，就中标项目向招标人承担连带责任。

招标人不得强制投标人组成联合体共同投标，不得限制投标人之间的竞争。

《招标投标法实施条例》进一步规定，招标人应当在资格预审公告、招标公告或者投标邀请书中载明是否接受联合体投标。招标人接受联合体投标并进行资格预审的，联合体应当在提交资格预审申请文件前组成。资格预审后联合体增减、更换成员的，其投标无效。联合体各方在同一招标项目中以自己名义单独投标或者参加其他联合体投标的，相关投标均无效。

6. 投标中的禁止性行为

（1）禁止投标人之间串通投标。所谓投标人之间串通就是投标人秘密接触，并就投标价格达成协议，哄抬投标报价或者故意压低投标报价，以达到排挤其他投标人的目的，从而损害招标人或其他投标人的合法权益。

《招标投标法》规定，投标人不得相互串通投标报价，不得排挤其他投标人的公平竞争，损害招标人或者其他投标人的合法权益。

《招标投标法实施条例》进一步规定，禁止投标人相互串通投标。

有下列情形之一的，属于投标人相互串通投标：

1）投标人之间协商投标报价等投标文件的实质性内容。
2）投标人之间约定中标人。
3）投标人之间约定部分投标人放弃投标或者中标。
4）属于同一集团、协会、商会等组织成员的投标人按照该组织要求协同投标。
5）投标人之间为谋取中标或者排斥特定投标人而采取的其他联合行动。

有下列情形之一的，视为投标人相互串通投标：

1）不同投标人的投标文件由同一单位或者个人编制。
2）不同投标人委托同一单位或者个人办理投标事宜。
3）不同投标人的投标文件载明的项目管理成员为同一人。
4）不同投标人的投标文件异常一致或者投标报价呈规律性差异。
5）不同投标人的投标文件相互混装。
6）不同投标人的投标保证金从同一单位或者个人的账户转出。

（2）禁止招标人与投标人串通投标。《招标投标法》规定，投标人不得与招标人串通投标，损害国家利益、社会公共利益或者他人的合法权益。

《招标投标法实施条例》进一步规定，禁止招标人与投标人串通投标。

有下列情形之一的，属于招标人与投标人串通投标：

1）招标人在开标前开启投标文件并将有关信息泄露给其他投标人。
2）招标人直接或者间接向投标人泄露评标委员会成员等信息。

3）招标人明示或者暗示投标人压低或者抬高投标报价。

4）招标人授意投标人撤换、修改投标文件。

5）招标人明示或者暗示投标人为特定投标人中标提供方便。

6）招标人与投标人为谋求特定投标人中标而采取的其他串通行为。

（3）禁止投标人以行贿的手段谋取中标。投标人以行贿的手段谋取中标是违背《招标投标法》基本原则的行为，对其他投标人是不公平的。《招标投标法》规定，禁止投标人以向招标人或者评标委员会成员行贿的手段谋取中标。

投标人以行贿手段谋取中标的法律后果是中标无效，有关责任人和单位应当承担相应的行政责任或刑事责任，给他人造成损失的，还应当承担民事赔偿责任。

（4）禁止投标人以低于成本的报价竞标。《招标投标法》规定，投标人不得以低于成本的报价竞标。

投标人以低于成本的报价竞标，其目的主要是排挤其他对手。"成本"是指低于投标人的为完成投标项目所需支出的个别成本。投标人的报价一般由成本、税金和利润三部分组成。当报价为成本价时，企业利润为零。法律做出这一规定，一是为了避免出现投标人在以低于成本的报价中标后，再以粗制滥造、偷工减料等违法手段不正当地降低成本，挽回其低价中标的损失，给工程质量造成隐患和危害；二是为了维护正常的投标竞争秩序，防止产生投标人以低于成本的报价进行不正当竞争，损害其他以合理报价进行竞争的投标人的利益。

（5）禁止投标人以非法手段骗取中标。《招标投标法》规定，投标人不得以他人名义投标或者以其他方式弄虚作假，骗取中标。如非法挂靠或借用其他企业的资质证书参加投标，投标时递交虚假业绩证明、资格文件、信用状况，提供虚假的项目负责人或者主要技术人员简历、劳动关系证明，假冒法定代表人签名、私刻公章、递交假的委托书等投标人以非法手段骗取中标的现象。

7. 投标人违法行为应承担的法律责任

《招标投标法》规定，投标人相互串通投标或者与招标人串通投标的，投标人以向招标人或者评标委员会成员行贿的手段谋取中标的，中标无效，处中标项目金额5‰以上10‰以下的罚款，对单位直接负责的主管人员和其他直接责任人员处单位罚款数额5%以上10%以下的罚款；有违法所得的，并处没收违法所得；情节严重的，取消其1～2年内参加依法必须进行招标的项目的投标资格并予以公告，直至由工商行政管理机关吊销营业执照；构成犯罪的，依法追究刑事责任；给他人造成损失的，依法承担赔偿责任。

投标人以他人名义投标或者以其他方式弄虚作假，骗取中标的，中标无效，给招标人造成损失的，依法承担赔偿责任；构成犯罪的，依法追究刑事责任；尚未构成犯罪的，处中标项目金额5‰以上10‰以下的罚款，对单位直接负责的主管人员和其他直接责任人员处单位罚款数额5%以上10%以下的罚款；有违法所得的，并处没收违法所得；情节严重的，取消其1～3年内参加依法必须进行招标的项目的投标资格并予以公告，直至由工商行政管理机关吊销营业执照。

3.3 建设工程发包与承包

建设工程发包与承包是指发包方通过合同委托承包方为其完成某一建设工程的全部或其

中一部分工作的交易行为。建设工程发包方一般为建设单位或总承包单位,而建设工程承包方一般为工程勘察设计单位、施工单位、工程材料设备供应或制造单位。

3.3.1 建设工程发包

《建筑法》规定,建筑工程依法实行招标发包,对不适于招标发包的可以直接发包。

建筑工程实行公开招标的,发包单位应当依照法定程序和方式,发布招标公告,提供载有招标工程的主要技术要求、主要的合同条款、评标的标准和方法以及开标、评标、定标的程序等内容的招标文件。

开标应当在招标文件规定的时间、地点公开进行。开标后应当按照招标文件规定的评标标准和程序对标书进行评价、比较,在具备相应资质条件的投标者中,择优选定中标者。

建筑工程招标的开标、评标、定标由建设单位依法组织实施,并接受有关行政主管部门的监督。

建筑工程实行招标发包的,发包单位应当将建筑工程发包给依法中标的承包单位。建筑工程实行直接发包的,发包单位应当将建筑工程发包给具有相应资质条件的承包单位。政府及其所属部门不得滥用行政权力,限定发包单位将招标发包的建筑工程发包给指定的承包单位。

提倡对建筑工程实行总承包,禁止将建筑工程肢解发包。建筑工程的发包单位可以将建筑工程的勘察、设计、施工、设备采购一并发包给一个工程总承包单位,也可以将建筑工程勘察、设计、施工、设备采购的一项或者多项发包给一个工程总承包单位;但是,不得将应当由一个承包单位完成的建筑工程肢解成若干部分发包给几个承包单位。

按照合同约定,建筑材料、建筑构配件和设备由工程承包单位采购的,发包单位不得指定承包单位购入用于工程的建筑材料、建筑构配件和设备或者指定生产厂、供应商。

3.3.2 建设工程承包

《建筑法》规定,承包建筑工程的单位应当持有依法取得的资质证书,并在其资质等级许可的业务范围内承揽工程。禁止建筑施工企业超越本企业资质等级许可的业务范围或者以任何形式用其他建筑施工企业的名义承揽工程。禁止建筑施工企业以任何形式允许其他单位或者个人使用本企业的资质证书、营业执照,以本企业的名义承揽工程。

大型建筑工程或者结构复杂的建筑工程,可以由两个以上的承包单位联合共同承包。共同承包的各方对承包合同的履行承担连带责任。两个以上不同资质等级的单位实行联合共同承包的,应当按照资质等级低的单位的业务许可范围承揽工程。

禁止承包单位将其承包的全部建筑工程转包给他人,禁止承包单位将其承包的全部建筑工程肢解以后以分包的名义分别转包给他人。

建筑工程总承包单位可以将承包工程中的部分工程发包给具有相应资质条件的分包单位;但是,除总承包合同中约定的分包外,必须经建设单位认可。施工总承包的,建筑工程主体结构的施工必须由总承包单位自行完成。

建筑工程总承包单位按照总承包合同的约定对建设单位负责;分包单位按照分包合同的约定对总承包单位负责。总承包单位和分包单位就分包工程对建设单位承担连带责任。

禁止总承包单位将工程分包给不具备相应资质条件的单位。禁止分包单位将其承包的工程再分包。

3.4 建设工程发包与承包计价管理

3.4.1 建设工程发承包计价依据和内容

1. 建设工程发承包计价依据

《建筑工程施工发包与承包计价管理办法》规定，工程量清单应当依据国家制定的工程量清单计价规范、工程量计算规范等编制。工程量清单应当作为招标文件的组成部分。

最高投标限价应当依据工程量清单、工程计价有关规定和市场价格信息等编制。招标人设有最高投标限价的，应当在招标时公布最高投标限价的总价，以及各单位工程的分部分项工程费、措施项目费、其他项目费、规费和税金。招标标底应当依据工程计价有关规定和市场价格信息等编制。投标报价应当依据工程量清单、工程计价有关规定、企业定额和市场价格信息等编制。投标报价不得低于工程成本，不得高于最高投标限价。

2. 建设工程发承包计价内容

《建筑法》规定，建筑工程造价应当按照国家有关规定，由发包单位与承包单位在合同中约定。公开招标发包的，其造价的约定，须遵守招标投标法律的规定。发包单位应当按照合同的约定，及时拨付工程款项。

《建筑工程施工发包与承包计价管理办法》规定，工程发承包计价包括编制工程量清单、最高投标限价、招标标底、投标报价，进行工程结算，以及签订和调整合同价款等活动。

建筑工程施工发包与承包价在政府宏观调控下，由市场竞争形成。工程发承包计价应当遵循公平、合法和诚实信用的原则。

《建设工程工程量单价计价规范》（GB 50500—2013）进一步规定，招标工程量清单、招标控制价、投标报价、工程计量、合同价款调整、合同价款结算与支付以及工程造价鉴定等工程造价文件的编制与核对应由具有专业资格的工程造价人员承担。

3.4.2 建设工程发承包计价管理

招标人与中标人应当根据中标价订立合同。不实行招标投标的工程由发承包双方协商订立合同。合同价款的有关事项由发承包双方约定，一般包括合同价款约定方式，预付工程款、工程进度款、工程竣工价款的支付和结算方式，以及合同价款的调整情形等。

1. 合同价款的类型

发承包双方在确定合同价款时，应当考虑市场环境和生产要素价格变化对合同价款的影响。实行工程量清单计价的建筑工程，鼓励发承包双方采用单价方式确定合同价款。建设规模较小、技术难度较低、工期较短的建筑工程，发承包双方可以采用总价方式确定合同价款。紧急抢险、救灾以及施工技术特别复杂的建筑工程，发承包双方可以采用成本加酬金方式确定合同价款。

2. 合同价款的内容

发承包双方应当根据国务院住房城乡建设主管部门和省、自治区、直辖市人民政府住房城乡建设主管部门的规定，结合工程款、建设工期等情况在合同中约定预付工程款的具体事宜。预付工程款按照合同价款或者年度工程计划额度的一定比例确定和支付，并在工程进度款中予以抵扣。

承包方应当按照合同约定向发包方提交已完成工程量报告。发包方收到工程量报告后，应当按照合同约定及时核对并确认。发承包双方应当按照合同约定，定期或者按照工程进度分段进行工程款结算和支付。

发承包双方应当在合同中约定，发生下列情形时合同价款的调整方法：

（1）法律、法规、规章或者国家有关政策变化影响合同价款的。

（2）工程造价管理机构发布价格调整信息的。

（3）经批准变更设计的。

（4）发包方更改经审定批准的施工组织设计造成费用增加的。

（5）双方约定的其他因素。

3. 建设工程结算价款的约定

《建筑工程施工发包与承包计价管理办法》规定，发承包双方应当按照合同约定，定期或者按照工程进度分段进行工程款结算和支付。

当事人对垫资和垫资利息有约定，承包人请求按照约定返还垫资及其利息的，人民法院应予支持，但是约定的利息计算标准高于垫资时的同类贷款利率或者同期贷款市场报价利率的部分除外。当事人对垫资没有约定的，按照工程欠款处理。当事人对垫资利息没有约定，承包人请求支付利息的，人民法院不予支持。当事人对欠付工程价款利息计付标准有约定的，按照约定处理。没有约定的，按照同期同类贷款利率或者同期贷款市场报价利率计息。

工程完工后，应当按照下列规定进行竣工结算：

（1）承包方应当在工程完工后的约定期限内提交竣工结算文件。

（2）国有资金投资建筑工程的发包方，应当委托具有相应资质的工程造价咨询企业对竣工结算文件进行审核，并在收到竣工结算文件后的约定期限内向承包方提出由工程造价咨询企业出具的竣工结算文件审核意见；逾期未答复的，按照合同约定处理，合同没有约定的，竣工结算文件视为已被认可。

非国有资金投资的建筑工程发包方，应当在收到竣工结算文件后的约定期限内予以答复，逾期未答复的，按照合同约定处理，合同没有约定的，竣工结算文件视为已被认可；发包方对竣工结算文件有异议的，应当在答复期内向承包方提出，并可以在提出异议之日起的约定期限内与承包方协商；发包方在协商期内未与承包方协商或者经协商未能与承包方达成协议的，应当委托工程造价咨询企业进行竣工结算审核，并在协商期满后的约定期限内向承包方提出由工程造价咨询企业出具的竣工结算文件审核意见。

（3）承包方对发包方提出的工程造价咨询企业竣工结算审核意见有异议的，在接到该审核意见后一个月内，可以向有关工程造价管理机构或者有关行业组织申请调解，调解不成的，可以依法申请仲裁或者向人民法院提起诉讼。

工程竣工结算文件经发承包双方签字确认的，应当作为工程决算的依据，未经对方同意，另一方不得就已生效的竣工结算文件委托工程造价咨询企业重复审核。发包方应当按照竣工结算文件及时支付竣工结算款。

竣工结算文件应当由发包方报工程所在地县级以上地方人民政府住房城乡建设主管部门备案。

3.5 建筑市场信用体系建设

《建筑业企业资质管理规定》规定，建筑业企业信用档案应当包括企业基本情况、资质、业绩、工程质量和安全、合同履约、社会投诉和违法行为等情况。企业的信用档案信息按照有关规定向社会公开。取得建筑业企业资质的企业应当按照有关规定，向资质许可机关提供真实、准确、完整的企业信用档案信息。

《注册建造师管理规定》规定，违法违规行为、被投诉举报处理、行政处罚等情况应当作为注册建造师的不良行为记入其信用档案。注册建造师信用档案信息按照有关规定向社会公示。

3.5.1 建筑市场信用信息构成

《建筑市场信用管理暂行办法》规定，建筑市场信用信息由基本信息、优良信用信息、不良信用信息构成。

1. 基本信息

基本信息是指注册登记信息、资质信息、工程项目信息、注册执业人员信息等。

2. 优良信用信息

优良信用信息是指建筑市场各方主体在工程建设活动中获得的县级以上行政机关或群团组织表彰奖励等信息。

3. 不良信用信息

不良信用信息是指建筑市场各方主体在工程建设活动中违反有关法律、法规、规章或工程建设强制性标准等，受到县级以上住房城乡建设主管部门行政处罚的信息，以及经有关部门认定的其他不良信用信息。

3.5.2 建筑市场主体不良行为认定标准

《建筑市场诚信行为信息管理办法》规定，建设部制定和颁布《全国建筑市场各方主体不良行为记录认定标准》，该标准对建筑市场主体的不良行为认定做了具体规定，涉及建设单位、施工单位、勘察设计单位、监理单位、检测机构、造价咨询、招标代理、施工图审查机构等主体单位。

《全国建筑市场注册执业人员不良行为记录认定标准（试行）》，就建筑市场注册执业人员不良行为记录认定做了具体规定，涉及注册建筑师、勘察设计注册工程师、注册建造师、注册监理工程师等从业人员。

1. 施工单位不良行为记录的认定标准

（1）资质不良行为认定标准：①未取得资质证书承揽工程的，或超越本单位资质等级承揽工程的；②以欺骗手段取得资质证书承揽工程的；③允许其他单位或个人以本单位名义承揽工程的；④未在规定期限内办理资质变更手续的；⑤涂改、伪造、出借、转让《建筑业企业资质证书》；⑥按照国家规定需要持证上岗的技术工种的作业人员未经培训、考核，未取得证书上岗，情节严重的。

（2）承揽业务不良行为认定标准：①利用向发包单位及其工作人员行贿、提供回扣或者给予其他好处等不正当手段承揽的；②相互串通投标或者与招标人串通投标的；③以向招标人或者评标委员会成员行贿的手段谋取中标的；④以他人名义投标或者以其他方式弄虚作假，骗取中标的；⑤不按照与招标人订立的合同履行义务，情节严重的；⑥将承包的工程转包或者违法分包的。

（3）工程质量不良行为认定标准：①在施工中偷工减料的，使用不合格的建筑材料、建筑构配件和设备的，或者不按照工程设计图示或者施工技术标准施工的其他行为的；②未按照节能设计进行施工的；③未对建筑材料、建筑构配件、设备和商品混凝土进行检验，或者未对涉及结构安全的试块、试件以及有关材料取样检测的；④工程竣工验收后，不向建设单位出具质量保修书的，或质量保修的内容、期限违反规定的；⑤不履行保修义务或者拖延履行保修义务的。

（4）工程安全不良行为认定标准：①主要负责人在本单位发生重大生产安全事故时，不立即组织抢救或者在事故调查处理期间擅离职守或者逃匿的；②主要负责人对生产安全事故隐瞒不报、谎报或者拖延不报的；③对建筑安全事故隐患不采取措施予以消除的；④未设立安全生产管理机构、配备专职安全生产管理人员或者分部分项工程施工时无专职安全生产管理人员现场监督的；⑤主要负责人、项目负责人、专职安全生产管理人员、作业人员或者特种作业人员，未经安全教育培训或者经考核不合格即从事相关工作的；⑥未在施工现场的危险部位设置明显的安全警示标志，或者未按照国家有关规定在施工现场设置消防通道、消防水源、配备消防设施和灭火器材的；⑦未向作业人员提供安全防护用具和安全防护服装的；⑧未按照规定在施工起重机械和整体提升脚手架、模板等自升式架设设施验收合格后登记的；⑨使用国家明令淘汰、禁止使用的危及施工安全的工艺、设备、材料的；⑩违法挪用列入建设工程概算的安全生产作业环境及安全施工措施所需费用的；⑪施工前未对有关安全施工的技术要求做出详细说明的；⑫未根据不同施工阶段和周围环境及季节、气候的变化，在施工现场采取相应的安全施工措施，或者在城市市区内的建设工程的施工现场未实行封闭围挡的；⑬在尚未竣工的建筑物内设置员工集体宿舍的；⑭施工现场临时搭建的建筑物不符合安全使用要求的；⑮未对因建设工程施工可能造成损害的毗邻建筑物、构筑物和地下管线等采取专项防护措施的；⑯安全防护用具、机械设备、施工机具及配件在进入施工现场前未经查验或者查验不合格即投入使用的；⑰使用未经验收或者验收不合格的施工起重机械和整体提升脚手架、模板等自升式架设设施的；⑱委托不具有相应资质的单位承担施工现场安装、拆卸施工起重机械和整体提升脚手架、模板等自升式架设设施的；⑲在施工组织设计中未编制安全技术措施、施工现场临时用电方案或者专项施工方案的；⑳主要负责人、项目负责人未履行安全生产管理职责的，或不服管理、违反规章制度和操作规程冒险作业的；㉑施工单位取得资质证书后，降低安全生产条件的，或经整改仍未达到与其资质等级相适应的安全生产条件的；㉒取得安全生产许可证发生重大安全事故的；㉓未取得安全生产许可证擅自进行生产的；㉔安全生产许可证有效期满未办理延期手续，继续进行生产的，或逾期不办理延期手续，继续进行生产的；㉕转让安全生产许可证的，接受转让的，冒用或者使用伪造的安全生产许可证的。

（5）拖欠工程款或工人工资不良行为认定标准：恶意拖欠或克扣劳动者工资。

2. 注册建造师不良行为认定标准

（1）注册不良行为认定标准：①隐瞒有关情况或者提供虚假材料申请注册；②以欺骗、贿赂等不正当手段取得注册证书；③涂改、倒卖、出租、出借或以其他形式非法转让资格证书、注册证书和执业印章；④未办理变更注册而继续执业。

（2）执业不良行为认定标准：①泄露在执业中知悉的国家秘密和他人的商业、技术等秘密；②未取得注册证书和执业印章，担任大中型建设工程项目施工单位项目负责人，或者以建造师的名义从事相关活动；③同时担任两个及两个以上工程项目负责人；④超出执业范围和聘用单位业务范围从事执业活动；⑤索贿、受贿或者谋取合同约定费用外的其他利益；⑥实施商业贿赂；⑦签署有虚假记载等不合格的文件；⑧允许他人以自己的名义从事执业活动；⑨同时在两个或者两个以上单位受聘或者执业；⑩未按照要求向注册机关提供准确、完整的注册建造师信用档案信息。

（3）其他不良行为认定标准：①因过错造成质量事故；②未履行安全生产管理职责；③违章指挥、强令职工冒险作业，因而发生重大伤亡事故或者造成其他严重后果；④在注册、执业和继续教育活动中，发生其他违反法律、法规和工程建设强制性标准的行为。

3.5.3 建筑市场诚信行为的公布和奖惩机制

1. 诚信行为的公布

《建筑市场信用管理暂行办法》规定，各级住房城乡建设主管部门应当完善信用信息公开制度，通过省级建筑市场监管一体化工作平台和全国建筑市场监管公共服务平台，及时公开建筑市场各方主体的信用信息。公开建筑市场各方主体信用信息不得危及国家安全、公共安全、经济安全和社会稳定，不得泄露国家秘密、商业秘密和个人隐私。

（1）公布的时限。建筑市场各方主体的信用信息公开期限为：①基本信息长期公开；②优良信用信息公开期限一般为3年；③不良信用信息公开期限一般为6个月至3年，并不得低于相关行政处罚期限。具体公开期限由不良信用信息的认定部门确定。

《建筑市场诚信行为信息管理办法》规定，省、自治区和直辖市建设行政主管部门负责审查整改结果，对整改确有实效的，由企业提出申请，经批准，可缩短其不良行为记录信息公布期限，但公布期限最短不得少于3个月，同时将整改结果列于相应不良行为记录后，供有关部门和社会公众查询；对于拒不整改或整改不力的单位，信息发布部门可延长其不良行为记录信息公布期限。

《招标投标违法行为记录公告暂行办法》规定，国务院有关行政主管部门和省级人民政府有关行政主管部门应自招标投标违法行为行政处理决定做出之日起20个工作日内对外进行记录公告。违法行为记录公告期限为6个月。依法限制招标投标当事人资质（资格）等方面的行政处理决定，所认定的限制期限长于6个月的，公告期限从其决定。

（2）公布的内容和范围。《建筑市场诚信行为信息管理办法》规定，属于《全国建筑市场各方主体不良行为记录认定标准》范围的不良行为记录除在当地发布外，还将由住房和城乡建设部统一在全国公布，公布期限与地方确定的公布期限相同。通过与工商、税务、纪检、监察、司法、银行等部门建立的信息共享机制，获取的有关建筑市场各方主体不良行为记录的信息，省、自治区、直辖市建设行政主管部门也应在本地区统一公布。

《招标投标违法行为记录公告暂行办法》规定，对招标投标违法行为所作出的以下行政处理决定应给予公告：①警告；②罚款；③没收违法所得；④暂停或者取消招标代理资格；⑤取消在一定时期内参加依法必须进行招标的项目的投标资格；⑥取消担任评标委员会成员的资格；⑦暂停项目执行或追回已拨付资金；⑧暂停安排国家建设资金；⑨暂停建设项目的审查批准；⑩行政主管部门依法做出的其他行政处理决定。

（3）公告的变更。《建筑市场诚信行为信息管理办法》规定，对发布有误的信息，由发布该信息的省、自治区和直辖市建设行政主管部门进行修正。根据被曝光单位对不良行为的整改情况，调整其信息公布期限，保证信息的准确和有效。

行政处罚决定经行政复议、行政诉讼以及行政执法监督被变更或被撤销，应及时变更或删除该不良记录，并在相应诚信信息平台上予以公布，同时应依法妥善处理相关事宜。

《招标投标违法行为记录公告暂行办法》规定，被公告的招标投标当事人认为公告记录与行政处理决定的相关内容不符的，可向公告部门提出书面更正申请，并提供相关证据。公告部门接到书面申请后，应在5个工作日内进行核对。公告的记录与行政处理决定的相关内容不一致的，应当给予更正并告知申请人；公告的记录与行政处理决定的相关内容一致的，应当告知申请人。公告部门在作出答复前不停止对违法行为记录的公告。

行政处理决定在被行政复议或行政诉讼期间，公告部门依法不停止对违法行为记录的公告，但行政处理决定被依法停止执行的除外。原行政处理决定被依法变更或撤销的，公告部门应当及时对公告记录予以变更或撤销，并在公告平台上予以声明。

2. 建筑市场诚信行为的奖惩机制

《建筑市场信用管理暂行办法》规定，县级以上住房城乡建设主管部门按照"谁处罚、谁列入"的原则，将存在下列情形的建筑市场各方主体，列入建筑市场主体"黑名单"：①利用虚假材料、以欺骗手段取得企业资质的；②发生转包、出借资质，受到行政处罚的；③发生重大及以上工程质量安全事故，或1年内累计发生2次及以上较大工程质量安全事故，或发生性质恶劣、危害性严重、社会影响大的较大工程质量安全事故，受到行政处罚的；④经法院判决或仲裁机构裁决，认定为拖欠工程款，且拒不履行生效法律文书确定的义务的。

各级住房城乡建设主管部门应当将列入建筑市场主体"黑名单"和拖欠农民工工资"黑名单"的建筑市场各方主体作为重点监管对象，在市场准入、资质资格管理、招标投标等方面依法给予限制。各级住房城乡建设主管部门可以将建筑市场主体"黑名单"通报有关部门，实施联合惩戒。

《建筑业企业资质管理规定》中规定，企业未按照本规定要求提供企业信用档案信息的，由县级以上地方人民政府住房城乡建设主管部门或者其他有关部门给予警告，责令限期改正；逾期未改正的，可处以1000元以上1万元以下的罚款。

《注册建造师管理规定》中规定，注册建造师或者其聘用单位未按照要求提供注册建造师信用档案信息的，由县级以上地方人民政府建设主管部门或者其他有关部门责令限期改正；逾期未改正的，可处以1000元以上1万元以下的罚款。

项目小结

建设工程发包与承包法律制度是《建筑法》的重要内容之一。本项目主要介绍了建设工程发包与承包的主要方式、建设工程招标投标的基本程序、建设工程施工投标、发包与承包的法律规定、发承包计价管理、建筑市场主体不良行为认定等内容。项目工程招标投标具体实施时应遵守《招标投标法》《招标投标法实施条例》《建筑市场信用管理暂行办法》等法律法规的规定。

技能训练

一、单项选择题

1. 建设工程招标的基本程序主要包括：①发售招标文件；②编制招标文件；③委托招标代理机构；④履行项目审批手续；⑤开标、评标；⑥签订合同；⑦发布招标公告或投标邀请书；⑧发出中标通知书。上述程序正确的排列顺序是（　　）。
   A. ①②③④⑤⑥⑦⑧
   B. ③②④⑦①⑤⑧⑥
   C. ②③①④⑦⑤⑥⑧
   D. ④③②⑦①⑤⑧⑥

2. 下列建设项目中，属于依法应当进行公开招标范围的是（　　）。
   A. 涉及国家安全，国家秘密的项目
   B. 使用各级财政预算资金的项目
   C. 使用企业事业单位自有资金的项目
   D. 使用上市公司资金的项目

3. 关于工程建设项目是否必须招标的说法，正确的是（　　）。
   A. 施工企业自筹资金的企业办公楼建设项目必须进行招标
   B. 施工单项合同估算价为人民币 100 万元，但项目总投资额为人民币 2000 万元的工程建设项目必须进行招标
   C. 利用扶贫资金实行以工代赈、需要使用农民工的建设工程项目可以不进行招标
   D. 需要采用专利或者专有技术的建设工程项目可以不进行招标

4. 在招标投标过程中，投标人发生合并、分立、破产等重大变化的，应当（　　）。
   A. 撤回投标
   B. 提高投标保证金额
   C. 撤销投标
   D. 及时书面告知招标人

5. 某高速公路项目进行招标，开标后允许（　　）。
   A. 评标委员会要求投标人以书面形式澄清含义不明确的内容
   B. 投标人再增加优惠条件
   C. 投标人撤销投标文件
   D. 招标人更改招标文件中说明的评标定标办法

6. 依法必须招标的建设项目，招标人应当自确定中标人之日起（　　）日内，向有关行政监督部门提交招标投标情况的书面报告。
   A. 15　　B. 20　　C. 30　　D. 60

7. 根据《招标投标法实施条例》，国有资金占控股地位的依法必须进行招标的项目，关于如何确定中标人的说法，正确的是（　　）。
   A. 招标人可以确定任何一名中标候选人为中标人
   B. 招标人可以授权评标委员会直接确定中标人
   C. 排名第一的中标候选人放弃中标，必须重新招标
   D. 排名第一的中标候选人被查实不符合条件的，应当重新招标

8. 关于评标的说法，正确的是（　　）。
   A. 招标委员会可以向招标人征询确定中标人的意向
   B. 招标项目设有标底的，可以投标报价是否接近标底作为中标条件
   C. 评标委员会成员拒绝在评标报告上签字的，视为不同意评标结果
   D. 投标文件中有含义不明确的内容、明显文字或计算错误的，评标委员会可以要求投

标人做出必要澄清、说明

9. 根据《招标投标法》，投标人补充、修改或者撤回已提交的投标文件，并书面通知招标人的时间期限应在（　　）。

A. 评标截止时间前　　　　　　　　B. 评标开始前
C. 提交投标文件的截止时间前　　　D. 投标有效期内

10. 关于投标联合体资格条件的说法，正确的是（　　）。

A. 联合体牵头单位具备招标文件规定的相应资格条件即可
B. 联合体一方具备招标文件规定的相应资格条件即可
C. 联合体各方均当具备招标文件规定的相应资格条件
D. 由不同专业的单位组成联合体，按照资质等级较低的单位确定其资质等级

11. 投标人或者其他利害关系人对依法必须进行招标的项目的评标结果有异议的，当在（　　）提出。

A. 中标候选人公示期间　　　　　　B. 中标通知书发出之后
C. 合同谈判期间　　　　　　　　　D. 评标报告提交之前

12. 某建设工程项目公开招标，甲公司借用乙公司资质证书承揽工程，获得中标，但甲承揽工程不符合质量标准给建设单位造成了损失。关于该合同关系的说法，正确的是（　　）。

A. 甲、乙应承担连带赔偿责任
B. 甲与乙属于联合体投标
C. 实际施工并造成损失的是甲，与乙无关
D. 投标人是乙，只能由乙承担赔偿责任

13. 某建设工程项目施工招标，甲公司和乙公司均参与投标，并都委托了丙单位办理投标事宜，甲、乙的行为属于（　　）。

A. 联合投标　　　B. 合法投标　　　C. 串通投标　　　D. 独立投标

14. 投标人以行贿手段谋取中标的法律责任不包括（　　）。

A. 由工商行政管理机关吊销营业执照
B. 取消其1～2年参加依法必须进行招标的项目的投标资格
C. 构成犯罪的，有关责任人和单位要承担相应的刑事责任
D. 由招标行政主管部门责令改正并处罚金

15. 依法应当招标的项目，在下列情形中，可以不进行施工招标的情形是（　　）。

A. 技术复杂，有特殊要求的
B. 已通过招标方式选定的特许经营项目投资人依法能够自行建设、生产或者提供的
C. 采购人自行建设、生产或者提供更为节省成本的
D. 需要向原中标人采购工程、货物或者服务，否则所需费用将大幅增加的

16. 关于投标的说法，正确的是（　　）。

A. 投标文件未按照招标文件要求密封的，招标人应当拒收
B. 投标文件未经投标单位盖章和单位负责人签字的，招标人应当拒收
C. 投标人逾期送达投标文件的，应当向招标人做出合理说明
D. 联合体投标时，可以在评标委员会提出书面投标报告前更换成员

17. 关于招标方式的说法，正确的是（   ）。
    A. 公开招标是招标人以招标公告的方式邀请特定的法人或者其他组织投标
    B. 邀请招标是指招标人以投标邀请书的方式要求五个以上特定的法人或者其他组织投标
    C. 省级人民政府确定的地方重点项目不适宜公开招标的，经省级人民政府批准可以进行邀请招标
    D. 国有资金占控股或者主导地位的依法必须进行招标的项目一律公开招标
18. 某建设工程项目中，甲公司中标后将其转包给不具有相应资质的乙公司，乙公司施工工程不符合规定质量标准，给建设单位造成损失，下列说法中，正确的是（   ）。
    A. 建设单位与甲公司有直接合同关系，应由甲公司承担赔偿责任
    B. 甲、乙承担连带赔偿责任
    C. 实际施工并造成损失的是乙公司，应由乙公司承担赔偿责任
    D. 因建设单位管理不到位，应由建设单位承担部分损失
19. 下列情形中，投标人中标有效的是（   ）。
    A. 投标人给予招标人金钱获取中标
    B. 投标人在投标书中表明给予招标人折扣获取中标
    C. 投标人在账外给予招标人回扣获取中标
    D. 投标人在账外给予评标委员会财物获取中标
20. 关于招标程序和要求的说法，正确的是（   ）。
    A. 依法必须进行招标的项目，招标人必须委托有资质的招标代理机构办理招标事宜
    B. 招标项目按照国家有关规定需要履行项目审批手续的，应当先履行审批手续，获得批准
    C. 招标文件可以不包括拟签订合同的主要条款
    D. 招标人对已发出的招标文件进行必要的澄清或者修改的应当重新招标
21. 依法必须进行招标的项目，自招标文件开始发出之日起至投标人提交投标文件截止之日止，最短不得少于（   ）日。
    A. 30   B. 25   C. 20   D. 15
22. 关于开标的说法，正确的是（   ）。
    A. 开标可以在招标文件确定的提交投标文件截止时间之后公开进行
    B. 开标地点可以不在招标文件预先确定的地点，但招标人须在开标前5日书面通知所有获取招标文件的潜在投标人
    C. 开标应当由招标代理机构主持，邀请所有投标人参加
    D. 投标人少于3个的，不得开标
23. 属于施工企业资质不良行为的是（   ）。
    A. 以他人名义投标或者以其他方式弄虚作假，骗取中标的
    B. 不按照与招标人订立的合同履行义务，情节严重的
    C. 将承包的工程转包或者违法分包的
    D. 允许其他单位或个人以本单位名义承揽工程的
24. 关于投标文件的送达和接收的说法，正确的是（   ）。

A. 投标文件逾期送达的，可以推迟开标
B. 未按招标文件要求密封的投标文件，招标人不得拒收
C. 招标人签收投标文件后，特殊情况下经批准可以在开标前开启投标文件
D. 招标文件可以在法定拒收情形外另行设定投标文件的拒收情形

25. 项目建设完工后，施工企业已提交竣工验收报告，但建设单位未按期组织竣工验收，当事人对实际竣工日期存在争议的，该项目的竣工日期（　　）。
A. 相应顺延　　　　　　　　　　B. 以施工企业提交竣工验收报告之日为准
C. 以合同约定的计划竣工日期为准　　D. 以实际通过竣工验收之日为准

26. 关于建筑市场诚信行为公布的说法，正确的是（　　）。
A. 针对不良行为的整改结果不需要公示
B. 应当将整改结果列于相应不良记录后，供有关部门和社会公众查询
C. 对于警告、罚款和责令整改的行政处理，都应当给予公告
D. 对于拒不整改，或者整改不力的单位，信息发布部门可以延长其整改期限

27. 下列行为中，属于建设工程施工企业承揽业务不良的是（　　）。
A. 将承包的工程转包或违法分包
B. 拖欠工程款
C. 允许其他单位或个人以本单位名义承揽工程
D. 对建筑安全事故隐患，不采取措施予以消除

28. 关于开标的说法，正确的是（　　）。
A. 投标文件经确定无误后，由招标监管部门人员当众拆封
B. 开标时只能由投标人或其推选的代表检查投标文件的密封情况
C. 开标过程应当及时向社会公布
D. 开标地点应当为招标文件中预先确定的地点

29. 根据《招标投标法》，可以确定中标人的主体是（　　）。
A. 经招标人授权的招标代理机构　　B. 招标投标行政监督部门
C. 经招标人授权的评标委员会　　　D. 公共资源交易中心

30. 关于工程分包的说法，正确的是（　　）。
A. 分包单位应当具有相应的资质条件
B. 中标人可以将中标项目肢解后分别向他人分包
C. 专业分包工程可以再次分包
D. 分包单位就分包工程承担按份责任

31. 施工企业征得建设单位同意后，将部分非主体工程分包给具有相应资质条件的分包单位，关于该工程分包行为的说法，正确的是（　　）。
A. 分包合同因指定分包而无效
B. 分包单位应当按照分包合同的约定，对施工企业负责
C. 建设单位必须另行为分包工程办理施工许可证
D. 施工企业必须将分包合同报上级主管部门批准备案

32. 关于招标文件的说法，正确的是（　　）。
A. 招标文件的要求不得高于法律规定

B. 潜在投标人对招标文件有异议的，招标人做出答复前，招标投标活动继续进行

C. 招标文件中载明的投标有效期从提交投标资格预审文件之日起算

D. 招标人修改已发出的招标文件，应当以书面形式通知所有招标文件收受人

33. 关于中标和签订合同的说法，正确的是（　　）。

A. 招标人应当授权评标委员会直接确定中标人

B. 招标人与中标人签订合同的标的、价款、质量等主要条款应当与招标文件一致，但履行期限可以另行协商确定

C. 确定中标人的权利属于招标人

D. 中标人应当自中标通知书送达之日起 30 日内，按照招标文件与投标人订立书面合同

34. 关于工程总承包的说法，正确的是（　　）。

A. 工程总承包企业经建设单位同意或根据合同约定，可以直接将工程项目的设计或者施工业务择优分包给具有相应资质的企业

B. 建设单位选择工程总承包企业必须依法招标

C. 工程总承包评标应当采用综合评估法，评审的主要因素包括工程总承包报价、项目管理组织方案、设计方案和工程业绩等

D. 工程总承包项目经理必须具备工程建设类注册执业资格和高级工程师技术职称

35. 在招标投标中，关于履约保证金的说法，正确的是（　　）。

A. 招标文件中不得要求中标人提交履约保证金

B. 履约保证金是为了保证中标人按照合同约定履行义务，完成中标项目而设立的

C. 履约保证金的金额没有法律规定的限制，招标人可要求中标人提交任意金额的履约保证金

D. 不鼓励施工企业以银行保函形式向建设单位提供履约担保

36. 根据《建筑市场诚信行为信息管理办法》建筑市场诚信行为记录信息的公布期限一般为（　　）。

A. 3 个月　　　　B. 6 个月至 3 年　　　C. 3 个月至 6 个月　　　D. 6 个月至 1 年

二、多项选择题

1. 根据《招标投标法》和相关法律法规，下列评标委员会的做法中，正确的有（　　）。

A. 以所有投标都不符合招标文件的要求为由，否决所有投标

B. 拒绝招标人在评标时提出新的评标要求

C. 按照招标人的要求倾向特定投标人

D. 在评标报告中注明评标委员会成员对评标结果的不同意见

E. 以投标报价超过标底上下浮动范围为由否决投标

2. 下列情形之中，视为投标人相互串通投标的有（　　）。

A. 不同投标人的投标文件相互混装

B. 属于同一集团、协会、商会等组织成员的投标人按照该组织要求协同投标

C. 招标人授意投标人撤换、修改投标文件

D. 不同投标人委托同一单位办理投标

E. 单位负责人为同一人或者存在控股、管理关系的不同单位参加同一招标项目不同阶段的投标

3. 根据《工程建设项目施工招标投标办法》，下列情形应按废标处理的有（　　）。
   A. 投标人未按照招标文件要求提交投标保证金
   B. 投标文件逾期送达或者未送达指定地点
   C. 投标文件未按招标文件要求密封
   D. 投标文件无单位盖章并无单位负责人签字
   E. 联合体投标未附联合体各方共同投标协议
4. 根据《工程建设项目招标范围和规模标准规定》，关系社会公共利益、公众安全的基础设施项目的范围包括（　　）。
   A. 防洪、灌溉、排涝、引（供）水、滩涂治理等水利项目
   B. 垃圾处理、地下管道、公共停车场等城市设施项目
   C. 邮政、电信枢纽、通信、信息网络等邮电通信项目
   D. 供水、供电、供气、供热等市政工程项目
   E. 生态环境保护项目
5. 根据《招标投标法实施条例》，按照国家有关规定需要履行项目审批的依法进行招标的项目，其（　　）应当报项目审批核准。
   A. 招标范围　　　　　　　　　B. 招标文件
   C. 招标方式　　　　　　　　　D. 招标组织形式
   E. 招标代理机构
6. 依法必须进行招标的项目的招标投标活动违反法律规定，对中标结果造成实质性影响，且不能采取补救措施予以纠正的，应（　　）。
   A. 认定招标、投标、中标无效　　B. 依法重新招标
   C. 依法重新评标　　　　　　　　D. 由行政监督部门接管剩余招标投标工作
   E. 依法禁止就该项目再次招标
7. 下列投标行为中，属于弄虚作假骗取中标的有（　　）。
   A. 使用伪造、编造的许可证件
   B. 提供虚假的财务状况或者业绩
   C. 提供虚假的信用状况
   D. 提供虚假的项目负责人或者主要技术人员简历、劳动关系证明
   E. 不同投标人的投标文件相互混装
8. 根据《招标投标法》和《招标投标法实施条例》，关于招标项目的说法，正确的有（　　）。
   A. 招标人不可以授权评标委员会直接确定中标人
   B. 评标委员会成员对其评审意见承担个人责任
   C. 履约保证金不得超过中标合同金额的10%
   D. 国有资金控股的依法必须进行招标的项目，排名第一的中标候选人为中标人
   E. 招标人可以与投标人就投标价格、投标方案等实质性内容进行谈判
9. 下列行为中，属于招标人违法行为的有（　　）。
   A. 招标人与投标人就投标方案进行谈判的
   B. 招标人发出中标通知书后无正当理由改变中标结果的

C. 招标人按规定的时间和程序对已发出的招标文件进行修改
D. 招标人在合同建立时向中标人提出附加条件
E. 招标人按规定的时间和程序对已发出的资格预审文件进行修改

10. 依法必须进行施工招标的工程建设项目，可以采用邀请招标的情形有（   ）。
A. 项目受自然地域环境限制，只有少数潜在投标人可供选择
B. 施工主要技术采用不可代替的专利或者专有技术
C. 采用公开招标方式的费用占项目合同金额的比例过大
D. 涉及国家安全、国家秘密或者抢险救灾，适宜招标但不宜公开招标
E. 在建工程追加附属小型工程或者主体加层工作

11. 关于投标人的说法，正确的有（   ）。
A. 投标人发生合并、分离、破产等重大变化的，其投标无效
B. 投标人参加依法必须进行招标的项目投标，不受地区或者部门的限制
C. 存在控股关系的不同单位不得参加同一招标项目的投标
D. 单位负责人为同一人的不同单位参加同一标段投标的，有关投标无效
E. 两个以上的法人或其他组织可以组成一个投标联合体投标

12. 在建设工程招标投标活动中，关于联合体投标的说法，正确的有（   ）。
A. 联合体各方在同一招标项目中，既可以联合体名义投标，又可以自己名义投标
B. 两个以上的个人可以组成联合体
C. 招标人可以强制投标人组成联合体
D. 在资格预审前，联合体可以增加成员
E. 联合体各方就中标项目承担连带责任

13. 招标人在发出中标通知书前，由评标委员会对中标候选人进行再次审查确认的情况有（   ）。
A. 中标候选人财务状况发生较大变化，可能影响其履约能力
B. 中标候选人未缴纳履约保证金
C. 中标候选人放弃中标
D. 中标候选人存在违法行为，可能影响其履约能力
E. 中标候选人经营发生较大变化，可能影响其履约能力

14. 根据《招标投标法实施条例》，国有资金占控股或者主导地位的依法必须进行招标的项目，可以邀请招标的有（   ）。
A. 技术复杂，只有少量潜在投标人可供选择的项目
B. 国务院发展改革部门确定的国家重点项目
C. 受自然环境限制，只有少量潜在投标人可供选择的项目
D. 采用公开招标方式的费用占项目合同金额的比例过大的项目
E. 省、自治区、直辖市人民政府确定的地方重点项目

15. 根据《招标投标法实施条例》，属于工程建设项目的有（   ）。
A. 构筑物的拆除　　　　　　　　B. 建筑物的室内展品移动陈列柜
C. 建筑物的扩建　　　　　　　　D. 建筑物间隔膜装置的安装
E. 工程所需要的管理服务

16. 根据《关于清理规范工程建设领域保证金的通知》，可以要求建筑业企业在工程建设中缴纳的保证金有（   ）。
   A. 投标保证金
   B. 履约保证金
   C. 工程质量保证金
   D. 农民工工资保证金
   E. 文明施工保证金

17. 招标人的下列行为中，属于以不合理条件限制、排斥潜在投标人或者投标人的有（   ）。
   A. 就同一招标项目向潜在投标人或者投标人提供有差别的项目信息
   B. 对潜在投标人或者投标人采取不同的资格审查或者评标标准
   C. 限定或者指定特定的专利、商标、品牌、原产地或者供应商
   D. 依法必须进行招标的项目，限定潜在投标人或者投标人的所有制形式或组织形式
   E. 根据招标项目的具体特点，设定资格、技术、商务条件

18. 根据《招标投标法实施条例》关于投标保证金的说法，正确的有（   ）。
   A. 投标保证金有效期应当与投标有效期一致
   B. 投标保证金不得超过招标项目估算价的2%
   C. 两阶段招标中要求提交投标保证金的，应当在第一阶段提出
   D. 招标人应当在中标通知书发出后5日内退还中标人的投标保证金
   E. 未中标的投标人的投标保证金及银行同期贷款利息，招标人最迟应当在书面合同签订后5日内退还

19. 导致中标无效的情形有（   ）。
   A. 依法必须进行招标项目的招标人向他人泄露标底，影响中标结果的
   B. 投标人向招标人展示工程业绩、企业实力，谋取中标的
   C. 投标截止日期以前投标人撤回已提交的招标文件进行修改的
   D. 招标人要求投标人提交投标保证金的
   E. 依法必须进行招标的项目在所有投标被评标委员会否决后自行确定中标人的

20. 关于投标人资格审查的说法，正确的有（   ）。
   A. 资格审查分为资格预审、资格中审和资格后审
   B. 资格预审结束后，评标委员会应当及时向资格预审申请人发出资格预审结果通知书
   C. 招标人采用资格预审的应当发布资格预审公告
   D. 国有资金占控股或主导地位的依法必须招标的项目，招标人应当组建资格审查委员会
   E. 资格后审在开标后由招标人按照招标文件的标准和方法对投标人资格进行审查

三、案例分析题
（一）[背景资料]

某市大型综合商业工程，建筑面积5万m²，工期自2015年8月1日至2016年3月31日，实行公开招标，有6家施工单位通过了资格预审进行投标。

在招标投标过程中，发生了下列事件：

事件1：该市建设行政主管部门指定了专门的招标代理机构。在投标期限内，先后有A、B、C三家单位对招标文件提出了疑问，建设单位以一对一的形式书面进行了答复。经

过评标委员会严格评审,最终确定 E 单位中标。

事件 2:招标代理机构提出,评标委员会由 7 人组成,包括建设单位纪委书记、工会主席,当地招标投标管理办公室主任。为了防止泄密,唱标后与从评标专家库中随机抽取的 4 位技术、经济专家共同组成评标委员会。

事件 3:建设单位要求招标代理机构在招标文件中明确,投标人应在购买招标文件时提交投标保证金,中标人的投标保证金不予退还。

[问题]

1. 指出事件 1 中的不妥之处,并说明理由。
2. 指出事件 2 中的不妥之处,并说明理由。
3. 指出事件 3 中的不妥之处,并说明理由。

(二)[背景资料]

某工程建设项目,根据项目特点及相关要求,招标人委托招标代理机构组织公开招标。招标过程中发生了以下事件:

事件 1:招标人首先在国家指定媒介上发布招标公告。7 月 1 日(星期一)发布资格预审公告,公告说明资格预审文件自 7 月 2 日起发售,资格预审文件停止发售时间为 7 月 5 日。

事件 2:在投标文件递交截止时间前,共有 8 家投标单位提交了投标文件。在招标文件规定的时间进行开标,经招标人代表检查投标文件的密封情况后,由招标代理机构当众拆封,宣读投标人名称、投标价格、工期等内容,并由投标人代表对开标结果进行了签字确认。

事件 3:在评标过程中,投标人 G 发来书面更改函,对其投标文件中超过招标文件计划工期的投标工期,调整为在招标文件约定计划工期基础上提前 10 日竣工,评标委员会接受了其调整的内容。

事件 4:经评审,各投标人综合得分的排序位于前三名的依次是:A、E、F。结果公布后评标委员会某委员对此结果有异议,拒绝在评标报告上签字,但又不提出书面意见。

[问题]指出招标过程中出现的不妥当之处,并说明理由。

项目 4
建设工程监理法律制度

> **知识目标**
> 1. 了解建设工程监理的概念、立法现状和监理范围
> 2. 熟悉建设工程监理的实施条件、依据、原则和程序
> 3. 了解工程监理企业资质分类和标准
> 4. 掌握项目监理机构人员岗位职责
> 5. 熟悉建设工程监理应承担的法律责任

4.1 建设工程监理概述

4.1.1 建设工程监理的概念

建设工程监理是指工程监理单位受建设单位委托,根据法律法规、工程建设标准、勘察设计文件及合同,在施工阶段对建设工程质量、造价、进度进行控制,对合同、信息进行管理,对工程建设相关方的关系进行协调,并履行建设工程安全生产管理法定职责的服务活动。

建设单位为了取得良好的投资效益,保证工程质量,合理控制工期,需要对施工企业的施工活动实施必要的监督。但多数建设单位并不擅长工程建设的组织管理和技术监督,而由工程监理单位即依法成立并取得国务院建设主管部门颁发的工程监理企业资质证书,从事建设工程监理活动的服务机构,依照法律、行政法规及有关的技术标准、设计文件和建筑工程承包合同,对承包单位在施工质量、建设工期和建设资金使用等方面,代表建设单位实施监督。

建设工程监理是微观性质的监督管理活动,其与建设行政主管部门或其委托的工程质量监督机构进行的工程质量监督活动在监督依据、监督性质、监督方式、监督内容以及与建设单位和承包单位的关系等方面,有着明显的区别。

现阶段建设工程监理主要发生在项目建设的实施阶段。项目建设的实施阶段包括设计阶段、招标阶段、施工阶段以及竣工验收和保修阶段,《建设工程监理规范》(GB/T 50319—2013)适用于施工阶段的工程监理。

4.1.2 建设工程监理制度及立法现状

1. 建设工程监理制度

自 1988 年以来，我国推行工程监理制度经过了三个阶段，即 1988—1993 年，工程监理试点阶段；1993—1995 年，工程监理稳步推进阶段；1995 年至今，工程监理在全国范围内进入全面推行阶段。

1997 年 11 月，建设监理作为一项制度被正式列入《建筑法》中，并明确规定"国家推行建筑工程监理制度""国务院可以规定实行强制监理的建筑工程的范围"。

2. 与建设工程监理相关的主要法律文件

我国现行的建设工程法律法规中，与建设监理有关的主要法律文件有：

（1）《建筑法》

（2）《消防法》

（3）《安全生产法》

（4）《民法典》

（5）《招标投标法》

（6）《刑法》

（7）《建设工程质量管理条例》

（8）《建设工程安全生产管理条例》

（9）《民用建筑节能条例》

（10）《安全生产许可证条例》

（11）《安全生产事故报告和调查处理条例》

（12）《招标投标法实施条例》

（13）《房屋建筑工程质量保修办法》

（14）《实施工程建设强制性标准监督规定》

（15）《建设工程监理范围和规模标准规定》

（16）《城市建设档案管理规定》

（17）《建筑工程施工许可管理办法》

（18）《注册监理工程师管理规定》

（19）《工程监理企业资质管理规定》

（20）《住房和城乡建设部关于修改〈房屋建筑工程与市政基础设施工程竣工验收备案管理暂行方法〉的决定》

（21）《房屋建筑与市政基础设施工程质量监督管理规定》

（22）《建设工程高大模板支撑系统施工安全监督管理导则》

（23）《建设工程监理规范》（GB/T 50319—2013）

4.1.3 建设工程监理范围和规模标准

《建设工程监理范围和规模标准规定》第二条规定，下列建设工程必须实行监理。

（1）国家重点建设工程。国家重点建设工程是指对国民经济和社会发展有重大影响的骨干项目。

（2）大中型公用事业工程。大中型公用事业工程，是指项目总投资额在 3000 万元以上的下列工程项目，包括供水、供电、供气、供热等市政工程项目；科技、教育、文化等项目；体育、旅游、商业等项目；卫生、社会福利等项目；其他公用事业项目。

（3）成片开发建设的住宅小区工程。成片开发建设的住宅小区工程，建筑面积在5万m^2以上的住宅建设工程必须实行监理；5万m^2以下的住宅建设工程，可以实行监理，具体范围和规模标准，由省、自治区、直辖市人民政府建设行政主管部门规定。为了保证住宅质量，对高层住宅及地基、结构复杂的多层住宅应当实行监理。

（4）利用外国政府或者国际组织贷款、援助资金的工程。包括使用世界银行、亚洲开发银行等国际组织贷款资金的项目；使用国外政府及其机构贷款资金的项目；使用国际组织或者国外政府援助资金的项目。

（5）国家规定必须实行监理的其他工程。国家规定必须实行监理的其他工程是指项目总投资额在3000万元以上关系社会公共利益、公众安全的下列基础设施项目，包括煤炭、石油、化工、天然气、电力、新能源等项目；铁路、公路、管道、水运、民航以及其他交通运输业等项目；邮政、电信枢纽、通信、信息网络等项目；防洪、灌溉、排涝、发电、引（供）水、滩涂治理、水资源保护、水土保持等水利建设项目；道路、桥梁、地铁和轻轨交通、污水排放及处理、垃圾处理、地下管道、公共停车场等城市基础设施项目；生态环境保护项目；其他基础设施项目和学校、影剧院、体育场馆项目。

4.2 建设工程监理实施

4.2.1 建设工程监理实施条件

1. 监理单位的资质要求

工程监理单位是指依法成立并取得国务院建设主管部门颁发的工程监理企业资质证书，从事建设工程监理与相关服务活动的服务机构。实施建设工程监理的监理单位必须具有与其监理的建设工程相适应的资质条件。《建筑法》明确规定，工程监理单位应当在其资质等级许可的监理范围内，承担工程监理业务。

2. 建设单位的委托和授权

建设工程监理的实施需要建设单位的委托和授权。建设单位和监理企业的关系是委托与被委托、授权与被授权的关系。建设单位始终以项目管理主体的身份掌握着工程项目建设的决策权，并承担着主要风险。建设工程监理只有在建设单位委托的情况下才能进行。

3. 监理合同的规定

实行监理的建设工程，建设单位与其委托的工程监理单位之间应当订立书面委托合同。建设工程监理合同属于经济合同，其订立形式应当符合《民法典》的规定，采用书面形式。实行监理的建设工程，建设单位无论是通过招标的方式选择工程监理单位，还是通过直接委托的方式确定工程监理单位，都应当与工程监理单位签订书面建设工程监理合同，合同中应包括监理工作的范围、内容、服务期限和酬金，以及双方的义务、违约责任等相关条款。

4. 通知被监理单位的规定

实施建设工程监理的工程开工前，建设单位应当将工程监理单位的名称，监理的范围、内容和权限及总监理工程师的姓名书面通知被监理的施工单位。这是实施监理前的必经程序，是监理顺利进行的重要保证，同时也是建设单位应尽的义务。

在建设工程监理工作范围内，建设单位与施工单位之间涉及施工合同的联系活动，应通过工程监理单位进行。

4.2.2 建设工程监理实施依据

建设工程监理是有明确依据的建设工程行为。实施建设工程监理应遵循下列主要依据：

（1）法律法规。监理单位应当依照法律、行政法规的规定，对承包单位实施监督。对建设单位违反法律、行政法规的要求，监理单位应当予以拒绝。

（2）工程建设标准。工程建设标准主要是指工程建设中各类工程的勘察、规划、设计、施工、安装、验收规范和标准。

（3）建设工程勘察设计文件。勘察设计文件既是施工的依据，也是监理的依据。监理单位应按照勘察设计文件对施工活动进行监督管理。

（4）建设工程监理合同及其他合同文件。监理单位应依据建设工程监理合同、建设工程施工合同、用于工程的主要材料设备采购合同等，监督施工单位是否全面履行建筑工程承包合同等规定的义务。

4.2.3 建设工程监理实施原则

监理单位受建设单位委托对建设工程实施监理时，应遵守以下基本原则：

（1）工程监理单位应公平、独立、诚信、科学地开展建设工程监理与相关服务活动。公平地处理监理工作中出现的问题，独立地进行判断和行使职权，公正地维护有关各方的合法权益。尊重科学、尊重事实，组织各方协同配合，科学地为建设单位提供专业化服务。

（2）建设工程监理应实行总监理工程师负责制。由总监理工程师负责履行建设工程监理合同、主持项目监理机构工作。总监理工程师不仅是工程监理的责任主体，也是工程监理的权力主体。

（3）建设工程监理宜实施信息化管理。应用信息技术开发和利用建设项目管理信息资源，能更有效地进行项目建设全过程的监督和管理，提高监理的效率，确保项目控制目标的实现。

4.2.4 建设工程监理实施程序

监理单位和建设单位签订建设工程监理合同后，按以下程序实施监理：

（1）确定项目总监理工程师，成立项目监理机构。
（2）编制建设工程监理规划。
（3）制定各专业监理实施细则。
（4）规范化地开展监理工作。
（5）参与工程竣工验收，签署建设工程监理意见。
（6）向业主提交建设工程监理档案资料。
（7）监理工作总结。

4.3 工程监理企业资质管理

《工程监理企业资质管理规定》规定，从事建设工程监理活动的企业，应当按照本规定取得工程监理企业资质,并在工程监理企业资质证书(以下简称资质证书)许可的范围内从事工程监理活动。

国务院建设主管部门负责全国工程监理企业资质的统一监督管理工作。国务院铁路、交通、水利、信息产业、民航等有关部门配合国务院建设主管部门实施相关资质类别工程监理企业资质的监督管理工作。

省、自治区、直辖市人民政府建设主管部门负责本行政区域内工程监理企业资质的统一监督管理工作。省、自治区、直辖市人民政府交通、水利、信息产业等有关部门配合同级建设主管部门实施相关资质类别工程监理企业资质的监督管理工作。

4.3.1 资质类别与等级标准(根据征求意见稿)

工程监理企业资质分为综合资质、专业资质2个序列(表4-1)。其中综合资质不分类别、不分等级;专业资质设有10个类别,分为2个等级(甲级、乙级)。

表4-1 工程监理企业资质

资质类别	序号	监理资质类型	等级
综合资质	1	综合资质	不分等级
专业资质	1	建筑工程专业	甲级、乙级
	2	铁路工程专业	甲级、乙级
	3	市政公用工程专业	甲级、乙级
	4	电力工程专业	甲级、乙级
	5	矿山工程专业	甲级、乙级
	6	冶金工程专业	甲级、乙级
	7	石油化工工程专业	甲级、乙级
	8	通信工程专业	甲级、乙级
	9	机电工程专业	甲级、乙级
	10	民航工程专业	甲级、乙级

1. 综合资质标准

(1)企业资信能力:①净资产5000万元以上;②近3年每年上缴工程监理增值税600万元以上;③近3年每年科技活动经费支出100万元以上;④具有5项不同类别的工程监理专业甲级资质。

(2)企业主要人员:①技术负责人具有注册监理工程师执业资格,且具有15年以上从事工程监理工作的经历;②注册监理工程师30人以上。

(3)企业工程业绩:近5年完成涵盖5个不同专业的10项大型工程的监理,其中铁路工程专业、市政公用工程专业、通信工程专业、民航工程专业项目工程投资额应在1亿元以上,工程质量合格。

2. 建筑工程专业资质标准

建筑工程专业资质分为甲级、乙级。

(1)甲级资质标准。

1)企业资信能力:①净资产1000万元以上;②近3年每年上缴工程监理增值税100万元以上。

2)企业主要人员:①技术负责人具有建筑工程专业注册监理工程师执业资格,且具有

10年以上从事工程监理工作的经历；②建筑工程专业注册监理工程师6人以上。

3）企业工程业绩：近5年完成下列4类中的2类工程的监理，工程质量合格。

①地上25层以上的民用建筑工程1项或地上18～24层的民用建筑工程2项。

②高度100m以上的构筑物工程1项或高度80～100m（不含）的构筑物工程2项。

③建筑面积12万m^2以上的民用建筑工程1项，或建筑面积10万m^2以上的民用建筑工程2项，或建筑面积10万m^2以上的装配式建筑（仅限民用建筑工程）1项，或建筑面积8万m^2以上的钢结构住宅1项。

④工程投资额1亿元以上的民用建筑工程。

（2）乙级资质标准。

1）企业资信能力：净资产300万元以上。

2）企业主要人员：①技术负责人具有建筑工程专业注册监理工程师执业资格，且具有10年以上从事工程监理工作的经历；②建筑工程专业注册监理工程师3人以上。

3）企业人员业绩：近10年，技术负责人作为总监理工程师主持完成过下列3类中的2类工程的监理，工程质量合格。

①地上12层以上的民用建筑工程1项或地上8～11层的民用建筑工程2项。

②高度50m以上的构筑物工程1项或高度35～50m（不含）的构筑物工程2项。

③建筑面积1万m^2以上的民用建筑工程1项或建筑面积0.6万～1万m^2（不含）的民用建筑工程2项。

4.3.2 建筑工程专业资质许可的业务范围

甲级资质可承担各类建筑工程及其配套工程的监理。

乙级资质可承担下列建筑工程的监理：

（1）高度100m以下的工业、民用建筑工程。

（2）高度120m以下的构筑物工程。

（3）建筑面积15万m^2以下的建筑工程。

（4）投资额1.5亿元以下的建筑工程。

注：

1. 建筑工程是指各类结构形式的民用建筑工程、工业建筑工程、构筑物工程以及相配套的道路、通信、管网管线等设施工程。工程内容包括地基与基础、主体结构、建筑屋面、装修装饰、建筑幕墙、人防工程以及给水排水及供暖、通风与空调、电气、消防、防雷等配套工程。

2. 建筑工程包括各类单建式、附建式人防工程。

4.3.3 资质申请和审批

1. 申请和审批程序

（1）申请综合资质、专业甲级资质的，应当向企业工商注册所在地的省、自治区、直辖市人民政府建设主管部门提出申请。

省、自治区、直辖市人民政府建设主管部门应当自受理申请之日起20日内初审完毕，并将初审意见和申请材料报国务院建设主管部门。

国务院建设主管部门应当自省、自治区、直辖市人民政府建设主管部门受理申请材料之日起60日内完成审查，公示审查意见，公示时间为10日。

（2）专业乙级资质由企业所在地省、自治区、直辖市人民政府建设主管部门审批。

省、自治区、直辖市人民政府建设主管部门应当自做出决定之日起10日内，将准予资质许可的决定报国务院建设主管部门备案。

2. 资质证书和证书管理

工程监理企业资质证书分为正本和副本，每套资质证书包括一本正本，四本副本。正、副本具有同等法律效力。工程监理企业资质证书由国务院建设主管部门统一印制并发放，有效期为5年。

资质有效期届满，工程监理企业需要继续从事工程监理活动的，应当在资质证书有效期届满60日前，向原资质许可机关申请办理延续手续。

对在资质有效期内遵守有关法律、法规、规章、技术标准，信用档案中无不良记录，且专业技术人员满足资质标准要求的企业，经资质许可机关同意，有效期延续5年。

工程监理企业在资质证书有效期内名称、地址、注册资本、法定代表人等发生变更的，应当在工商行政管理部门办理变更手续后30日内办理资质证书变更手续。

涉及综合资质、专业甲级资质证书中企业名称变更的，由国务院建设主管部门负责办理，并自受理申请之日起3日内办理变更手续。其他资质证书变更手续，由省、自治区、直辖市人民政府建设主管部门负责办理。省、自治区、直辖市人民政府建设主管部门应当自受理申请之日起3日内办理变更手续，并在办理资质证书变更手续后15日内将变更结果报国务院建设主管部门备案。

工程监理企业合并的，合并后存续或者新设立的工程监理企业可以承继合并前各方中较高的资质等级，但应当符合相应的资质等级条件。工程监理企业分立的，分立后企业的资质等级，根据实际达到的资质条件，按照规定的审批程序核定。

企业需增补工程监理企业资质证书的（含增加、更换、遗失补办），应当持资质证书增补申请及电子文档等材料向资质许可机关申请办理。遗失资质证书的，在申请补办前应当在公众媒体刊登遗失声明。资质许可机关应当自受理申请之日起3日内予以办理。

4.3.4 监督管理

县级以上人民政府建设主管部门和其他有关部门应当依照有关法律、法规和工程监理企业资质管理规定，加强对工程监理企业资质的监督管理。

工程监理企业违法从事工程监理活动的，违法行为发生地的县级以上地方人民政府建设主管部门应当依法查处，并将违法事实、处理结果或处理建议及时报告该工程监理企业资质的许可机关。

工程监理企业取得工程监理企业资质后不再符合相应资质条件的，资质许可机关根据利害关系人的请求或者依据职权，可以责令其限期改正；逾期不改的，可以撤回其资质。

有下列情形之一的，资质许可机关或者其上级机关，根据利害关系人的请求或者依据职权，可以撤销工程监理企业资质：

（1）资质许可机关工作人员滥用职权、玩忽职守做出准予工程监理企业资质许可的。

（2）超越法定职权做出准予工程监理企业资质许可的。

（3）违反资质审批程序做出准予工程监理企业资质许可的。

（4）对不符合许可条件的申请人做出准予工程监理企业资质许可的。
（5）依法可以撤销资质证书的其他情形。

以欺骗、贿赂等不正当手段取得工程监理企业资质证书的，应当予以撤销。

工程监理企业应当按照有关规定，向资质许可机关提供真实、准确、完整的工程监理企业的信用档案信息。信用档案应当包括基本情况、业绩、工程质量和安全、合同违约等情况。被投诉举报和处理、行政处罚等情况应当作为不良行为记入其信用档案。工程监理企业的信用档案信息按照有关规定向社会公示，公众有权查阅。

4.3.5 法律责任

1. 资质申请人法律责任

（1）申请人隐瞒有关情况或者提供虚假材料申请工程监理企业资质的，资质许可机关不予受理或者不予行政许可，并给予警告，申请人在1年内不得再次申请工程监理企业资质。

（2）以欺骗、贿赂等不正当手段取得工程监理企业资质证书的，由县级以上地方人民政府建设主管部门或者有关部门给予警告，并处1万元以上2万元以下的罚款，申请人3年内不得再次申请工程监理企业资质。

（3）工程监理企业在监理过程中实施商业贿赂或涂改、伪造、出借、转让工程监理企业资质证书的，由县级以上地方人民政府建设主管部门或者有关部门予以警告，责令其改正，并处1万元以上3万元以下的罚款；造成损失的，依法承担赔偿责任；构成犯罪的，依法追究刑事责任。

（4）工程监理企业不及时办理资质证书变更手续的，由资质许可机关责令限期办理；逾期不办理的，可处以1千元以上1万元以下的罚款。

（5）工程监理企业未按照规定要求提供工程监理企业信用档案信息的，由县级以上地方人民政府建设主管部门予以警告，责令限期改正；逾期未改正的，可处以1千元以上1万元以下的罚款。

2. 资质承办人法律责任

县级以上人民政府建设主管部门及有关部门有下列情形之一的，由其上级行政主管部门或者监察机关责令改正，对直接负责的主管人员和其他直接责任人员依法给予处分；构成犯罪的，依法追究刑事责任：

（1）对不符合规定条件的申请人准予工程监理企业资质许可的。
（2）对符合规定条件的申请人不予工程监理企业资质许可或者不在法定期限内做出准予许可决定的。
（3）对符合法定条件的申请不予受理或者未在法定期限内初审完毕的。
（4）利用职务上的便利，收受他人财物或者其他好处的。
（5）不依法履行监督管理职责或者监督不力，造成严重后果的。

4.4 工程监理人员从业资格管理

4.4.1 项目监理机构

项目监理机构是指工程监理单位派驻工程负责履行建设工程监理合同的组织机构。工程监理单位实施建设工程监理时,应在施工现场派驻项目监理机构。

项目监理机构的组织形式和规模,可根据建设工程监理合同约定的服务内容、服务期限,以及工程特点、规模、技术复杂程度、环境等因素确定。项目监理机构的建立应遵循适应、精简、高效的原则,要有利于建设工程监理目标控制和合同管理,要有利于建设工程监理职责的划分和监理人员的分工协作,要有利于建设工程监理的科学决策和信息沟通。

项目监理机构的监理人员由总监理工程师、专业监理工程师和监理员组成,且专业配套、数量满足监理工作需要,必要时可设总监理工程师代表。

(1)工程规模较大、专业较复杂,总监理工程师难以处理多个专业工程时,可按专业设总监理工程师代表。

(2)一个建设工程监理合同中包含多个相对独立的施工合同,可按施工合同段设总监理工程师代表。

(3)工程规模较大、地域比较分散,可按工程地域设总监理工程师代表。

工程监理单位在建设工程监理合同签订后,应及时将项目监理机构的组织形式、人员构成及对总监理工程师的任命书面通知建设单位。施工现场监理工作全部完成或建设工程监理合同终止时,项目监理机构可撤离施工现场。

4.4.2 监理人员职责

监理人员应该认真落实法律法规赋予监理人员的法律责任,严格按照《建设工程监理规范》的要求履行监理人员岗位职责,全面履行委托监理合同规定的各项义务,恪守监理人员职业道德。自觉参加培训,接受建设行政主管部门的监督管理和相关监理行业协会的自律管理,维护监理行业的社会信誉。

1. 总监理工程师

总监理工程师是由工程监理单位法定代表人书面任命,负责履行建设工程监理合同、主持项目监理机构工作的注册监理工程师。

一名注册监理工程师可担任一项建设工程监理合同的总监理工程师。当需要同时担任多项建设工程监理合同的总监理工程师工作时,应经建设单位书面同意,且最多不得超过三项。

总监理工程师应履行下列职责:

(1)确定项目监理机构人员及其岗位职责。
(2)组织编制监理规划,审批监理实施细则。
(3)根据工程进展及监理工作情况调配监理人员,检查监理人员工作。
(4)组织召开监理例会。
(5)组织审核分包单位资格。
(6)组织审查施工组织设计、(专项)施工方案。
(7)审查工程开复工报审表,签发工程开工令、暂停令和复工令。
(8)组织检查施工单位现场质量、安全生产管理体系的建立及运行情况。
(9)组织审核施工单位的付款申请,签发工程款支付证书,组织审核竣工结算。
(10)组织审查和处理工程变更。
(11)调解建设单位与施工单位的合同争议,处理工程索赔。
(12)组织验收分部工程,组织审查单位工程质量检验资料。
(13)审查施工单位的竣工申请,组织工程竣工预验收,组织编写工程质量评估报告,参与工程竣工验收。

（14）参与或配合工程质量安全事故的调查和处理。

（15）组织编写监理月报、监理工作总结，组织整理监理文件资料。

工程监理单位调换总监理工程师时，应征得建设单位书面同意。

2. 总监理工程师代表

总监理工程师代表由总监理工程师授权，代表总监理工程师行使其部分职责和权力。总监理工程师代表为具有工程类注册执业资格或中级及以上专业技术职称、3年及以上工程监理实践经验的监理人员。

总监理工程师不得将下列工作委托给总监理工程师代表：

（1）组织编制监理规划，审批监理实施细则。

（2）根据工程进展及监理工作情况调配监理人员。

（3）组织审查施工组织设计、（专项）施工方案。

（4）签发工程开工令、暂停令和复工令。

（5）签发工程款支付证书，组织审核竣工结算。

（6）调解建设单位与施工单位的合同争议，处理工程索赔。

（7）审查施工单位的竣工申请，组织工程竣工预验收，组织编写工程质量评估报告，参与工程竣工验收。

（8）参与或配合工程质量安全事故的调查和处理。

3. 专业监理工程师

专业监理工程师由总监理工程师授权，负责实施某一专业或某一岗位的监理工作，有相应监理文件签发权。专业监理工程师为具有工程类注册执业资格或中级及以上专业技术职称、2年及以上工程实践经验的监理人员。

专业监理工程师应履行下列职责：

（1）参与编制监理规划，负责编制监理实施细则。

（2）审查施工单位提交的涉及本专业的报审文件，并向总监理工程师报告。

（3）参与审核分包单位资格。

（4）指导、检查监理员工作，定期向总监理工程师报告本专业监理工作实施情况。

（5）检查进场的工程材料、设备、构配件的质量。

（6）验收检验批、隐蔽工程、分项工程，参与验收分部工程。

（7）处置发现的质量问题和安全事故隐患。

（8）进行工程计量。

（9）参与工程变更的审查和处理。

（10）组织编写监理日志，参与编写监理月报。

（11）收集、汇总、参与整理监理文件资料。

（12）参与工程竣工预验收和竣工验收。

工程监理单位调换专业监理工程师时，总监理工程师应书面通知建设单位。

4. 监理员

监理员是指从事具体监理工作，具有中专及以上学历并经过监理业务培训的监理人员。

监理员应履行下列职责：

（1）检查施工单位投入工程的人力、主要设备的使用及运行状况。

（2）进行见证取样。

（3）复核工程计量有关数据。

（4）检查工序施工结果。

（5）发现施工作业中的问题，及时指出并向专业监理工程师报告。

各级建设主管部门和有关主管部门要依法履行对监理从业人员的监督管理职责，建立注册监理工程师执业信用档案，指导督促监理行业协会建立监理从业人员信用管理体系，加强对监理从业人员的动态监督管理，对监理从业人员违法违规行为进行查处，维护建筑市场秩序，不断提高监理工作质量和水平。

4.4.3 监理工程师注册执业制度

1. 注册监理工程师

注册监理工程师是指取得国务院建设主管部门颁发的《中华人民共和国注册监理工程师注册执业证书》和执业印章，从事建设工程监理与相关服务等活动的人员。

未取得注册证书和执业印章的人员，不得以注册监理工程师的名义从事工程监理及相关服务等活动。

2. 监理工程师执业资格

我国实行监理工程师执业资格考试制度。其意义在于统一监理工程师的业务能力标准，公正地确定监理人员是否具备监理工程师的资格，合理建立工程监理人才库，促进监理人员努力钻研监理业务，不断提高业务水平。

（1）考试条件。参加监理工程师执业资格考试的报名条件一是要具有一定的专业学历，二是要具有一定年限的工程建设实践经验。具备以下条件之一者，均可申请参加全国监理工程师执业资格考试：

1）工程技术或工程经济专业大专（含大专）以上学历，按照国家有关规定，取得工程技术或工程经济专业中级职务，并任职满3年。

2）按照国家有关规定，取得工程技术或工程经济专业高级职务。

（2）考试内容。全国注册监理工程师考试设《建设工程监理基本理论与相关法规》《建设工程合同管理》《建设工程质量、投资、进度控制》《建设工程监理案例分析》共4个科目。

（3）考试方式。考试实行全国统一考试大纲、统一命题、统一组织、统一时间、闭卷考试、分科记分、统一录取标准的办法，一般每年举行一次。

（4）成绩管理。考试成绩实行滚动管理，参加全部四个科目考试的人员须在连续两个考试年度内通过全部科目。考试合格者，由各省、自治区、直辖市人事（职改）部门颁发，人力资源和社会保障部统一印制，人力资源和社会保障部、住房和城乡建设部用印的《中华人民共和国监理工程师执业资格证书》，该证书在全国范围有效。

3. 监理工程师注册

（1）注册监理工程师实行注册执业管理制度。取得资格证书的人员，经过注册方能以注册监理工程师的名义执业。

（2）注册监理工程师依据其所学专业、工作经历、工程业绩，按照《工程监理企业资质管理规定》划分的工程类别，按专业注册。每人最多可以申请两个专业注册。符合注册条件的，由国务院建设主管部门核发注册证书和执业印章。

（3）取得资格证书的人员申请注册，由省、自治区、直辖市人民政府建设主管部门初审，国务院建设主管部门审批。

取得资格证书并受聘于一个建设工程勘察、设计、施工、监理、招标代理、造价咨询等单位的人员，应当通过聘用单位向单位工商注册所在地的省、自治区、直辖市人民政府建设主管部门提出注册申请；省、自治区、直辖市人民政府建设主管部门受理后提出初审意见，并将初审意见和全部申报材料报国务院建设主管部门审批；符合条件的，由国务院建设主管部门核发注册证书和执业印章。

（4）注册证书和执业印章是注册监理工程师的执业凭证，由注册监理工程师本人保管、使用。注册监理工程师每一注册有效期为3年。

4. 注册监理工程师的执业

（1）取得资格证书的人员，应当受聘于一个具有建设工程勘察、设计、施工、监理、招标代理、造价咨询等一项或者多项资质的单位，经注册后方可从事相应的执业活动。从事工程监理执业活动的，应当受聘并注册于一个具有工程监理资质的单位。

（2）注册监理工程师可以从事工程监理、工程经济与技术咨询、工程招标与采购咨询、工程项目管理服务以及国务院有关部门规定的其他业务。

（3）工程监理活动中形成的监理文件由注册监理工程师按照规定签字盖章后方可生效。

5. 注册监理工程师的继续教育

注册监理工程师在每一注册有效期内应当达到国务院建设主管部门规定的继续教育要求。继续教育作为注册监理工程师逾期初始注册、延续注册和重新申请注册的条件之一。继续教育分为必修课和选修课，在每一注册有效期内各为48学时。

4.5 建设工程监理法律责任

4.5.1 监理法律责任类型

对于监理单位和监理人员来说，在监理活动中有可能发生的违法行为包括行政违法、民事违法和刑事违法三个方面，与之相对应的建设工程监理的法律责任可分为行政法律责任、民事法律责任和刑事法律责任。

1. 监理行政法律责任

监理行政法律责任是指监理单位或监理工程师在行使监理职责时违反了行政法律规范，国家行政机关依法对监理单位或监理工程师违反有关法律、法规、规章的行为所应承担法律后果的追究。

行政法律责任必须由国家授权的行政机关负责追究，行政机关追究责任主体的行政法律责任必须按照法律规定的行政处罚程序进行。追究行政法律责任一般采用警告、通报批评、责令改正、没收非法所得、罚款、责令停业整顿、降低资质等级、吊销资质证书、收缴岗位证书等方式。

2. 监理民事法律责任

监理民事法律责任是指监理单位或监理工程师在执业过程中，因违法执业或者因过错给业主或其他主体的合法权益造成损害而应承担的民事法律责任。监理承担民事法律责任的形式主要有赔偿损失、支付违约金、赔礼道歉、停止侵害、消除影响、排除妨碍等。

《民法典》规定，行为人因过错侵害他人民事权益造成损害的，应当承担侵权责任。根据民法精神，如果监理单位或监理工程师在执业过程中因违法执业或者因过错给业主、承包商等有关主体造成财产和人身损害，应当承担民事责任。

监理的民事法律责任，可以通过双方当事人自行协商、有关部门调解、仲裁机关仲裁、双方当事人向法院提起民事诉讼等途径来实现。监理承担的民事法律责任主要是补偿性的，以财产性经济补偿为主，非财产性补偿措施（如停止侵害、赔礼道歉等）为辅。

3. 监理刑事法律责任

监理刑事法律责任是指监理单位或监理工程师在监理执业过程中触犯了刑律，构成犯罪，国家司法机关依法对监理单位的经营者或监理工程师违法犯罪行为所应承担刑事法律后果的追究。

《刑法》第一百三十七条规定，建设单位、设计单位、施工单位、工程监理单位违反国家规定，降低工程质量标准，造成重大安全事故的，对直接责任人员，处五年以下有期徒刑或者拘役，并处罚金；后果特别严重的，处五年以上十年以下有期徒刑，并处罚金。

建设单位、设计单位、施工单位、工程监理单位违反国家规定，降低工程质量标准，涉及下列情形之一的，应予立案追诉：

（1）造成死亡一人以上，或者重伤三人以上。

（2）造成直接经济损失100万元以上的。

（3）其他造成严重后果的情形。

4.5.2 与监理相关法律的主要内容

1.《建筑法》相关内容

（1）监理内容。建设工程监理应当依照法律、行政法规及有关的技术标准、设计文件和建筑工程承包合同，对承包单位在施工质量、建设工期和建设资金使用等方面，代表建设单位实施监督。

监理的中心任务即目标控制，控制工程项目的造价、进度和质量目标。同时对合同、信息进行管理，对工程建设相关方的关系进行协调，并履行建设工程安全生产管理法定职责。

（2）监理的权利与义务。工程监理人员既是受建设单位委托对建筑工程实施监督，同时又应依法履行职责和义务，遵守一定的行为规范。

工程监理人员认为工程施工不符合工程设计要求、施工技术标准和合同约定的，有权要求建筑施工企业改正。

工程监理人员发现工程设计不符合建筑工程质量标准或者合同约定的质量要求的，应当报告建设单位要求设计单位改正。

（3）监理行为规范。工程监理单位在实施监督管理过程中，其本身行为也应受到规范和限制。主要有四个方面：

1）工程监理单位应当在其资质等级许可的监理范围内，承担工程监理业务。这是政府对从业单位的资格许可，任何单位均不得违反，否则应承担相应的法律后果。

2）工程监理单位应当根据建设单位的委托，客观、公正地执行监理任务。监理单位必须实事求是，遵循客观规律，按工程建设的科学要求进行监理活动，平等地对待各方当事人，真实、合理地进行监督检查，为建设单位服务。

3）工程监理单位与被监理工程的承包单位以及建筑材料、建筑构配件和设备供应单位不得有隶属关系或者其他利害关系。工程监理单位与被监理工程的承包单位以及建筑材料、建筑构配件和设备供应单位之间是一种监督与被监督的关系，为保证客观公正地执行监理任务，当出现工程监理单位与被监理工程的承包单位以及建筑材料、建筑构配件和设备供应单位有隶属关系或者其他利害关系时，工程监理单位在接受建设单位委托前应当自行回避；在接受委托后，应当依法解除委托关系。

4）工程监理单位不得转让工程监理业务。建设单位将监理业务委托给工程监理单位，是对该工程监理单位监理信誉和监理能力的信任，工程监理单位接受委托后，应当自行完成监理任务，不允许将工程监理业务转让委托给其他工程监理单位。

（4）监理单位法律责任。工程监理单位不按照委托监理合同的约定履行监理义务，对应当监督检查的项目不检查或者不按照规定检查，给建设单位造成损失的，应当承担相应的赔偿责任。

工程监理单位与承包单位串通，为承包单位谋取非法利益，给建设单位造成损失的，应当与承包单位承担连带赔偿责任。

工程监理单位与建设单位或者建筑施工企业串通，弄虚作假、降低工程质量的，责令改正，处以罚款，降低资质等级或者吊销资质证书；有违法所得的，予以没收；造成损失的，承担连带赔偿责任；构成犯罪的，依法追究刑事责任。

工程监理单位转让监理业务的，责令改正，没收违法所得，可以责令停业整顿，降低资质等级；情节严重的，吊销资质证书。

2.《消防法》相关内容

《消防法》第九条规定，建设工程的消防设计、施工必须符合国家工程建设消防技术标准。建设、设计、施工、工程监理等单位依法对建设工程的消防设计、施工质量负责。

工程监理单位与建设单位或者建筑施工企业串通，弄虚作假，降低消防施工质量的，责令改正或者停止施工，并处1万元以上10万元以下罚款。

3.《安全生产法》相关内容

安全生产工作应当以人为本，坚持安全发展，坚持安全第一、预防为主、综合治理的方针，强化和落实生产经营单位的主体责任，建立生产经营单位负责、职工参与、政府监管、行业自律和社会监督的机制。

负有安全生产监督管理职责的部门依法对存在重大事故隐患的生产经营单位做出停产停业、停止施工、停止使用相关设施或者设备的决定，生产经营单位应当依法执行，及时消除事故隐患。生产经营单位拒不执行，有发生生产安全事故的现实危险的，在保证安全的前提下，经本部门主要负责人批准，负有安全生产监督管理职责的部门可以采取通知有关单位停止供电、停止供应民用爆炸物品等措施，强制生产经营单位履行决定。

生产经营单位发生生产安全事故后，事故现场有关人员应当立即报告本单位负责人。单位负责人接到事故报告后，应当迅速采取有效措施，组织抢救，防止事故扩大，减少人员伤亡和财产损失，并按照国家有关规定立即如实报告当地负有安全生产监督管理职责的部门，不得隐瞒不报、谎报或者迟报，不得故意破坏事故现场、毁灭有关证据。

4.《建设工程质量管理条例》相关内容

违反条例规定，工程监理单位超越本单位资质等级承揽工程的，责令停止违法行为，对工程监理单位处合同约定的监理酬金1倍以上2倍以下的罚款；可以责令停业整顿，降低资质等级；情节严重的，吊销资质证书；有违法所得的，予以没收。

未取得资质证书承揽工程的，予以取缔。以欺骗手段取得资质证书承揽工程的，吊销资质证书，依照规定处以罚款；有违法所得的，予以没收。

工程监理单位允许其他单位或者个人以本单位名义承揽工程的，责令改正，没收违法所得，对工程监理单位处合同约定的监理酬金1倍以上2倍以下的罚款；可以责令停业整顿，降低资质等级；情节严重的，吊销资质证书。

工程监理单位转让工程监理业务的，责令改正，没收违法所得，处合同约定的监理酬金25%以上50%以下的罚款；可以责令停业整顿，降低资质等级；情节严重的，吊销资质证书。

工程监理单位有下列行为之一的，责令改正，处50万元以上100万元以下的罚款，降低资质等级或者吊销资质证书；有违法所得的，予以没收；造成损失的，承担连带赔偿责任：

（1）与建设单位或者施工单位串通，弄虚作假、降低工程质量的。

（2）将不合格的建设工程、建筑材料、建筑构配件和设备按照合格签字的。

违反条例规定，工程监理单位与被监理工程的施工承包单位以及建筑材料、建筑构配件和设备供应单位有隶属关系或者其他利害关系承担该项建设工程的监理业务的，责令改正，处5万元以上10万元以下的罚款，降低资质等级或者吊销资质证书；有违法所得的，予以没收。

违反条例规定，注册建筑师、注册结构工程师、注册监理工程师等注册执业人员因过错造成质量事故的，责令停止执业1年；造成重大质量事故的，吊销执业资格证书，5年以内不予注册；情节特别恶劣的，终身不予注册。

工程监理单位违反国家规定，降低工程质量标准，造成重大安全事故，构成犯罪的，对直接责任人员依法追究刑事责任。

条例规定的责令停业整顿，降低资质等级和吊销资质证书的行政处罚，由颁发资质证书的机关决定；其他行政处罚，由建设行政主管部门或者其他有关部门依照法定职权决定。

工程监理单位的工作人员因调动工作、退休等原因离开该单位后，被发现在该单位工作期间违反国家有关建设工程质量管理规定，造成重大工程质量事故的，仍应当依法追究法律责任。

建设工程监理其他相关行政法规如《建设工程安全生产管理条例》等将在以后各项目中阐述。

项目小结

国家推行建设工程监理制度。《建筑法》对工程监理从业资格、监理依据、监理的范围和内容、监理的权利和义务等做了明确的规定。《建设工程质量管理条例》《建设工程安全生产管理条例》《建设工程监理范围和规模标准规定》《工程监理企业资质管理规定》《注册监理工程师管理规定》等都有与建设工程监理相关的内容，分别对工程监理单位和监理工程师的行为做了相应的法律规定。

技能训练

一、单项选择题

1. 以法律制度的形式规定国家推行建设工程监理制度的是（　　）。
   A.《建筑法》　　　　　　　　　　B.《建设工程质量管理条例》
   C.《消防法》　　　　　　　　　　D.《安全生产法》

2. 成片开发建设的住宅小区工程，建筑面积在（　　）m² 以上的住宅建设工程必须实行监理。
   A. 4万　　　　　　B. 5万　　　　　　C. 6万　　　　　　D. 7万
3. 根据《建设工程监理范围和规模标准规定》，以下建筑工程必须实行监理的是（　　）。
   A. 小型公共事业工程，总投资为2500万元
   B. 总投资为1000万元的卫生、社会福利项目
   C. 成片开发建设的住宅小区，建筑面积为6万 m² 的住宅建设工程
   D. 结构复杂的多层住宅，建筑面积为3万 m²
4. 建设监理实行（　　）负责制。
   A. 监理单位法人代表　　　　　　B. 总监理工程师
   C. 专业监理工程师　　　　　　　D. 项目经理
5. 根据《建设工程监理规范》(GB/T 50319—2013)，总监理工程师代表由（　　）授权，代表总监理工程师行使其部分职责和权力。
   A. 监理单位法人代表　　　　　　B. 监理单位技术负责人
   C. 总监理工程师　　　　　　　　D. 建设单位项目负责人
6. 总监理工程师应由（　　）书面任命。
   A. 主管部门　　　　　　　　　　B. 建设单位
   C. 监理单位技术负责人　　　　　D. 监理单位法人代表
7. 总监理工程师不得委托总监理工程师代表的工作是（　　）。
   A. 审查分包单位的资质　　　　　B. 主持整理工程项目的监理资料
   C. 审查和处理工程变更　　　　　D. 组织审查施工单位（专项）施工方案
8. 下列监理职责中，属于监理员职责的是（　　）。
   A. 处置生产安全事故隐患　　　　B. 复核工程计量有关数据
   C. 验收分部分项工程质量　　　　D. 审查施工组织设计
9. 建设工程监理实施细则由（　　）编制。
   A. 监理单位技术负责人　　　　　B. 总监理工程师
   C. 总监理工程师代表　　　　　　D. 专业监理工程师
10. 监理实施细则需经（　　）审批后实施。
    A. 相应专业监理工程师　　　　　B. 总监理工程师代表
    C. 总监理工程师　　　　　　　　D. 工程监理单位技术负责人
11. 根据《建设工程监理规范》(GB/T 50319—2013)，工程监理单位调换专业监理工程师时，总监理工程师应（　　）。
    A. 征得质量监督机构书面同意　　B. 征得建设单位书面同意
    C. 书面通知施工单位　　　　　　D. 书面通知建设单位
12. 根据《建设工程监理规范》(GB/T 50319—2013)，记录项目监理日志是（　　）的职责。
    A. 监理员　　　　　　　　　　　B. 专业监理工程师
    C. 资料员　　　　　　　　　　　D. 监理员或专业监理工程师
13. 工程开工前，（　　）应将工程监理单位的名称，监理的范围、内容、权限及总监理工程师的姓名书面通知施工单位。

A．建设主管部门　　B．监理单位　　　C．总监理工程师　　　D．建设单位

14．《建筑法》规定，工程监理人员认为工程施工不符合工程设计要求、施工技术标准和合同约定的，有权（　　）。

A．要求施工企业改正　　　　　　　B．报告工程质量监督机构
C．终止施工合同的履行　　　　　　D．变更施工合同价款

15．在委托监理的建设工程中，监理单位与承建单位不得有隶属关系和其他利害关系，这个要求反映了建设工程监理的（　　）。

A．服务性　　　B．公正性　　　C．独立性　　　D．科学性

16．注册监理工程师每一注册有效期为（　　）年。

A．1　　　　　B．2　　　　　C．3　　　　　D．4

17．项目监理机构的组织形式和规模，可根据（　　）约定的服务内容、服务期限，以及工程特点、规模、技术复杂程度、环境等因素确定。

A．建设工程施工合同　　　　　　　B．建设工程监理合同
C．建设工程勘察设计合同　　　　　D．建设工程设备制造合同

二、多项选择题

1．《建筑法》规定，实施建设工程监理前，建设单位应当将（　　）书面通知被监理的建筑施工企业。

A．监理单位名称　　　　　　　　　B．总监理工程师姓名
C．监理内容　　　　　　　　　　　D．监理权限
E．监理组织机构

2．根据《建设工程监理规范》(GB/T 50319—2013)，监理员的任职条件有（　　）。

A．中专以上学历　　　　　　　　　B．中级及以上专业技术职称
C．经过监理业务培训　　　　　　　D．工程类注册执业资格
E．2年及以上工程实践经验

3．根据《建筑法》规定，工程监理人员认为工程施工不符合（　　）的，有权要求建筑施工企业改正。

A．建设单位要求　　　　　　　　　B．工程设计要求
C．施工技术标准　　　　　　　　　D．施工组织设计
E．合同约定

4．根据《建设工程监理规范》(GB/T 50319—2013)，专业监理工程师应履行的职责有（　　）。

A．组织编写监理月报　　　　　　　B．参与编制监理实施细则
C．参与验收分部工程　　　　　　　D．组织编写监理日志
E．参与审核分包单位资格

5．项目监理机构的监理人员应由（　　）组成。

A．总监理工程师　　　　　　　　　B．专业监理工程师
C．监理公司技术负责人　　　　　　D．监理公司聘请专家
E．监理员

6．工程监理单位应（　　）地开展建设工程监理与相关服务活动。

A．公平　　　B．守法　　　C．独立　　　D．诚信　　　E．科学

项目 5
建设工程合同法律制度

> **知识目标**
> 1. 了解建设工程合同的法律特征
> 2. 掌握建设工程合同订立的程序
> 3. 熟悉建设工程合同生效的条件,无效合同、效力待定合同、可撤销合同的认定与处理
> 4. 掌握合同履行中的抗辩权、代位权和撤销权的规定
> 5. 掌握建设工程合同违约责任、合同争议解决的方式
> 6. 掌握建设工程施工合同(示范文本)文件的组成和基本内容

5.1 建设工程合同概述

5.1.1 建设工程合同的概念

1. 合同的概念及特征

《民法典》规定,合同是民事主体之间设立、变更、终止民事法律关系的协议。

建筑市场中的各方主体,包括建设单位、勘察设计单位、施工单位、咨询单位、监理单位、材料设备供应单位等都要依靠合同确立相互之间的关系,明确相互之间的权利和义务。合同具有以下法律特征:

(1)合同是双方或多方当事人自愿达成的民事法律行为:①从合同的主体看,必须有两个以上当事人;②从意思表示看,必须是合同当事人意思表示一致;③合同是一种民事法律行为。

(2)合同以设立、变更、终止民事权利义务关系为目的。当事人订立合同的目的,是为了设立、变更、终止民事权利义务关系,这种权利义务关系是为了满足当事人的某种需求或实现某种愿望。

(3)合同当事人的法律地位是平等的。当事人之间没有上下级之分,没有高低,不分大小,一律平等。任何一方都不得以强凌弱,把自己的意志强加给对方。

(4)合同是国家规定的一项法律制度,受国家强制力的保护和约束。合同一旦成立生效,当事人不得随意变更或解除,当事人无正当理由不履行合同,就要承担法律责任。

2. 建设工程合同的概念

《民法典》中的建设工程合同是承包人进行工程建设，发包人支付价款的合同，包括工程勘察、设计、施工合同。建设工程合同应当采用书面形式。即建设单位与勘察、设计、施工等单位依据国家有关法律、法规，以完成具体工程项目为内容，明确双方权利义务关系而签订的书面协议。

发包人是指在协议书中约定、具有工程发包主体资格和支付工程价款能力的当事人以及取得该当事人资格的合法继承人。可以是具备法人资格的国家机关、事业单位、国有企业、集体企业、私营企业、经济联合体和社会团体，也可以是依法登记的个人合伙、个体经营户或个人。

承包人是指在协议书中约定、被发包人接受的具有工程施工承包主体资格的当事人以及取得该当事人资格的合法继承人。承包人必须具备有关部门核定的资质等级并持有营业执照等证明文件。

建设工程合同包括建设工程勘察合同、建设工程设计合同、建设工程施工合同及与建设工程合同相关的建设工程委托监理合同、建设工程造价咨询合同、建设工程招标代理合同、物资采购合同、机械设备租赁合同、保险合同等。

5.1.2 建设工程合同的法律特征

建设工程合同除了具有一般合同共有的特征外，还具有以下特征：

1. 合同标的的特殊性

建设工程合同的标的是涉及建设工程的服务，而建设工程具有产品固定，不能流动，产品多样，需单个完成，产品消耗材料多，所需资金大，建设周期长等特点。这些都决定了建设工程合同的重要性，也使得建设工程合同具有了一些有别于一般合同的法律特征。

2. 合同主体的特殊性

工程建设是一项技术含量较高、对社会影响极大的活动，因此法律对建设工程合同主体的资格有严格的限制，只有具备一定的资质条件，取得相应资质证书的法人，才具有签约承包的民事权利能力和民事行为能力。任何个人及其他单位都不得承包工程，也不具有签约资格。

涉及的法律关系，除承包人与发包人的合同关系外，还涉及与劳务人员的劳动关系、与保险公司的保险关系、与材料设备供应商的买卖关系、与运输企业的运输关系，还涉及监理单位、分包人、保证单位等。

3. 合同形式的特殊性

《民法典》第一百三十五条规定，民事法律行为可以采用书面形式、口头形式或者其他形式；法律、行政法规规定或者当事人约定采用特定形式的，应当采用特定形式。

由于工程建设周期长，影响工程投资、质量、工期、安全等因素多，专业技术性强，当事人之间的权利义务关系复杂，不是简单的口头约定就能解决问题的。因此，《民法典》第七百八十九条规定，建设工程合同应当采用书面形式。《建筑法》第十五条也规定，建筑工程的发包单位与承包单位应当依法订立书面合同，明确双方的权利和义务。另外，为使合同内容更加严谨周密，双方当事人的权利、义务更为平衡合理，国际咨询工程师联合会（FIDIC）制定了《土木工程施工合同条件》，国家工商行政管理总局、住房和城乡建设部制定了《建设工程勘察合同（示范文本）》《建设工程设计合同（示范文本）》《建设工程施工合同（示范文本）》《建设工程监理合同（示范文本）》《建设工程造价咨询合同（示范文本）》等。虽然这些合同示范文本不属于法律法规，是推荐使用文本，但因其考虑到了建设工程合同在订立和履行中有可能涉及的各种问题，并给出了较为公正的解决方法，通用条件的条款也更具备操作性，能够有效减少合同的争议，对完善建设工程合同管理制度起到了极大的推动作用，在建设活动中被广泛使用。

4. 合同内容的多样性

施工合同除了应当具备合同的一般内容外，还应对安全施工、专利技术使用、地下障碍和文物发现、工程分包、不可抗力、工程设计变更、材料设备供应、运输和验收等内容做出规定。所有这些，都决定了施工合同的内容具有多样性和复杂性的特点，要求合同条款必须具体明确和完整。

5. 合同监管的严格性

建设工程施工合同，不同于一般的民事合同，往往涉及公共安全和人民生命财产利益，政府行政监督部门对于合同的主体及资质，合同的订立、履行等需要严格监管。

5.1.3 建设工程合同的内容

《民法典》规定，合同的内容是指当事人之间就设定、变更或者终止权利义务关系表示一致的意思，合同内容通常称为合同条款。合同的内容由当事人约定，一般包括下列条款：①当事人的姓名或者名称和住所；②标的；③数量；④质量；⑤价款或者报酬；⑥履行期限、地点和方式；⑦违约责任；⑧解决争议的方法。

建设工程合同除了一般合同所具备的主要条款外还包括：勘察、设计合同的内容一般包括提交有关基础资料和概预算等文件的期限、质量要求、费用以及其他协作条件等条款。

施工合同的内容一般包括工程范围、建设工期、中间交工工程的开工和竣工时间、工程质量、工程造价、技术资料交付时间、材料和设备供应责任、拨款和结算、竣工验收、质量保修范围和质量保证期、相互协作等条款。

当事人可以参照各类合同的示范文本订立合同。

5.2 建设工程合同的订立

订立合同的当事人应当具有相应的民事权利能力和民事行为能力。合同的订立必须以依法订立为前提，使所订立的合同成为双方履行义务、享有权利、受法律约束和请求法律保护的契约文书。

5.2.1 建设工程合同订立的原则

建设工程合同的订立，必须遵循《民法典》所规定的平等、自愿、公平、诚信、守法与公序良俗、绿色等原则。

1. 平等原则

民事主体在民事活动中的法律地位一律平等。合同的当事人，无论是自然人还是法人，也无论其经济实力的强弱或地位的高低，他们在法律上的地位一律平等，双方就合同条款充分协商，在互利互惠基础上取得一致，任何一方不得将自己的意志强加给另一方。同时，法律也给双方提供平等的法律保护及约束。

2. 自愿原则

自愿原则是指民事主体从事民事活动，应当遵循自愿原则，按照自己的意思设立、变更、终止民事法律关系。合同的当事人在法律允许的范围内享有完全的自由，可按自己的意愿缔结合同，为自己设定权利、义务，任何单位和个人不得非法干预。合同自愿原则表现在：对是否缔结合同、与谁缔结合同、合同的内容、形式的选择等，当事人有充分的自由。

3. 公平原则

公平原则是指民事主体从事民事活动，应当遵循公平原则，合理确定各方的权利和义务。合同的当事人应当遵循公平原则确定各方的权利和义务，不得显失公平。

4. 诚信原则

诚信原则是指民事主体从事民事活动，应当遵循诚信原则，秉持诚实，恪守承诺。诚信原则主要包括：①订立合同时，不得有欺诈或其他违背诚信的行为；②履行合同义务时，当事人应当根据合同的性质、目的和交易习惯，履行及时通知、协助、提供必要条件、防止损失扩大、保密等义务；③合同终止后，当事人应当根据交易习惯，履行通知、协助、保密等义务，也称为后契约义务。

5. 守法与公序良俗原则

守法与公序良俗原则，是指自然人、法人和非法人组织在从事民事活动时，不得违反各种法律的强制性规定，不得违背公共秩序和善良习俗。公序良俗原则要求民事主体遵守社会公共秩序，遵循社会主体成员所普遍认可的道德准则，它可以弥补法律禁止性规定的不足。公序良俗是建设法治国家与法治社会的重要内容，也是衡量社会主义法治与德治建设水准的重要标志。公民在进行民事活动时既要遵守法律的规定，又要符合道德的要求。

6. 绿色原则

绿色原则是《民法典》确立的一项基本原则，是指民事主体从事民事活动，应当有利于节约资源、保护生态环境。它体现了党的十八大以来的新发展理念，是具有重大意义的创举。绿色原则既传承了天地人和、人与自然和谐相处的传统文化理念，又体现了新的发展思想，有利于缓解我国不断增长的人口与资源生态的矛盾。

5.2.2 建设工程合同订立的程序

当事人订立合同，可以采取要约、承诺方式或者其他方式。订立合同一般要经过要约和承诺两个步骤，而建设工程合同的签订有其特殊性，需要经过要约邀请、要约和承诺三个步骤。

5-1 要约与要约邀请

1. 要约邀请

要约邀请是希望他人向自己发出要约的表示。拍卖公告、招标公告、招股说明书、债券募集办法、基金招募说明书、商业广告和宣传、寄送的价目表等为要约邀请。

商业广告和宣传的内容符合要约条件的，构成要约。

要约邀请并不是合同成立过程中的必经过程，它是当事人订立合同的预备行为，在法律上无须承担责任。在建设工程招标投标活动中，发放招标文件或招标邀请书即是要约邀请行为，其目的在于邀请潜在的承包方投标。

在建设工程合同签订过程中，要约邀请一般表现为发包方发布招标通告或招标邀请书。

2. 要约

要约是希望与他人订立合同的意思表示，该意思表示应当符合：①内容具体确定；②表明经受要约人承诺，要约人即受该意思表示约束。

提出要约的一方称为要约人，另一方为受要约人。要约的构成要件：①要约必须是向特定的受要约人发出的；②要约的内容应当具体确定，具备主要条款和一般条款；③应表明经受要约人承诺，要约人即受该意思表示约束；④该要约必须传达到受要约人。

要约具有法律约束力，要约到达受要约人时生效，要约人不得擅自撤回或更改。要约人如要撤回要约，意思表示的通知应当在意思表示到达相对人前或者与意思表示同时到达相对人。在受要约人做出承诺之前可以撤销要约，但是有下列情形之一的除外：①要约人以确定承诺期限或者其他形式明示要约不可撤销；②受要约人有理由认为要约是不可撤销的，并已经为履行合同做了合理准备工作。

要约失效的原因有：①拒绝要约的通知到达要约人；②要约人依法撤销要约；③承诺期限届满，受要约人未做出承诺；④受要约人对要约的内容做出实质性变更。

在建设工程合同签订的过程中，承包方向发包方递交投标书的投标行为就是一种要约行为。作为要约的投标对承包方具有法律约束力，表现在承包方在投标生效后无权修改或撤回投标以及一旦中标就必须与发包方签订合同，否则要承担相应责任等。

3. 承诺

《民法典》规定，承诺是受要约人同意要约的意思表示。

（1）承诺的方式。承诺应当以通知的方式做出；但是，根据交易习惯或者要约表明可以通过行为做出承诺的除外。这里的行为通常是履行行为，如预付价款、工地上开始工作等。

（2）承诺的生效。《民法典》规定，承诺生效时合同成立，但是法律另有规定或者当事人另有约定的除外。以通知方式做出的承诺，生效的时间适用《民法典》第一百三十七条的规定。承诺不需要通知的，根据交易习惯或者要约的要求做出承诺的行为时生效。

（3）承诺的内容。承诺的内容应当与要约的内容一致。受要约人对要约的内容做出实质性变更的，为新要约。有关合同标的、数量、质量、价款或者报酬、履行期限、履行地点和方式、违约责任和解决争议方法等的变更，是对要约内容的实质性变更。

在建设工程合同的订立过程中，招标人发出中标通知书的行为就是承诺。因此，中标通知书必须由招标人向投标人发出，并且其内容应当与招标文件、投标文件的内容一致。《招标投标法》规定："招标人和中标人应当自中标通知书发出之日起30日内，按照招标文件和中标人的投标文件订立书面合同。招标人和中标人不得再行订立背离合同实质性内容的其他协议。"

5.2.3 建设工程合同缔约过失责任

1. 缔约过失责任的概念

缔约过失责任，也称为先契约责任或者缔约过失中的损害赔偿责任，是指在合同缔结过程中，一方当事人违反了以诚实信用为基础的先契约义务，造成了另一方当事人的损害，因此应承担的法律后果。缔约过失责任的形式是损害赔偿。一方因基于对对方当事人的信赖，而相信合同成立产生的信赖利益损失，有过失的一方缔约人应当全部予以赔偿。

《民法典》规定，民事主体从事民事活动，应当遵循诚信原则，秉持诚实，恪守承诺。

缔约过失责任的主要表现不外乎以下四种情况：①假借订立合同，恶意进行磋商。恶意磋商实际上已经超出了缔约过失的范围，当事人根本无订立合同的诚意，而是采用欺骗、胁迫等手段，诱使或迫使对方与之谈判合同，造成对方损失，对此造成的损失应当予以偿。②故意隐瞒与订立合同有关的重要事实或者提供虚假情况。故意隐瞒构成缔约过失，如知道或者应当知道合同无效的原因存在而不告知对方，使对方产生信赖而造成损失。③有其他违背诚信原则的行为。这是缔约过失责任的主要部分，只要当事人在缔约过程中具有违背诚信原则的过失，使对方相信合同已经成立，因而造成损失的，都构成缔约过失责任。这些行为包括：违反了通知、保护、说明等义务，擅自变更、撤回要约等。④违反缔约中的保密义务。《民法典》规定，当事人在订立合同过程中知悉的商业秘密或者其他应当保密的信息，无论合同是否成立，不得泄露或者不正当地使用；泄露、不正当地使用该商业秘密或者信息，造成对方损失的，应当承担赔偿责任。

2. 缔约过失责任的构成要件

对缔约过失责任的构成要件，学界有不同观点。审判实践中以四要件为主流观点，一般认为，缔约过失责任的成立须具备下列条件：

（1）缔约人在缔约过程中违反先合同义务。
（2）缔约相对方受有损害。
（3）违反先合同义务与损害有因果关系。
（4）违反先合同义务方存在过错。

5-2 合同的效力

5.3 建设工程合同的效力

5.3.1 建设工程合同生效的条件

1. 合同效力的概念

合同效力是指依法成立的合同所产生的法律后果。《民法典》规定，"依法成立的合同，受法律保护。依法成立的合同，仅对当事人具有法律约束力，但是法律另有规定的除外。"

建设工程合同生效是指建设工程合同产生法律上的约束力。建设工程合同产生法律上的约束力，主要是对合同双方当事人来讲的。建设工程合同一旦生效，合同当事人即享有合同中所约定的权利和承担合同中所约定的义务。享有权利的一方，其权利受法律的保护，承担义务的一方必须履行自己的义务，否则，应承担相应的违约责任。

2. 建设工程合同生效的条件

建设工程合同作为《民法典》合同编列举的一种合同，其遵循《民法典》中有关民事法律行为效力的一般规定。《民法典》第一百四十三条规定，具备下列条件的民事法律行为有效：

（1）行为人具有相应的民事行为能力。
（2）意思表示真实。
（3）不违反法律、行政法规的强制性规定，不违背公序良俗。

影响合同效力的法律行为主要有：无民事行为能力人实施的民事法律行为；行为人与相对人以虚假的意思表示实施的民事法律行为；以虚假的意思表示隐藏的民事法律行为；基于重大误解实施的民事法律行为；一方以欺诈手段，使对方在违背真实意思的情况下实施的民事法律行为；第三人实施欺诈行为，使一方在违背真实意思的情况下实施的民事法律行为；一方或者第三人以胁迫手段，使对方在违背真实意思的情况下实施的民事法律行为；一方利用对方处于危困状态、缺乏判断能力等情形，致使民事法律行为成立时显失公平的法律行为。但并非不具备上述民事法律行为有效条件的合同均为无效合同。法律从促进交易的原则出发，将这类合同分为无效合同、效力待定合同和可变更、可撤销合同三种。

5.3.2 无效合同

《民法典》规定，违反法律、行政法规的强制性规定的民事法律行为无效。但是，该强制性规定不导致该民事法律行为无效的除外。违背公序良俗的民事法律行为无效。行为人与相对人恶意串通，损害他人合法权益的民事法律行为无效。

1. 建设工程无效合同的主要情形

《最高人民法院关于审理建设工程施工合同纠纷案件适用法律问题的解释（一）》（法释〔2020〕25号）对建设工程施工合同无效情形做了具体规定：

（1）建设工程施工合同具有下列情形之一的，依据《民法典》第一百五十三条违反法律、行政法规的强制性规定的民事法律行为无效的规定，认定无效：①承包人未取得建筑业企业资质或者超越资质等级的；②没有资质的实际施工人借用有资质的建筑施工企业名义的；③建设工程必须进行招标而未招标或者中标无效的；④承包人因转包、违法分包建设工程与他人签订的建设工程施工合同。

（2）招标人和中标人在中标合同之外就明显高于市场价格购买承建房产、无偿建设住房配套设施、让利、向建设单位捐赠财物等另行签订合同，变相降低工程价款，一方当事人以该合同背离中标合同实质性内容为由请求确认无效的，人民法院应予支持。

（3）当事人以发包人未取得建设工程规划许可证等规划审批手续为由，请求确认建设工程施工合同无效的，人民法院应予支持，但发包人在起诉前取得建设工程规划许可证等规划审批手续的除外。发包人能够办理审批手续而未办理，并以未办理审批手续为由请求确认建设工程施工合同无效的，人民法院不予支持。

（4）承包人超越资质等级许可的业务范围签订建设工程施工合同，在建设工程竣工前取得相应资质等级，当事人请求按照无效合同处理的，人民法院不予支持。

2. 合同中免责条款无效的法律规定

合同中免责条款，是指当事人在合同中约定免除或者限制其未来责任的合同条款。合同免责条款，由当事人自行协商约定，但约定的免责条款不得违反法律规定，否则免责条款无效。主要涉及以下情形：

（1）因不可抗力不能履行民事义务的，不承担民事责任。法律另有规定的，依照其规定。不可抗力是不能预见、不能避免且不能克服的客观情况。不可抗力作为免责条款具有强制性，当事人不得约定将不可抗力排除在免责事由之外。

（2）提供格式条款一方不合理地免除或者减轻其责任、加重对方责任、限制对方主要权利，或者提供格式条款一方排除对方主要权利，该格式条款无效。

（3）合同中的下列免责条款无效：①造成对方人身损害的；②因故意或者重大过失造成对方财产损失的。

依据《民法典》的规定，免责有法定和约定两种，例如不可抗力造成不能履行民事义务的，不承担民事责任。而约定免责条款的，不得违反法律规定，例如约定的免责条款造成对方人身损害的，免责条款无效。

3. 无效合同的法律后果

《民法典》规定，无效的或者被撤销的民事法律行为自始没有法律约束力。民事法律行为部分无效，不影响其他部分效力的，其他部分仍然有效。

民事法律行为无效、被撤销或者确定不发生效力后，行为人因该行为取得的财产，应当予以返还；不能返还或者没有必要返还的，应当折价补偿。有过错的一方应当赔偿对方由此所受到的损失；各方都有过错的，应当各自承担相应的责任。法律另有规定的，依照其规定。

《民法典》第七百九十三条规定，建设工程施工合同无效，但是建设工程经验收合格的，可以参照合同关于工程价款的约定折价补偿承包人。

建设工程施工合同无效，且建设工程经验收不合格的，按照以下情形处理：

（1）修复后的建设工程经验收合格的，发包人可以请求承包人承担修复费用。

（2）修复后的建设工程经验收不合格的，承包人无权请求参照合同关于工程价款的约定折价补偿。

发包人对因建设工程不合格造成的损失有过错的，应当承担相应的责任。

【案例 5-1】建设工程施工合同的效力认定。

2011 年 4 月 17 日，协力科技公司向腾虎公司发出《关于承接协力封装厂工程施工的通知书》，提出"根据投资开发的需要，经双方议定，该园区首个工业项目协力微集成电路封装厂工程交由你方总承包施工。因项目目前土地尚未招拍挂，立项、规划许可证、施工许可证尚未取得，但我方按管委会提供的工作红线已完成了部分施工图。故请你方予以配合先进场准备，并按我方总体计划组织施工。工程合同待全部工程内容明确后补，工程按实结算，造价按预算下浮 5%"等。2011 年 5 月 10 日，协力科技公司与腾虎平潭公司签订一份《建设工程施工合同》，约定由腾虎平潭公司承包协力微集成公司封装厂工程施工，承包范围为封装厂工程范围内土建、安装工程（含水、电、钢结构及幕墙工程），开工日期 2011 年 5 月 20 日，竣工日期 2012 年 1 月 26 日，合同工期 250 日历天。2011 年 5 月 21 日，平潭县国土资源局（以下简称平潭国土局）在《福建日报》发布《出让国有土地使用权的公告》，出让该项目土地地块。2011 年 6 月 19 日，协力科技公司竞得该项目土地国有建设用地使用权。2013 年 6 月 26 日，规划局颁发《建设用地规划许可证》。

关于《建设工程施工合同》的效力，最高人民法院认为：虽然《建设工程施工合同》订立时，该合同项下的建设用地及建设工程尚未取得《国有土地使用证》《建设用地规划许可证》，但该合同履行中，协力公司已取得了上述《国有土地使用证》《建设用地规划许可证》。案涉《建设工程施工合同》系双方当事人真实意思表示，合同内容不违反法律和行政法规的禁止性规定，应属有效合同。

5.3.3 效力待定合同

1. 效力待定合同的概念

所谓效力待定合同，是指合同虽然已经成立，但因其不完全符合有关生效要件的规定，其效力能否发生尚未确定,一般须经有权人表示承认方能生效的合同。

2. 效力待定合同的种类

根据《民法典》的规定,效力待定合同包括以下几种类型:

(1)限制民事行为能力人所订立的依法不能独立订立的合同。根据《民法典》第一百四十五条的规定,限制民事行为能力人实施的纯获利益的民事法律行为或者与其年龄、智力、精神健康状况相适应的民事法律行为有效;实施的其他民事法律行为经法定代理人同意或者追认后有效。

相对人可以催告法定代理人自收到通知之日起三十日内予以追认。法定代理人未作表示的,视为拒绝追认。民事法律行为被追认前,善意相对人有撤销的权利。撤销应当以通知的方式做出。

(2)无权处分人处分他人财产所订立的合同。根据《民法典》第五百九十七条的规定,若出卖人未取得处分权而处分标的物,标的物的所有权不会转移,出卖人与买受人订立的买卖合同为效力待定合同,买受人可以解除合同并请求出卖人承担违约责任。

(3)无权代理人所订立的合同。根据《民法典》第一百七十一条和第一百七十二条的规定,行为人没有代理权、超越代理权或者代理权终止后,仍然实施代理行为,未经被代理人追认的,对被代理人不发生效力。

相对人可以催告被代理人自收到通知之日起三十日内予以追认。被代理人未作表示的,视为拒绝追认。行为人实施的行为被追认前,善意相对人有撤销的权利。撤销应当以通知的方式做出。

行为人实施的行为未被追认的,善意相对人有权请求行为人履行债务或者就其受到的损害请求行为人赔偿。但是,赔偿的范围不得超过被代理人追认时相对人所能获得的利益。

相对人知道或者应当知道行为人无权代理的,相对人和行为人按照各自的过错承担责任。

行为人没有代理权、超越代理权或者代理权终止后,仍然实施代理行为,相对人有理由相信行为人有代理权的,代理行为有效。

5.3.4 可撤销合同

合同具备可撤销的原因,是行使合同撤销权的前提条件。根据《民法典》的规定,合同可撤销的原因有重大误解、欺诈、违背真实意思、胁迫、乘人之危五种情形。并且特别规定,一方以欺诈、胁迫手段订立的合同,只有损害国家利益的才作为合同无效的原因。

1. 可撤销合同的种类

(1)因重大误解订立的合同。《民法典》规定,基于重大误解实施的民事法律行为,行为人有权请求人民法院或者仲裁机构予以撤销。

(2)以欺诈手段订立的合同。《民法典》规定,一方以欺诈手段,使对方在违背真实意思的情况下实施的民事法律行为,受欺诈方有权请求人民法院或者仲裁机构予以撤销。第三人实施欺诈行为,使一方在违背真实意思的情况下实施的民事法律行为,对方知道或者应当知道该欺诈行为的,受欺诈方有权请求人民法院或者仲裁机构予以撤销。

(3)以胁迫的手段订立的合同。《民法典》第一百五十条规定,一方或者第三人以胁迫手段,使对方在违背真实意思的情况下实施的民事法律行为,受胁迫方有权请求人民法院或者仲裁机构予以撤销。

（4）在订立时显失公平的合同。《民法典》第一百五十一条规定，一方利用对方处于危困状态、缺乏判断能力等情形，致使民事法律行为成立时显失公平的，受损害方有权请求人民法院或者仲裁机构予以撤销。

此外，《民法典》第一百四十五条规定，限制民事行为能力人实施的纯获利益的民事法律行为或者与其年龄、智力、精神健康状况相适应的民事法律行为有效；实施的其他民事法律行为经法定代理人同意或者追认后有效。相对人可以催告法定代理人自收到通知之日起三十日内予以追认。法定代理人未作表示的，视为拒绝追认。民事法律行为被追认前，善意相对人有撤销的权利。撤销应当以通知的方式做出。

2. 撤销权的行使

《民法典》第一百五十二条规定，有下列情形之一的，撤销权消灭：

（1）当事人自知道或者应当知道撤销事由之日起一年内、重大误解的当事人自知道或者应当知道撤销事由之日起九十日内没有行使撤销权。

（2）当事人受胁迫，自胁迫行为终止之日起一年内没有行使撤销权。

（3）当事人知道撤销事由后明确表示或者以自己的行为表明放弃撤销权。

当事人自民事法律行为发生之日起五年内没有行使撤销权的，撤销权消灭。需要注意的是，行使撤销权应当向人民法院或者仲裁机构申请。

此外，《民法典》第五百三十八条规定，债务人以放弃其债权、放弃债权担保、无偿转让财产等方式无偿处分财产权益，或者恶意延长其到期债权的履行期限，影响债权人的债权实现的，债权人可以请求人民法院撤销债务人的行为。第六百五十八条规定，赠与人在赠与财产的权利转移之前可以撤销赠与，但是经过公证的赠与合同或者依法不得撤销的具有救灾、扶贫、助残等公益、道德义务性质的赠与合同，不可撤销。

3. 可撤销合同的法律后果

《民法典》规定，无效的或者被撤销的民事法律行为自始没有法律约束力。民事法律行为部分无效，不影响其他部分效力的，其他部分仍然有效。民事法律行为无效、被撤销或者确定不发生效力后，行为人因该行为取得的财产，应当予以返还；不能返还或者没有必要返还的，应当折价补偿。有过错的一方应当赔偿对方由此所受到的损失；各方都有过错的，应当各自承担相应的责任。法律另有规定的，依照其规定。

5.4 建设工程的履行、变更、转让和终止

建设工程合同一经签订，即具有法律约束力，合同当事人必须按照合同约定的内容，全面履行各自的义务，实现各自的权利。

5.4.1 建设工程合同的履行

1. 合同的履行原则

根据《民法典》的规定，合同的履行应当遵循以下原则：

（1）全面履行原则。当事人应当按照约定全面履行自己的义务。

（2）诚信原则。当事人应当遵循诚信原则，根据合同的性质、目的和交易习惯履行通

知、协助、保密等义务。

（3）环保原则。当事人在履行合同过程中，应当避免浪费资源、污染环境和破坏生态。

合同生效后，当事人就质量、价款或者报酬、履行地点等内容没有约定或者约定不明确的，可以协议补充；不能达成补充协议的，按照合同相关条款或者交易习惯确定。当事人就有关合同内容约定不明确，依据前条规定仍不能确定的，适用下列规定：

（1）质量要求不明确的，按照强制性国家标准履行；没有强制性国家标准的，按照推荐性国家标准履行；没有推荐性国家标准的，按照行业标准履行；没有国家标准、行业标准的，按照通常标准或者符合合同目的的特定标准履行。

（2）价款或者报酬不明确的，按照订立合同时履行地的市场价格履行；依法应当执行政府定价或者政府指导价的，依照规定履行。

（3）履行地点不明确，给付货币的，在接受货币一方所在地履行；交付不动产的，在不动产所在地履行；其他标的，在履行义务一方所在地履行。

（4）履行期限不明确的，债务人可以随时履行，债权人也可以随时请求履行，但是应当给对方必要的准备时间。

（5）履行方式不明确的，按照有利于实现合同目的的方式履行。

（6）履行费用的负担不明确的，由履行义务一方负担；因债权人原因增加的履行费用，由债权人负担。

2. 合同履行的抗辩权

合同履行中的抗辩权是指在双务合同的履行中，在满足一定法定条件时，合同当事人一方可以对抗另一方当事人的履行要求，暂时拒绝履行合同约定义务的权利。合同履行中的抗辩权包括同时履行抗辩权、后履行抗辩权和先履行抗辩权。合同履行的抗辩权包括同时履行抗辩权、先履行抗辩权和不安抗辩权三种。

5-3 合同履行的抗辩权

（1）同时履行抗辩权。《民法典》规定，当事人互负债务，没有先后履行顺序的，应当同时履行。一方在对方履行之前有权拒绝其履行请求。一方在对方履行债务不符合约定时，有权拒绝其相应的履行请求。

同时履行抗辩权只能发生在同时给付的双务合同之中。双方当事人所负担的给付应当同时提出，相互交换。比如买卖合同，如当事人没有约定，买方的价金交付与卖方的转移财产权应当同时进行。一方在对方未为对待给付前，可以行使不履行合同的抗辩权，拒绝向对方给付，在对方履行不完全或有瑕疵时，也可以主张合同未经正当履行的抗辩权。

（2）先履行抗辩权。《民法典》规定，当事人互负债务，有先后履行顺序，应当先履行债务一方未履行的，后履行一方有权拒绝其履行请求。先履行一方履行债务不符合约定的，后履行一方有权拒绝其相应的履行请求。

（3）不安抗辩权。《民法典》规定，应当先履行债务的当事人，有确切证据证明对方有下列情形之一的，可以中止履行：①经营状况严重恶化；②转移财产、抽逃资金，以逃避债务；③丧失商业信誉；④有丧失或者可能丧失履行债务能力的其他情形。

当事人没有确切证据中止履行的，应当承担违约责任。

当事人依据不安抗辩中止履行的，应当及时通知对方。对方提供适当担保的，应当恢复履行。中止履行后，对方在合理期限内未恢复履行能力且未提供适当担保的，视为以自己的行为表明不履行主要债务，中止履行的一方可以解除合同并可以请求对方承担违约责任。

按照法律规定、合同性质或当事人的约定，合同的一方存在先为给付的义务，在其未为履行义务前，无权请求对方履行义务，而对方对其请求享有拒绝的权利。如果先履行一方的履行不符合约定条件，则后履行一方享有拒绝履行其相应履行请求的权利，这是后履行抗辩权的适用范围。如果先为给付义务的一方在履行义务之前，发现对方的财产、商业信誉或其他与履行能力有关的事项发生明显恶化，可以主动中止履行义务，此为不安抗辩权的适用范围。

5.4.2 建设工程合同履行的保全

合同保全包括债权人的代位权和撤销权。

1. 债权人的代位权

按照债权人的债权是否到期，分为以下两种情形：

（1）债权人的债权到期。《民法典》第五百三十五条规定，因债务人怠于行使其债权或与债权有关的从权利，影响债权人的到期债权实现的，债权人可以向人民法院请求以自己的名义代位行使债务人对相对人的权利，但该权利专属于债务人自身的除外。

1）前提条件，债务人怠于行使其债权或其从权利，取消了"到期"这一限制，而且范围拓宽到抵押权、保证等从权利，保护债权人的力度加强。

2）程序要求。债权人需向人民法院请求以自己名义代位行使债务人对相对人的权利。

3）例外情形。债务人对相对人的权利专属于债务人自身的除外。一般是指基于抚养关系、赡养关系、继承关系产生的给付请求权和劳动报酬、退休金、养老金、抚恤金、人寿保险、人身伤害赔偿请求权等权利。

4）行使范围。以债权人的到期债权为限。

（2）债权人的债权没到期。《民法典》第五百三十六条规定，债权人的债权到期前，债务人的债权或与该债权有关的从权利存在诉讼时效期间即将届满或未及时申报破产债权等情形，影响债权人的债权实现的，债权人可以代位向债务人的相对人请求其向债务人履行，向破产管理人申报或做出其他必要的行为。

1）前提条件。债务人的债权或其从权利存在诉讼时效即将届满或未及时申报破产债权。

2）代位权利限制，不可以要求债务人的相对人直接向债权人履行，仅可以向债务人的相对人请求其向债务人履行，向破产管理人申报或做出其他必要的行为。

（3）代位权的行使后果：

1）债权人行使代位权的必要费用，由债务人负担。

2）相对人对债务人的抗辩，可以向债权人主张。

3）法院认定代位权成立的，由债务人的相对人向债权人履行义务，债权人接受履行后，债权人与债务人、债务人与相对人之间相应的权利义务终止。

2. 债权人的撤销权

（1）债权人可以请求人民法院撤销的情形：

1）《民法典》第五百三十八条规定，债务人以放弃其债权、放弃债权担保、无偿转让财产等方式无偿处分财产权益，或恶意延长其到期债权的履行期限，影响债权人的债权实现的，债权人可以请求人民法院撤销债务人的行为。

2)《民法典》第五百三十九条规定，债务人以明显不合理的低价转让财产、以明显不合理的高价受让他人财产或者为他人的债务提供担保，影响债权人的债权实现，债务人的相对人知道或应当知道该情形的，债权人可以请求人民法院撤销债务人的行为。

（2）撤销权的行使范围，以债权人的债权为限。

（3）债权人行使撤销权的必要费用，由债务人负担。

（4）撤销权的除斥期间，撤销权自债权人知道或应当知道撤销事由之日起1年内行使。自债务人的行为发生之日起5年内没有行使撤销权的，该撤销权消灭。

（5）撤销权的行使后果，债务人影响债权人的债权实现的行为被撤销的，自始没有法律约束力。

（6）取消了到期和未到期债权的规定，债权人只要对债务人享有合法有效债权且未受清偿并债务人的行为影响到债权人的债权实现，即可主张撤销权，不要求债权人的债权已到期。

5.4.3 建设工程合同的变更

1. 合同变更的概念

广义上的合同变更，是指合同依法成立后，在尚未履行或尚未完全履行时，当事人依法经过协商，对合同的内容进行修订或调整所达成的协议，包括合同内容的变更和合同主体的变更。狭义的合同变更，是指合同内容的变更。

建设工程合同变更是指建设工程合同依法成立后，当事人对已经发生法律效力，但尚未履行或者尚未完全履行的建设工程合同，进行修改或补充所达成的协议。建设工程合同的变更是指建设工程合同内容的变更。

2. 建设工程合同变更的条件

合同变更必须针对有效的合同，协商一致是合同变更的必要条件，任何一方都不得擅自变更合同。建设工程合同变更需符合以下条件：

（1）合同关系已依法成立。建设工程合同的变更基于已经成立的原合同关系，由当事人对其部分内容加以修改，作为履行的依据。如果原合同无效，自成立时起就不具有法律约束力，不存在合同变更的问题。

（2）合同内容发生变化。建设工程合同的变更包括建设规模的扩大、工期的变化、质量标准的改变等。建设工程合同变更会改变当事人之间权利和义务的内容，直接关系到当事人的利益。变更后的合同取代原合同的法律效力，作为发包人、承包人履行合同的依据。

（3）变更符合法定程序。建设工程合同是发包人和承包人协商一致的结果，合同内容的变更，也应当经发包人和承包人协商一致。国家重大建设工程合同涉及内容的重大变化，须经审批后变更。发包方和承包方协商一致变更建设工程合同，应当采用书面形式。

3. 变更的形式

建设工程合同的变更通常通过工程签证来实现。签证的实质是工程承发包双方在合同履行过程中对支付各种费用、顺延工期、赔偿损失等事项所达成的补充协议。工程签证是双方协商一致的结果，是对原合同进行变更的法律行为，具有与原合同同等的法律效力，并构成整个合同文件的组成部分。工程签证的范围、权限、程序等内容都应在建设工程合同条款中加以确定，经双方书面确认的工程签证，也是工程竣工结算或工程索赔的依据。

5.4.4 建设工程合同的终止

合同终止是指因某种原因而引起的合同权利义务客观上不复存在。建设工程合同的终止是指当事人双方终止合同关系，合同确立的当事人之间的权利义务关系消灭，其原因主要有：

（1）债务已经按照约定履行。建设工程合同依法成立后，当事人双方均应按照合同约定履行自己的义务。如果双方当事人完全履行了自己的义务，使对方的权利得到实现，合同确立的权利义务关系就自然消灭了。债务按照约定履行，是建设工程合同终止最主要和最常见的原因。

（2）合同解除。合同解除是在合同依法成立生效后，因发生法律规定或当事人约定的情况，或者当事人协商一致，使合同权利义务关系消灭。

（3）债务相互抵销。债务相互抵销是指互负债务的当事人，各以其债权充当债务的清偿，使双方债务等额范围内归于消灭。

（4）债务人依法将标的物提存。提存是指由于债权人的原因使债务人无法向其交付标的物，债务人将该标的物交付于提存机关而使合同权利义务终止。

（5）债权人免除债务。债权人免除债务是指债权人放弃全部或者部分债权，使债务人的全部或者部分债务消灭的行为。债权人免除债务是一种单方法律行为，债权人一方的意思即可使合同债务消灭。

（6）法律规定或者当事人约定合同终止的其他情形。

建设工程合同终止，使双方当事人之间的合同关系消灭，但在某些合同中，由于原合同本身的特点，使当事人的某些义务具有延续性。因此，虽然原合同关系消灭了，当事人可能还有必须履行的义务。合同终止后，当事人要遵循诚实信用原则，并根据交易习惯，承担合同终止后的义务，包括通知、协助、保密等。

5.4.5 建设工程合同的解除

合同解除是指合同关系成立以后，合同当事人一方或双方依照法律规定或者当事人的约定，依法解除合同效力的行为。合同解除包括约定解除和法定解除。

1. 约定解除

约定解除包括协议解除和约定解除权两种情况，《民法典》第五百六十二条规定，当事人协商一致，可以解除合同。当事人可以约定一方解除合同的事由。解除合同的事由发生时，解除权人可以解除合同。

协议解除是指在合同成立后、未履行或未完全履行时，当事人双方通过协商解除合同，从而使合同效力消灭的行为。协议解除是在合同成立以后通过双方协商解除合同，因此又称为事后解除。

约定解除权是指当事人双方在合同中约定，在合同成立以后，没有履行或没有完全履行之前，由当事人一方在某种解除合同的条件成就时享有解除权，并可以通过行使合同解除权使合同关系消灭。

2. 法定解除

法定解除是指在合同成立以后没有履行或者没有全部履行完毕之前，当事人一方通过行使法定的解除权而使合同效力消灭的行为。其特点在于，解除权是一种形成权，仅需要通知对方即可，无须取得对方的同意。但是发出解除通知的一方必须享有解除权，不符合约定解除和法定解除条件的，即使解除通知到达对方，对方未提出异议的，也不发生合同解除的效果。

《民法典》第五百六十三条规定，有下列情形之一的，当事人可以解除合同：
（1）因不可抗力致使不能实现合同目的。
（2）在履行期限届满前，当事人一方明确表示或者以自己的行为表明不履行主要债务。
（3）当事人一方迟延履行主要债务，经催告后在合理期限内仍未履行。
（4）当事人一方迟延履行债务或者有其他违约行为致使不能实现合同目的。
（5）法律规定的其他情形。

《民法典》第八百零六条规定，承包人将建设工程转包、违法分包的，发包人可以解除合同。发包人提供的主要建筑材料、建筑构配件和设备不符合强制性标准或者不履行协助义务，致使承包人无法施工，经催告后在合理期限内仍未履行相应义务的，承包人可以解除合同。

3. 合同解除的程序

合同在符合法定或约定要件的情况下也不产生当然解除的效力，只有通过行使解除权才能使合同被解除。

（1）解除权的行使方式。当事人行使解除权必须做出一定的意思表示。

《民法典》第五百六十五条规定，当事人一方依法主张解除合同的，应当通知对方。合同自通知到达对方时解除；通知载明债务人在一定期限内不履行债务则合同自动解除，债务人在该期限内未履行债务的，合同自通知载明的期限届满时解除。对方对解除合同有异议的，任何一方当事人均可以请求人民法院或者仲裁机构确认解除行为的效力。当事人一方未通知对方，直接以提起诉讼或者申请仲裁的方式依法主张解除合同，人民法院或者仲裁机构确认该主张的，合同自起诉状副本或者仲裁申请书副本送达对方时解除。

（2）解除权的行使期限。解除权必须在规定的期限内行使。

《民法典》第五百六十四条规定，法律规定或者当事人约定解除权行使期限，期限届满当事人不行使的，该权利消灭。法律没有规定或者当事人没有约定解除权行使期限，自解除权人知道或者应当知道解除事由之日起一年内不行使，或者经对方催告后在合理期限内不行使的，该权利消灭。法律规定或者当事人约定解除权行使期限，期限届满当事人不行使的，该权利消灭。

4. 合同解除的法律后果

合同的变更或解除不影响当事人要求赔偿损失的权利，合同权利义务的终止不影响合同中结算和清理条款的效力。《民法典》第五百六十六条规定，合同解除后，尚未履行的，终止履行；已经履行的，根据履行情况和合同性质，当事人可以请求恢复原状或者采取其他补救措施，并有权请求赔偿损失。

5. 合同解除的风险管理

（1）订立合同时，合同条款应准确清晰，尤其是关于合同解除和违约责任条款的约定。如果合同没有约定解除的情形，守约方只能依据《民法典》第五百六十三条规定的法定解除的条款主张解除合同，此时守约方需要提供充分的证据证明违约方存在根本违约行为导致合同目的无法实现。故在订立合同时应对于合同解除的情形做出明确约定。

（2）解除合同的意思表示应在约定或者法律规定的期限内行使。如果没有在上述期间行使解除权，则守约方的解除权发生消灭的法律后果。

（3）通过通知对方当事人的方式行使解除权，应当妥善保管通知的相应证据，综合采取邮寄通知书、发送电子邮件、短信或微信通知等方式。

（4）订立合同时应明确约定一方违反合同约定应当承担的违约责任，可以约定赔偿损失的数额、违约金的数额或者计算方式等。

6. 建设工程合同解除

《民法典》第八百零六条规定，承包人将建设工程转包、违法分包的，发包人可以解除合同。

发包人提供的主要建筑材料、建筑构配件和设备不符合强制性标准或者不履行协助义务，致使承包人无法施工，经催告后在合理期限内仍未履行相应义务的，承包人可以解除合同。

合同解除后，已经完成的建设工程质量合格的，发包人应当按照约定支付相应的工程价款；已经完成的建设工程质量不合格的，参照《民法典》第七百九十三条有关建设工程施工合同无效的规定处理。

5.5　建设工程合同违约责任和争议解决

5.5.1　建设工程合同违约责任

违约责任是指合同当事人因违反合同约定所应承担的责任。违反合同约定是指合同当事人不履行合同义务或者履行合同义务不符合约定。《民法典》第五百八十八条规定，当事人一方明确表示或者以自己的行为表明不履行合同义务的，对方可以在履行期限届满前请求其承担违约责任。

1. 承担违约责任的条件

一般认为，成立违约责任需要满足以下条件：

（1）要求合同义务有效存在。不以合同义务的存在为前提所产生的民事责任，不是违约责任。这使违约责任与侵权责任、缔约过失责任区分开，后两者都不以合同义务的存在为前提。

（2）要求债务人不履行合同义务或者履行合同义务不符合约定。这包括了履行不能、履行迟延和不完全履行等，还包括瑕疵担保、违反附随义务和债权人受领迟延等可能与合同不履行发生关联的制度。

（3）不存在法定或者约定的免责事由。尽管《民法典》在违约责任的归属上采取了无过错责任原则，但是，为了妥当地平衡行为人的行为自由和受害人的法益保护这两个价值，避免违约方绝对承担违约责任所导致的风险不合理分配，《民法典》依然规定了一些免责事由。例如，《民法典》第五百九十条第1款规定的不可抗力免责的情形。另外，合同当事人可就免责事由进行约定，当约定的免责事由发生之时，当事人并不承担违约责任。

2. 承担违约责任的方式

《民法典》第五百七十七条规定，当事人一方不履行合同义务或者履行合同义务不符合约定的,应当承担继续履行、采取补救措施或者赔偿损失等违约责任。

(1)继续履行。指合同义务没有履行或者履行不符合约定的,守约方可以要求违约方按照合同约定继续履行,直至达到合同目的。此种情况多适用于标的物是特定的必须履行的、不得替代履行的情况,比如委托加工特定的半成品、特种型号或规格的元器件。

(2)采取补救措施。《民法典》第五百八十二条规定,履行不符合约定的,应当按照当事人的约定承担违约责任。对违约责任没有约定或者约定不明确,依据《民法典》第五百一十条的规定仍不能确定的,受损害方根据标的的性质以及损失的大小,可以合理选择请求对方承担修理、重作、更换、退货、减少价款或者报酬等违约责任。

(3)赔偿损失。《民法典》第五百八十三条、第五百八十四条规定,当事人一方不履行合同义务或者履行合同义务不符合约定的,在履行义务或者采取补救措施后,对方还有其他损失的,应当赔偿损失,损失赔偿额应当相当于因违约所造成的损失,包括合同履行后可以获得的利益;但是,不得超过违约一方订立合同时预见到或者应当预见到的因违约可能造成的损失。

(4)支付违约金。《民法典》第五百八十五条规定,当事人可以约定一方违约时应当根据违约情况向对方支付一定数额的违约金,也可以约定因违约产生的损失赔偿额的计算方法。约定的违约金低于造成的损失的,人民法院或者仲裁机构可以根据当事人的请求予以增加;约定的违约金过分高于造成的损失的,人民法院或者仲裁机构可以根据当事人的请求予以适当减少。当事人就迟延履行约定违约金的,违约方支付违约金后,还应当履行债务。

赔偿金与违约金的关系。①违约金是指一方违反合同约定,按约定或法律的规定,支付给另一方一定数量的货币;赔偿金则是指合同当事人一方违反合同约定,而给对方造成经济损失的,应给予一定数量的货币进行赔偿;②无论是否造成损失,只要双方在合同中约定了违约金条款,违约方就必须付给另一方违约金。而给付赔偿金的前提必须是一方违反合同约定,给另一方造成了实际损失;③如果违约方给另一方造成实际损失超过违约金的,则还应给付赔偿金,以补偿违约金之不足;④违约金和损失赔偿不能同时主张,但违约金如果低或过高了,也可以要求增加或减少违约金。2021年3月《全国法院贯彻实施民法典工作会议纪要》(法〔2021〕94号)第11条第2款、第3款规定,当事人请求增加违约金的,增加后的违约金数额以不超过损失为限;当事人请求减少违约金的,约定的违约金超过损失的30%的,一般可以认定为"过分高于造成的损失"。

5.5.2 建设工程合同争议解决

合同争议也称合同纠纷,是指合同当事人对合同规定的权利和义务产生了不同的理解。合同争议的法律解决途径主要有和解、调解、仲裁和诉讼,建设工程纠纷的处理还有争议评审方式。

1. 和解

和解是民事纠纷的当事人在自愿互谅的基础上,就已经发生的争议进行协商、妥协与让步并达成协议,自行(无第三方参与劝说)解决争议的一种方式。

和解可以在民事纠纷的任何阶段进行,无论是否已经进入诉讼或仲裁程序。当事人达成和解协议的,已提请仲裁的,可以请求仲裁庭根据和解协议做出裁决书或仲裁调解书;已提起诉讼的,可以请求法庭在和解协议基础上制作调解书。仲裁机构做出的调解书和法院调解书具有强制执行效力。

需要注意的是，当事人自行达成的和解协议不具有强制执行力，在性质上仍属于当事人之间的约定。如果一方当事人不按照和解协议执行，另一方当事人不可以请求法院强制执行，但可要求对方就不执行该和解协议承担违约责任。

2. 调解

调解是指合同当事人对合同所约定的权利、义务发生争议，不能达成和解协议时，在第三人的主持下协调双方当事人的利益，使双方当事人在自愿的原则下解决争议的方式。调解可以在诉讼外进行，也可以在诉讼中某个阶段进行。用调解的方式能够便捷地解决争议，省时、省力，又不伤双方当事人的和气。在我国，调解的主要方式是人民调解、行政调解、仲裁调解、司法调解、行业调解以及专业机构调解。

3. 仲裁

仲裁是指合同当事人根据仲裁协议将合同争议提交给仲裁机构并由其做出裁决的方式。仲裁机构是依照法律规定成立的专门裁决合同争议的机构，仲裁机构做出的裁决具有法律约束力。当事人发生合同纠纷，可以根据事先或者事后达成的仲裁协议向仲裁机构申请仲裁。仲裁机构受理案件的管辖权来自双方协议，没有仲裁协议就无权受理仲裁。但是，有效的仲裁协议可以排除法院的管辖权；纠纷发生后，一方当事人提起仲裁的，另一方应当通过仲裁程序解决纠纷。仲裁调整范围仅限于民商事仲裁，即"平等主体的公民、法人和其他组织之间发生的合同纠纷和其他财产权纠纷"。《中华人民共和国劳动争议调解仲裁法》规定的劳动争议仲裁、《中华人民共和国农村土地承包经营纠纷调解仲裁法》规定的农业承包合同纠纷仲裁，是由特定行政仲裁机构依法处理的行政仲裁。

仲裁实行一裁终局制度，仲裁裁决一经做出即发生法律效力。仲裁裁决不能上诉，这使得当事人之间的纠纷能够迅速得以解决。

4. 诉讼

诉讼是指合同当事人依法请求人民法院行使审判权，审理双方之间发生的合同争议，做出有国家强制保证实现其合法权益、从而解决纠纷的审判活动。

当事人应当根据实际情况选择其中的一个或几个合同争议解决方式。但如果当事人一旦选择了仲裁的方式就不能再向人民法院起诉。人民法院的判决、裁定、调解书和仲裁机构的裁决书是发生法律效力的法律文书，当事人应当自动履行；拒不履行的，对方当事人可以申请人民法院强制执行。

5. 建设工程争议评审

建设工程争议评审（下称争议评审）是指合同当事人在建设工程专用合同条款中约定采取争议评审方式解决争议以及评审规则，自合同签订后28天内，或者争议发生后14天内，选定争议评审员（通常是3人，小型工程1人）组成争议评审组，就当事人之间发生的争议及时提出解决建议或者做出决定的争议解决方式。

争议评审是一种以"细致分割"方式实时解决争议的方式，一个评审组在工程进程中可能会持续解决多个争议。当事人通过协议授权评审组调查、听证、建议或者裁决。争议评审小组做出的书面决定经合同当事人签字确认后，对双方具有约束力，双方应遵照执行。任何一方当事人不接受争议评审小组决定或不履行争议评审小组决定的，双方可选择采用其他争议解决方式。争议评审有利于及时化解小争议，防止争议扩大造成工程拖延、损失和浪费，保障工程顺利进行。

争议评审于 1975 年美国科罗拉多州艾森豪威尔隧道工程中采用，取得了巨大成功。由于该方式具有专业、简便、快捷、成本低等优势逐步得到推广。1995 年 1 月，世界银行开始在其招标文件中强制要求由其贷款进行的项目必须采用争议评审方式。同年，国际咨询工程师联合会（FIDIC，下称菲迪克）在《橘皮书》（即《设计—建造与交钥匙工程合同条件》）中提出了"争议评审"的概念并相继在其他类型合同条件中引入"争议评审"机制。2004 年 9 月 1 日，国际商会（ICC）推出《争议小组规则》。我国世界银行贷款项目如小浪底水利枢纽、二滩水电站、万家寨水利枢纽等大型工程亦采用了争议评审方式，效果良好。2007 年，国家发展改革委、建设部、信息产业部等 9 个部门联合制定并颁布的《中华人民共和国标准施工招标文件》，以及 2013 版、2017 版《建设工程施工合同（示范文本）》中的"通用合同条款"的争议解决条款中就引入了争议评审机制，尝试在国家投资建设工程项目中通过争议评审方式解决争议。

5.6 建设工程合同体系

建设工程有其自身的特点，为了指导建设工程中各方当事人的签约行为，维护当事人的合法权益，住房和城乡建设部、国家市场监督管理总局、国家发展改革委，陆续出台并完善了招标、总承包、设计、施工、专业分包、监理、造价咨询等方面的标准文件或示范文本，供工程建设活动中的各方当事人参考使用。

目前，我国存在双轨制的建设工程合同标准文件/示范文本体系。政府投资的建设工程合同标准文件，主要由国家发展改革委牵头制定，非政府投资的建设工程合同示范文本，主要由住房和城乡建设部会同国家市场监督管理总局联合制定。

5.6.1 建设工程合同标准文件与示范文本

1. 标准文件体系

（1）标准文件主要由国家发展改革委联合多部委（局）制定、发布。

2007 年 11 月，国家发展改革委、财政部、建设部、铁道部、交通部等九部委联合印发了《中华人民共和国标准施工招标资格预审文件》和《中华人民共和国标准施工招标文件》，主要在政府投资项目中试行。

2011 年 12 月，国家发展改革委、财政部、住房和城乡建设部、铁道部、交通运输部等九部委联合印发了《中华人民共和国简明标准施工招标文件》和《中华人民共和国标准设计施工总承包招标文件》，主要适用于依法必须招标的工程建设项目。

（2）相关行业主管部门制定的标准文件。

2009 年 12 月，水利部印发了《水利水电工程标准施工招标资格预审文件》和《水利水电工程标准施工招标文件》。

2010 年 6 月，住房和城乡建设部印发了《房屋建筑和市政工程标准施工招标资格预审文件》和《房屋建筑和市政工程标准施工招标文件》。

2016 年 2 月，中国民用航空局印发了《民航专业工程标准施工招标文件》。

2016 年 12 月，工业和信息化部印发了《通信工程建设项目施工招标文件范本》《通信工程建设项目施工资格预审文件范本》等8个招标文件范本。

2017年11月，交通运输部印发了《公路工程标准施工招标文件》《公路工程标准施工招标资格预审文件》。

省级行业主管部门根据九部委的标准文件，因地制宜地制定了本地方的行业标准文件。

2．示范文本体系

示范文本主要由住房和城乡建设部会同国家市场监督管理总局制定、联合发布。

2003年8月，建设部、国家工商行政管理总局印发了《建设工程施工专业分包合同（示范文本）》（GF—2003—0213）和《建设工程施工劳务分包合同（示范文本）》（GF—2003—0214）。

2012年3月，住房和城乡建设部、国家工商行政管理总局印发了《建设工程监理合同（示范文本）》（GF—2012—0202）。

2015年3月，住房和城乡建设部、国家工商行政管理总局印发了《建设工程设计合同示范文本（房屋建筑工程）》（GF—2015—0209）和《建设工程设计合同示范文本（专业建设工程）》（GF—2015—0210）。

2015年8月，住房和城乡建设部、国家工商行政管理总局印发了《建设工程造价咨询合同（示范文本）》（GF—2015—0212）。

2016年9月，住房和城乡建设部、国家工商行政管理总局印发了《建设工程勘察合同（示范文本）》（GF—2016—0203）。

2017年9月，住房和城乡建设部、国家工商行政管理总局印发了《建设工程施工合同（示范文本）》（GF—2017—0201）。

2020年10月，住房和城乡建设部、国家市场监督管理总局印发了《园林绿化工程施工合同（示范文本）》（GF—2020—2605）。

2020年11月，住房和城乡建设部、国家市场监督管理总局印发了《建设项目工程总承包合同（示范文本）》（GF—2020—0216）。

省级住房和城乡建设部门根据住房和城乡建设部的示范文本，制定了本地方的示范文本。

3．标准文件与示范文本的适用

（1）标准文件适用于依法必须进行招标的项目。《招标投标法实施条例》第十五条第4款规定，编制依法必须进行招标的项目的资格预审文件和招标文件，应当使用国务院发展改革部门会同有关行政监督部门制定的标准文件。第八十一条规定，依法必须进行招标的项目的招标投标活动违反招标投标法和本条例的规定，对中标结果造成实质性影响，且不能采取补救措施予以纠正的，招标、投标、中标无效，应当依法重新招标或者评标。

（2）示范文本为非强制性使用文本。《示范文本》适用于房屋建筑工程、土木工程、线路管道和设备安装工程、装修工程等建设工程的施工承发包活动，合同当事人可结合建设工程具体情况，根据《示范文本》订立合同，并按照法律法规规定和合同约定承担相应的法律责任及合同权利义务。

5.6.2 施工合同文件的构成

对合同当事人双方有约束力的合同文件包括签订合同时已形成的文件和履行过程中构成

对双方有约束力的文件两大部分。订立合同时已形成的文件包括：合同协议书、中标通知书、投标函及其附录、专用合同条款及其附件、通用合同条款、技术标准和要求、图纸、已标价工程量清单或预算书以及双方认可的其他合同文件等；合同履行中，发包人承包人有关工程的洽商、变更等书面协议或文件视为合同的组成部分。

《建设工程施工合同（示范文本）》（GF—2017—0201）由合同协议书、通用合同条款和专用合同条款三部分组成。

1. 合同协议书

合同协议书是施工合同的总纲性法律文件，经过双方当事人签字盖章后合同即成立，具有最高的合同解释的顺序。主要包括：工程概况、合同工期、质量标准、签约合同价和合同价格形式、项目经理、合同文件构成、承诺以及合同生效条件等重要内容，集中约定了合同当事人基本的合同权利义务。

2. 通用合同条款

通用合同条款是合同当事人根据《建筑法》《民法典》等法律法规的规定，就工程建设的实施及相关事项，对合同当事人的权利义务做出的原则性约定。

通用合同条款共计20条，具体条款分别为：一般约定、发包人、承包人、监理人、工程质量、安全文明施工与环境保护、工期和进度、材料与设备、试验与检验、变更、价格调整、合同价格、计量与支付、验收和工程试车、竣工结算、缺陷责任与保修、违约、不可抗力、保险、索赔和争议解决。前述条款安排既考虑了现行法律法规对工程建设的有关要求，也考虑了建设工程施工管理的特殊需要。

3. 专用合同条款

专用合同条款是对通用合同条款原则性约定的细化、完善、补充、修改或另行约定的条款。合同当事人可以根据不同建设工程的特点及具体情况，通过双方的谈判、协商对相应的专用合同条款进行修改补充。在使用专用合同条款时，应注意以下事项：

（1）专用合同条款的编号应与相应的通用合同条款的编号一致。

（2）合同当事人可以通过对专用合同条款的修改，满足具体建设工程的特殊要求，避免直接修改通用合同条款。

（3）在专用合同条款中有横道线的地方，合同当事人可针对相应的通用合同条款进行细化、完善、补充、修改或另行约定；如无细化、完善、补充、修改或另行约定，则填写"无"或画"/"。

采用《示范文本》签订合同，有助于当事人了解、掌握有关法律法规，使合同的签订合法规范，避免缺款少项和当事人意思表示不真实、不确切，防止出现显失公平和违法的条款。也有利于仲裁机构和人民法院及时解决合同纠纷，保护当事人合法权益，保障国家和社会公共利益不受损害。

4. 合同文件的优先顺序

组成合同的各项文件应互相解释，互为说明。除专用合同条款另有约定外，解释合同文件的优先顺序如下：

（1）合同协议书。

（2）中标通知书（如果有）。

（3）投标函及其附录（如果有）。

（4）专用合同条款及其附件。

（5）通用合同条款。

（6）技术标准和要求。

（7）图纸。

（8）已标价工程量清单或预算书。

（9）其他合同文件。

上述各项合同文件包括合同当事人就该项合同文件所做出的补充和修改，属于同一类内容的文件，应以最新签署的为准。在合同订立及履行过程中形成的与合同有关的文件均构成合同文件组成部分，并根据其性质确定优先解释顺序。

此外，《建设工程施工合同（示范文本）》为使用者提供了11个标准化附件。具体包括：

（1）协议书附件：承包人承揽工程项目一览表。

（2）专用合同条款附件：发包人供应材料设备一览表、工程质量保修书、主要建设工程文件目录、承包人用于本工程施工的机械设备表、承包人主要施工管理人员表、分包人主要施工管理人员表、履约担保格式、预付款担保格式、支付担保格式、暂估价一览表。

5.6.3 发包人的主要义务

1. 许可或批准

发包人应遵守法律，并办理法律规定由其办理的许可、批准或备案，包括但不限于建设用地规划许可证、建设工程规划许可证、建设工程施工许可证、施工所需临时用水、临时用电、中断道路交通、临时占用土地等许可和批准。发包人应协助承包人办理法律规定的有关施工证件和批件。

因发包人原因未能及时办理完毕前述许可、批准或备案，由发包人承担由此增加的费用和（或）延误的工期，并支付承包人合理的利润。

2. 提供施工现场

除专用合同条款另有约定外，发包人应最迟于开工日期7日前向承包人移交施工现场。

3. 提供施工条件

除专用合同条款另有约定外，发包人应负责提供施工所需要的条件，包括：

（1）将施工用水、电力、通信线路等施工所必需的条件接至施工现场内。

（2）保证向承包人提供正常施工所需要的进入施工现场的交通条件。

（3）协调处理施工现场周围地下管线和邻近建筑物、构筑物、古树名木的保护工作，并承担相关费用。

（4）按照专用合同条款约定应提供的其他设施和条件。

4. 提供基础资料

发包人应当在移交施工现场前向承包人提供施工现场及工程施工所必需的毗邻区域内供水、排水、供电、供气、供热、通信、广播电视等地下管线资料，气象和水文观测资料，地质勘察资料，相邻建筑物、构筑物和地下工程等有关基础资料，并对所提供资料的真实性、准确性和完整性负责。

按照法律规定确需在开工后方能提供的基础资料，发包人应尽其努力及时地在相应工程施工前的合理期限内提供，合理期限应以不影响承包人的正常施工为限。

5. 逾期提供的责任

因发包人原因未能按合同约定及时向承包人提供施工现场、施工条件、基础资料的，由发包人承担由此增加的费用和（或）延误的工期。

6. 资金来源证明及支付担保

除专用合同条款另有约定外，发包人应在收到承包人要求提供资金来源证明的书面通知后28日内，向承包人提供能够按照合同约定支付合同价款的相应资金来源证明。

除专用合同条款另有约定外，发包人要求承包人提供履约担保的，发包人应当向承包人提供支付担保。支付担保可以采用银行保函或担保公司担保等形式，具体由合同当事人在专用合同条款中约定。

7. 支付合同价款

发包人应按合同约定向承包人及时支付合同价款。

8. 组织竣工验收

发包人应按合同约定及时组织竣工验收。

9. 现场统一管理协议

发包人应与承包人、由发包人直接发包的专业工程的承包人签订施工现场统一管理协议，明确各方的权利义务。施工现场统一管理协议作为专用合同条款的附件。

5.6.4 承包人的主要义务

1. 一般义务

承包人在履行合同过程中应遵守法律和工程建设标准规范，并履行以下义务：

（1）办理法律规定应由承包人办理的许可和批准，并将办理结果书面报送发包人留存。

（2）按法律规定和合同约定完成工程，并在保修期内承担保修义务。

（3）按法律规定和合同约定采取施工安全和环境保护措施，办理工伤保险，确保工程及人员、材料、设备和设施的安全。

（4）按合同约定的工作内容和施工进度要求，编制施工组织设计和施工措施计划，并对所有施工作业和施工方法的完备性和安全可靠性负责。

（5）在进行合同约定的各项工作时，不得侵害发包人与他人使用公用道路、水源、市政管网等公共设施的权利，避免对邻近的公共设施产生干扰。承包人占用或使用他人的施工场地，影响他人作业或生活的，应承担相应责任。

（6）按约定负责施工场地及其周边环境与生态的保护工作。

（7）按约定采取施工安全措施，确保工程及其人员、材料、设备和设施的安全，防止因工程施工造成的人身伤害和财产损失。

（8）将发包人按合同约定支付的各项价款专用于合同工程，且应及时支付其雇用人员工资，并及时向分包人支付合同价款。

（9）按照法律规定和合同约定编制竣工资料，完成竣工资料立卷及归档，并按专用合同条款约定的竣工资料的套数、内容、时间等要求移交发包人。

（10）应履行的其他义务。

2. 禁止违法分包和转包

承包人不得将其承包的全部工程转包给第三人，或将其承包的全部工程肢解后以分包的名义转包给第三人。承包人不得将工程主体结构、关键性工作及专用合同条款中禁止分包的专业工程分包给第三人,主体结构、关键性工作的范围由合同当事人按照法律规定在专用合同条款中予以明确。承包人不得以劳务分包的名义转包或违法分包工程。

按照合同约定进行分包的,承包人应确保分包人具有相应的资质和能力。工程分包不减轻或免除承包人的责任和义务,承包人和分包人就分包工程向发包人承担连带责任。除合同另有约定外,承包人应在分包合同签订后7日内向发包人和监理人提交分包合同副本。

5.6.5 建设工程工期

《建设工程施工合同(示范文本)》(GF 2017—0201)规定,工期是指在合同协议书约定的承包人完成工程所需的期限,包括按照合同约定所做的期限变更。

1. 开工日期

开工日期包括计划开工日期和实际开工日期。计划开工日期是指发包人、承包人在合同协议书中约定开始施工的日期;实际开工日期是指监理人在计划开工日期7天前向承包人发出的开工通知中载明的开工日期。

当事人对建设工程开工日期有争议的,《最高人民法院关于审理建设工程施工合同纠纷案件适用法律问题的解释(一)》(法释〔2020〕25号)规定,按照以下情形认定开工日期:

(1)开工日期为发包人或者监理人发出的开工通知载明的开工日期;开工通知发出后,尚不具备开工条件的,以开工条件具备的时间为开工日期;因承包人原因导致开工时间推迟的,以开工通知载明的时间为开工日期。

(2)承包人经发包人同意已经实际进场施工的,以实际进场施工时间为开工日期。

(3)发包人或者监理人未发出开工通知,亦无相关证据证明实际开工日期的,应当综合考虑开工报告、合同、施工许可证、竣工验收报告或者竣工验收备案表等载明的时间,并结合是否具备开工条件的事实,认定开工日期。

2. 竣工日期

竣工日期包括计划竣工日期和实际竣工日期。计划竣工日期是指发包人、承包人在合同协议书约定,承包人完成承包范围内工程的日期。

当事人对建设工程实际竣工日期有争议的,按照以下情形予以认定竣工日期:

(1)建设工程经竣工验收合格的,以竣工验收合格之日为竣工日期。

(2)承包人已经提交竣工验收报告,发包人拖延验收的,以承包人提交验收报告之日为竣工日期。

(3)建设工程未经竣工验收,发包人擅自使用的,以转移占有建设工程之日为竣工日期。

3. 工期顺延

当事人约定顺延工期应当经发包人或者监理人签证等方式确认,承包人虽未取得工期顺延的确认,但能够证明在合同约定的期限内向发包人或者监理人申请过工期顺延且顺延事由符合合同约定,承包人以此为由主张工期顺延的,人民法院应予支持。

当事人约定承包人未在约定期限内提出工期顺延申请视为工期不顺延的,按照约定处理,但发包人在约定期限后同意工期顺延或者承包人提出合理抗辩的除外。

【案例5-2】建设工程未经竣工验收，发包人擅自使用的，以转移占有建设工程之日为竣工日期。案例来源：最高人民法院。

2012年8月20日，A公司对已完工程申请验收，施工单位、勘察单位、设计单位、监理单位、建设单位在地基与基础分部工程质量验收记录上均签字，主体结构分部工程质量验收记录上虽只有施工单位和设计单位的签字，但在合同履行过程中，建设单位、监理单位、施工单位对主体已完工程逐次进行了确认。2013年8月，A公司撤场，涉案工程由B房地产公司占有使用。根据《最高人民法院关于审理建设工程施工合同纠纷案件适用法律问题的解释》第十四条"当事人对建设工程实际竣工日期有争议的，按照以下情形分别处理：（三）建设工程未经竣工验收，发包人擅自使用的，以转移占有建设工程之日为竣工日期"的规定，2013年8月为竣工日期。

5.6.6　工程价款的支付

合同价款是指发包人承包人在协议书中约定，发包人用以支付承包人按照合同约定完成承包范围内全部工程并承担质量保修责任的款项。

1. 合同价款的确定

招标工程的合同价款由发包人、承包人依据中标通知书中的中标价格在协议书内约定。非招标工程的合同价款由发包人、承包人依据工程预算书在协议书内约定。合同价款在协议书内约定后，任何一方不得擅自改变。

按照工程结算方式的不同，施工合同价款的确定方式有总价合同、单价合同、成本加酬金合同，双方可在专用条款内约定采用其中一种。

总价合同适用于工程量不大、技术不复杂、风险不大，并且有详细而全面的设计图纸和各项说明的工程。

单价合同适用于工程内容和设计不十分明确，或工程量出入较大的项目。

成本加酬金合同适用于工程特别复杂，工程技术、结构方案不能预先确定的项目，或抢险、应急工程。

2. 工程价款的支付

合同双方在专用条款内约定工程进度款的支付时间和支付方式。

除专用合同条款另有约定外，监理人应在收到承包人进度付款申请单以及相关资料后7天内完成审查并报送发包人，发包人应在收到后7天内完成审批并签发进度款支付证书。发包人逾期未完成审批且未提出异议的，视为已签发进度款支付证书。

发包人和监理人对承包人的进度付款申请单有异议的，有权要求承包人修正和提供补充资料，承包人应提交修正后的进度付款申请单。监理人应在收到承包人修正后的进度付款申请单及相关资料后7天内完成审查并报送发包人，发包人应在收到监理人报送的进度付款申请单及相关资料后7日内，向承包人签发无异议部分的临时进度款支付证书。存在争议的部分，按照约定处理。

在对已签发的进度款支付证书进行阶段汇总和复核中发现错误、遗漏或重复的，发包人和承包人均有权提出修正申请。经发包人和承包人同意的修正，应在下期进度付款中支付或扣除。

除专用合同条款另有约定外，发包人应在进度款支付证书或临时进度款支付证书签发后

14 日内完成支付，发包人逾期支付进度款的，应按照中国人民银行发布的同期同类贷款基准利率支付违约金。

发包人签发进度款支付证书或临时进度款支付证书，不表明发包人已同意、批准或接受了承包人完成的相应部分的工作。

3. 竣工结算

（1）竣工结算申请。承包人应在工程竣工验收合格后 28 日内向发包人和监理人提交竣工结算申请单，并提交完整的结算资料，有关竣工结算申请单的资料清单和份数等要求由合同当事人在专用合同条款中约定。竣工结算申请单应包括的内容有：竣工结算合同价格；发包人已支付承包人的款项；应扣留的质量保证金；发包人应支付承包人的合同价款。

（2）竣工结算审核。监理人应在收到竣工结算申请单后 14 日内完成核查并报送发包人。发包人应在收到监理人提交的经审核的竣工结算申请单后 14 日内完成审批，并由监理人向承包人签发经发包人签认的竣工付款证书。监理人或发包人对竣工结算申请单有异议的，有权要求承包人进行修正和提供补充资料，承包人应提交修正后的竣工结算申请单。

发包人在收到承包人提交竣工结算申请书后 28 日内未完成审批且未提出异议的，视为发包人认可承包人提交的竣工结算申请单，并自发包人收到承包人提交的竣工结算申请单后第 29 日起视为已签发竣工付款证书。

发包人应在签发竣工付款证书后的 14 日内，完成对承包人的竣工付款。发包人逾期支付的，按照中国人民银行发布的同期同类贷款基准利率支付违约金；逾期支付超过 56 日的，按照中国人民银行发布的同期同类贷款基准利率的两倍支付违约金。

承包人对发包人签认的竣工付款证书有异议的，对于有异议部分应在收到发包人签认的竣工付款证书后 7 日内提出异议，并由合同当事人按照专用合同条款约定的方式和程序进行复核，或按照约定的争议解决方式处理。对于无异议部分，发包人应签发临时竣工付款证书，并完成付款。承包人逾期未提出异议的，视为认可发包人的审批结果。

4. 最终结清

（1）最终结清申请单。除专用合同条款另有约定外，承包人应在缺陷责任期终止证书颁发后 7 日内，按专用合同条款约定的份数向发包人提交最终结清申请单，并提供相关证明材料。

除专用合同条款另有约定外，最终结清申请单应列明质量保证金、应扣除的质量保证金、缺陷责任期内发生的增减费用。

发包人对最终结清申请单内容有异议的，有权要求承包人进行修正和提供补充资料，承包人应向发包人提交修正后的最终结清申请单。

（2）最终结清证书和支付。除专用合同条款另有约定外，发包人应在收到承包人提交的最终结清申请单后 14 日内完成审批并向承包人颁发最终结清证书。发包人逾期未完成审批，又未提出修改意见的，视为发包人同意承包人提交的最终结清申请单，且自发包人收到承包人提交的最终结清申请单后 15 日起视为已颁发最终结清证书。

除专用合同条款另有约定外，发包人应在颁发最终结清证书后 7 日内完成支付。发包人逾期支付的，按照中国人民银行发布的同期同类贷款基准利率支付违约金；逾期支付超过 56 日的，按照中国人民银行发布的同期同类贷款基准利率的两倍支付违约金。

承包人对发包人颁发的最终结清证书有异议的，按争议解决的约定办理。

项目小结

建设工程合同在建设工程项目实施过程中发挥着极其重要的作用。本项目主要介绍了建设工程合同的法律特征，建设工程合同订立的程序要约和承诺，建设工程合同的效力、履行、保全和履约责任等《民法典》《关于审理建设工程施工合同纠纷案件适用法律问题的解释（一）》中的相关规定。发承包双方的主要义务，有关质量、工期、价款的主要条款是建设工程施工合同的主要内容。

技能训练

一、单项选择题

1. 要约是希望和他人订立合同的意思表示，包括（　　）。
   A. 寄送的价目表　B. 投标书　　　C. 拍卖公告　　　D. 招股说明书
2. 构成缔约过失责任应具备的条件不包括（　　）。
   A. 该责任发生在订立合同的过程中　　B. 当事人违反了诚实信用原则所要求的义务
   C. 受害方的信赖利益遭受损失　　　　D. 泄露或不正当使用商业秘密
3. 根据《民法典》的规定，对效力待定合同的理解正确的是（　　）。
   A. 在相对人催告一个月内，当事人之法定代理人未作表示，合同即可生效
   B. 效力待定合同的善意相对人有撤销的权利，撤销期限自行为做出之日起一年
   C. 表见代理实质上属于无权代理，却产生有效代理的后果
   D. 超越代理权限签订的合同，若未经被代理人追认，则必定属于效力待定合同
4. 下列关于对撤销权的消灭，叙述错误的是（　　）。
   A. 具有撤销权的当事人自知道撤销事由之日起六个月内没有行使撤销权
   B. 具有撤销权的当事人自应当知道撤销事由之日起一年内没有行使撤销权
   C. 具有撤销权的当事人知道撤销事由后明确表示放弃撤销权
   D. 具有撤销权的当事人知道撤销事由后以自己的行为放弃撤销权
5. 项目建设完工后，施工企业已提交竣工验收报告，但建设单位未按期组织竣工验收，当事人对实际竣工日期存在争议的，该项目的竣工日期（　　）。
   A. 相应顺延　　　　　　　　　　　B. 以施工企业提交竣工验收报告之日为准
   C. 以合同约定的计划竣工日期为准　D. 以实际通过竣工验收之日为准
6. 在以下各项权利中，只有（　　）是债务人行使的权利。
   A. 抗辩权　　　　B. 代位权　　　　C. 撤销权　　　　D. 留置权
7. 关于仲裁协议效力的说法，正确的是（　　）。
   A. 仲裁协议独立存在，不受合同变更、撤销、终止、无效等的影响
   B. 口头的仲裁协议对当事人同样有法律约束力
   C. 仲裁协议并不排除法院的司法管辖权
   D. 当事人对仲裁协议效力有异议的，应当请求仲裁委员会做出决定
8. 依据《民法典》的违约责任承担原则，发包人可以不赔偿承包人损失的情况是（　　）。
   A. 建设资金未能按计划到位的施工暂停

B. 发包人改变项目建设方案的工程停建

C. 传染病流行导致施工暂停

D. 征地拆迁工作不顺利导致施工现场移交延误

9. 施工单位因违反施工合同而支付违约金后，建设单位仍要求其继续履行合同，则施工单位应（　　）。

A. 拒绝履行　　　　　　　　　　B. 继续履行

C. 缓期履行　　　　　　　　　　D. 要求对方支付一定费用后履行

10. 某工程施工中某水泥厂为施工企业供应水泥，延迟交货一周，延迟交货导致施工企业每天损失0.4万元，第一天晚上施工企业为减少损失，采取紧急措施共花费1万元，使剩余6天共损失0.7万元。则水泥厂因违约应向施工企业赔偿的损失为（　　）。

A. 1.1万元　　　B. 1.7万元　　　C. 2.1万元　　　D. 2.8万元

11. 下列建设工程施工合同中，属于无效合同的是（　　）。

A. 工程价款支付条款显失公平的合同

B. 发包人对投标文件有重大误解订立的合同

C. 依法必须进行招标的项目存在中标无效情形的合同

D. 承包人以胁迫手段订立的施工合同

12. 关于仲裁和解的说法，正确的是（　　）。

A. 当事人申请仲裁后达成和解协议的，应当撤回仲裁申请

B. 当事人达成和解协议，撤回仲裁申请后反悔的，不得再根据仲裁协议申请仲裁

C. 当事人申请仲裁后和解的，应当在仲裁庭的主持下进行

D. 仲裁庭可以根据当事人的和解协议做出裁决书

13. 发包人发生以下情形，且在催告的合理期限内仍未履行相应义务，承包人请求解除建设工程施工合同，人民法院应予支持的是（　　）。

A. 未按约定支付工程价款致使承包人无法施工

B. 拖欠垫资利息

C. 施工现场安装摄像设备全程监控

D. 迟延交付施工场地发生停窝工损失拒绝赔付

14. 根据《民法典》，应当采用书面形式的合同是（　　）。

A. 设备租赁合同　　B. 建设工程合同　　C. 承揽合同　　　D. 货物买卖合同

15. 关于施工合同特征的说法，错误的是（　　）。

A. 施工合同是双务合同　　　　　B. 施工合同是要式合同

C. 施工合同客体是工程　　　　　D. 施工合同是有偿合同

16. 关于合同示范文本的说法，正确的是（　　）。

A. 示范文本能够使合同的签订规范和条款完备

B. 示范文本为强制使用的合同文本

C. 采用示范文本是合同成立的前提

D. 采用示范文本是合同生效的前提

17. 下列合同各项内容中，不属于合同条款的是（　　）。

A. 价款或者报酬　　　　　　　　B. 保险条款

C. 履行期限、地点和方式　　　　　D. 当事人的名称

18. 下列法律文书中不具有强制执行效力的是（　　）。
A. 由仲裁机构做出的仲裁调解书
B. 经过司法确认的人民调解委员会做出的调解协议书
C. 由国家行政机关做出的调解书
D. 由人民法院对民事纠纷案件做出的调解书

19. 建设工程未经竣工验收，发包人擅自使用的，该工程竣工日期应为（　　）。
A. 提交验收报告之日　　　　　　B. 建设工程完工之日
C. 转移占有建设工程之日　　　　D. 竣工验收合格之日

20. 可撤销的建设工程施工合同，当事人应当请求（　　）撤销。
A. 建设行政主管部门　　　　　　B. 设计单位
C. 监理单位　　　　　　　　　　D. 人民法院

21. 某小型施工项目，甲乙双方只订立了口头合同。工程完工后，因甲方拖欠乙方工程款而发生纠纷，应当认定该合同（　　）。
A. 不成立　　　B. 补签后成立　　　C. 成立　　　D. 备案登记后成立

22. 施工合同中，（　　）是承包人的义务。
A. 提供施工场地　　　　　　　　B. 办理土地征用
C. 保修期内负责照管工程现场　　D. 施工期内负责照管工程现场

23. 招标人在中标通知书中写明的中标合同价应是（　　）。
A. 施工图设计编制的预算价　　　B. 招标文件中的招标控制价
C. 投标文件中标明的投标报价　　D. 评标委员会算出的评标价

24. 根据《标准施工招标文件》，关于建设工程争议评审的说法，正确的是（　　）。
A. 当事人协议采用争议评审方式后，如果不接受评审组的建议或者裁决，也不能再通过仲裁或者诉讼的方式解决争议
B. 在争议评审期间，争议双方暂按总监理工程师的确定执行
C. 争议评审制度是法定的争议解决方式
D. 采用争议评审的，发包人和承包人应当在开工日后的14日内或者争议发生后，协商成立争议评审组

25. 关于建设工程施工合同解除的说法，正确的是（　　）。
A. 合同约定的工期内承包人没有完工，发包人可以解除合同
B. 发包人未按合同约定支付工程价款，承包人可以解除合同
C. 承包人将承包的工程转包，发包人可以解除合同
D. 承包人已经完工的建设工程质量不合格，发包人可以解除合同

26. 根据《仲裁法》，关于仲裁裁决撤销的说法，正确的是（　　）。
A. 违约金的计算不符合合同约定，当事人可以申请撤销仲裁裁决
B. 当事人需要申请撤销仲裁裁决时，可以向财产所在地的中级人民法院申请
C. 仲裁裁决被撤销后，当事人可以根据双方重新达成的仲裁协议申请仲裁，不可以向人民法院起诉
D. 仲裁的程序违反法定程序，当事人可以申请撤销仲裁裁决

27. 关于和解的说法，正确的是（　　）。
   A. 和解只能在一审开庭审理前进行
   B. 和解是民事纠纷的当事人在自愿互谅的基础上，就已经发生的争议进行协商、妥协与让步并达成协议，自行解决争议的一种方式
   C. 和解不可以与仲裁诉讼程序相结合
   D. 当事人自行达成的和解协议具有强制执行力

28. 下列人员中，可以被委托为民事诉讼代理人的是（　　）。
   A. 知名法学者　　　　　　　　B. 从事法律业务的工作者
   C. 当事人的家属　　　　　　　D. 建设行政主管部门推荐的公民

29. 某施工企业向某建筑材料供应商发出购买建筑材料的要约，该供应商的承诺有效期内对该要约做出了完全同意的答复，则该买卖合同成立的时间为（　　）。
   A. 建筑材料供应商的答复文件到达施工企业时
   B. 施工企业发出定购建筑材料的要约时
   C. 建筑材料供应商发出答复文件时
   D. 施工企业订购建筑材料的要约到达建筑材料供应商时

30. 关于施工合同变更的说法，正确的是（　　）。
   A. 施工合同变更应当办理批准登记手续
   B. 工程变更必须导致施工合同条款变更
   C. 施工合同非实质性条款的变更，无须双方当事人协商一致
   D. 当事人对施工合同变更内容约定不明确的推定为未变更

31. 关于仲裁调解的说法，正确的是（　　）。
   A. 仲裁庭在做出裁决前应当先行调解
   B. 在调解书签收前，当事人反悔的，仲裁庭应当及时做出裁决
   C. 法院在强制执行仲裁裁决时，应当进行调解
   D. 调解书经双方当事人签收后，当事人反悔的调解书不具有法律效力

二、多项选择题

1. 下列关于承诺的表述中，正确的有（　　）。
   A. 受要约人发出承诺，表示价格再降一成即可成交
   B. 承诺超期的后果是承诺不可能发生法律效力
   C. 承诺一经送达要约人即发生法律效力
   D. 撤销承诺的通知应当在双方签订书面合同前到达要约人
   E. 承诺可以由受要约人的代理人向要约人授权的代理人做出

2. 《民法典》规定，要约邀请包括（　　）等。
   A. 拍卖公告　　　　　　　　　B. 招标公告
   C. 递交投标文件　　　　　　　D. 招股说明书
   E. 寄送价目表

3. 根据《最高人民法院关于审理建设工程施工合同纠纷案件适用法律问题的解释（一）》，下列情形中，发包人可以请求人民法院解除建设工程施工合同的有（　　）。
   A. 承包人明确表示不履行合同主要义务的

B. 承包人已经完成的建设工程质量不合格，并拒绝修复的
C. 承包人将承包的建设工程转包的
D. 承包人在合同约定的期限内没有完工的
E. 承包人将承包的建设工程违法外包的

4. 某建筑材料采购合同被法院认定为可撤销合同，其法律后果有（   ）。
A. 返还财产   B. 赔偿损失
C. 支付违约金   D. 双倍返还定金
E. 没收财产

5. 建设工程施工合同中，违约责任的主要承担方式有（   ）。
A. 返还财产   B. 修理
C. 赔偿损失   D. 继续履行
E. 消除危险

6. 根据《民法典》的规定，解除合同表述正确的有（   ）。
A. 当事人必须全部履行各自义务后才能解除合同
B. 当事人协商一致可以解除合同
C. 因不可抗力致使不能实现合同目的的可以解除
D. 一方当事人对解除合同有异议，可以按约定的解决争议方式处理
E. 合同解除后，当事人均不再要求另一方承担任何责任

7. 当事人一方不履行合同义务或者履行合同义务不符合约定的，在合同对违约责任没有具体约定的情况下，违约方应当承担的法定违约责任有（   ）。
A. 继续履行   B. 采取补救措施
C. 赔偿损失   D. 支付违约金
E. 定金

8. 建设工程施工合同中，承包人的主要义务有（   ）。
A. 自行完成建设工程主体结构施工   B. 及时验收隐蔽工程
C. 提供必要的施工条件   D. 交付竣工验收合格的建设工程
E. 无偿修理质量不合格的建设工程

9. 根据《民法典》，应当采用书面形式的合同有（   ）。
A. 建设工程勘察合同   B. 委托合同
C. 建设工程施工合同   D. 承揽合同
E. 建设工程设计合同

10. 根据《民法典》，违约方承担赔偿损失的构成要件包括（   ）。
A. 具有违约行为
B. 具有惩罚目的
C. 造成损失后果
D. 违约方有过错，或虽无过错，但法律规定应当赔偿
E. 违约行为与损失后果之间具有因果关系

11. 根据《民法典》，合同权利义务终止的情形有（   ）。
A. 债务人依法将标的物抵押   B. 合同解除

C. 债务相互抵消 D. 债权人依法将标的物提存
E. 债权人免除债务

12. 关于合同成立时间的说法，正确的有（   ）。
A. 合同自双方签字时成立 B. 双方意思表示一致合同即成立
C. 承诺生效时合同成立 D. 口头合同自交付标的物时成立
E. 按照数据电文合同的要求签订确认书时合同成立

13. 下列建设工程合同中属于无效合同的有（   ）。
A. 承包人未取得相应建筑业企业资质订立的合同
B. 没有资质的实际施工人借用有资质的建筑施工企业名义订立的合同
C. 建设单位因对工程内容有重大误解而订立的合同
D. 分包单位胁迫施工企业订立的合同
E. 建设单位为逃税而订立的施工合同

14. 下列合同中，属于可变更、可撤销的合同有（   ）。
A. 建设单位因对工程内容存在重大误解而订立的合同
B. 施工企业采取欺诈手段订立的损害国家利益的合同
C. 总承包单位将施工图深化设计风险转移给分包单位的合同
D. 建设单位为偷税而订立的施工合同
E. 村民胁迫施工企业订立的供货合同

15. 根据《民法典》，免除施工单位违约责任的情形有（   ）。
A. 施工因安全事故隐患，被监理工程师责令暂停施工，致使工期延误
B. 因拖欠农民工工资，部分农民工停工抗议，致使工期延误
C. 地震导致已完工程被爆破拆除重建，造成建设单位费用增加
D. 由于战争，施工单位暂停施工，致使工期延误
E. 因迟延履行而遭遇洪水，导致工期延误

16. 按照《建设工程施工合同（示范文本）》的规定，在施工中由于（   ）造成工期延误，经发包人代表确认，竣工日期可以顺延。
A. 承包人未能及时调配施工机械 B. 发生不可抗力
C. 雨期天数增多 D. 工程量变化和设计变更
E. 监理人未按合同约定发出指示

17. 建设工程施工合同当事人包括（   ）。
A. 建设行政主管部门 B. 建设单位
C. 监理单位 D. 施工单位
E. 材料供应单位

18. 在竣工验收和竣工结算中，承包人应当（   ）。
A. 申请验收 B. 组织验收
C. 提出修改意见 D. 递交竣工结算报告
E. 移交工程

19. 根据《建筑法》关于建设工程分包的规定，下列说法正确的有（   ）。
A. 承包单位可以将所承包的工程转包给他人

B. 所有的分包商都要经发包人认可
C. 分包商应该对建设单位负责
D. 如分包工程出现质量事故，发包人可以要求总承包商承担责任
E. 分包商经发包人同意，可将承揽的工程再分包

20. 下列施工合同履行过程中发生的情形中，当事人可以解除合同的有（　　）。
A. 建设单位延期支付工程款，经催告后同意提供担保的
B. 未经建设单位同意，施工企业擅自更换了现场技术员的
C. 施工企业已完成的建设工程质量不合格，并拒绝修复的
D. 施工过程中，施工企业不满建设单位的指令，将全部工人和施工机械撤离现场，并开始了其他工程建设的
E. 施工企业施工组织不力，导致工期一再延误，使该工程项目已无投产价值的

三、案例分析题

（一）[背景资料]

某监理单位承担了一工业项目的施工监理工作。经过招标，建设单位选择了甲、乙施工单位分别承担A、B标段工程的施工，并按照《建设工程施工合同（示范文本）》分别和甲、乙施工单位签订了施工合同。建设单位与乙施工单位在合同中约定，B标段所需的部分设备由建设单位负责采购。乙施工单位按照正常的程序将B标段的安装工程分包给丙施工单位。在施工过程中，发生了如下事件：

事件1：建设单位在采购B标段的设备时，设备生产厂商提出由自己的施工队伍进行安装更能保证质量，建设单位便与设备生产厂商签订了供货和安装合同并通知了监理单位和乙施工单位。

事件2：总监理工程师根据现场反馈信息及质量记录分析，对A标段某部位隐蔽工程的质量有怀疑，随即指令甲施工单位暂停施工，并要求剥离检验。甲施工单位称该部位隐蔽工程已由专业监理工程师验收，若剥离检验，监理单位需赔偿由此造成的损失并相应延长工期。

事件3：专业监理工程师对B标段进场的配电设备进行检验时，发现由建设单位采购的某设备不合格，建设单位对该设备进行了更换，从而导致丙施工单位停工。因此，丙施工单位致函监理单位，要求补偿其被迫停工所遭受的损失并延长工期。

[问题]

1. 在事件1中，建设单位将设备交由厂商安装的做法是否正确？为什么？
2. 在事件1中，若乙施工单位同意由该设备生产厂商的施工队伍安装该设备，监理单位应该如何处理？
3. 在事件2中，总监理工程师的做法是否正确？为什么？试分析剥离检验的可能结果及总监理工程师相应的处理方法。
4. 在事件3中，丙施工单位的索赔要求是否应该向监理单位提出？为什么？对该索赔事件应如何应处理。

（二）[背景资料]

某住宅楼工程地下1层，地上18层，建筑面积22800m²。通过招标投标程序，某施工单位与某房产地产开发公司按照《建设工程施工合同（示范文本）》签订了施工合同。

合同总价款5244万元，采用固定总价一次性包死，合同工期400日。施工中发生了以下事件：

事件1：发包方未与总承包方协商便发出书面通知，要求本工程必须提前60日竣工。

事件2：发包方指令将住宅楼南面外露阳台全部封闭，并及时办理了合法变更手续，总承包方施工三个月后工程竣工。总承包方在工程竣工结算时追加阳台封闭的设计变更增加费用43万元，发包方以固定总价包死为由拒绝签认。

事件3：在工程即将竣工前，当地遭遇了龙卷风袭击，本工程外窗玻璃部分破碎，现场临时装配式活动板房损坏。总承包方报送了玻璃实际修复费用51840元，临时设施及停窝损失费178000元的索赔资料，但发包方拒绝签认。

［问题］

1．事件1中，发包人以通知书形式要求提前工期是否合法？说明理由。

2．事件2中，发包方拒绝签认设计变更增加费是否违约？说明理由。

3．事件3中，总承包方提出的各项请求是否符合约定？分别说明理由。

（三）［背景资料］

2021年1月8日，A公司与B公司签订《某工程建设施工承包合同》，约定：

（1）B公司将工程发包给A公司，开工时间为2021年4月1日，竣工时间为次年4月，A公司分两次向B公司缴纳履约保证金，支付时间：第一次为在合同签订后10日内，第二次为2021年10月8日。

（2）B公司负责施工场地"三通一平"，具备施工条件后，A公司进场施工。但合同并没有约定A公司交纳的履约保证金是用于B公司进行"三通一平"工作。

2021年1月15日，A公司向B公司支付了第一笔履约保证金100万元，但该工程场地的拆迁工作未完成，也没有办理施工许可证，没有实现"三通一平"，致使A公司无法进场施工。经协商未果，A公司遂于2021年10月拒绝继续支付履约保证金。

2021年11月A公司向B公司发出解除合同的通知。

B公司以A公司违法解除合同为由向法院提起诉讼，要求不予退还履约保证金。

诉讼中，A公司提起反诉，B公司向法院提出A公司未能按合同约定按时缴纳履约保证金违约在先，B公司系行使抗辩权而未能完成拆迁工作及"三通一平"工作。

［问题］B公司的诉讼请求能否得到法院支持？

项目 6
建设工程安全生产法律制度

> 知识目标
> 1. 了解安全生产许可证申请条件和申领程序
> 2. 掌握施工企业主要负责人、项目负责人、专职安全生产管理人员的安全生产责任
> 3. 熟悉施工作业人员的安全生产权利和义务,了解施工总承包和分包单位的安全生产责任
> 4. 熟悉安全生产教育培训制度、施工现场安全防护制度,了解施工安全事故的应急救援与调查处理
> 5. 掌握建设工程各方主体的安全责任

《中共中央国务院关于推进安全生产领域改革发展的意见》(中发〔2016〕32号)指出,贯彻以人民为中心的发展思想,始终把人的生命安全放在首位,正确处理安全与发展的关系,大力实施安全发展战略,为经济社会发展提供强有力的安全保障。

2021年6月第三次修订的《安全生产法》规定,安全生产工作应当以人为本,坚持人民至上、生命至上,把保护人民生命安全摆在首位,树牢安全发展理念,坚持安全第一、预防为主、综合治理的方针,从源头上防范化解重大安全风险。

为了加强建筑安全生产管理,预防和减少建筑业事故的发生,保障建筑职工以及他人的人身财产安全,国家制定了一系列的工程建设安全生产法律法规和规范性文件,主要有《建筑法》《安全生产法》《建设工程安全生产管理条例》《安全生产许可证条例》《生产安全事故报告和调查处理条例》。

6.1 施工安全生产许可证制度

《安全生产许可证条例》规定,国家对矿山企业、建筑施工企业和危险化学品、烟花爆竹、民用爆炸物品生产企业实行安全生产许可制度。企业未取得安全生产许可证的,不得从事生产活动。

6-1 安全生产许可证制度

《建筑施工企业安全生产许可证管理规定》中规定,国家对建筑施工企业实行安全生产许可制度。从事土木工程、建筑工程、线路管道和设备安装工程及装修工程的新建、扩建、改建和拆除等有关活动的建筑施工企业,未取得安全生产许可证的,不得从事建筑施工活动。

6.1.1 安全生产许可证的申领条件

根据《安全生产许可证条例》规定，企业申请安全生产许可证应当具备相应的安全生产条件，结合建筑企业自身的特点，《建筑施工企业安全生产许可证管理规定》将建筑施工企业取得安全生产许可证应当具备的条件具体规定为：

（1）建立、健全安全生产责任制，制定完备的安全生产规章制度和操作规程。

（2）保证本单位安全生产条件所需资金的投入。

（3）设置安全生产管理机构，按照国家有关规定配备专职安全生产管理人员。

（4）主要负责人、项目负责人、专职安全生产管理人员经住房城乡建设主管部门或者其他有关部门考核合格。

（5）特种作业人员经有关业务主管部门考核合格，取得特种作业操作资格证书。

（6）管理人员和作业人员每年至少进行一次安全生产教育培训并考核合格。

（7）依法参加工伤保险，依法为施工现场从事危险作业的人员办理意外伤害保险，为从业人员交纳保险费。

（8）施工现场的办公、生活区及作业场所和安全防护用具、机械设备、施工机具及配件符合有关安全生产法律、法规、标准和规程的要求。

（9）有职业危害防治措施，并为作业人员配备符合国家标准或者行业标准的安全防护用具和安全防护服装。

（10）有对危险性较大的分部分项工程及施工现场易发生重大事故的部位、环节的预防、监控措施和应急预案。

（11）有生产安全事故应急救援预案、应急救援组织或者应急救援人员，配备必要的应急救援器材、设备。

（12）法律、法规规定的其他条件。

6.1.2 安全生产许可证申领程序

1. 安全生产许可证申领部门

建筑施工企业从事建筑施工活动前，应当依照《建筑施工企业安全生产许可证管理规定》向企业注册所在地省、自治区、直辖市人民政府住房城乡建设主管部门申请领取安全生产许可证。

2. 安全生产许可证申领材料

建筑施工企业申请安全生产许可证时，应当向住房城乡建设主管部门提供下列材料：

（1）建筑施工企业安全生产许可证申请表。

（2）企业法人营业执照。

（3）符合申请安全安全生产许可证应当具备的安全生产条件相关的文件、材料。

建筑施工企业申请安全生产许可证，应当对申请材料实质内容的真实性负责，不得隐瞒有关情况或者提供虚假材料。

3. 安全生产许可证颁发

省级住房城乡建设主管部门应当自受理建筑施工企业的申请之日起45日内审查完毕；经审查符合安全生产条件的，颁发安全生产许可证；不符合安全生产条件的，不予颁发安全生产许可证，书面通知企业并说明理由。企业自接到通知之日起应当进行整改，整改合格后方可再次提出申请。

住房城乡建设主管部门审查建筑施工企业安全生产许可证申请，涉及铁路、交通、水利等有关专业工程时，可以征求铁路、交通、水利等有关部门的意见。

4. 安全生产许可证有效期

安全生产许可证的有效期为 3 年。安全生产许可证有效期满需要延期的，企业应当于期满前 3 个月向原安全生产许可证颁发管理机关申请办理延期手续。

企业在安全生产许可证有效期内，严格遵守有关安全生产的法律法规，未发生死亡事故的，安全生产许可证有效期届满时，经原安全生产许可证颁发管理机关同意，不再审查，安全生产许可证有效期延期 3 年。

建筑施工企业变更名称、地址、法定代表人等，应当在变更后 10 日内，到原安全生产许可证颁发管理机关办理安全生产许可证变更手续。建筑施工企业破产、倒闭、撤销的，应当将安全生产许可证交回原安全生产许可证颁发管理机关予以注销。

安全生产许可证分正本和副本，正、副本具有同等法律效力。

6.1.3 安全生产许可证监督管理

1. 建设主管部门监督管理

县级以上人民政府住房城乡建设主管部门应当加强对建筑施工企业安全生产许可证的监督管理。住房城乡建设主管部门在审核发放施工许可证时，应当对已经确定的建筑施工企业是否有安全生产许可证进行审查，对没有取得安全生产许可证的，不得颁发施工许可证。

跨省从事建筑施工活动的建筑施工企业有违反安全生产许可证管理规定行为的，由工程所在地的省级人民政府住房城乡建设主管部门将建筑施工企业在本地区的违法事实、处理结果和处理建议抄告原安全生产许可证颁发管理机关。

建筑施工企业取得安全生产许可证后，不得降低安全生产条件，并应当加强日常安全生产管理，接受住房城乡建设主管部门的监督检查。安全生产许可证颁发管理机关发现企业不再具备安全生产条件的，应当暂扣或者吊销安全生产许可证。

安全生产许可证颁发管理机关应当建立、健全安全生产许可证档案管理制度，定期向社会公布企业取得安全生产许可证的情况，每年向同级安全生产监督管理部门通报建筑施工企业安全生产许可证颁发和管理情况。

建筑施工企业不得转让、冒用安全生产许可证或者使用伪造的安全生产许可证。

2. 建设主管部门违法责任

住房城乡建设主管部门工作人员在安全生产许可证颁发、管理和监督检查工作中，不得索取或者接受建筑施工企业的财物，不得谋取其他利益。

住房城乡建设主管部门工作人员有下列行为之一的，给予降级或者撤职的行政处分；构成犯罪的，依法追究刑事责任：

（1）向不符合安全生产条件的建筑施工企业颁发安全生产许可证的。

（2）发现建筑施工企业未依法取得安全生产许可证擅自从事建筑施工活动，不依法处理的。

（3）发现取得安全生产许可证的建筑施工企业不再具备安全生产条件，不依法处理的。

（4）接到对违反本规定行为的举报后，不及时处理的。

（5）在安全生产许可证颁发、管理和监督检查工作中，索取或者接受建筑施工企业的财物，或者谋取其他利益的。

由于建筑施工企业弄虚作假，造成前款第（1）项行为的，对住房城乡建设主管部门工作人员不予处分。

3. 安全生产许可证撤销

安全生产许可证颁发管理机关或者其上级行政机关发现有下列情形之一的，可以撤销已经颁发的安全生产许可证：

（1）安全生产许可证颁发管理机关工作人员滥用职权、玩忽职守颁发安全生产许可证的。

（2）超越法定职权颁发安全生产许可证的。

（3）违反法定程序颁发安全生产许可证的。

（4）对不具备安全生产条件的建筑施工企业颁发安全生产许可证的。

（5）依法可以撤销已经颁发的安全生产许可证的其他情形。

依照规定撤销安全生产许可证，建筑施工企业的合法权益受到损害的，住房城乡建设主管部门应当依法给予赔偿。

4. 建筑施工企业违反规定的法律责任

（1）建筑施工企业取得安全生产许可证后，不得降低安全生产条件，并应当加强日常安全生产管理，接受住房城乡建设主管部门的监督检查。安全生产许可证颁发管理机关发现企业不再具备安全生产条件的，应当暂扣或者吊销安全生产许可证。

（2）取得安全生产许可证的建筑施工企业，发生重大安全事故的，暂扣安全生产许可证并限期整改。

（3）建筑施工企业不再具备安全生产条件的，暂扣安全生产许可证并限期整改；情节严重的，吊销安全生产许可证。

（4）建筑施工企业未取得安全生产许可证、冒用或者使用伪造的安全生产许可证擅自从事建筑施工活动的，责令其在建项目停止施工，没收违法所得，并处10万元以上50万元以下的罚款；造成重大安全事故或者其他严重后果，构成犯罪的，依法追究刑事责任。

（5）安全生产许可证有效期满未办理延期手续，继续从事建筑施工活动的，责令其在建项目停止施工，限期补办延期手续，没收违法所得，并处5万元以上10万元以下的罚款；逾期仍不办理延期手续，继续从事建筑施工活动的，依照第（4）条的规定处罚。

（6）违反本规定，建筑施工企业转让安全生产许可证的，没收违法所得，处10万元以上50万元以下的罚款，并吊销安全生产许可证；构成犯罪的，依法追究刑事责任；接受转让的，依照第（4）条的规定处罚。

（7）建筑施工企业隐瞒有关情况或者提供虚假材料申请安全生产许可证的，不予受理或者不予颁发安全生产许可证，并给予警告，1年内不得申请安全生产许可证。

（8）建筑施工企业以欺骗、贿赂等不正当手段取得安全生产许可证的，撤销安全生产许可证，3年内不得再次申请安全生产许可证；构成犯罪的，依法追究刑事责任。

6.2 施工安全生产责任制度和安全生产教育培训制度

《中华人民共和国安全生产法》要求生产经营单位必须加强安全生产管理，建立健全全员安全生产责任制和安全生产规章制度，对从业人员进行安全生产教育和培训，建立安全生产教育和培训档案。

《中华人民共和国建筑法》规定，建筑工程安全生产管理必须坚持安全第一、预防为主的方针，建立健全安全生产的责任制度和群防群治制度。《建设工程安全生产管理条例》规定，施工单位应当建立健全安全生产责任制度和安全生产教育培训制度，制定安全生产规章制度和操作规程，保证本单位安全生产条件所需资金的投入，对所承担的建设工程进行定期和专项安全检查，并做好安全检查记录。

《中共中央国务院关于推进安全生产领域改革发展的意见》中指出，企业实行全员安全生产责任制度，法定代表人和实际控制人同为安全生产第一责任人，主要技术负责人负有安全生产技术决策和指挥权，强化部门安全生产职责，落实一岗双责。建立企业全过程安全生产和职业健康管理制度，做到安全责任、管理、投入、培训和应急救援"五到位"。

6.2.1 施工企业安全生产责任制度

施工单位是建设工程施工活动的主体，必须加强对施工安全生产的管理，落实施工安全生产的主体责任。施工现场安全由建筑施工企业负责。建筑施工企业必须依法加强对建筑安全生产的管理，执行安全生产责任制度，采取有效措施，防止伤亡和其他安全生产事故的发生。

1. 施工单位主要负责人的安全生产责任

（1）施工单位主要负责人的安全生产职责。主要负责人，是指对本企业生产经营活动和安全生产工作具有决策权的领导人员。根据《住房城乡建设部关于印发建筑施工企业主要负责人、项目负责人和专职安全生产管理人员安全生产管理规定实施意见的通知》（建质〔2015〕206号）规定，企业主要负责人包括法定代表人、总经理（总裁）、分管安全生产的副总经理（副总裁）、分管生产经营的副总经理（副总裁）、技术负责人、安全总监等。《建筑法》也规定，建筑施工企业的法定代表人对本企业的安全生产负责。

《安全生产法》规定，生产经营单位的主要负责人是本单位安全生产第一责任人，对本单位的安全生产工作全面负有下列职责：

1）建立、健全本单位安全生产责任制，加强安全生产标准化建设。

2）组织制定并实施本单位安全生产规章制度和操作规程。

3）组织建立并落实安全风险分级管控和隐患排查治理双重预防工作机制，督促、检查本单位的安全生产工作，及时消除生产安全事故隐患。

4）保证本单位安全生产投入的有效实施。

5）组织制定并实施本单位的生产安全事故应急救援预案。

6）及时、如实报告生产安全事故。

7）组织制定并实施本单位安全生产教育和培训计划。

《建筑施工企业主要负责人、项目负责人和专职安全生产管理人员安全生产管理规定》

（中华人民共和国住房和城乡建设部令第17号）进一步对施工企业主要负责人的安全生产责任作了明确规定：

1）主要负责人应当取得安全生产考核合格证书，对本企业安全生产工作全面负责，建立健全企业安全生产管理体系，设置安全生产管理机构，配备专职安全生产管理人员，保证安全生产投入，督促检查本企业安全生产工作，及时消除安全事故隐患，落实安全生产责任。

2）主要负责人应当与项目负责人签订安全生产责任书，确定项目安全生产考核目标、奖惩措施，以及企业为项目提供的安全管理和技术保障措施。工程项目实行总承包的，总承包企业应当与分包企业签订安全生产协议，明确双方安全生产责任。

3）主要负责人应当按规定检查企业所承担的工程项目，考核项目负责人安全生产管理能力。发现项目负责人履职不到位的，应当责令其改正；必要时，调整项目负责人。检查情况应当记入企业和项目安全管理档案。

此外，国务院办公厅《关于加强安全生产监管执法的通知》（国办发〔2015〕20号）规定，国有大中型企业和规模以上企业要建立安全生产委员会，主任由董事长或总经理担任，董事长、党委书记、总经理对安全生产工作均负有领导责任，企业领导班子成员和管理人员实行安全生产"一岗双责"。

（2）施工单位负责人施工现场带班制度。《国务院关于进一步加强企业安全生产工作的通知》中规定，强化生产过程管理的领导责任。企业主要负责人和领导班子成员要轮流现场带班。

《建筑施工企业负责人及项目负责人施工现场带班暂行办法》进一步规定，企业负责人带班检查是指由建筑施工企业负责人带队实施对工程项目质量安全生产状况及项目负责人带班生产情况的检查。建筑施工企业负责人，是指企业的法定代表人、总经理、主管质量安全和生产工作的副总经理、总工程师和副总工程师。

建筑施工企业负责人要定期带班检查，每月检查时间不少于其工作日的25%。建筑施工企业负责人带班检查时，应认真做好检查记录，并分别在企业和工程项目存档备查。

工程项目进行超过一定规模的危险性较大的分部分项工程施工时，建筑施工企业负责人应到施工现场进行带班检查。对于有分公司（非独立法人）的企业集团，集团负责人因故不能到现场的，可书面委托工程所在地的分公司负责人对施工现场进行带班检查。

工程项目出现险情或发现重大隐患时，建筑施工企业负责人应到施工现场带班检查，督促工程项目进行整改，及时消除险情和隐患。

对于有分公司（非独立法人）的企业集团，集团负责人因故不能到现场的，可书面委托工程所在地的分公司负责人对施工现场进行带班检查。

2. 项目负责人的安全生产责任

（1）项目负责人的执业资格和安全生产责任。《建造师执业资格制度暂行规定》规定，取得建造师执业资格证书的人员，经过注册登记后，有权以建造师名义担任建设工程项目施工的项目经理及从事其他施工活动的管理。《注册建造师管理规定》明确，未取得建造师注册证书和执业印章的，不得担任大中型建设工程项目的施工单位项目负责人，不得以注册建造师的名义从事相关活动。

按照《建筑业企业资质等级标准》，一级建造师可以担任特级、一级建筑业企业资质的建设工程项目施工的项目经理；二级建造师可以担任二级及以下建筑业企业资质的建设工程项目施工的项目经理。

项目负责人是指取得相应注册执业资格，由企业法定代表人授权，负责具体工程项目管理的人员。施工单位的项目负责人对建设工程项目的安全施工负责，落实安全生产责任制度、安全生产规章制度和操作规程，确保安全生产费用的有效使用，并根据工程的特点组织制定安全施工措施，消除安全事故隐患，及时、如实报告生产安全事故。

项目负责人是施工项目安全生产的第一责任人，对项目安全生产管理全面负责。施工项目负责人应当履行以下安全生产职责：①项目负责人应当建立项目安全生产管理体系，明确项目管理人员安全职责，落实安全生产管理制度，确保项目安全生产费用有效使用；②项目负责人应当按规定实施项目安全生产管理，监控危险性较大分部分项工程，及时排查处理施工现场安全事故隐患，隐患排查处理情况应当记入项目安全管理档案；发生事故时，应当按规定及时报告并开展现场救援。工程项目实行总承包的，总承包企业项目负责人应当定期考核分包企业安全生产管理情况。

（2）项目负责人施工现场带班制度。《建筑施工企业负责人及项目负责人施工现场带班暂行办法》规定，项目负责人是工程项目质量安全管理的第一责任人，应对工程项目落实带班制度负责。项目负责人带班生产是指项目负责人在施工现场组织协调工程项目的质量安全生产活动。

项目负责人在同一时期只能承担一个工程项目的管理工作。项目负责人带班生产时，要全面掌握工程项目质量安全生产状况，加强对重点部位、关键环节的控制，及时消除隐患。要认真做好带班生产记录并签字存档备查。项目负责人每月带班生产时间不得少于本月施工时间的80%。因其他事务需离开施工现场时，应向工程项目的建设单位请假，经批准后方可离开。离开期间应委托项目相关负责人负责其外出时的日常工作。

《住房城乡建设部办公厅关于进一步加强危险性较大的分部分项工程安全管理的通知》中规定，施工单位项目经理是危大工程安全管控第一责任人，必须在危大工程施工期间现场带班，超过一定规模的危大工程施工时，施工单位负责人应当带班检查。

3. 施工企业安全生产管理机构专职安全生产管理人员的安全生产责任

《建设工程安全生产管理条例》规定，施工单位应当设立安全生产管理机构，配备专职安全生产管理人员。建设工程项目的专职安全生产管理人员应当定期将项目安全生产管理情况报告企业安全生产管理机构。专职安全生产管理人员负责对安全生产进行现场监督检查。发现安全事故隐患，应当及时向项目负责人和安全生产管理机构报告；对违章指挥、违章操作的，应当立即制止。

《建筑施工企业安全生产管理机构设置及专职安全生产管理人员配备办法》就建筑施工企业安全生产管理机构专职安全生产管理人员在施工现场检查过程中的职责做了以下规定：

（1）查阅在建项目安全生产有关资料、核实有关情况。

（2）检查危险性较大的工程安全专项施工方案落实情况。

（3）监督项目专职安全生产管理人员履责情况。

（4）监督作业人员安全防护用品的配备及使用情况。

（5）对发现的安全生产违章违规行为或安全隐患，有权当场予以纠正或做出处理决定。

（6）对不符合安全生产条件的设施、设备、器材，有权当场做出查封的处理决定。

（7）对施工现场存在的重大安全隐患有权越级报告或直接向建设主管部门报告。

（8）企业明确的其他安全生产管理职责。

《建筑施工企业主要负责人项目负责人和专职安全生产管理人员安全生产管理规定》中要求，企业安全生产管理机构专职安全生产管理人员应当检查在建项目安全生产管理情况，重点检查项目负责人、项目专职安全生产管理人员履责情况，处理在建项目违规违章行为，并记入企业安全管理档案。

4. 项目专职安全生产管理人员的安全生产责任

工程项目应当按规定配备相应数量和相关专业的专职安全生产管理人员。危险性较大的分部分项工程施工时，应当安排专职安全生产管理人员现场监督。

建筑施工企业应当实行建设工程项目专职安全生产管理人员委派制度。委派到工程项目的专职安全生产管理人员应定期将工程安全生产情况报告给企业的安全生产管理部门。项目专职安全生产管理人员的职责主要包括：

（1）负责施工现场安全生产日常检查并做好检查记录。

（2）现场监督危险性较大工程安全专项施工方案实施情况。

（3）对作业人员违规违章行为有权予以纠正或查处。

（4）对施工现场存在的安全隐患有权责令立即整改。

（5）对于发现的重大安全隐患，有权向企业安全生产管理机构报告。

（6）依法报告生产安全事故情况。

项目专职安全生产管理人员应当每天在施工现场开展安全检查，对检查中发现的安全事故隐患，应当立即处理；不能处理的，应当及时报告项目负责人和企业安全生产管理机构。项目负责人应当及时处理。检查及处理情况应当记入项目安全管理档案。

5. 专职安全生产管理人员的配备

建筑施工企业安全生产管理机构和工程项目应当按规定配备相应数量和相关专业的专职安全生产管理人员。危险性较大的分部分项工程施工时，应当安排专职安全生产管理人员现场监督。

（1）安全生产管理机构专职安全生产管理人员的配备。建筑施工企业安全生产管理机构专职安全生产管理人员的配备应满足下列要求，并应根据企业经营规模、设备管理和生产需要予以增加：

1）建筑施工总承包资质序列企业：特级资质不少于6人；一级资质不少于4人；二级和二级以下资质企业不少于3人。

2）建筑施工专业承包资质序列企业：一级资质不少于3人；二级和二级以下资质企业不少于2人。

3）建筑施工劳务分包资质序列企业：不少于2人。

4）建筑施工企业的分公司、区域公司等较大的分支机构（以下简称分支机构）应依据实际生产情况配备不少于2人的专职安全生产管理人员。

（2）项目专职安全生产管理人员的配备。总承包单位配备项目专职安全生产管理人员应当满足下列要求：

1）建筑工程、装修工程按照建筑面积配备：①1万m^2以下的工程不少于1人；②1万～5万m^2的工程不少于2人；③5万m^2及以上的工程不少于3人，且按专业配备专职安全生产管理人员。

2）土木工程、线路管道、设备安装工程按照工程合同价配备：①5000万元以下的工程不少于1人；②5000万～1亿元的工程不少于2人；③1亿元及以上的工程不少于3人，且按专业配备专职安全生产管理人员。

分包单位配备项目专职安全生产管理人员应当满足下列要求：

1）专业承包单位应当配置至少1人，并根据所承担的分部分项工程的工程量和施工危险程度增加。

2）劳务分包单位施工人员在50人以下的，应当配备1名专职安全生产管理人员；50～200人的，应当配备2名专职安全生产管理人员；200人及以上的，应当配备3名及以上专职安全生产管理人员，并根据所承担的分部分项工程施工危险实际情况增加，不得少于工程施工人员总人数的5‰。

采用新技术、新工艺、新材料或致害因素多、施工作业难度大的工程项目，项目专职安全生产管理人员的数量应当根据施工实际情况，在以上规定的配备标准上增加。

施工作业班组可以设置兼职安全巡查员，对本班组的作业场所进行安全监督检查。建筑施工企业应当定期对兼职安全巡查员进行安全教育培训。

6. 施工作业人员的安全生产义务和安全生产权力

（1）施工作业人员应履行下列安全生产义务：

1）守法遵章和正确使用安全防护用具等的义务。《建筑法》规定，建筑施工企业和作业人员在施工过程中，应当遵守有关安全生产的法律、法规和建筑行业安全规章、规程，不得违章指挥或者违章作业。《安全生产法》规定，从业人员在作业过程中，应当严格遵守本单位的安全生产规章制度和操作规程，服从管理，正确佩戴和使用劳动防护用品。《建设工程安全生产管理条例》进一步规定，作业人员应当遵守安全施工的强制性标准、规章制度和操作规程，正确使用安全防护用具、机械设备等。

2）接受安全生产教育培训的义务。施工单位加强安全教育培训，使作业人员具备必要的施工安全生产知识，熟悉有关的规章制度和安全操作规程，掌握本岗位安全操作技能，是控制和减少施工安全事故的重要措施。

《安全生产法》规定，从业人员应当接受安全生产教育和培训，掌握本职工作所需的安全生产知识，提高安全生产技能，增强事故预防和应急处理能力。《建筑法》规定，建筑施工企业应当建立健全劳动安全生产教育培训制度，加强对职工安全生产的教育培训；未经安全生产教育培训的人员，不得上岗作业。《建设工程安全生产管理条例》也规定，作业人员进入新的岗位或者新的施工现场前，应当接受安全生产教育培训。未经教育培训或者教育培训考核不合格的人员，不得上岗作业。施工单位在采用新技术、新工艺、新设备、新材料时，应当对作业人员进行相应的安全生产教育培训。

接受安全生产教育培训既是施工作业人员的权利，也是施工作业人员的义务。

3）施工安全事故隐患报告的义务。施工安全事故通常都是由事故隐患或者其他不安全因素所酿成。因此，施工作业人员一旦发现事故隐患或者其他不安全因素，应当立即报告，以便及时采取措施，防患于未然。

《安全生产法》规定，从业人员发现事故隐患或者其他不安全因素，应当立即向现场安全生产管理人员或者本单位负责人报告，接到报告的人员应当及时予以处理。

4）被派遣劳动者的义务。《安全生产法》规定，生产经营单位使用被派遣劳动者的，被派遣劳动者应当履行本法规定的从业人员的义务。

（2）施工作业人员享有下列安全生产权利：

1）知情权和建议权。《安全生产法》规定，生产经营单位的从业人员有权了解其作业场所和工作岗位存在的危险因素、防范措施及事故应急措施，有权对本单位的安全生产工作提出建议。

《建筑法》规定，作业人员有权对影响人身健康的作业程序和作业条件提出改进意见。《建设工程安全生产管理条例》进一步规定，施工单位应当向作业人员提供安全防护用具和安全防护服装，并书面告知危险岗位的操作规程和违章操作的危害。

2）紧急避险权。《安全生产法》规定，从业人员发现直接危及人身安全的紧急情况时，有权停止作业或者在采取可能的应急措施后撤离作业场所。生产经营单位不得因从业人员在前款紧急情况下停止作业或者采取紧急撤离措施而降低其工资、福利等待遇或者解除与其订立的劳动合同。《建设工程安全生产管理条例》也规定，在施工中发生危及人身安全的紧急情况时，作业人员有权立即停止作业或者在采取必要的应急措施后撤离危险区域。紧急避险权体现了"安全第一""以人为本"的理念。

3）批评、检举、控告权及拒绝违章指挥权。《建筑法》规定，作业人员对危及生命安全和人身健康的行为有权提出批评、检举和控告。《建设工程安全生产管理条例》进一步规定，作业人员有权对施工现场的作业条件、作业程序和作业方式中存在的安全问题提出批评、检举和控告，有权拒绝违章指挥和强令冒险作业。

《安全生产法》还规定，生产经营单位不得因从业人员对本单位安全生产工作提出批评、检举、控告或者拒绝违章指挥、强令冒险作业而降低其工资、福利等待遇或者解除与其订立的劳动合同。

4）施工安全防护用品的获得权。《安全生产法》规定，生产经营单位必须为从业人员提供符合国家标准或者行业标准的劳动防护用品，并监督、教育从业人员按照使用规则佩戴、使用。

《建筑法》规定，作业人员有权获得安全生产所需的防护用品。《建设工程安全生产管理条例》进一步规定，施工单位应当向作业人员提供安全防护用具和安全防护服装。

5）获得工伤保险和意外伤害保险赔偿的权利。《建筑法》规定，建筑施工企业应当依法为职工参加工伤保险缴纳工伤保险费。鼓励企业为从事危险作业的职工办理意外伤害保险，支付保险费。

据此，施工作业人员除依法享有工伤保险的各项权利外，从事危险作业的施工人员还可以依法享有意外伤害保险的权利。

6）依靠工会维权和被派遣劳动者的权利。《安全生产法》规定，生产经营单位的工会依法组织职工参加本单位安全生产工作的民主管理和民主监督，维护职工在安全生产方面的合法权益。

工会对生产经营单位违反安全生产法律、法规，侵犯从业人员合法权益的行为，有权要求纠正；发现生产经营单位违章指挥、强令冒险作业或者发现事故隐患时，有权提出解决的建议，生产经营单位应当及时研究答复；发现危及从业人员生命安全的情况时，有权向生产经营单位建议组织从业人员撤离危险场所，生产经营单位必须立即做出处理。工会有权依法参加事故调查，向有关部门提出处理意见，并要求追究有关人员的责任。

生产经营单位使用被派遣劳动者的，被派遣劳动者享有同等的从业人员的权利。

6.2.2 施工总承包和分包单位的安全生产责任

《建筑法》规定，施工现场安全由建筑施工企业负责。实行施工总承包的，由总承包单位负责。分包单位向总承包单位负责，服从总承包单位对施工现场的安全生产管理。

1. 总承包单位应当承担的法定安全生产责任

施工总承包单位对建设工程施工全面负责，总承包单位不仅要负责建设工程的施工质量、合同工期、成本控制，还要对施工现场组织和安全生产进行统一协调管理。

（1）分包合同应当明确双方的安全生产责任。《建设工程安全生产管理条例》规定，总承包单位依法将建设工程分包给其他单位的，分包合同中应当明确各自的安全生产方面的权利、义务。总承包单位和分包单位对分包工程的安全生产承担连带责任。

施工总承包单位与分包单位的安全生产责任，可分为法定责任和约定责任。所谓法定责任，即法律法规中明确规定的总承包单位、分包单位各自的安全生产责任。所谓约定责任，即总承包单位与分包单位通过协商，在分包合同中约定各自应当承担的安全生产责任。但是，安全生产的约定责任不能与法定责任相抵触。

（2）统一组织编制建设工程生产安全应急救援预案。《建设工程安全生产管理条例》规定，施工单位应当根据建设工程施工的特点、范围，对施工现场易发生重大事故的部位、环节进行监控，制定施工现场生产安全事故应急救援预案。实行施工总承包的，由总承包单位统一组织编制建设工程生产安全事故应急救援预案，工程总承包单位和分包单位按照应急救援预案，各自建立应急救援组织或者配备应急救援人员，配备救援器材、设备，并定期组织演练。

（3）负责上报施工安全事故。《建设工程安全生产管理条例》规定，施工单位发生生产安全事故，应当按照国家有关伤亡事故报告和调查处理的规定，及时、如实地向负责安全生产监督管理的部门、建设行政主管部门或者其他有关部门报告；特种设备发生事故的，还应当同时向特种设备安全监督管理部门报告。接到报告的部门应当按照国家有关规定，如实上报。

实行施工总承包的建设工程，由总承包单位负责上报事故。

（4）自行完成建设工程主体结构的施工。总承包单位应当自行完成建设工程主体结构的施工。这是为了落实施工总承包单位的安全生产责任，防止因转包和违法分包等行为导致施工生产安全事故的发生。

（5）支付意外伤害保险费。施工单位应当为施工现场从事危险作业的人员办理意外伤害保险，意外伤害保险费由施工单位支付。实行施工总承包的，由总承包单位支付意外伤害保险费。意外伤害保险期限自建设工程开工之日起至竣工验收合格止。

2. 分包单位的安全生产责任

分包单位应当服从总承包单位的安全生产管理，分包单位不服从管理导致生产安全事故的，由分包单位承担主要责任，总承包单位承担连带责任。

分包单位按照总承包单位统一组织编制的应急救援预案，建立应急救援组织或者配备应急救援人员，配备救援器材、设备，并定期组织演练。

6.2.3 安全生产教育培训制度

《建筑法》规定，建筑施工企业应当建立健全劳动安全生产教育培训制度，加强对职工安全生产的教育培训；未经安全生产教育培训的人员，不得上岗作业。

《建筑施工企业主要负责人、项目负责人和专职安全生产管理人员安全生产管理规定》进一步规定，建筑施工企业应当建立安全生产教育培训制度，制定年度培训计划，每年对"安管人员"进行培训和考核，考核不合格的，不得上岗。培训情况应当记入企业安全生产教育培训档案。

1. 三类管理人员培训考核

《建设工程安全生产管理条例》明确规定，施工单位主要负责人、工程项目负责人、专职安全生产管理人员应当经建设行政主管部门或其他部门考核合格方可任职。

《建筑施工企业主要负责人、项目负责人和专职安全生产管理人员安全生产管理规定》还规定，企业主要负责人、项目负责人和专职安全生产管理人员合称为"安管人员"。"安管人员"应当通过其受聘企业，向企业工商注册地的省、自治区、直辖市人民政府住房城乡建设主管部门申请安全生产考核，并取得安全生产考核合格证书。安全生产考核合格证书有效期为3年，证书在全国范围内有效。

2. "三项岗位"人员的培训考核

《国务院安委会关于进一步加强安全培训工作的决定》中，"三项岗位"人员是指矿山、建筑施工单位和危险物品生产、经营、储存等高危行业企业主要负责人、安全管理人员和生产经营单位特种作业人员。决定要求，严格落实"三项岗位"人员持证上岗制度。企业新任用或者招录"三项岗位"人员，要组织其参加安全培训，经考试合格持证后上岗。取得注册安全工程师资格证并经注册的，可以直接申领矿山、危险物品行业主要负责人和安全管理人员安全资格证。对发生人员死亡事故负有责任的企业主要负责人、实际控制人和安全管理人员，要重新参加安全培训考试。

"三项岗位"人员中的企业主要负责人、安全管理人员已经涵盖在"三类管理"人员中，对于特种作业人员，因其从事直接对本人或他人及其周围设施安全有着重大危害因素的作业，必须经专门的安全作业培训，并取得特种作业操作资格证书后，方可上岗作业。

3. 特种作业人员培训考核

施工企业特种作业人员必须按照国家有关规定经专门的安全作业培训，取得特种作业操作资格证书后，方可上岗作业。《建设工程安全生产管理条例》进一步规定，垂直运输机械作业人员、安装拆卸工、爆破作业人员、起重信号工、登高架设作业人员等特种作业人员，必须按照国家有关规定经过专门的安全作业培训，并取得特种作业操作资格证书后，方可上岗作业。

《建筑施工特种作业人员管理规定》规定，建筑施工特种作业包括：建筑电工、建筑架子工、建筑起重信号司索工、建筑起重机械司机、建筑起重机械安装拆卸工、高处作业吊篮安装拆卸工、经省级以上人民政府建设主管部门认定的其他特种作业。

4. 施工单位安全生产教育培训

《建设工程安全生产管理条例》规定，施工单位应当对管理人员和作业人员每年至少进行一次安全生产教育培训，其教育培训情况记入个人工作档案。安全生产教育培训考核不合格的人员，不得上岗。

（1）安全生产法律法规、规章制度教育培训。施工企业所有从业人员都要接受安全生产教育，了解国家关于安全生产的方针、政策，熟悉相关法律法规、规章制度，从而为落实安全生产奠定基础，也是保障个人和企业的长远利益，实行监督制度的基本条件。

（2）安全操作技能教育培训。施工企业应当对从业人员进行安全生产教育和培训，保证从业人员熟悉有关的安全操作规程，掌握本岗位的安全操作技能，了解事故应急处理措施，知悉自身在安全生产方面的权利和义务。未经安全生产教育和培训合格的从业人员，不得上岗作业。

（3）新员工安全生产教育培训。作业人员进入新的岗位或者新的施工现场前，应当接受安全生产教育培训。未经教育培训或者教育培训考核不合格的人员，不得上岗作业。新员工应先培训后上岗，建筑企业要对新员工进行至少32学时的安全培训，每年进行至少20学时的再培训。

（4）采用"四新技术"安全生产教育培训。《建设工程安全生产管理条例》规定，施工单位在采用新技术、新工艺、新设备、新材料时，应当对作业人员进行相应的安全生产教育培训。

随着科学技术的发展，新材料、新设备不断涌现，新工艺、新技术推陈出新，大大提高了施工质量和效率，但同时也对员工的综合素质提出更高要求。由于员工对新材料、新设备、新工艺、新技术不熟悉，在运用过程中，更要加强安全生产教育和培训，使其了解、掌握安全技术特性，采取有效的安全防护措施，确保按规程作业。

（5）完善和落实师傅带徒弟制度。高危企业新职工安全培训合格后，要在经验丰富的工人师傅带领下，实习至少2个月后方可独立上岗。工人师傅一般应当具备中级工以上技能等级，3年以上相应工作经历，成绩突出，善于"传、帮、带"，没有发生过"三违"行为等条件。要组织签订师徒协议，建立师傅带徒弟激励约束机制。

6.3 施工现场安全防护制度

6.3.1 编制安全技术措施相关文件

《建筑法》规定，建筑施工企业在编制施工组织设计时，应当根据建筑工程的特点制定相应的安全技术措施；对专业性较强的工程项目，应当编制专项安全施工组织设计，并采取安全技术措施。

1. 专项施工方案

危险性较大的分部分项工程专项施工方案，是指施工单位在编制施工组织（总）设计的基础上，针对危险性较大的分部分项工程单独编制的安全技术措施文件。《建设工程安全生产管理条例》规定，施工单位应当对下列达到一定规模的危险性较大的分部分项工程编制专项施工方案，并附具安全验算结果，经施工单位技术负责人、总监理工程师签字后实施，由专职安全生产管理人员进行现场监督：

（1）基坑支护与降水工程。

（2）土方开挖工程。

（3）模板工程。

（4）起重吊装工程。

（5）脚手架工程。

（6）拆除、爆破工程。

（7）国务院建设行政主管部门或者其他有关部门规定的其他危险性较大的工程。

《危险性较大的分部分项工程安全管理规定》中规定，实行施工总承包的，专项施工方案应当由施工总承包单位组织编制。危险性较大工程实行分包的，专项施工方案可以由相关专业分包单位组织编制。

专项施工方案应当由施工单位技术负责人审核签字、加盖单位公章，并由总监理工程师审查签字、加盖执业印章后方可实施。危险性较大工程实行分包并由分包单位编制专项施工方案的，专项施工方案应当由总承包单位技术负责人及分包单位技术负责人共同审核签字并加盖单位公章。

对于超过一定规模的危险性较大工程，施工单位应当组织召开专家论证会对专项施工方案进行论证。实行施工总承包的，由施工总承包单位组织召开专家论证会。专家论证前专项施工方案应当通过施工单位审核和总监理工程师审查。

建设单位在申请领取施工许可证或办理安全监督手续时，应当提供危险性较大的分部分项工程清单和安全管理措施。

2. 施工现场临时用电方案

施工现场用电的安全直接关系到建设工程及现场人员的安全，也是施工有序进行的基本保障。根据《施工现场临时用电安全技术规范》相关规定，施工现场临时用电设备在5台及以上或设备总容量在50kW及以上者，应编制用电组织设计。施工现场临时用电设备在5台以下或设备总容量在50kW以下者，应制定安全用电和电气防火措施。临时用电组织设计及变更时，必须履行"编制、审核、批准"程序，由电气工程技术人员组织编制，经相关部门审核及具有法人资格企业的技术负责人批准后实施。变更用电组织设计时应补充有关图纸资料。临时用电工程必须经编制、审核、批准部门和使用单位共同验收，合格后方可投入使用。

3. 安全技术交底

《建设工程安全生产管理条例》规定，建设工程施工前，施工单位负责项目管理的技术人员应当对有关安全施工的技术要求向施工作业班组、作业人员做出详细说明，并由双方签字确认。

所有参加交底的人员在安全技术交底工作完毕后，必须履行签字手续。施工负责人、生产班组、现场专职安全管理人员三方各留执一份，并纪录存档。安全技术交底有助于作业班组和作业人员尽快了解工程概况、施工方法、安全技术措施等，掌握操作方法和注意事项，减少因违章操作而导致事故的可能，保护作业人员的人身安全，也体现了"安全第一、预防为主"的安全生产方针。

6.3.2 施工现场安全防护

施工现场往往场地空间狭小，多个承包商交叉作业，人机流密集，施工工艺多样，影响安全生产的因素多。《建筑法》规定，建筑施工企业应当在施工现场采取维护安全、防范危险、预防火灾等措施；有条件的，应当对施工现场实行封闭管理。施工现场对毗邻的建筑物、构筑物和特殊作业环境可能造成损害的，建筑施工企业应当采取安全防护措施。

1. 危险部位安全警示标志

《建设工程安全生产管理条例》规定，施工单位应当在施工现场入口处、施工起重机械、临时用电设施、脚手架、出入通道口、楼梯口、电梯井口、孔洞口、桥梁口、隧道口、基坑边沿、爆破物及有害危险气体和液体存放处等危险部位，设置明显的安全警示标志。

安全警示标志是指提醒人们注意的各种标牌、文字、符号及灯光等，一般由安全色、几何图形和图像符号构成。安全警示标志必须符合国家标准。

施工单位应当根据不同施工阶段和周围环境及季节、气候的变化，在施工现场采取相应的安全施工措施。施工现场暂时停止施工的，施工单位应当做好现场防护，所需费用由责任方承担，或者按照合同约定执行。

2. 施工现场临时设施安全要求

《建设工程安全生产管理条例》规定，施工单位应当将施工现场的办公、生活区与作业区分开设置，并保持安全距离；办公、生活区的选址应当符合安全性要求。职工的膳食、饮水、休息场所等应当符合卫生标准。施工单位不得在尚未竣工的建筑物内设置员工集体宿舍。施工现场临时搭建的建筑物应当符合安全使用要求。施工现场使用的装配式活动房屋应当具有产品合格证。

3. 施工现场周边安全防护

《建筑法》规定，建设单位应当向建筑施工企业提供与施工现场相关的地下管线资料，建筑施工企业应当采取措施加以保护。《建设工程安全生产管理条例》规定，施工单位对因建设工程施工可能造成损害的毗邻建筑物、构筑物和地下管线等，应当采取专项防护措施。在城市市区内的建设工程，施工单位应当对施工现场实行封闭围挡。

建筑施工多为露天作业、高处作业，对周边环境特别是毗邻的建筑物、构造物及地下管线的安全可能造成损害，建设单位与施工单位有责任、也有义务采取相应的安全防护措施，确保周边环境的安全。施工现场实行封闭管理，既可以防止施工中的不安全因素扩散到场外，也可以起到保护环境、美化市容、文明施工的作用。

4. 危险作业现场安全管理

施工单位在现场进行危险作业，应遵守相关规定。《安全生产法》中规定生产经营单位进行爆破、吊装以及国务院安全生产监督管理部门会同国务院有关部门规定的其他危险作业，应当安排专门人员进行现场安全管理，确保操作规程的遵守和安全措施的落实。《危险化学品安全管理条例》规定，进行可能危及危险化学品管道安全的施工作业，施工单位应当在开工的7日前书面通知管道所属单位，并与管道所属单位共同制定应急预案，采取相应的安全防护措施。管道所属单位应当指派专门人员到现场进行管道安全保护指导。

5. 施工机械设备安全管理

《建设工程安全生产管理条例》规定，施工单位采购、租赁的安全防护用具、机械设备、施工机具及配件，应当具有生产（制造）许可证、产品合格证，并在进入施工现场前进行查验。施工现场的安全防护用具、机械设备、施工机具及配件必须由专人管理，定期进行检查、维修和保养，建立相应的资料档案，并按照国家有关规定及时报废。

施工单位在使用施工起重机械和整体提升脚手架、模板等自升式架设设施前，应当组织有关单位进行验收，也可以委托具有相应资质的检验检测机构进行验收；使用承租的机械设备和施工机具及配件的，由施工总承包单位、分包单位、出租单位和安装单位共同进行验收，验收合格的方可使用。《特种设备安全监察条例》规定的施工起重机械，在验收前应当经有相应资质的检验检测机构监督检验合格。施工单位应当自施工起重机械和整体提升脚手架、模板等自升式架设设施验收合格之日起30日内，向建设行政主管部门或者其他有关部门登记。登记标志应当置于或者附着于该设备的显著位置。

6.3.3 安全生产费用管理

安全生产费用是指施工单位按照规定标准提取在成本中列支，专门用于完善和改进企业或者工程项目安全生产条件的资金。安全费用按照"企业提取、政府监管、确保需要、规范使用"的原则进行管理。

施工单位应当具备的安全生产条件所必需的资金投入，由施工单位的决策机构、主要负责人予以保证，并对由于安全生产所必需的资金投入不足导致的后果承担责任。施工单位应当按照规定提取和使用安全生产费用，专门用于改善安全生产条件。安全生产费用在成本中据实列支。《建设工程安全生产管理条例》明确规定，施工单位对列入建设工程概算的安全作业环境及安全施工措施所需费用，应当用于施工安全防护用具及设施的采购和更新、安全施工措施的落实、安全生产条件的改善，不得挪作他用。

1. 安全费用的提取

建设工程施工企业以建筑安装工程造价为计提依据。各建设工程类别安全费用提取标准如下：

（1）矿山工程为2.5%。
（2）房屋建筑工程、水利水电工程、电力工程、铁路工程、城市轨道交通工程为2.0%。
（3）市政公用工程、冶炼工程、机电安装工程、化工石油工程、港口与航道工程、公路工程、通信工程为1.5%。

根据安全生产实际需要，可适当提高上述安全费用提取标准。建设工程施工企业提取的安全费用列入工程造价，在竞标时不得删减列入标外管理。实行工程总承包的，总包单位应当将安全费用按比例直接支付分包单位并监督使用，分包单位不再重复提取。

2. 安全生产费用使用

建设工程施工企业安全费用应当按照以下范围使用：

（1）完善、改造和维护安全防护设施设备支出（不含"三同时"要求初期投入的安全设施），包括施工现场临时用电系统、洞口、临边、机械设备、高处作业防护、交叉作业防护、防火、防爆、防尘、防毒、防雷、防台风、防地质灾害、地下工程有害气体监测、通风、临时安全防护等设施设备支出。
（2）配备、维护、保养应急救援器材、设备支出和应急演练支出。
（3）开展重大危险源和事故隐患评估、监控和整改支出。
（4）安全生产检查、咨询、评价（不包括新建、改建、扩建项目安全评价）和标准化建设支出。
（5）配备和更新现场作业人员安全防护用品支出。
（6）安全生产宣传、教育、培训支出。
（7）安全生产适用的新技术、新装备、新工艺、新标准的推广应用支出。

（8）安全设施及特种设备检测检验支出。

（9）其他与安全生产直接相关的支出。

建设施工企业提取的安全费用属于企业自提自用资金，其他单位和部门不得采取收取、代管等形式对其进行集中管理和使用，国家法律、法规另有规定的除外。提取的安全费用应当专户核算，按规定范围安排使用，不得挤占、挪用。年度结余资金结转下年度使用，当年计提安全费用不足的，超出部分按正常成本费用渠道列支。

施工单位编制的年度安全费用提取和使用计划，应纳入企业财务预算。企业年度安全费用使用计划和上一年安全费用的提取、使用情况按照管理权限报同级财政部门、安全生产监督管理部门和行业主管部门备案。

实行总承包的，总承包单位与分包单位应在分包合同中明确安全防护、文明施工措施费用由总承包单位统一管理。安全防护、文明施工措施由分包单位实施的，由分包单位制定专项安全防护措施，经总承包单位批准后支付其费用。工程总承包单位对建筑工程安全防护、文明施工措施费用的使用负总责。总承包单位不按合同约定支付费用，造成分包单位不能落实安全防护措施从而导致事故的，由总承包单位负主要责任。

6.4 施工安全事故应急救援与调查处理

施工现场一旦发生生产安全事故，应当立即实施抢险救援，迅速控制事态，防止伤亡事故进一步扩大，并依法向有关部门报告。

6.4.1 工程建设事故等级划分

工程建设事故等级的划分主要考虑了人身、经济和社会三个要素，三个要素可以独立适用。

6-2 工程建设事故的等级划分

人身要素就是事故中造成人员死亡和重伤情况。工程建设中确保人身安全是安全施工的最重要的目标，因此人员伤亡数量被列为事故分级的第一要素。经济要素就是事故造成的直接经济损失数额。工程建设本身为经济活动，经济价值是该工程最集中的体现，故经济要素也是划分事故等级的重要因素。社会要素就是事故造成社会影响。重大安全事故不仅造成人员和财产的重大损失，而且可能对社会造成恶劣影响，损害社会和谐，打击民众信心，故社会要素也是事故分级的一个标准。

《生产安全事故报告和调查处理条例》根据生产安全事故造成的人员伤亡或者直接经济损失，事故一般分为以下等级：

（1）特别重大事故，是指造成30人以上死亡，或者100人以上重伤（包括急性工业中毒，下同），或者1亿元以上直接经济损失的事故。

（2）重大事故，是指造成10人以上30人以下死亡，或者50人以上100人以下重伤，或者5000万元以上1亿元以下直接经济损失的事故。

（3）较大事故，是指造成3人以上10人以下死亡，或者10人以上50人以下重伤，或者1000万元以上5000万元以下直接经济损失的事故。

（4）一般事故，是指造成3人以下死亡，或者10人以下重伤，或者1000万元以下直接经济损失的事故。

上述所称的"以上"包括本数，所称的"以下"不包括本数。国务院安全生产监督管理部门可以会同国务院有关部门，制定事故等级划分的补充性规定。

6.4.2 工程建设事故应急救援预案制度

1. 生产安全事故应急预案编制

《生产安全事故应急条例》规定，县级以上人民政府及其负有安全生产监督管理职责的部门和乡、镇人民政府以及街道办事处等地方人民政府派出机关，应当针对可能发生的生产安全事故的特点和危害，进行风险辨识和评估，制定相应的生产安全事故应急救援预案，并依法向社会公布。生产经营单位应当针对本单位可能发生的生产安全事故的特点和危害，进行风险辨识和评估，制定相应的生产安全事故应急救援预案，并向本单位从业人员公布。

《建设工程安全生产管理条例》规定，县级以上地方人民政府建设行政主管部门应当根据本级人民政府的要求，制定本行政区域内建设工程特大生产安全事故应急救援预案。施工单位应当制定本单位生产安全事故应急救援预案，建立应急救援组织或者配备应急救援人员，配备必要的应急救援器材、设备，并定期组织演练。

施工单位应当根据建设工程施工的特点、范围，对施工现场易发生重大事故的部位、环节进行监控，制定施工现场生产安全事故应急救援预案。实行施工总承包的，由总承包单位统一组织编制建设工程生产安全事故应急救援预案，工程总承包单位和分包单位按照应急救援预案，各自建立应急救援组织或者配备应急救援人员，配备救援器材、设备，并定期组织演练。

施工单位应对重大危险源登记、建档、定期检测、评估、监控、制定应急预案，告知员工在紧急情况下应当采取的应急措施。施工单位应当按照国家有关规定将重大危险源及有关安全措施、应急措施报地方人民政府安全生产监督管理部门进行备案。

2. 生产安全事故应急预案分类

《生产安全事故应急预案管理办法》进一步规定，生产经营单位应急预案分为综合应急预案、专项应急预案和现场处置方案。生产经营单位编制的各类应急预案之间应当相互衔接，并与相关人民政府及其部门、应急救援队伍和涉及的其他单位的应急预案相衔接。

（1）综合应急预案，是指生产经营单位为应对各种生产安全事故而制定的综合性工作方案，是本单位应对生产安全事故的总体工作程序、措施和应急预案体系的总纲。生产经营单位风险种类多、可能发生多种类型事故的，应当组织编制综合应急预案。综合应急预案应当规定应急组织机构及其职责、应急预案体系、事故风险描述、预警及信息报告、应急响应、保障措施、应急预案管理等内容。

（2）专项应急预案，是指生产经营单位为应对某一种或者多种类型生产安全事故，或者针对重要生产设施、重大危险源、重大活动防止生产安全事故而制定的专项性工作方案。对于某一种或者多种类型的事故风险，生产经营单位可以编制相应的专项应急预案，或将专项应急预案并入综合应急预案。专项应急预案应当规定应急指挥机构与职责、处置程序和措施等内容。

（3）现场处置方案，是指生产经营单位根据不同生产安全事故类型，针对具体场所、装置或者设施所制定的应急处置措施。对于危险性较大的场所、装置或者设施，生产经营单位应当编制现场处置方案。现场处置方案应当规定应急工作职责、应急处置措施和注意事项等内容。事故风险单一、危险性小的生产经营单位，可以只编制现场处置方案。

3. 生产安全事故应急预案评审

《生产安全事故应急预案管理办法》规定，建设单位应当对本单位编制的应急预案进行评审，并形成书面评审纪要。参加应急预案评审的人员应当包括有关安全生产及应急管理方面的专家。评审人员与所评审应急预案的生产经营单位有利害关系的，应当回避。

应急预案的评审或者论证应当注重基本要素的完整性、组织体系的合理性、应急处置程序和措施的针对性、应急保障措施的可行性、应急预案的衔接性等内容。应急预案经评审或者论证后，由本单位主要负责人签署，向本单位从业人员公布，并及时发放到本单位有关部门、岗位和相关应急救援队伍。事故风险可能影响周边其他单位、人员的，生产经营单位应当将有关事故风险的性质、影响范围和应急防范措施告知周边的其他单位和人员。

4. 生产安全事故应急预案备案

地方政府组织制定的应急预案，应当报同级人民政府和上一级安全生产监督管理部门备案。

建筑施工单位应当在应急预案公布之日起20个工作日内，按照分级属地原则，向县级以上人民政府应急管理部门和其他负有安全生产监督管理职责的部门进行备案，并依法向社会公布。属于中央企业的，其总部（上市公司）的应急预案，报国务院主管的负有安全生产监督管理职责的部门备案，并抄送应急管理部；其所属单位的应急预案报所在地的省、自治区、直辖市或者设区的市级人民政府主管的负有安全生产监督管理职责的部门备案，并抄送同级人民政府应急管理部门。生产经营单位申请应急预案备案，应当提交下列材料：

（1）应急预案备案申请表。
（2）应急预案评审意见。
（3）应急预案电子文档。
（4）风险评估结果和应急资源调查清单。

受理备案登记的负有安全生产监督管理职责的部门应当在5个工作日内对应急预案材料进行核对，材料齐全的，应当予以备案并出具应急预案备案登记表；材料不齐全的，不予备案并一次性告知需要补齐的材料。逾期不予备案又不说明理由的，视为已经备案。对于实行安全生产许可的生产经营单位，已经进行应急预案备案的，在申请安全生产许可证时，可以不提供相应的应急预案，仅提供应急预案备案登记表。

5. 生产安全事故应急预案演练

各级人民政府应急管理部门应当至少每两年组织一次应急预案演练，提高本部门、本地区生产安全事故应急处置能力。

建筑施工单位应当至少每半年组织一次生产安全事故应急预案演练，并将演练情况报送所在地县级以上地方人民政府负有安全生产监督管理职责的部门。

应急预案演练结束后，应急预案演练组织单位应当对应急预案演练效果进行评估，撰写应急预案演练评估报告，分析存在的问题，并对应急预案提出修订意见。

6. 生产安全事故应急预案修订

地方各级安全生产监督管理部门应根据预案演练、机构变化等情况对应急预案适时修订。施工单位制定的应急预案应当至少每三年修订一次，预案修订情况应有记录并归档。有下列情形之一的，应急预案应当及时修订并归档：

（1）依据的法律、法规、规章、标准及上位预案中的有关规定发生重大变化的。
（2）应急指挥机构及其职责发生调整的。
（3）安全生产面临的风险发生重大变化的。
（4）重要应急资源发生重大变化的。
（5）在应急演练和事故应急救援中发现需要修订预案的重大问题的。
（6）编制单位认为应当修订的其他情况。

施工单位应当及时向有关部门或者单位报告应急预案的修订情况，并按照有关应急预案报备程序重新备案。

6.4.3 工程建设事故报告制度

《建设工程安全生产管理条例》规定，施工单位发生生产安全事故，应当按照国家有关伤亡事故报告和调查处理的规定，及时、如实地向负责安全生产监督管理的部门、建设行政主管部门或者其他有关部门报告；特种设备发生事故的，还应当同时向特种设备安全监督管理部门报告。接到报告的部门应当按照国家有关规定，如实上报。实行施工总承包的建设工程，由总承包单位负责上报事故。

6-3 工程建设事故报告制度

1. 事故报告时间要求

事故报告应当及时、准确、完整。任何单位和个人对事故不得迟报、漏报、谎报或者瞒报。

《生产安全事故报告和调查处理条例》规定，事故发生后，事故现场有关人员应当立即向本单位负责人报告；单位负责人接到报告后，应当于1小时内向事故发生地县级以上人民政府安全生产监督管理部门和负有安全生产监督管理职责的有关部门报告。情况紧急时，事故现场有关人员可以直接向事故发生地县级以上人民政府安全生产监督管理部门和负有安全生产监督管理职责的有关部门报告。

安全生产监督管理部门和负有安全生产监督管理职责的有关部门接到事故报告后，应当依照下列规定上报事故情况，并通知公安机关、劳动保障行政部门、工会和人民检察院：

（1）特别重大事故、重大事故逐级上报至国务院安全生产监督管理部门和负有安全生产监督管理职责的有关部门。

（2）较大事故逐级上报至省、自治区、直辖市人民政府安全生产监督管理部门和负有安全生产监督管理职责的有关部门。

（3）一般事故上报至设区的市级人民政府安全生产监督管理部门和负有安全生产监督管理职责的有关部门。

安全生产监督管理部门和负有安全生产监督管理职责的有关部门依照前款规定上报事故情况，应当同时报告本级人民政府。国务院安全生产监督管理部门和负有安全生产监督管理职责的有关部门以及省级人民政府接到发生特别重大事故、重大事故的报告后，应当立即报告国务院。必要时，安全生产监督管理部门和负有安全生产监督管理职责的有关部门可以越级上报事故情况。

安全生产监督管理部门和负有安全生产监督管理职责的有关部门逐级上报事故情况，每级上报的时间不得超过2小时。

自事故发生之日起 30 日内，事故造成的伤亡人数发生变化的，应当及时补报。道路交通事故、火灾事故自发生之日起 7 日内，事故造成的伤亡人数发生变化的，应当及时补报。

2. 事故报告内容要求

报告事故应当包括：事故发生单位概况，事故发生的时间、地点以及事故现场情况，事故的简要经过，事故已经造成或者可能造成的伤亡人数（包括下落不明的人数）和初步估计的直接经济损失，已经采取的措施，其他应当报告的情况。

施工单位主要负责人接到事故报告后，应立即启动应急预案，或者采取有效措施，组织抢救，防止事故扩大，减少人员伤亡和财产损失。施工单位应当妥善保护事故现场以及相关证据，任何单位和个人不得破坏事故现场、毁灭相关证据。因抢救人员、防止事故扩大以及疏通交通等原因，需要移动事故现场物件的，应当做出标志，绘制现场简图并做出书面记录，妥善保存现场重要痕迹、物证。

3. 事故发生后的措施

《建设工程安全生产管理条例》规定，发生生产安全事故后，施工单位应当采取措施防止事故扩大，保护事故现场。需要移动现场物品时，应当做出标记和书面记录，妥善保管有关证物。

6.4.4　工程建设事故调查处理制度

1. 事故调查管辖

《生产安全事故报告和调查处理条例》规定，特别重大事故由国务院或者国务院授权有关部门组织事故调查组进行调查。重大事故、较大事故、一般事故分别由事故发生地省级人民政府、设区的市级人民政府、县级人民政府负责调查。省级人民政府、设区的市级人民政府、县级人民政府可以直接组织事故调查组进行调查，也可以授权或者委托有关部门组织事故调查组进行调查。未造成人员伤亡的一般事故，县级人民政府也可以委托事故发生单位组织事故调查组进行调查。

自事故发生之日起 30 日内（道路交通事故、火灾事故自发生之日起 7 日内），因事故伤亡人数变化导致事故等级发生变化，依照规定应当由上级人民政府负责调查的，上级人民政府可以另行组织事故调查组进行调查。

特别重大事故以下等级事故，事故发生地与事故发生单位不在同一个县级以上行政区域的，由事故发生地人民政府负责调查，事故发生单位所在地人民政府应当派人参加。

2. 事故调查组组成

事故调查组由有关人民政府、安全生产监督管理部门、负有安全生产监督管理职责的有关部门、监察机关、公安机关以及工会派人组成，并应当邀请人民检察院派人参加。事故调查组可以聘请有关专家参与调查。事故调查组组长由负责事故调查的人民政府指定。事故调查组组长主持事故调查组的工作。事故调查组成员应当具有事故调查所需要的知识和专长，并与所调查的事故没有直接利害关系。

3. 事故调查组权力与职责

事故调查组有权向有关单位和个人了解与事故有关的情况，并要求其提供相关文件、资料，有关单位和个人不得拒绝。事故发生单位的负责人和有关人员在事故调查期间不得擅离职守，并应当随时接受事故调查组的询问，如实提供有关情况。事故调查中发现涉嫌犯罪的，事故调查组应当及时将有关材料或者其复印件移交司法机关处理。

事故调查中需要进行技术鉴定的，事故调查组应当委托具有国家规定资质的单位进行技术鉴定。必要时，事故调查组可以直接组织专家进行技术鉴定。技术鉴定所需时间不计入事故调查期限。

事故调查组应履行下列职责：
（1）查明事故发生的经过、原因、人员伤亡情况及直接经济损失。
（2）认定事故的性质和事故责任。
（3）提出对事故责任者的处理建议。
（4）总结事故教训，提出防范和整改措施。
（5）提交事故调查报告。

事故调查组成员在事故调查工作中应当诚信公正、恪尽职守，遵守事故调查组的纪律，保守事故调查的秘密。未经事故调查组组长允许，事故调查组成员不得擅自发布有关事故的信息。

4. 事故调查报告提交

事故调查组应当自事故发生之日起60日内提交事故调查报告；特殊情况下，经负责事故调查的人民政府批准，提交事故调查报告的期限可以适当延长，但延长的期限最长不超过60日。事故调查报告应当包括：事故发生单位概况、事故发生经过和事故救援情况、事故造成的人员伤亡和直接经济损失、事故发生的原因和事故性质、事故责任的认定以及对事故责任者的处理建议、事故防范和整改措施等内容。事故调查报告应当附具有关证据材料。事故调查组成员应当在事故调查报告上签名。

5. 安全事故处理

重大事故、较大事故、一般事故，负责事故调查的人民政府应当自收到事故调查报告之日起15日内做出批复；特别重大事故，30日内做出批复，特殊情况下，批复时间可以适当延长，但延长的时间最长不超过30日。

有关机关应当按照人民政府的批复，依照法律、行政法规规定的权限和程序，对事故发生单位和有关人员进行行政处罚，对负有事故责任的国家工作人员进行处分。事故发生单位应当按照负责事故调查的人民政府的批复，对本单位负有事故责任的人员进行处理。负有事故责任的人员涉嫌犯罪的，依法追究刑事责任。

事故处理的情况由负责事故调查的人民政府或者其授权的有关部门、机构向社会公布，依法应当保密的除外。

6.5 相关主体安全责任

《建设工程安全生产管理条例》规定，建设单位、勘察单位、设计单位、施工单位、工程监理单位及其他与建设工程安全生产有关的单位，必须遵守安全生产法律、法规的规定，保证建设工程安全生产，依法承担建设工程安全生产责任。

6.5.1 建设单位的安全责任

1. 依法办理报批手续

《建筑法》规定，有下列情形之一的，建设单位应当按照国家有关规定办理申请批准手续：
（1）需要临时占用规划批准范围以外场地的。
（2）可能损坏道路、管线、电力、邮电通信等公共设施的。
（3）需要临时停水、停电、中断道路交通的。
（4）需要进行爆破作业的。
（5）法律、法规规定需要办理报批手续的其他情形。

2. 提供相关资料

建设单位应当向施工单位提供施工现场及毗邻区域内供水、排水、供电、供气、供热、通信、广播电视等地下管线资料，气象和水文观测资料，相邻建筑物和构筑物、地下工程的有关资料，并保证资料的真实、准确、完整。建设单位因建设工程需要，向有关部门或者单位查询以上资料时，有关部门或者单位应当及时提供。

近些年来，在工程建设过程中因对地下管线情况不清楚及管理不善造成的工程事故时有发生，不仅造成财产损失，影响周边居民正常生产生活，甚至造成重大的人身伤亡，这就要求建设单位必须保证提供的资料完整、准确，满足施工安全作业的需要。

3. 提供安全生产费用

一定的安全生产费用投入是安全施工的必要条件。多年工程实践表明，没有适当的安全投入，是发生安全生产事故的重要原因。建设单位在编制工程概算时，应当确定建设工程安全作业环境及安全施工措施所需费用，并依法向施工单位提供。

4. 不得提出违法违规要求

建设单位不得对勘察、设计、施工、工程监理等单位提出不符合建设工程安全生产法律、法规和强制性标准规定的要求，不得压缩合同约定的工期。不得明示或者暗示施工单位购买、租赁、使用不符合安全施工要求的安全防护用具、机械设备、施工机具及配件、消防设施和器材。

5. 装修与拆除工程安全责任

《建筑法》规定，涉及建筑主体和承重结构变动的装修工程，建设单位应当在施工前委托原设计单位或者具有相应资质条件的设计单位提出设计方案；没有设计方案的，不得施工。房屋拆除应当由具备保证安全条件的建筑施工单位承担，由建筑施工单位负责人对安全负责。

《建设工程安全生产管理条例》进一步规定，建设单位应当将拆除工程发包给具有相应资质等级的施工单位。建设单位应当在拆除工程施工 15 日前，将下列资料报送建设工程所在地的县级以上地方人民政府建设行政主管部门或者其他有关部门备案：

（1）施工单位资质等级证明。
（2）拟拆除建筑物、构筑物及可能危及毗邻建筑的说明。
（3）拆除施工组织方案。
（4）堆放、清除废弃物的措施。

实施爆破作业的，应当遵守国家有关民用爆炸物品管理的规定。

6. 法律责任

建设单位未提供建设工程安全生产作业环境及安全施工措施所需费用的，责令限期改正；逾期未改正的，责令该建设工程停止施工。建设单位未将保证安全施工的措施或者拆除工程的有关资料报送有关部门备案的，责令限期改正，给予警告。

建设单位有下列行为之一的，责令限期改正，处20万元以上50万元以下的罚款；造成重大安全事故，构成犯罪的，对直接责任人员，依照刑法有关规定追究刑事责任；造成损失的，依法承担赔偿责任：

（1）对勘察、设计、施工、工程监理等单位提出不符合安全生产法律、法规和强制性标准规定的要求的。

（2）要求施工单位压缩合同约定的工期的。

（3）将拆除工程发包给不具有相应资质等级的施工单位的。

6.5.2 勘察、设计单位的安全责任

1. 勘察单位的安全责任

勘察的准确性、可靠性直接影响设计质量和工程安全。勘察单位应当按照法律、法规和工程建设强制性标准进行勘察，提供的勘察文件应当真实、准确，满足建设工程安全生产的需要。勘察单位在勘察作业时，应当严格执行操作规程，采取措施保证各类管线、设施和周边建筑物、构筑物的安全。

2. 设计单位的安全责任

设计单位应当按照法律、法规和工程建设强制性标准进行设计，防止因设计不合理导致生产安全事故的发生。

设计单位应当考虑施工安全操作和防护的需要，对涉及施工安全的重点部位和环节在设计文件中注明，并对防范生产安全事故提出指导意见。

采用新结构、新材料、新工艺的建设工程和特殊结构的建设工程，设计单位应当在设计中提出保障施工作业人员安全和预防生产安全事故的措施建议。

设计单位和注册建筑师等注册执业人员应当对其设计负责。

3. 勘察、设计单位的法律责任

勘察单位、设计单位有下列行为之一的，责令限期改正，处10万元以上30万元以下的罚款；情节严重的，责令停业整顿，降低资质等级，直至吊销资质证书；造成重大安全事故，构成犯罪的，对直接责任人员，依照刑法有关规定追究刑事责任；造成损失的，依法承担赔偿责任：

（1）未按照法律、法规和工程建设强制性标准进行勘察、设计的。

（2）采用新结构、新材料、新工艺的建设工程和特殊结构的建设工程，设计单位未在设计中提出保障施工作业人员安全和预防生产安全事故的措施建议的。

6.5.3 监理单位的安全责任

1. 依法监理

工程监理单位和监理工程师应当按照法律、法规和工程建设强制性标准实施监理，并对建设工程安全生产承担监理责任。

2. 审查施工组织设计

工程监理单位应当审查施工组织设计中的安全技术措施或者专项施工方案是否符合工程建设强制性标准。

3. 承担法律责任

工程监理单位在实施监理过程中，发现存在安全事故隐患的，应当要求施工单位整改；情况严重的，应当要求施工单位暂时停止施工，并及时报告建设单位。施工单位拒不整改或者不停止施工的，工程监理单位应当及时向有关主管部门报告。

工程监理单位有下列行为之一的，责令限期改正；逾期未改正的，责令停业整顿，并处 10 万元以上 30 万元以下的罚款；情节严重的，降低资质等级，直至吊销资质证书；造成重大安全事故，构成犯罪的，对直接责任人员，依照刑法有关规定追究刑事责任；造成损失的，依法承担赔偿责任：

（1）未对施工组织设计中的安全技术措施或者专项施工方案进行审查的。
（2）发现安全事故隐患未及时要求施工单位整改或者暂时停止施工的。
（3）施工单位拒不整改或者不停止施工，未及时向有关主管部门报告的。
（4）未依照法律、法规和工程建设强制性标准实施监理的。

6.5.4 机械设备等单位的安全责任

1. 提供机械设备和配件单位的安全责任

为建设工程提供机械设备和配件的单位，应当按照安全施工的要求配备齐全有效的保险、限位等安全设施和装置。

目前施工现场使用的施工机械设备不少存在质量问题，有的安全保险和限位装置不齐全或失灵，有的在设计和制造上存在重大质量缺陷和安全隐患，导致安全事故时有发生。为此，法律规定为建设工程提供施工机械设备和配件的单位，应当配齐有效的保险、限位等安全设施和装置，并保证灵敏可靠，从而确保施工机械设备安全运行，减少施工机械设备事故的发生，为操作人员和其他作业人员的人身安全提供保障。

为建设工程提供机械设备和配件的单位，应当对其提供的施工机械设备和配件等产品的质量和安全性能负责，对因产品质量造成生产安全事故的，应当承担相应的法律责任。

2. 出租机械设备和施工机具及配件单位的安全责任

出租的机械设备和施工机具及配件，应当具有生产（制造）许可证、产品合格证。出租单位应当对出租的机械设备和施工机具及配件的安全性能进行检测，在签订租赁协议时，应当出具检测合格证明。禁止出租检测不合格的机械设备和施工机具及配件。

3. 机械设备安拆单位的安全责任

（1）资质要求。在施工现场安装、拆卸施工起重机械和整体提升脚手架、模板等自升式架设设施，必须由具有相应资质的单位承担。

建筑起重机械使用单位和安装单位应当在签订的建筑起重机械安装、拆卸合同中明确双方的安全生产责任。实行施工总承包的，施工总承包单位应当与安装单位签订建筑起重机械安装、拆卸工程安全协议书。

（2）编制方案和现场监督。安装、拆卸施工起重机械和整体提升脚手架、模板等自升式架设设施，应当编制拆装方案、制定安全施工措施，并由专业技术人员现场监督。

施工起重机械的安装单位在进行安装、拆卸作业前，应当根据施工起重机械的安全技术标准、使用说明书、施工现场环境、辅助起重机械设备条件等，制定施工方案和安全技术措施。所制定的施工方案和安全技术措施要严格按照国家标准、行业标准和生产厂家使用说明书，并严格按照技术人员制定的安装拆卸工艺和方案进行作业。安装单位的专业技术人员、专职安全生产管理人员应当进行现场监督，技术负责人应当定期巡查。

（3）检测验收。施工起重机械和整体提升脚手架、模板等自升式架设设施安装完毕后，安装单位应当自检，出具自检合格证明，并向施工单位进行安全使用说明，办理验收手续并签字。

建筑起重机械安装完毕后，使用单位应当组织出租、安装、监理等有关单位进行验收，或者委托具有相应资质的检验检测机构进行验收。建筑起重机械经验收合格后方可投入使用，未经验收或者验收不合格的不得使用。实行施工总承包的，由施工总承包单位组织验收。检验检测机构对检测合格的施工起重机械和整体提升脚手架、模板等自升式架设设施，应当出具安全合格证明文件，并对检测结果负责。

建筑起重机械使用单位应当自建筑起重机械安装验收合格之日起30日内，将建筑起重机械安装验收资料、建筑起重机械安全管理制度、特种作业人员名单等，向工程所在地县级以上地方人民政府建设主管部门办理建筑起重机械使用登记。登记标志置于或者附着于该设备的显著位置。

施工起重机械和整体提升脚手架、模板等自升式架设设施的使用达到国家规定的检验检测期限的，必须经具有专业资质的检验检测机构检测。经检测不合格的，不得继续使用。

【案例】2016年4月24日8：00左右，甲建设集团有限公司在A市某大厦项目施工中发生一起淹溺事故，造成1人死亡。事故发生后，事故相关单位未按照国家有关法律法规规定报告事故情况。

2018年4月23日，A市安监局接到举报后，对这起事故开展核实，经多次调查确认举报基本属实。2018年5月15日，根据《安全生产法》《生产安全事故报告和调查处理条例》等法律法规规定和市政府授权，由市安监局牵头成立了市公安局、总工会、城建局、人社局，市安全生产监察支队，区政府等部门和单位人员组成的事故调查组（事故调查组名单见附件1）。另外，聘请了3名专家组成专家组参加事故调查工作。事故调查组本着科学严谨、依法依规、实事求是的原则，认真开展了事故调查工作。经现场勘查、调查取证、综合分析，形成事故调查报告如下：

一、工程概况及事故相关单位情况

（一）工程概况

项目名称：某大厦。工程地点：A市某某路某号。工程结构／层次：框剪、框架（27+2，28+2）。建筑面积：106789.72m²。工程造价：16385.39万元。计划开工日期：2015年1月1日，计划竣工日期：2016年8月30日，工期总日历天数600天。目前该工程已经完工。

（二）事故相关单位情况

（1）施工单位：甲建设集团有限公司（以下简称：甲公司），成立于1995年，统一社会信用代码：91320600138333××××。类型：有限责任公司。住所：某某路某号。法定代表人：李某。注册资本：××××万元。国家住房和城乡建设部颁发的建筑业企业资质证书编号：D13203××××。资质类别及等级：建筑工程施工总承包特级；市政公用工程施工总承包一级；钢结构工程专业承包一级。某省住房和城乡建设厅颁发的建筑业企业资质证书编号：D23207××××。资质类别及等级：地基基础工程专业承包一级；消防设施工程专业承包一级；建筑装修装饰工程专业承包一级；建筑机电安装工程专业承包一级。安全生产许可证编号：（苏）JZ安许证字[2005]060×××-1。许可范围：建筑施工。该工程项目经理：赵某，一级建造师。资格证书编号：0132×××。注册编号：苏13206080×××。安全生产考核合格证书编号：苏建安B[2005]060×××。

（2）监理单位：乙建工项目管理有限公司（以下简称：乙建工公司），成立于2005年。统一社会信用代码：91320611778025×××。类型：有限责任公司。住所：某某路某号。法定代表人：高某。注册资本：×××万元。工程监理资质证书编号：313200×××。业务范围：房屋建筑工程监理甲级，市政公用工程监理甲级。总监理工程师：陆某。注册号：32016×××。

（3）建设单位：丙公司，成立于2012年。统一社会信用代码：91320600056676××××。类型：有限责任公司。住所：某某路某号。法定代表人：施某。注册资本：××××万元。建设单位代表：钱某。

二、事故经过及救援情况

2016年4月24日6：00左右，甲公司A市某大厦项目部木工班带班陈某安排宣某跟他在负二层进行前一天的工作扫尾，其他人在负一层工作。陈某和宣某完成了负二层的工作后，一起到负一层工作。8：00左右，陈某发现宣某不见了。经寻找，在C栋楼地下负二层6号楼梯口一侧集水坑中发现了宣某，由陈某和工友将宣某捞至地面，此时宣某已经没有生命体征。于是，甲公司A市某大厦项目部人员联系车辆把死者送到殡仪馆。宣某家属接到消息后，于当天赶到了殡仪馆。2016年4月27日，甲公司与宣某家属签订了赔偿协议。事故发生后，事故相关单位均未向当地县级以上安全生产监督管理部门报告事故情况。

三、人员伤亡和事故直接经济损失情况

该事故造成1人死亡，直接经济损失99万元。

死者：宣某，略。

四、调查取证情况

（一）合同签订情况

（1）2014年12月，丙公司（建设单位）与甲公司（施工单位）签订了《建设工程施工合同》，合同中明确该工程项目经理为范某，2015年4月变更为袁某。

（2）2014年11月，丙公司（建设单位）与乙建工公司（监理单位）签订了《建设工程监理合同》，合同中明确该工程总监理工程师为潘某，2014年12月项目备案时变更为陆某。

（二）瞒报事故的取证情况

（1）接到举报后，A市安监局会同区安监局有关人员先后赴建设单位、施工单位了解事故情况。2018年4月27日，建设单位出具了施工期间未收到现场施工及监理单位的发生有关安全事故的报告。2018年5月11日，施工单位出具了宣某于2016年4月24日溺水死亡的情况说明。

（2）2018年5月2日，市安监局会同区安监局相关人员一起向宣某家属了解有关情况，调取了善后赔偿协议书。

（3）市安监局有关人员到市工伤保险基金管理中心调取了施工单位在2016年10月为宣某办理工伤理赔的有关资料。《工伤认定申请表》中受伤害经过简述：2016年4月24日，宣某在 A 市某大厦工程从事木工工作，在施工过程中不慎溺水死亡。

（三）现场勘查取证情况

2018 年 5 月 16、18 日，事故调查组有关人员和专家对事故现场进行了勘查。该工程已完工，施工单位未对事故现场进行任何保护，事故现场已破坏。

（四）专家分析报告（节选）

位于 C 栋楼地下负二层的 6 号楼梯一侧的 3# 消防集水坑长 2.4m、宽 1.6m、深 2.8m。集水坑周边的防护栏杆不完整，集水坑处光线较暗，集水坑边未设置警告标志。《建筑施工高处作业安全技术规范》（JGJ 80—2016）第 4.1.1 条规定"坠落高度基准面 2m 及以上进行临边作业时，应在临空一侧设置防护栏杆，并应采用密目式安全立网或工具式栏板封闭"；第 4.3.2 条规定"防护栏杆立杆底端应固定牢固，当在混凝土楼面、地面、屋面或墙面固定时，应将预埋件与立杆连接牢固"；第 4.3.4 条规定"防护栏杆的立杆和横杆的设置、固定及连接，应确保防护栏杆在上下横杆和立杆任何部位处，均能承受任何方向 1kN 的外力作用"；第 4.3.5 条规定"防护栏杆应张挂密目式安全立网或其他材料封闭"。《安全标志及其使用导则》（GB 2894—2008）规定"在具有坑洞易造成伤害的作业地点，应设置提醒人们对周围环境引起注意，以避免可能发生危险的图形警告标志"。综上所述，集水坑周边的安全防护设施不符合以上规范要求。

五、事故原因和事故性质

（一）直接原因

集水坑周边安全防护设施不满足规范要求；作业人员安全意识淡薄，不慎跌入集水坑是导致该起事故的直接原因。

（二）间接原因

（1）施工单位安全管理不到位，备案的项目技术负责人长期未到岗履职，施工组织不严密，对集水坑周边安全防护设施检查管理不到位；对施工人员安全教育和培训不到位，安全检查和隐患排查治理不到位。

（2）监理单位未对工程进行有效监理，对施工单位备案的项目技术负责人长期未到岗履职情况监理不到位，未及时发现和督促施工单位消除作业现场存在的事故隐患。

（3）施工人员对施工现场存在的危险因素认识不足，自我保护能力不强。

（三）事故性质

经调查，A 市某大厦项目"4.24"淹溺事故是一起生产安全责任事故，也是一起瞒报事故。

六、责任认定及处理意见

（一）对事故责任人的处理意见

（1）宣某，甲公司 A 市某大厦项目部木工。其安全意识淡薄，对施工现场存在的危险因素认识不足，自我保护能力不强，不慎跌入集水坑，对事故的发生负有直接责任。

处理建议：鉴于其在该事故中死亡，不再追究其相关责任。

（2）吴某，甲公司 A 市某大厦项目承包人，实际负责人。未认真履行承包人安全生产管理职责，施工组织不严密，对备案的技术负责人长期未到岗履职督促不力，安全检查和隐患排查治理不到位，对事故发生负有重要责任。事故发生后未按规定向当地县级以上安全生产监督管理部门报告事故情况，有瞒报事故的行为。

处理建议：由A市安监局按照安全生产法律法规规定对其上述两种违法行为分别给予罚款的行政处罚。

（3）袁某，甲公司A市某大厦项目部项目经理。对施工现场安全管理不到位，对备案的项目技术负责人长期未到岗履职督促不力，施工组织不严密，对集水坑周边安全防护设施检查管理不到位；对施工人员安全教育和培训不到位，安全检查和隐患排查治理不到位，对事故发生负有重要责任。

处理建议：由A市安监局按照安全生产法律法规规定对其给予罚款的行政处罚。

（4）陆某，甲公司A市某大厦项目总监理工程师。未能认真履行总监理工程师职责，未对工程进行有效监理，对施工单位备案的项目技术负责人长期未到岗履职情况监理不到位，未及时发现和督促施工单位消除作业现场存在的事故隐患，对事故发生负有重要责任。

处理建议：由A市安监局按照安全生产法律法规规定对其给予罚款的行政处罚。

（二）对事故责任单位的处理意见

（1）甲公司，A市某大厦项目施工单位。安全管理不到位，备案的项目技术负责人长期未到岗履职，施工组织不严密，对集水坑周边安全防护设施检查管理不到位；对施工人员安全教育和培训不到位，安全检查和隐患排查治理不到位，对事故发生负有重要责任。且事故发生后未依法向当地县级以上安全生产监督管理部门报告事故情况，有瞒报事故的行为。

处理建议：由A市安监局按照安全生产法律法规规定对其上述两种违法行为分别给予罚款的行政处罚。

（2）乙建工公司，甲公司A市某大厦项目监理单位。未对工程进行有效监理，对施工单位备案的项目技术负责人长期未到岗履职情况监理不到位，未及时发现和督促施工单位消除作业现场存在的事故隐患，对事故发生负有责任。

处理建议：由A市安监局按照安全生产法律法规规定对其给予罚款的行政处罚。

七、事故防范及整改措施

（1）甲公司要严格按照《生产安全事故报告和调查处理条例》《建设工程安全生产管理条例》要求，认真履行好施工单位报告生产安全事故的法定职责；要切实加强施工项目部的安全管理，健全施工工地的各项安全生产管理制度，并督促施工项目部严格执行，要按照规定及时派驻管理人员到岗履职；要认真落实安全教育培训工作，强化从业人员安全意识；要认真汲取事故教训，举一反三，全面排查安全生产事故隐患，防止类似生产安全事故再次发生。

（2）乙建工公司要强化对施工单位备案管理人员到岗履职情况的督促检查；要加强对施工现场的管理，及时发现和督促相关单位消除施工现场存在的事故隐患；要及时发现问题，并向有关单位和部门报告，确保工程建设的安全顺利进行。

项目小结

《建筑法》《建设工程安全生产管理条例》《安全生产许可证条例》等一系列法律法规的颁布实施，使建筑安全生产管理步入法制化轨道。建设工程安全生产及环境保护应贯彻落实安全生产责任制度、安全生产教育培训制度、施工现场安全防护制度、安全事故应急救援与调查处理制度、施工环境保护制度。安全生产许可、建设工程各方主体的安全责任、安管人员的安全责任、施工作业人员的安全生产权利和义务等的规定，对进一步规范施工企业安全生产管理、控制和减少建筑工程施工生产安全事故起到了积极的促进作用。

技能训练

一、单项选择题

1. 下列选项中，属于建筑施工企业取得安全生产许可证应当具备的安全生产条件是（　　）。
   A. 在城市规划区的建筑工程已经取得建设工程规划许可证
   B. 企业依法为施工现场从事危险作业人员办理意外伤害保险
   C. 施工场地已基本具备施工条件，需要拆迁的，其拆迁进度符合施工要求
   D. 有保证工程质量和安全的具体措施

2. 关于安全生产许可证的说法，错误的是（　　）。
   A. 没有取得施工许可证的不得颁发安全生产许可证
   B. 未取得安全生产许可证的企业，不得从事建筑施工活动
   C. 建设主管部门在颁发施工许可证时，应当对已经确定的建筑施工企业是否有安全生产许可证进行审查
   D. 企业取得安全生产许可证后，不得降低安全生产条件

3. 《安全生产许可证条例》规定，除中央管理的建筑施工企业外，建筑施工企业安全生产许可证由（　　）颁发和管理。
   A. 县级以上人民政府
   B. 县级以上人民政府住房城乡建设主管部门
   C. 省、自治区、直辖市人民政府
   D. 省、自治区、直辖市人民政府住房城乡建设主管部门

4. 在施工现场安装、拆卸施工起重机械、整体提升脚手架、模板等自升式架设设施，必须由（　　）承担。
   A. 总承包单位　　　　　　　　B. 使用设备的分包单位
   C. 具有相应资质的单位　　　　D. 设备出租单位

5. 甲公司是某项目的总承包单位，乙公司是该项目的建设单位指定的分包单位。在施工过程中，乙公司拒不服从甲公司的安全生产管理，最终造成安全生产事故，则（　　）。
   A. 甲公司负主要责任　　　　　B. 乙公司负主要责任
   C. 乙公司负全部责任　　　　　D. 监理公司负主要责任

6. 根据法律、行政法规的规定，不需要经有关主管部门对其安全生产知识和管理能力考核合格就可以任职的岗位是（　　）。
   A. 施工企业总经理　　　　　　B. 施工项目负责人
   C. 施工企业技术负责人　　　　D. 施工企业董事

7. 基坑支护工程专项施工方案应经（　　）签字后实施。
   A. 施工企业项目经理和现场监理工程师　B. 施工企业负责人和建设单位负责人
   C. 建设单位负责人和总监理工程师　　　D. 施工企业技术负责人和总监理工程师

8. 《建设工程安全生产管理条例》规定，施工单位应当将施工现场的（　　）分开设

置，并保持安全距离。

A. 办公区与生活区　　　　　　　B. 备料区与作业区
C. 办公区、生活区与备料区　　　D. 办公区、生活区与作业区

9. 根据《建设工程安全生产管理条例》，施工单位的安全生产费用不应该用于（　　）。

A. 购买安全帽　　　　　　　　　B. 更新防护网
C. 购买先进施工机械　　　　　　D. 工人安全培训

10. 某施工单位违反施工程序，导致一座13层在建楼房倒塌，致使1名工人死亡，直接经济损失达7000余万元人民币。根据《生产安全事故报告和调查处理条例》规定，该事件属于（　　）。

A. 特别重大事故　　B. 重大事故　　C. 较大事故　　D. 一般事故

11. 某建设工程施工过程中发生较大事故，根据《生产安全事故报告和调查处理条例》规定，该级事故应由（　　）负责调查。

A. 国务院　　　　　　　　　　　B. 省级人民政府
C. 设区的市级人民政府　　　　　D. 县级人民政府

12. 生产经营单位发生生产安全事故后，事故现场施工人员必须立即报告（　　）。

A. 本企业负责人　　　　　　　　B. 当地安全生产监督管理部门
C. 县级以上地方人民政府　　　　D. 省（自治区、直辖市）安全生产监督管理部门

13. 监理工程师发现施工现场料堆偏高，有可能滑塌，存在安全事故隐患，则应当（　　）。

A. 要求施工单位整改　　　　　　B. 要求施工单位停止施工
C. 向安全生产监督行政主管部门报告　　D. 向建设工程质量监督机构报告

14. 关于建设单位安全责任的说法，正确的是（　　）。

A. 建设单位可根据自身需要提出低于强制性标准规定的要求
B. 建设单位有权压缩合同约定的工期
C. 建设单位可将拆除工程发包给任何施工企业
D. 建设单位应当根据工程需要向施工企业提供施工现场相邻建筑物的相关资料

15. 关于建设单位安全责任的说法，错误的是（　　）。

A. 应当向施工单位提供资料，并对资料的真实性、正确性、完整性负责
B. 应当依法履行合同，不得压缩合同约定的工期
C. 应当进行安全施工技术交底
D. 应当对拆除工程进行备案

16. 《建设工程安全生产管理条例》规定，不属于监理单位安全生产管理责任和义务的是（　　）。

A. 编制安全技术措施及专项施工方案　　B. 审查安全技术措施及专项施工方案
C. 报告安全生产事故隐患　　　　　　　D. 承担建设工程安全生产监理责任

17. 以下不属于安全生产事故调查处理任务的是（　　）。

A. 及时、准确地查清事故原因　　B. 查明事故性质和责任
C. 总结事故教训，提出整改措施　　D. 对事故责任者及时做出处理

18. 《建设工程安全生产管理条例》规定，施工单位采购的施工机具及配件，应当具有

（　　），并在进入施工现场前进行查验。

A．使用许可证和产品合格证　　　B．产品许可证

C．生产许可证　　　D．生产许可证和产品合格证

19．根据《建设工程安全生产管理条例》，施工起重机和整体提升脚手架、模板等自升式架设设施安装完毕后，应当由（　　），并出具合格证明。

A．安装单位质检合格　　　B．建设单位检查验收

C．建设行政主管部门检查验收　　　D．监理单位检查验收

20．根据《建设工程安全生产管理条例》，施工单位的相关人员未经安全考核或考核不合格即从事相关工作的，应责令限期改正。下列人员中，属于"相关人员"范围的是（　　）。

A．安全员　　　B．资料员　　　C．材料员　　　D．造价员

21．下列属于施工单位安全生产管理机构专职安全生产管理人员责任的是（　　）。

A．确保安全生产费用的有效使用

B．落实制定安全生产规章制度和操作规程

C．检查危险性较大工程安全专项施工方案的落实情况

D．组织制定安全施工措施

22．根据《生产安全事故应急预案管理办法》，下列内容中，属于专项应急预案应当规定的内容是（　　）。

A．处置程序和措施　　　B．应急预案体系

C．事故风险描述　　　D．预警及信息报告

23．根据《危险性较大的分部分项工程安全管理规定》，对于按照规定需要进行第三方监测的危大工程，建设单位应当委托具有相应（　　）资质的单位进行监测。

A．设计　　　B．监理　　　C．勘察　　　D．地基检测

24．根据《建筑起重机械安全监督管理规定》，关于建筑起重机械安装、拆卸单位的安全责任的说法，正确的是（　　）。

A．使用单位和安装单位就安全生产承担连带责任

B．安装完毕后，应当自检并出具自检合格证明

C．建筑起重机械安装、拆卸工程专项施工方案应当由本单位安全负责人签字

D．建筑起重机械安装、拆卸工程专项施工方案报审后，应当告知工程所在地安全监督管理部门

25．关于安全生产监督管理部门执行监督检查任务的说法，正确的是（　　）。

A．发现存在的安全问题应当由其他有关部门进行处理的，应当及时移送

B．对被检查单位的技术秘密经审批后可以公开

C．负有安全生产监督管理职责的部门应当分别进行检查

D．负有安全生产监督管理职责的部门查处的信息应当彼此保密

26．根据《建筑施工企业安全生产许可证管理规定》，建筑施工企业申请安全生产许可证时，应当向住房城乡建设主管部门提供的材料是（　　）。

A．企业资质证书　　　B．营业执照　　　C．审计报告　　　D．安全生产承诺书

27．施工总承包单位和分包单位对分包工程安全生产承担的责任是（　　）。

A. 独立责任　　　　B. 按份责任　　　　C. 补充责任　　　　D. 连带责任

28. 关于负责特种设备安全监督管理部门执法行为的说法，正确的是（　　）。
A. 可以进入监理单位检查特种设备
B. 对存在事故隐患的特种设备实施查封、扣押
C. 对违反安全技术规范要求的行为责令改正
D. 为统计安全生产信息，复制特种设备使用单位的合同

29. 下列责任中，属于设计单位安全责任的是（　　）。
A. 确定安全施工措施所需费用
B. 对施工安全技术措施进行审查
C. 审查专项施工方案是否符合工程建设强制性标准
D. 对涉及施工安全的重点单位和环节在设计文件中注明，并对防范生产安全事故提出指导意见

30. 安全生产许可证颁发管理机关发现施工企业不再具备安全生产条件时，可以采取的措施是（　　）。
A. 撤销安全生产许可证　　　　B. 责令停业
C. 暂扣安全生产许可证　　　　D. 处以罚款

31. 使用承租的机械设备和施工机具及配件的，由（　　）共同进行验收。
A. 建设单位、监理单位和施工企业
B. 监理单位、施工企业和安装单位
C. 施工总承包单位、分包单位、出租单位和安装单位
D. 建设单位、施工企业和安全生产监督管理部门

32. 根据《建筑施工企业安全生产许可证管理规定》，建筑施工企业取得安全生产许可证应当经过住房城乡建设主管部门或者其他有关部门考核合格的人员是（　　）。
A. 主要负责人、部门负责人和项目负责人
B. 主要负责人、项目负责人和专职安全生产管理人员
C. 部门负责人、项目负责人和专职安全生产管理人员
D. 主要负责人、项目负责人和从业人员

33. 施工企业在施工过程中发现设计文件和图纸有差错的，应当（　　）。
A. 继续按设计文件和图纸施工
B. 及时向建设单位或监理单位提出意见和建议
C. 对设计文件和图纸进行修改，按修改后的设计文件和图纸进行施工
D. 对设计文件和图纸进行修改，征得设计单位同意后，按修改后的设计文件和图纸进行施工

34. 根据《安全生产法》，施工企业从业人员发现安全事故隐患，应当及时向（　　）报告。
A. 安全生产监督管理部门或者建设行政主管部门
B. 现场安全生产管理人员或者项目负责人
C. 现场安全生产管理人员或者施工企业负责人
D. 县级以上人民政府或者建设行政主管部门

35. 根据《生产安全事故报告和调查处理条例》，下列情形中，移动事故现场物件需满足的条件是（　　）。
   A. 抢救财产的需要 B. 疏通交通的需要
   C. 经项目负责人同意 D. 保证移动物件人员的安全

36. 根据《建筑施工企业安全生产许可证管理规定》，已经取得安全生产许可证的施工企业发生重大安全事故所产生的法律后果是（　　）。
   A. 撤销安全生产许可证 B. 吊销安全生产许可证
   C. 暂扣安全生产许可证并限期整改 D. 责令停止生产，并处罚款

37. 根据《企业安全生产费用提取和使用管理办法》，关于建设工程施工企业安全费用的说法，正确的是（　　）。
   A. 各建设工程类别安全费用提取标准无差别
   B. 施工企业提取的安全费用不列入工程造价
   C. 施工企业以建筑安装工程造价为计提依据
   D. 施工企业不得提高安全费用的提取标准

38. 根据《建设工程安全生产管理条例》，关于出租单位出租未经安全性能检测的施工机具及配件的行政责任的说法，正确的是（　　）。
   A. 责令限期改正，并处合同价款 1 倍以上 3 倍以下的罚款
   B. 责令停业整顿，降低资质等级
   C. 责令限期改正，情节严重的，吊销资质证书
   D. 责令停业整顿，并处 5 万元以上 10 万元以下的罚款

39. 2017 年 7 月 1 日，某工程施工过程中发生坍塌事故，造成人员伤亡，次日在救援中找到 2 具尸体，另有 10 人受伤。根据《生产安全事故报告和调查处理条例》，该事故造成的伤亡人数发生变化应当补报的最迟日期为（　　）。
   A. 2017 年 7 月 6 日 B. 2017 年 7 月 8 日
   C. 2017 年 7 月 15 日 D. 2017 年 7 月 31 日

40. 根据《建设工程安全生产管理条例》，依法批准开工报告的建设工程，建设单位应当自开工报告批准之日起 15 日内，将（　　）报送建设工程所在地县级以上地方人民政府建设行政主管部门或者其他有关部门备案。
   A. 保证安全施工的措施 B. 施工组织方案
   C. 拆除建筑物的措施 D. 建设单位编制的工程概要

二、多项选择题

1. 取得安全生产许可证必须具备的条件有（　　）。
   A. 特种作业人员经考核合格 B. 职工参加了工伤保险
   C. 通过了职业安全卫生管理体系认证 D. 依法进行了安全评价
   E. 已办理安全监督手续

2. 施工单位的项目负责人的安全生产责任主要包括（　　）。
   A. 制定安全生产规章制度和操作规程 B. 确保安全生产费用的有效使用
   C. 组织制定安全施工措施 D. 消除安全事故隐患
   E. 及时、如实报告生产安全事故

3. 施工作业人员应遵守的从业义务有（　　）。
   A. 使用劳动防护用品　　　　　　　B. 接受安全生产培训
   C. 发现事故隐患立即报告　　　　　D. 发生危及人身安全的事故时先进行抢救
   E. 为自己购买从业保险
4. 某施工企业与工人订立安全生产责任书，内容为：施工企业要求工人认真工作，发生生产安全事故后果由工人自负。对于此条款的处理结果，正确的有（　　）。
   A. 发生生产安全事故后均由工人自负　　　B. 该条款作无效处理
   C. 施工企业应受行政处罚　　　　　　　　D. 应撤销施工企业的资质
   E. 施工企业主要负责人应受行政罚款
5. 下列属于安全生产从业人员权利的有（　　）。
   A. 知情权　　　　　　　　　　　　B. 对违章指挥和强令冒险作业的拒绝权
   C. 请求赔偿权　　　　　　　　　　D. 危险报告权
   E. 紧急避险权
6. 某建筑施工企业在进行安全生产培训时组织员工进行课堂讨论，以下说法正确的有（　　）。
   A. 张某认为安全生产知情权是指从业人员有权了解其作业场所和工作岗位存在的危险因素、防范措施、事故应急措施和安全奖励措施
   B. 王某认为安全生产拒绝权是指有权拒绝违章作业和强令冒险作业
   C. 李某认为在发现存在事故隐患时，有权停止作业或采取可能的应急措施后撤离作业场所
   D. 丁某认为在发现存在事故隐患时，应当立即向现场安全管理人员报告
   E. 郑某认为从业人员接受安全生产教育和培训既是权利也是义务
7. 从业人员在安全生产活动中的义务包括（　　）。
   A. 正确佩戴和使用劳动防护用品　　　B. 掌握本岗位工作所需的安全生产知识
   C. 制定安全生产事故的处理程序　　　D. 绝对服从作业指挥
   E. 发现事故隐患立即向新闻媒体披露
8. 建设单位的安全责任包括（　　）。
   A. 向施工单位提供地下管线资料　　　B. 依法履行合同
   C. 提供安全生产费用　　　　　　　　D. 不推销劣质材料设备
   E. 对分包单位安全生产全面负责
9. 以下勘察设计单位的各种行为中，违反《建设工程安全生产管理条例》的有（　　）。
   A. 勘察文件中提供的数据不准确，不能满足工程安全生产的需要
   B. 勘察单位在勘察过程中没有采取措施破坏了周边建筑物的安全
   C. 设计单位在设计文件中没有防范安全生产事故的指导意见
   D. 设计单位没有对新材料的使用提出保障施工作业人员安全的措施建议
   E. 设计单位对工程中使用的所有材料都指定了生产厂
10. 达到一定规模的危险性较大的分部分项工程要编制专项施工方案，并附具安全验算结果，经（　　）签字后实施。
    A. 施工单位项目负责人　　　　　　　B. 总监理工程师

C. 施工单位技术负责人　　　　　　D. 专职安全生产管理人员

E. 质量监督工程师

11. 根据《建设工程安全生产管理条例》，建设单位应当在拆除工程施工 15 日前，将（　　）报送工程所在地的县级以上建设行政主管部门备案。

A. 施工单位资质等级证明

B. 拟拆除建筑物，建筑物及可能危及毗邻建筑的说明

C. 拆除施工组织方案

D. 相邻建筑物和建筑物及地下工程的有关资料

E. 堆放、清除废弃物的措施

12. 工程监理单位的主要安全责任有（　　）。

A. 采取措施保护施工现场毗邻区域内地下管线

B. 组织抢救生产安全事故

C. 审查专项施工方案

D. 对施工安全事故隐患要求整改

E. 及时报告生产安全事故

13. 下列建设工程安全生产责任中，属于工程监理单位安全职责的有（　　）。

A. 审查安全技术措施或专项施工方案　　B. 编制安全技术措施或专项施工方案

C. 对施工现场的安全生产负总责　　　　D. 对施工安全事故隐患提出整改要求

E. 出现安全事故，负责成立事故调查组

14. 生产安全事故等级划分的主要因素有（　　）。

A. 政治　　　　　　　　B. 心理　　　　　　　　C. 人身

D. 社会　　　　　　　　E. 经济

15. 根据《生产安全事故报告和调查处理条例》，事故的等级划分为（　　）。

A. 一般事故　　　　　　B. 较大事故　　　　　　C. 严重事故

D. 重大事故　　　　　　E. 特别重大事故

16. 建设项目需要配套建设的环境保护设施，必须与主体工程同时（　　）。

A. 立项　　　　　　　　B. 审批　　　　　　　　C. 设计

D. 施工　　　　　　　　E. 投产使用

17. 某交通施工项目贯穿城市市区噪声敏感建筑集中区域，可能造成环境噪声污染，下列做法正确的有（　　）。

A. 禁止一切夜间施工作业活动

B. 因特殊需要必须连续进行产生噪声污染的施工作业的，须经批准

C. 建设工程开工前必须公告附近居民

D. 应当设置声屏障或采取其他有效的控制噪声污染的措施

E. 在开工 15 日前向工程所在地县级以上政府环境保护行政主管部门报告

18. 根据《建设工程安全生产管理条例》，下列分部分项工程中，属于达到一定规模的危险性较大的需要编制专项施工方案，并附具安全验算结果的有（　　）。

A. 基坑支护与降水工程　　　　　　　　B. 模板工程

C. 脚手架工程　　　　　　　　　　　　D. 装饰装修工程

E. 拆除、爆破工程

19. 根据《生产安全事故应急预案管理办法》，生产经营单位应急预案分为（　　）。
   A. 综合应急预案
   B. 专项应急预案
   C. 总体应急预案
   D. 详细应急预案
   E. 现场处置方案

20. 根据《建设工程安全生产管理条例》，建设单位的安全生产责任有（　　）。
   A. 需要进行爆破作业的，办理申请批准手续
   B. 提出防范生产安全事故的指导意见和措施建议
   C. 不得要求施工企业购买不符合安全施工的用具设备
   D. 对安全技术措施或者专项施工方案进行审查
   E. 申领施工许可证应当提供有关安全施工措施的资料

21. 根据《建筑施工企业安全生产管理机构设置及专职安全生产管理人员配备办法》，建筑施工企业安全生产管理机构的职责有（　　）。
   A. 建立健全本单位安全生产责任制
   B. 查处在建项目违规违章情况
   C. 宣传和贯彻国家有关安全生产法律法规和标准
   D. 组织开展安全教育培训与交流
   E. 参加生产安全事故的调查和处理工作

22. 根据《建筑施工企业安全生产许可证管理规定》，建筑施工企业取得安全生产许可证应当具备的条件有（　　）。
   A. 有严格的职业危害防治措施，并为施工现场管理人员配备符合国家标准或者行业标准的安全防护用具和安全防护服装
   B. 建立、健全安全生产责任制，制定完备的安全生产规章制度和操作规程
   C. 主要负责人、项目负责人、专职安全生产管理人员经建设主管部门或者其他安全生产主管部门考核合格
   D. 特种作业人员经有关业务主管部门考核合格，取得特种作业操作资格证书
   E. 有生产安全事故应急救援预案、应急救援组织或者应急救援人员，配备必要的应急救援器材、设备

23. 根据《生产安全事故报告和调查处理条例》，应当补报的情形有（　　）。
   A. 事故具有连续性
   B. 行业协会要求补报的
   C. 事故报告后出现新情况的
   D. 火灾事故自发生之日起七日内，事故造成的伤亡人数发生变化的
   E. 社会关注度较高

24. 关于施工企业安全费用的说法，正确的有（　　）。
   A. 采取经评审的最低投标价法评标的招标项目，安全费用在竞标时可以降低
   B. 安全费用，以工程造价为计提依据
   C. 安全费用不计入工程造价
   D. 房屋建筑工程的安全费用计提比例高于市政公用工程

E. 施工总承包单位与分包单位分别计提安全费用

25. 根据《安全生产法》，生产经营单位的从业人员有权了解其作业场所和工作岗位存在的（　　）。

　A. 事故隐患　　　　　　　　　　B. 危险因素　　　　　　　　C. 防范措施
　D. 安全通病　　　　　　　　　　E. 事故应急措施

26. 关于施工许可证与已确定的施工企业安全生产许可证之间关系的说法，正确的有（　　）。

　A. 施工许可证以安全生产许可证的取得为条件
　B. 施工许可证与安全生产许可证无关
　C. 安全生产许可证以施工许可证取得为前提
　D. 因吊销安全生产许可证，更换施工企业的，施工许可证应当重新申请领取
　E. 施工许可证与安全生产许可证的持证主体相同

27. 根据《建筑施工企业安全生产许可证管理规定》，关于安全生产许可证的说法正确的有（　　）。

　A. 施工企业未取得安全生产许可证的，不得从事建筑施工活动
　B. 施工企业变更法定代表人的，不必办理安全生产许可证变更手续
　C. 对没有取得安全生产许可证的施工企业所承包的项目，不得颁发施工许可证
　D. 施工企业取得安全生产许可证后，不得降低安全生产条件
　E. 未发生死亡事故的，安全生产许可证有效期届满时自动延期

28. 根据《建筑施工企业安全生产管理机构设置及专职安全生管理人员配备办法》，关于建筑施工企业安全生产管理机构专职安全生产管理人员配备的说法，正确的有（　　）。

　A. 建筑施工总承包资质特级资质专职安全生产管理人员不少于6人
　B. 建筑施工企业安全生产管理机构专职安全生产管理人员的配备与企业经营规模和生产需要有关，与企业设备管理无关
　C. 建筑施工专业承包资质二级和二级以下资质企业的专职安全生产管理人员不少于2人
　D. 建筑施工企业的分公司、区域公司等较大的分支机构不需要具备专职安全生产管理人员
　E. 建筑施工劳务分包资质序列企业的专职安全生产管理人员不少于2人

29. 根据《生产安全事故应急预案管理办法》，生产经营单位应急预案应当及时修订并归档的情形有（　　）。

　A. 应急指挥机构及其职责发生调整的
　B. 面临的事故风险发生重大变化的
　C. 重要应急资源发生重大变化的
　D. 在应急演练和事故应急救援中发现问题需要修订的
　E. 单位经营情况发生变化的

三、案例分析题

[背景资料]

某高层办公楼，总建筑面积137500m²，地下3层，地上25层。业主与施工总承包单位签订了施工总承包合同，并委托了工程监理单位。在实施过程中发生如下事件：

施工总承包单位完成桩基工程后，将深基坑支护工程的设计委托给了专业设计单位，并自行决定将基坑支护和土方开挖工程分包给了一家专业分包单位施工。专业设计单位根据业主提供的勘察报告完成了基坑支护设计后，即将设计文件直接给了专业分包单位。专业分包单位在收到设计文件后编制了基坑支护工程和降水工程专项施工组织方案，方案经施工总承包单位项目经理签字后即由专业分包单位组织了施工，专业分包单位在开工前进行了三级安全教育。

专业分包单位在施工过程中，由负责质量管理工作的施工人员兼任现场安全生产监督工作。土方开挖到接近基坑设计标高（自然地平下8.5m）时，总监理工程师发现基坑四周地表出现裂缝，即向施工总承包单位发出书面通知，要求停止施工，并要求立即撤离现场施工人员，待查明原因后再恢复施工。但总承包单位认为地表裂缝属正常现象没有予以理睬。不久基坑发生了严重坍塌，并造成4名施工人员被淹埋，经抢救3人死亡、1人重伤。

事故发生后，专业分包单位立即向有关安全生产监督管理部门上报了事故情况。经事故调查组调查，造成坍塌事故的主要原因，是由于地质勘察资料中未表明地下存在古河道，基坑支护设计中未能考虑这一因素而造成的。事故造成直接经济损失80万元，于是专业分包单位要求设计单位赔偿事故损失80万元。

[问题]
1．请指出上述整个事件中有哪些做法不妥？并写出正确的做法。
2．三级安全教育是指哪三级？
3．本起事故可定为哪种等级的事故？请说明理由。
4．这起事故中的主要责任者是谁？请说明理由。

项目 7
建设工程质量法律制度

> **知识目标**
>
> 1. 了解国家工程建设标准和工程建设强制性标准
> 2. 掌握工程建设参与各方的质量责任与义务
> 3. 熟悉建设工程质量监督制度、质量检测制度和竣工验收备案制度
> 4. 掌握建设工程竣工验收的各项规定

建设工程产品有着建设周期长、涉及面广、影响因素多、价值额度大、生产的不可逆性等特点，其质量的优劣直接关系到国民经济的发展和人民生命财产的安全。因此，"百年大计、质量第一"，建筑业从业单位必须遵守建设工程质量、行政法规的规定，提高建设工程质量水平，确保建设工程质量，依法承担建设工程质量义务和责任。

7.1 工程建设标准

7.1.1 工程建设标准概述

1. 工程建设标准的概念

工程建设标准是对建设工程设计、施工方法、安全保护所做的统一技术要求，对有关工程建设的技术术语、符号、代号和制图方法所制定的标准。

工程建设标准特别是工程建设强制性标准，为建设工程实施安全防范措施、消除安全隐患提供统一的技术要求，确保建设工程质量安全，为建设工程的建造者、使用者和所有者的生命财产安全及人身健康安全提供法律保障。

2. 标准的分类

（1）根据标准的约束性划分为强制性标准和推荐性标准。《中华人民共和国标准化法》（以下简称《标准化法》）规定，对保障人身健康和生命财产安全、国家安全、生态环境安全以及满足经济社会管理基本需要的技术要求，应当制定强制性国家标准。

对满足基础通用、与强制性国家标准配套、对各有关行业起引领作用等需要的技术要求，可以制定推荐性国家标准。

国家市场监督管理总局发布的《强制性国家标准管理办法》规定，强制性国家标准的技术要求应当全部强制，并且可验证、可操作。

强制性国家标准的代号为"GB",推荐性国家标准的代号为"GB/T"。例《建筑工程施工质量验收统一标准》(GB 50300—2013),其中"GB"表示强制性国家标准,"50300"表示标准发布顺序号,"2013"表示2013年批准发布;《工程建设施工企业质量管理规范》,(GB/T 50430—2017),其中"GB/T"表示推荐性国家标准,"50430"表示标准发布顺序号,"2017"表示2017年批准发布。

(2)根据内容划分为设计标准、施工及验收标准和建设定额。设计标准是指从事工程设计所依据的技术文件;施工标准是指施工操作程序及其技术要求的标准;施工验收标准是指检验、接收竣工工程项目的规程、办法与标准;建设定额是指国家规定的消耗在单位建筑产品上活劳动和物化劳动的数量标准,以及用货币表现的某些必要费用的额度。

(3)按属性划分为技术标准、管理标准和工作标准。技术标准是指对标准化领域中需要协调统一的技术事项所制定的标准;管理标准是指对标准化领域中需要协调统一的管理事项所制定的标准;工作标准是指对标准化领域中需要协调统一的工作事项所制定的标准。

3. 我国的标准分级

根据《标准化法》的规定,我国的标准包括国家标准、行业标准、地方标准和团体标准、企业标准。国家标准分为强制性标准、推荐性标准,行业标准、地方标准是推荐性标准。强制性标准必须执行。国家鼓励采用推荐性标准。推荐性国家标准、行业标准、地方标准、团体标准、企业标准的技术要求不得低于强制性国家标准的相关技术要求。

(1)国家标准。国家标准是对需要在全国范围内统一的技术要求制定的标准。

(2)行业标准。行业标准是对没有国家标准而又需要在全国某个行业范围内统一的技术要求所制定的标准。行业标准不得与有关国家标准相抵触。

(3)地方标准。地方标准是对没有国家标准和行业标准而又需要在该地区范围内统一的技术要求所制定的标准,由地方(省、自治区、直辖市)标准化主管机构或专业主管部门批准、发布,在某一地区范围内统一的标准。

(4)团体标准。团体标准是学会、协会、商会、联合会、产业技术联盟等社会团体协调相关市场主体共同制定满足市场和创新需要的标准,由本团体成员约定采用或者按照本团体的规定供社会自愿采用。

(5)企业标准。企业标准是在企业范围内需要协调、统一的技术要求、管理要求和工作要求所制定的标准,是企业组织生产、经营活动的依据。国家鼓励企业自行制定严于国家标准或者行业标准的企业标准。企业标准由企业制定,由企业法人代表或法人代表授权的主管领导批准、发布。企业标准一般以"Q"开头。

7.1.2 工程建设强制性标准及实施规定

1. 工程建设强制性标准

工程建设强制性标准是指直接涉及工程质量、安全、卫生及环境保护等方面的工程建设标准。强制性标准是保证建设工程结构安全可靠的基础性要求,违反了这类标准,必然会给建设工程带来重大质量隐患。下列国家标准属于强制性标准:

(1)工程建设勘察、规划、设计、施工(包括安装)及验收等通用的综合标准和重要的通用的质量标准。

(2)工程建设通用的有关安全、卫生和环境保护的标准。

（3）工程建设重要的通用的术语、符号、代号、量与单位、建筑模数和制图方法标准。
（4）工程建设重要的通用试验、检验和评定方法等标准。
（5）工程建设重要的通用信息技术标准。
（6）国家需要控制的其他工程建设通用的标准。

2. 工程建设强制性标准实施规定

（1）工程建设各方主体实施强制性标准的法律规定。建设单位不得以任何理由，要求建筑设计单位或者建筑施工企业在工程设计或者施工作业中，违反法律、行政法规和建筑工程质量、安全标准，降低工程质量。建设单位更不得以任何理由如建设资金不足、节约投资、工期紧等，明示或暗示设计单位或者施工单位违反工程建设强制性标准，使用不合格的建筑材料、建筑构配件和设备等，否则都必将给建设工程带来重大质量隐患。

勘察、设计单位必须按照工程建设强制性标准进行勘察、设计，勘察、设计文件应当符合有关法律、行政法规的规定和建筑工程质量、安全标准、建筑工程勘察、设计技术规范以及合同的约定。设计文件选用的建筑材料、建筑构配件和设备，应当注明其规格、型号、性能等技术指标，其质量要求必须符合国家规定的标准。

施工单位必须按照工程设计图和施工技术标准施工，不得擅自修改工程设计，不得偷工减料。建筑施工企业必须按照工程设计要求、施工技术标准和合同约定，对建筑材料、建筑构配件、设备和商品混凝土进行检验，检验应当有书面记录和专人签字；未经检验或者检验不合格的，不得使用。

建筑工程监理应当依照法律、行政法规及有关的技术标准、设计文件和建筑工程承包合同，对承包单位在施工质量、建设工期和建设资金使用等方面，代表建设单位实施监督。工程监理人员认为工程施工不符合工程设计要求、施工技术标准和合同约定的，有权要求建筑施工企业改正。工程监理人员发现工程设计不符合建筑工程质量标准或者合同约定的质量要求的，应当报告建设单位要求设计单位改正。

（2）工程建设标准强制性条文的实施。《工程建设标准强制性条文》是把现行工程建设强制性国家标准、行业标准中必须严格执行的直接涉及工程安全、人身健康、环境保护和公众利益的技术规定摘编出来编制而成。《工程建设标准强制性条文》是工程建设过程中的强制性技术规定，是参与建设活动各方执行工程建设强制性标准的依据。《实施工程建设强制性标准监督规定》规定，在中华人民共和国境内从事新建、扩建、改建等工程建设活动，必须执行工程建设强制性标准。

7.1.3 对工程建设强制性标准实施的监督管理

1. 监督管理机构

《实施工程建设强制性标准监督规定》规定，国务院建设行政主管部门负责全国实施工程建设强制性标准的监督管理工作。国务院有关行政主管部门按照国务院的职能分工负责实施工程建设强制性标准的监督管理工作。县级以上地方人民政府建设行政主管部门负责本行政区域内实施工程建设强制性标准的监督管理工作。

建设项目规划审查机构应当对工程建设规划阶段执行强制性标准的情况实施监督。施工图设计文件审查单位应当对工程建设勘察、设计阶段执行强制性标准的情况实施监督。建筑安全监督管理机构应当对工程建设施工阶段执行施工安全强制性标准的情况实施监督。工程质量监督机构应当对工程建设施工、监理、验收等阶段执行强制性标准的情况实施监督。

建设项目规划审查机关、施工设计图设计文件审查单位、建筑安全监督管理机构、工程质量监督机构的技术人员必须熟悉、掌握工程建设强制性标准。

2. 监督检查方式

工程建设标准批准部门应当定期对建设项目规划审查机关、施工图设计文件审查单位、建筑安全监督管理机构、工程质量监督机构实施强制性标准的监督进行检查,对监督不力的单位和个人,给予通报批评,建议有关部门处理。

工程建设标准批准部门应当对工程项目执行强制性标准情况进行监督检查。监督检查可以采取重点检查、抽查和专项检查的方式。

工程建设标准批准部门应当将强制性标准监督检查结果在一定范围内公告。

3. 监督检查内容

强制性标准监督检查的内容包括:①有关工程技术人员是否熟悉、掌握强制性标准;②工程项目的规划、勘察、设计、施工、验收等是否符合强制性标准的规定;③工程项目采用的材料、设备是否符合强制性标准的规定;④工程项目的安全、质量是否符合强制性标准的规定;⑤工程中采用的导则、指南、手册、计算机软件的内容是否符合强制性标准的规定。

4. 违法行为应承担的法律责任

(1)建设单位有下列行为之一的,责令改正,并处以20万元以上50万元以下的罚款。

1)明示或者暗示施工单位使用不合格的建筑材料、建筑构配件和设备的。

2)明示或者暗示设计单位或者施工单位违反工程建设强制性标准,降低工程质量的。

(2)勘察、设计单位违反工程建设强制性标准进行勘察、设计的,责令改正,并处以10万元以上30万元以下的罚款。有前款行为,造成工程质量事故的,责令停业整顿,降低资质等级;情节严重的,吊销资质证书;造成损失的,依法承担赔偿责任。

(3)根据《建设工程质量管理条例》规定,施工单位在施工中偷工减料的,使用不合格的建筑材料、建筑构配件和设备的,或者有不按照工程设计图或者施工技术标准施工的其他行为的,责令改正,处工程合同价款2%以上4%以下的罚款;造成建设工程质量不符合规定的质量标准的,负责返工、修理,并赔偿因此造成的损失;情节严重的,责令停业整顿,降低资质等级或者吊销资质证书。

《实施工程建设强制性标准监督规定》中规定,施工单位违反工程建设强制性标准的,责令改正,处工程合同价款2%以上4%以下的罚款;造成建设工程质量不符合规定的质量标准的,负责返工、修理,并赔偿因此造成的损失;情节严重的,责令停业整顿,降低资质等级或者吊销资质证书。

(4)工程监理单位违反强制性标准规定,将不合格的建设工程以及建筑材料、建筑构配件和设备按照合格签字的,责令改正,处50万元以上100万元以下的罚款,降低资质等级或者吊销资质证书;有违法所得的,予以没收;造成损失的,承担连带赔偿责任。

(5)建设行政主管部门和有关行政部门工作人员,玩忽职守、滥用职权、徇私舞弊的,给予行政处分;构成犯罪的,依法追究刑事责任。

违反工程建设强制性标准造成工程质量、安全隐患或者工程事故的,按照《建设工程质量管理条例》有关规定,对事故责任单位和责任人进行处罚。

7.2 建设工程质量监督制度

7.2.1 建设工程质量监督概述

1. 建设工程质量监督的性质

建设工程质量监督是建设行政主管部门或其委托的工程质量监督机构（统称监督机构）根据国家法律、法规、技术标准、规范及相关管理规定，对建设工程参与各方责任主体和有关机构（工程质量检测机构）履行质量责任的行为以及工程实体质量进行监督、检查、管理及执法的行为。其目的是确保建设工程质量，保障公共卫生，保护人民群众生命和财产安全。

2. 建设工程质量责任主体

建设工程质量责任主体是指参与工程建设项目的建设单位、勘察单位、设计单位、施工单位和监理单位。

7.2.2 建设工程质量监督制度

1. 质量监督注册

《建设工程质量管理条例》第十三条规定，建设单位在领取施工许可证或者开工报告之前，应当按照国家有关规定办理工程质量监督手续。

建设单位在办理工程质量监督注册手续时应提供的文件和资料包括：施工图设计文件审查报告和批准书；中标通知书和施工、监理合同；建设单位、施工单位和监理单位工程项目的负责人和机构组成；施工组织设计和监理规划（监理实施细则）等。

2. 质量监督内容

质量监督机构对建设工程进行质量监督的工作内容主要包括：质量责任主体和有关机构履行质量责任的行为；工程实体质量；施工技术资料、监理资料以及检测报告等有关工程质量的文件和资料；工程竣工验收；混凝土预制构件及预拌混凝土的质量；调查取证和核实责任主体和有关机构违法、违规行为，提出处罚建议或按委托权限实施行政处罚；提交工程质量监督报告；随时了解和掌握本地区工程质量状况。

3. 对质量责任主体行为的监督检查

（1）监督机构应对建设单位进行监督检查的内容包括：施工前办理质量监督注册、施工图设计文件审查、施工许可（开工报告）手续情况；按规定委托监理情况；组织图纸会审、设计交底、设计变更工作情况；组织工程质量验收情况；原设计有重大修改、变动的，施工图设计文件重新报审情况；及时办理工程竣工验收备案手续情况。

（2）监督机构应对勘察、设计单位进行监督检查的内容包括：参加地基验槽、基础、主体结构及有关重要部位工程质量验收和工程竣工验收情况；签发设计修改变更、技术洽商通知情况；参加有关工程质量问题的处理情况。

（3）监督机构应对施工单位进行监督检查的内容包括：施工单位资质、项目经理部管理人员的资格、配备及到位情况，主要专业工种操作上岗资格、配备及到位情况；分包单位资质与对分包单位的管理情况；施工组织设计或施工方案审批及执行情况；施工现场施工操作技术规程及国家有关规范、标准的配置情况；工程技术标准及经审查批准的施工图设计文件的实施情况；检验批、分项、分部（子分部）、单位（子单位）工程质量的检验评定情况；质量问题的整改和质量事故的处理情况；技术资料的收集、整理情况。

（4）监督机构应对监理单位进行监督检查的内容包括：监理单位资质、项目监理机构的人员资格、配备及到位情况；监理规划、监理实施细则（关键部位和工序的确定及措施）的编制审批内容的执行情况；对材料、构配件、设备投入使用或安装前进行审查情况；对分包单位的资质进行核查情况；见证取样制度的实施情况；对重点部位、关键工序实施旁站监理情况；质量问题通知单签发及质量问题整改结果的复查情况；组织检验批、分项、分部（子分部）工程的质量验收、参与单位（子单位）工程质量的验收情况；监理资料收集整理情况。

4. 对实体质量的监督检查

（1）监督机构对工程实体质量监督应遵守的一般规定。监督机构对工程实体质量的监督，应采取抽查施工作业面的施工质量与对关键部位重点监督相结合的方式，重点检查结构质量、环境质量和重要使用功能，其中重点监督工程地基基础、主体结构和其他涉及结构安全的关键部位。应抽查涉及结构安全和使用功能的主要材料、构配件和设备的出厂合格证、试验报告、见证取样送检资料及结构实体检测报告，抽查结构混凝土及承重砌体施工过程的质量控制情况。实体质量检查要辅以必要的监督检测，由监督人员根据结构部位的重要程度及施工现场质量情况进行随机抽检。

（2）监督机构对工程实体质量监督应检测的项目。监督机构对工程实体质量监督应检测的项目有：承重结构混凝土强度；主要受力钢筋数量、位置及混凝土保护层厚度；现浇楼板厚度；砌体结构承重墙柱的砌筑砂浆强度等级；安装工程中涉及安全及功能的重要项目；钢结构的重要连接部位等。

监督机构经监督检测发现工程质量不符合工程建设强制性标准，或对工程质量有怀疑的，应责成有关单位委托有资质的检测单位进行检测。

5. 对工程竣工验收的监督

监督机构对工程竣工验收中以下内容进行监督：建设单位组织的工程竣工验收的组织形式、验收程序以及在验收过程中提供的有关资料和形成的质量评定文件；实体质量是否存在严重缺陷；工程质量验收是否符合国家标准。

审查的工程竣工验收文件为施工单位出具的工程竣工报告，包括结构安全、室内环境质量和使用功能抽样检测资料等合格证明文件以及施工过程中发现的质量问题整改报告等；勘察、设计单位出具的工程质量检查报告；监理单位出具的工程质量评估报告。

7.3 建设工程行为主体的质量责任和义务

《建设工程质量管理条例》中明确规定，建设单位、勘察单位、设计单位、施工单位、工程监理单位依法对建设工程质量负责。

7.3.1 建设单位的质量责任和义务

建设单位是建设工程的重要责任主体，建设单位拥有承包单位的选择权和建设过程检查、控制和验收权，在整个建设活动中居主导地位。因此，要确保建设工程的质量，首先就要对建设单位的行为进行规范，对其质量责任予以明确。

1. 依法发包工程

建设单位应当将工程发包给具有相应资质等级的单位，建设单位不得将工程肢解发包。建设单位应当依法对工程建设项目的勘察、设计、施工、监理以及与工程建设有关的重要设备、材料等的采购进行招标。

建设活动不同于一般的经济活动，从业单位素质的高低直接影响着工程质量。资质等级反映了企业从事某项工作的资格和能力，是国家对建设市场准入管理的重要手段。因此，从事建设活动的单位必须符合严格的资质条件。

2. 依法提供原始资料

建设单位必须向有关的勘察、设计、施工、监理等单位提供与工程有关的原始资料，原始资料必须真实、准确、齐全。建设单位作为建设活动的管理主体，向有关的勘察单位、设计单位、施工单位、工程监理单位提供原始资料，并保证这些资料的真实、准确、齐全，是其基本的质量责任和义务。

3. 不合理干预行为的限制

建设单位不得迫使承包方以低于成本的价格竞标，不得任意压缩合理工期。

成本是构成建设工程价格的主要部分，是承包方投标报价的依据。如果建设单位一味强调降低成本，迫使投标方互相压价，最终承包单位以低于其成本的价格中标，而中标单位在承包工程后，为了减少开支、降低成本，不得不偷工减料、以次充好、粗制滥造，势必影响工程质量和工程效益。

合理工期是指在正常建设条件下，采取科学合理的施工工艺和管理方法，以现行的建设行政主管部门颁布的工期定额为基础，结合项目建设的实际情况，经合理测算和平等协商而确定的使参与各方均获得满意的经济效益的工期。如果建设单位以工期紧、需缩短工期为由，简化程序，要求设计单位、施工企业不按规程操作，势必降低工程质量。

4. 依法送审施工图设计文件

建设单位应当将施工图设计文件报县级以上人民政府建设行政主管部门或者其他有关部门审查。施工图设计文件未经审查批准的，不得使用。

施工图设计文件是编制施工图预算、安排材料、设备订货和非标准设备制作，进行施工、安装和工程验收的依据，施工图设计文件一经完成，建设工程最终所要达到的质量，尤其是地基基础和结构的安全性就有了约束，因此施工图设计文件的质量直接影响建设工程的质量。通过对施工图设计文件的审查，既能对设计单位的成果进行质量控制，也能纠正参与建设活动各方特别是建设单位的不规范行为。

5. 依法委托工程监理

实行监理的建设工程，建设单位应当委托具有相应资质等级的工程监理单位进行监理，也可以委托具有工程监理相应资质等级并与被监理工程的施工承包单位没有隶属关系或者其他利害关系的该工程的设计单位进行监理。

6. 依法装修施工

涉及建筑主体和承重结构变动的装修工程，建设单位应当在施工前委托原设计单位或具有相应资质条件的设计单位提出设计方案；没有设计方案的，不得施工。房屋建筑使用者，在进行家庭装修过程中，不得擅自变动房屋建筑主体和承重结构，如拆除隔墙、窗洞改门洞等。

如果没有法律法规约束，任何单位和个人都能随意对建筑主体和承重结构变动和装修，并且又是在没有设计方案的前提下擅自施工，则必将给工程带来质量隐患或者质量问题，后果是十分严重的。

涉及建筑主体和承重结构变动的装修工程，设计单位会根据结构形式和特点，对结构受力进行分析，对构件的尺寸、位置、配筋等重新进行计算和设计。因此，建设单位应当委托该建筑工程的原设计单位或者具有相应资质条件的设计单位提出装修工程的设计方案。

7. 建设单位质量违法责任

（1）建设单位将建设工程发包给不具有相应资质等级的勘察、设计、施工单位，或者委托给不具备相应资质等级的工程监理单位的，责令改正，处 50 万元以上 100 万元以下的罚款。

（2）建设单位将建设工程肢解发包的，责令改正，处工程合同价款 0.5% 以上 1% 以下的罚款；对全部或者部分使用国有资金的项目，并可以暂停项目执行或者暂停资金拨付。

（3）建设单位有下列行为之一的，责令改正，处 20 万元以上 50 万元以下罚款：迫使承包方以低于成本的价格竞标的；任意压缩合理工期的；明示或者暗示设计单位或者施工单位违反工程建设强制性标准、降低工程质量的；施工图设计文件未经审查或者审查不合格，擅自施工的；建设项目必须实行工程监理而未实行工程监理的；未按国家规定办理工程质量监督手续的；明示或者暗示施工单位使用不合格的建筑材料、建筑构配件和设备的；未按照国家规定将竣工验收报告、有关认可文件或者准许使用文件报送备案的。

（4）建设单位未取得施工许可证或者开工报告未经批准，擅自施工的，责令停止施工，限期改正，处工程合同价款 1% 以上 2% 以下的罚款。

7.3.2 勘察、设计单位的质量责任和义务

1. 依法承揽勘察、设计业务

从事建设工程勘察、设计的单位应当依法取得相应等级的资质证书并在其资质等级许可的范围内承揽工程。禁止勘察、设计单位超越其资质等级许可的范围或者以其他勘察、设计单位的名义承揽工程。禁止勘察、设计单位允许其他单位或者个人以本单位的名义承揽工程。勘察、设计单位不得转包或者违法分包所承揽的工程。

勘察设计单位的资质等级反映了其从事某项勘察、设计工作的资格和能力，是国家对勘察、设计市场准入管理的重要手段。勘察、设计单位的市场行为规范与否，对勘察、设计的质量产生重要影响。

2. 依法执行强制性标准

勘察、设计单位必须按照工程建设强制性标准进行勘察、设计，并对其勘察、设计的质量负责。勘察、设计单位是勘察设计质量的第一责任人。勘察、设计文件应符合有关法律、行政法规的规定，符合建筑工程质量、安全标准、建筑工程勘察、设计技术规范以及合同的约定。注册建筑师、注册结构工程师等注册执业人员应当在设计文件上签字，对设计文件负责。

勘察、设计单位项目负责人应当保证勘察设计文件符合法律法规和工程建设强制性标准的要求，对因勘察、设计导致的工程质量事故或质量问题承担责任。

3. 勘察质量和设计深度的规定

(1) 勘察单位提供的地质、测量、水文等勘察成果必须真实、准确。工程勘察就是要通过测量、测绘、观察、调查、钻探、试验、测试、鉴定、分析资料和综合评价等工作查明场地的地形、地貌、地质、岩性、地质构造、地下水条件和各种自然或人工地质现象,包括提出基础、边坡等工程的设计准则和工程施工的指导意见,提出解决岩土工程问题的建议,进行必要的岩土工程治理。工程勘察成果文件是设计和施工的基础资料和重要依据,真实准确的勘察成果对设计和施工的安全性和是否保守浪费有直接的影响,因此工程勘察成果必须真实准确、安全可靠、经济合理。

(2) 设计单位应当根据勘察成果文件进行建设工程设计。设计文件应当符合国家规定的设计深度要求,注明工程合理使用年限。

勘察成果文件是设计的基础资料,是设计的依据,先勘察后设计一直是工程建设的基本做法,也是基本建设程序的要求。

设计文件应当符合国家规定的设计深度要求,注明工程合理使用年限。所谓设计文件编制深度可以说是设计文件应包括的内容和深度,也就是规定了一个完整的设计文件应该是什么样子。以建筑为例,要求施工图设计文件的深度能满足:能据以编制施工图预算;能据以安排材料、设备订货和非标准设备的制作;能据以进行施工和安装;能据以进行工程验收。根据这些要求确定了设计文件应包括的内容,如施工图设计在总平面、建筑、结构、给水排水、电气、弱电、采暖通风、空气调节、动力、预算等各专业应表述到什么程度等,设计文件也就通过这些具体的内容得以完成。

4. 设计单位选用建筑材料的规定

设计单位在设计文件中选用的建筑材料、建筑构配件和设备,应当注明规格、型号、性能等技术指标,其质量要求必须符合国家规定的标准。除有特殊要求的建筑材料、专用设备、工艺生产线等外,设计单位不得指定生产厂、供应商。

设计文件中必须注明所用建筑材料、建筑构配件和设备的规格、型号、性能等技术指标,一方面为施工单位施工能够充分满足设计文件的要求提供前提条件,另一方面能够防止施工单位在实际施工中因滥用及错误使用建筑材料、建筑构配件和设备造成质量问题。

在通用产品能保证工程质量的前提下,设计单位不可故意选用特殊要求的产品。若滥用权力限制建设单位或施工单位在材料采购上的自主权,出现质量问题后容易扯皮,同时也限制了其他建筑材料、建筑构配件和设备厂商的平等竞争权,妨碍了公平竞争。

5. 依法对设计文件进行技术交底

施工图完成并经审查合格后,并不是设计工作的完成,设计单位仍应就设计文件向施工单位作详细的说明,也就是通常所说的设计交底,由设计单位将设计的意图、特殊的工艺要求,以及建筑、结构、设备等各专业在施工中的难点、疑点和容易发生的问题等向施工单位作一说明,并负责解释施工单位对设计图的疑问。这对施工正确贯彻设计意图,加深对设计文件难点、疑点的理解,确保工程质量有重要的意义。

6. 依法参与建设工程质量事故分析

设计单位应当参与建设工程质量事故分析,并对因设计造成的质量事故,提出相应的技术处理方案。

建设工程的功能、所要求达到的质量在设计阶段就已确定,工程出现事故时,该工程的设计单位对事故的分析具有权威性，最有可能在短时间内发现存在的问题，这对及时地进行事故处理十分有利。

7.3.3 施工单位的质量责任和义务

施工阶段是建设工程实物质量的形成阶段，勘察工作质量、设计工作质量均要在这一阶段得以实现。由于施工阶段涉及的责任主体多、生产环节多、影响质量因素多、施工周期长、协调管理难度大，因此，施工阶段的质量责任制度显得尤为重要。施工单位的能力和行为对建设工程的施工质量起关键性作用。

1. 施工单位对建设工程的施工质量负责

施工单位对建设工程的施工质量负责。施工单位应当建立质量责任制，确定工程项目的项目经理、技术负责人和施工管理负责人。

施工单位应对施工质量负责，是指施工单位应在其质量体系正常、有效运行的前提下，保证工程施工的全过程和工程的实物质量符合设计文件和相应技术标准的要求。在建设勘察、设计的质量没有问题的前提下，整个建设工程的质量状况，最终取决于施工质量。施工质量既包括各类工程中土建工程的质量，也包括与其配套的线路、管道和设备的安装质量以及装修质量。不少建设工程的质量问题都与建设工程的施工质量有关。

施工单位的质量责任制，是其质量保证体系的一个重要组成部分，也是项目质量目标得以实现的重要保证。建立质量责任制，就是将制定的质量目标计划和建立的考核标准，层层分解落实到具体的责任单位和责任人，特别是项目经理、技术负责人，并赋予他们相应的质量责任和权力，做到事事有人管，人人有职责。

项目经理是对工程项目施工过程全面负责的项目管理者，在工程项目施工中处于中心地位，对工程项目施工质量应全面负责。施工单位项目经理应当按照经审查合格的施工图设计文件和施工技术标准进行施工，对因施工导致的工程质量事故或质量问题承担责任。

2. 总分包单位的质量责任

建设工程实行总承包的，总承包单位应当对全部建设工程质量负责；建设工程勘察、设计、施工、设备采购的一项或者多项实行总承包的，总承包单位应当对其承包的建设工程或者采购的设备的质量负责。

总承包单位依法将建设工程分包给其他单位的，总承包单位和分包单位各自向合同中的对方主体负责，分包单位应当按照分包合同的约定对其分包工程的质量向总承包单位负责，总承包单位与分包单位对分包工程的质量承担连带责任。

3. 依法按图施工

施工单位必须按照工程设计图和施工技术标准施工，不得偷工减料。施工单位在施工过程中发现设计文件和图纸有差错的，应当及时提出意见和建议。工程设计的修改由原设计单位负责，建筑施工企业不得擅自修改工程设计。

按工程设计图施工，是保证工程实现设计意图的前提，也是明确划分设计、施工单位质量责任的前提。施工过程中，如果不按图施工或不经原设计单位同意，擅自修改工程设计，其直接的后果往往是违反了原设计的意图，影响工程质量，严重的将给工程结构安全留下隐患。间接后果是在原设计有缺陷或出现工程质量事故的情况下，由于施工单位擅自修改了设计，混淆了设计、施工单位各自应负的质量责任。所以按图施工、不擅自修改工程设计，是施工单位保证工程质量最基本要求。另一方面，工程建设项目的设计涉及多个专业，各专业间协调配合比较复杂，设计文件可能会有差错。施工单位在发现后，有义务及时向设计单位提出，避免造成不必要的损失和质量问题。

建筑施工企业除必须严格按照工程设计图施工外，还必须按照建筑工程施工技术标准的要求进行施工。施工技术标准包括对各项施工的施工准备、施工操作工艺流程和应达到的质量要求的规定，是施工作业人员进行每一项施工操作的技术依据。

因建筑施工企业的违法行为，造成建筑工程质量不符合规定标准的，建筑施工企业应当承担负责返工、修理，并承担赔偿因此造成的损失的民事责任。构成犯罪的，依法追究刑事责任。

4. 建筑材料、建筑构配件等检测检验制度

（1）施工单位必须按照工程设计要求、施工技术标准和合同约定，对建筑材料、建筑构配件、设备及商品混凝土进行检验，未经检验或检验不合格的，不得使用。

建筑材料、建筑构配件、设备及商品混凝土检验制度，是施工单位质量保证体系的重要组成部分，是保障建设工程质量的重要内容。检验工作要按规定的范围和要求进行，按现行的标准、规定的数量、频率、取样方法进行检验。检验的结果要按规定的格式形成书面记录，并由有关专业人员签字。在工程上使用未经检验或检验不合格的材料设备，是违法行为，要追究批准使用人的责任。

（2）施工人员对涉及结构安全的试块、试件以及有关材料，应在建设单位或工程监理单位监督下现场取样，并送具有相应资质等级的质量检测单位进行检测。

对用于工程的材料或构件抽取一定数量的样品，进行检测或试验，并根据其结果来判断其所代表部位的质量。这是控制和判断工程质量水平所采取的重要技术措施。试块和试件的真实性和代表性，是保证这一措施有效的前提条件。建设工程施工检测，应实行有见证取样和送检制度，取样方法、数量、频率、规格等应符合标准的要求，并送至具备相应资质的检测单位进行检测。

在施工过程中，见证人员应按照见证取样和送检计划，对施工现场的取样和送检进行见证，取样人员应在试样或其包装上做出标识、封志。标识和封志应标明工程名称、取样部位、取样日期、样品名称和样品数量，由送检单位填写委托单，并由见证人员和取样人员签字。检测单位应检查委托单及试样上的标识和封志，确认无误后方可进行检测。见证人员应制作见证记录，并将见证记录归入施工技术档案。从而在程序上保证该试块和试件能真实地代表工程或相应部位的质量特性，以求对工程及实物质量做出真实、准确的判断，防止假试块、假试件和假试验报告。

用于承重结构的混凝土试块，用于承重墙体的砌筑砂浆试块，用于承重结构的钢筋及连接接头试件，用于承重墙的砖和混凝土小型砌块，用于拌制混凝土和砌筑砂浆的水泥，用于承重结构的混凝土中使用的掺加剂，地下、屋面、厕浴间使用的防水材料等均必须实施见证取样和送检制度。

（3）施工单位必须建立、健全施工质量的检验制度，严格工序管理，作好隐蔽工程的质量检查和记录。隐蔽工程在隐蔽前，施工单位应当通知建设单位和建设工程质量监督机构。

施工质量检验通常是指工程施工过程中的工序质量检验，或称为过程检验。施工单位应加强对施工过程（工序）的质量控制，特别是要加强影响结构安全的地基和结构等关键施工过程的质量控制。完善的检验制度和严格的工序管理是保证工序过程质量的前提。

5. 对施工质量返修的规定

施工单位对施工中出现质量问题的建设工程或者竣工验收不合格的建设工程，应当负责返修。

因施工单位原因致使工程质量不符合约定的，建设单位有权要求施工单位在合理期限内无偿修理或者返工、改建。不论是施工过程中出现质量问题的建设工程，还是竣工验收时发现质量问题的工程，施工单位都要负责返修。对于非施工单位造成质量问题或竣工验收不合格的工程，施工单位也应当负责返修，但是造成的损失及返修费用由责任方承担。

7.3.4 工程监理单位的质量责任和义务

工程监理单位接受建设单位委托，代表建设单位，对建设工程进行管理。工程监理单位是工程建设的责任主体之一，在监理过程中理应履行相应的职责和义务。

7-1 进场检验和见证取样

1. 依法承揽监理业务

工程监理单位应当依法取得相应资质等级的证书，并在其资质等级许可的范围内承担工程监理业务，不得转让工程监理业务。禁止工程监理单位超越本单位资质等级许可的范围或者以其他工程监理单位的名义承担工程监理业务。禁止工程监理单位允许其他单位或者个人以本单位的名义承担工程监理业务。工程监理单位不得转让工程监理业务。

工程监理单位的资质等级反映了监理单位从事某项监理业务的资格和能力，是国家对工程监理市场准入管理的重要手段。监理单位只能在资质等级许可的范围承担监理业务，是保证监理工作质量的前提。越级监理、允许其他单位或者个人以本单位的名义承担监理业务等违法行为，将使工程监理变得有名无实，最终会对工程质量造成危害。工程监理单位接受委托后，应当自行完成工程监理任务。工程监理单位转让监理业务与施工单位转包有着同样的危害性。

2. 公正监理

工程监理单位不得与被监理工程的施工承包单位以及建筑材料、建筑构配件和设备供应单位有隶属关系或者其他利害关系。

为了保证工程监理单位能客观、公正地执行监理任务，监理单位不得与被监理工程的承包单位以及建筑材料、建筑构配件和设备供应单位有隶属关系或者其他利害关系。如果有这种关系，工程监理单位在接受委托前，应当自行回避。

3. 依法监理和质量责任

（1）工程监理单位应当依照法律、法规以及有关技术标准、设计文件和建设工程承包合同，代表建设单位对施工质量实施监理，并对施工质量承担监理责任。

根据法律的规定，工程监理单位既受建设单位的委托，代表建设单位对工程质量、工期和造价进行监督，同时又必须依照法律、行政法规和有关技术标准的规定，客观、公正地执行监理业务，确保建筑工程的质量和安全。

（2）工程监理单位的质量责任主要有违法责任和违约责任两个方面。如果监理单位与建设单位或者建筑施工企业串通，故意弄虚作假，降低工程质量标准，造成质量事故的，要承担相应的法律责任；如果监理单位在责任期内，不按照监理合同约定履行监理职责，给建设单位或其他单位造成损失的，属违约责任，应当向建设单位进行赔偿。

工程监理单位如果与建设单位或者施工单位串通，弄虚作假、降低工程质量的，或者将不合格的建设工程、建筑材料、建筑构配件和设备按照合格签字的，应承担连带责任。

4. 监理机构及其职责

工程监理单位应当选派具备相应资格的总监理工程师和监理工程师进驻施工现场。未经监理工程师签字，建筑材料、建筑构配件和设备不得在工程上使用或者安装，施工单位不得进行下一道工序的施工。未经总监理工程师签字，建设单位不拨付工程款，不进行竣工验收。

监理工程师拥有对建筑材料、建筑构配件和设备以及每道施工工序的检查权。监理工程师根据检查、检验的结果来确定是否允许建筑材料、建筑构配件和设备在工程上使用和进行下一道工序的施工，对于不符合规范和质量标准的工序、分部分项工程，有权要求施工单位停工整改、返工。

工程监理实行总监理工程师负责制。总监理工程师享有合同赋予监理单位的全部权利，全面负责受委托的监理工作。

5. 监理形式

监理工程师应当按照工程监理规范的要求，采取旁站、巡视和平行检验等形式，对建设工程实施监理。

"旁站"是指对工程施工中有关地基和结构安全的关键工序和关键施工过程，进行连续不断地监督检查或检验的监理活动，有时甚至要连续跟班监理。"巡视"主要是强调除了关键点的质量控制外，监理工程师还应对施工现场进行面上的巡查监理。"平行检验"主要是强调监理单位对施工单位已经检验的工程应及时进行检验。对于关键性、较大体量的工程实物，采取分段后平行检验的方式，有利于及时发现质量问题，采取措施予以纠正。

7.4 建设工程竣工验收备案制度

建设工程项目的竣工验收是施工全过程的最后一道程序，是建设投资成果转入生产或使用的标志，也是全面考核投资效益、检验设计和施工质量的重要环节。

对工程进行竣工检查和验收，是建设单位的权利和义务。建设工程完工后，承包单位应当按照国家竣工验收有关规定，向建设单位提供完整的竣工资料和竣工验收报告，提请建设单位组织竣工验收。建设单位收到竣工验收报告后，应当根据施工图及说明书、国家颁发的施工验收规范和质量检验标准，及时组织设计、施工、工程监理等有关单位进行竣工验收，检查整个建设项目是否已按设计要求和合同约定全部建设完成，是否已符合竣工验收条件。

有时为了及早发挥项目的投资效益，也可对工程进行单项验收，即在一个总体建设项目中，一个单项工程或一个车间（应为具备独立的施工条件和使用功能的子单位工程）已按设计要求建设完成，能满足生产要求或具备使用条件，建设单位也可组织竣工验收，办理交工手续。在整个项目进行全部验收时，对已验收过的单项工程，可以不再进行验收和办理验收手续，但应将单项工程验收单作为全部工程验收的附件而加以说明。

7.4.1 建设工程竣工验收的条件

交付竣工验收的建设工程，应当符合以下条件：

（1）完成建设工程设计和合同约定的各项内容。建设工程设计和合同约定的内容，主要是指设计文件所确定的、在承包合同"承包人承揽工程项目一览表"中载明的工作范围，也包括监理工程师签发的变更通知单中所确定的工作内容。

（2）有完整的技术档案和施工管理资料。工程技术档案和施工管理资料是工程竣工验收和质量保证的重要依据之一。施工单位应按合同要求提供全套竣工验收所必需的工程资料，经监理工程师审核确认无误后，方能同意竣工验收。一般情况下，工程项目竣工验收的资料主要有：工程项目竣工验收报告；分项、分部工程和单位工程技术人员名单；图纸会审和设计交底记录；设计变更通知单，技术变更核实单；工程质量事故发生后的调查和处理资料；隐蔽工程验收记录及施工日志；竣工图；质量检验评定资料；合同规定的其他材料。

（3）有工程使用的主要建筑材料、建筑构配件和设备的进场试验报告。建设工程使用的主要建筑材料、建筑构配件和设备，除需具有质量合格证明资料外，还应有进场试验检测检验报告。试验、检验报告中应当注明其规格、型号、用于工程的哪些部位、批量批次、性能等技术指标，其质量符合国家规定的标准和规范。

（4）有勘察、设计、施工、工程监理等单位分别签署的质量合格文件。勘察、设计、施工、工程监理等有关单位依据工程设计文件及承包合同所要求的质量标准，对竣工工程进行检查和评定，符合规定的，签署合格文件。

（5）有施工单位签署的工程质量保修书。施工单位同建设单位签署的工程质量保修书也是交付竣工验收的条件之一。

建设工程经竣工验收合格的，方可交付使用。无论是单项工程提前交付使用（例如单幢住宅），还是全部工程整体交付使用，都必须经过竣工验收这一环节，并且还必须验收合格，否则，没有经过竣工验收或者经过竣工验收确定为不合格的建设工程，不得交付使用。如果建设单位为提前获得投资效益，在工程未经验收即提前投产使用，由此所产生的质量问题，建设单位承担责任。

7.4.2 建设工程竣工验收的程序

按照住房和城乡建设部《房屋建筑工程和市政基础设施工程竣工验收暂行规定》的有关内容，工程竣工验收应当按以下程序进行：

（1）施工单位提交竣工验收申请报告。工程完工后，施工单位向建设单位提交工程竣工报告，申请工程竣工验收。实行监理的工程，工程竣工报告应经总监理工程师签署意见。

（2）监理工程师组织预验收。总监理工程师应组织专业监理工程师，审查承包单位报送的竣工资料，并对工程质量进行竣工预验收，提出工程质量评估报告。

监理工程师在预验收中发现的质量问题，应及时以书面通知或以备忘录的形式告诉施工单位，并令其按有关的质量要求进行整改甚至返工。

（3）建设单位组织竣工验收。建设单位对符合竣工验收要求的工程，组织勘察、设计、施工、监理等单位和其他有关方面专家组成的验收组，制定验收方案。并在工程竣工验收7个工作日前将验收的时间、地点及验收组名单书面通知负责监督该工程的工程质量监督机构。

勘察、设计、施工、监理单位应参加由建设单位组织的竣工验收，分别汇报工程合同履约情况和在工程建设各个环节执行法律法规和工程建设强制性标准的情况，并提供相关工程竣工资料。

验收组审阅建设、勘察、设计、施工、监理单位的工程档案资料，并实地查验工程质量，对工程勘察、设计、施工、设备安装质量和各管理环节等方面做出全面评价，形成工程竣工验收意见。工程质量符合要求，由总监理工程师会同参加验收的各方签署竣工验收报告。

负责监督该工程的工程质量监督机构应当对工程竣工验收的组织形式、验收程序、执行验收标准等情况进行现场监督，发现有违反建设工程质量管理规定行为的，责令改正，并将对工程竣工验收的监督情况作为工程质量监督报告的重要内容。

7.4.3 建设工程竣工验收备案

1. 验收备案时间及须提交的文件

建设单位应当自建设工程竣工验收合格之日起15日内，依照《房屋建筑和市政基础设施工程竣工验收备案管理办法》规定，将建设工程竣工验收报告和规划、公安消防、环保等部门出具的认可文件或者准许使用文件，向工程所在地的县级以上地方人民政府建设行政主管部门备案。

建设行政主管部门或者其他有关部门发现建设单位在竣工验收过程中有违反国家有关建设工程质量管理规定行为的，责令停止使用，重新组织竣工验收。

建设单位办理工程竣工验收备案应当提交下列文件：

（1）工程竣工验收备案表。

（2）工程竣工验收报告。竣工验收报告应当包括工程报建日期，施工许可证号，施工图设计文件审查意见，勘察、设计、施工、工程监理等单位分别签署的质量合格文件及验收人员签署的竣工验收原始文件，市政基础设施的有关质量检测和功能性试验资料以及备案机关认为需要提供的有关资料。

（3）法律、行政法规规定应当由规划、环保等部门出具的认可文件或者准许使用文件。

（4）法律规定应当由公安消防部门出具的对大型的人员密集场所和其他特殊建设工程验收合格的证明文件。

（5）施工单位签署的工程质量保修书。

（6）法规、规章规定必须提供的其他文件。

住宅工程还应当提交《住宅质量保证书》和《住宅使用说明书》。

2. 验收备案文件的签收和违规处罚

备案机关收到建设单位报送的竣工验收备案文件，验证文件齐全后，应当在工程竣工验收备案表上签署文件收讫。工程竣工验收备案表一式两份，一份由建设单位保存，一份留备案机关存档。

工程质量监督机构应当在工程竣工验收之日起5日内，向备案机关提交工程质量监督报告。

建设单位在工程竣工验收合格之日起15日内未办理工程竣工验收备案的，备案机关责令限期改正，处20万元以上50万元以下罚款。

建设单位采用虚假证明文件办理工程竣工验收备案的，工程竣工验收无效，备案机关责令停止使用，重新组织竣工验收，处20万元以上50万元以下罚款；构成犯罪的，依法追究刑事责任。

7.4.4 竣工验收应提交的档案资料

《建设工程质量管理条例》规定，建设单位应当严格按照国家有关档案管理的规定，及时收集、整理建设项目各环节的文件资料，建立、健全建设项目档案，并在建设工程竣工验收后，及时向建设行政主管部门或者其他有关部门移交建设项目档案。

建设单位应当严格按照《城市建设档案管理规定》，及时收集、认真整理建设项目各环节的文件资料，努力建立健全建设项目档案，在工程竣工验收后六个月内，向城建档案馆移交一套符合规定的工程建设项目档案原件。

一套完整的工程建设项目档案一般包括：立项依据审批文件；征地、勘察、测绘、设计、招标投标、监理文件；项目审批文件；施工技术文件和竣工验收文件；竣工图。

7.5 建设工程质量保修制度

建设工程质量保修制度是指建设工程在办理交工验收手续后，在规定的保修期限内，因勘察、设计、施工、材料等原因造成的质量缺陷，由施工单位负责维修、返工或更换，由责任单位承担维修费用并赔偿损失的法律制度。

7.5.1 质量保修书和最低保修期限

1. 建设工程质量保修书

为了保证质量保修制度的执行，建设工程承包单位在向建设单位提交工程竣工验收报告时，应向建设单位出具质量保修书。《建设工程质量保修书》具有承诺性质，是承包合同所约定双方权利义务的延续，是施工企业对竣工验收的建设工程承担保修责任的法律文本。

工程保修的主体是建设工程的承包单位，通常指施工单位；工程保修的客体是建设工程；工程保修的服务对象是建设单位；工程质量保修的承诺应由承包单位以工程质量保修书这一书面形式来体现。

2. 建设工程质量保修范围和期限

建设单位和施工单位应当在工程质量保修书中约定保修范围、保修期限和保修责任等，双方约定的保修范围、保修期限必须符合国家有关规定。

7-2 质量保修期

（1）质量保修范围。建筑工程的保修范围应包括地基基础工程、主体结构工程、屋面防水工程和其他土建工程，以及电气管线、上下水管线的安装工程，供热、供冷系统工程等项目。

（2）质量保修期限。在正常使用条件下，建筑工程的最低保修期限为：地基基础工程和主体结构工程，为设计文件规定的该工程的合理使用年限；屋面防水工程、有防水要求的卫生间、房间和外墙面的防渗漏，为5年；供热与供冷系统，为2个采暖期、供冷期；电气管线、给水排水管道、设备安装和装修工程为2年；其他项目的保修期限由建设单位和施工单位约定。

房屋建筑工程保修期从工程竣工验收合格之日起计算。

7.5.2 质量保修责任承担

1. 保修范围和保修期限内的质量保修责任

建设工程在保修范围和保修期限内发生质量问题的,施工单位应当履行保修义务,并对造成的损失承担赔偿责任。

建设工程保修的质量问题是指保修范围和保修期限内发生的质量问题。保修义务的承担及维修的经济责任的承担应按下述原则处理:

(1)施工单位未按国家有关规范、标准和设计要求施工,造成的质量缺陷,由施工单位负责返修并承担经济责任。

(2)由于设计方面的原因造成的质量缺陷,先由施工单位负责维修,其经济责任按有关规定通过建设单位向设计单位索赔。

(3)因建筑材料、建筑构配件和设备质量不合格引起的质量缺陷,先由施工单位负责维修,其经济责任属于施工单位采购的或经其验收同意的,由施工单位承担经济责任;属于建设单位采购的,由建设单位承担经济责任。

(4)因建设单位(含监理单位)错误管理造成的质量缺陷,先由施工单位负责维修,其经济责任由建设单位承担,如属监理单位责任,则由建设单位向监理单位索赔。

(5)因使用单位使用不当造成的损坏问题,先由施工单位负责维修,其经济责任由使用单位自行负责。

(6)因地震、洪水、台风等不可抗拒原因造成的损坏问题,先由施工单位负责维修,建设参与各方根据国家具体政策分担经济责任。

2. 保修期、合理使用年限后的维修责任和处置

在保修期后的建筑物合理使用寿命内,因建设工程使用功能的质量缺陷造成的工程使用损害,由建设单位负责维修,并承担责任方的赔偿责任。

建设工程在超过合理使用年限后需要继续使用的,产权所有人应当委托具有相应资质等级的勘察、设计单位鉴定,并根据鉴定结果采取加固、维修等措施,重新界定使用期。

"合理使用年限",目前国家还没有具体的规定。每个工程根据其本身的重要程度、结构类型、质量要求以及使用性能等个性特点所确定的使用年限是不同的。确定建设项目的合理使用年限,并不意味着超过合理使用年限后,工程就一定报废、拆除,经过鉴定加固后,仍可继续使用。

7.6 建筑工程五方责任主体项目负责人质量终身责任

建筑工程五方责任主体项目负责人质量终身责任,是指参与新建、扩建、改建的建筑工程项目负责人按照国家法律法规和有关规定,在工程设计使用年限内对工程质量承担相应责任。

7.6.1 五方责任主体项目负责人及其质量责任

1. 五方责任主体项目负责人

《建筑工程五方责任主体项目负责人质量终身责任追究暂行办法》中明确规定,建筑工程五方责任主体项目负责人是指承担建筑工程项目建设的建设单位项目负责人、勘察单位项目负责人、设计单位项目负责人、施工单位项目经理、监理单位总监理工程师。

建筑工程开工建设前,建设、勘察、设计、施工、监理单位法定代表人应当签署授权书,明确本单位项目负责人。

2. 五方责任主体项目负责人质量责任

(1)建设单位项目负责人对工程质量承担全面责任,不得违法发包、肢解发包,不得以任何理由要求勘察、设计、施工、监理单位违反法律法规和工程建设标准,降低工程质量,因其违法违规或不当行为造成的工程质量事故或质量问题应当承担责任。

(2)勘察、设计单位项目负责人应当保证勘察、设计文件符合法律法规和工程建设强制性标准的要求,对因勘察、设计导致的工程质量事故或质量问题承担责任。

(3)施工单位项目经理应当按照经审查合格的施工图设计文件和施工技术标准进行施工,对因施工导致的工程质量事故或质量问题承担责任。

(4)监理单位总监理工程师应当按照法律法规、有关技术标准、设计文件和工程承包合同进行监理,对施工质量承担监理责任。

7.6.2 五方责任主体项目负责人违法行为应承担的法律责任

1. 终身责任

对符合下列情形之一的,县级以上地方人民政府住房城乡建设主管部门应当依法追究项目负责人的质量终身责任:

(1)发生工程质量事故。

(2)发生投诉、举报、群体性事件、媒体报道并造成恶劣社会影响的严重工程质量问题。

(3)由于勘察、设计或施工原因造成尚在设计使用年限内的建筑工程不能正常使用。

(4)存在其他需追究责任的违法违规行为。

2. 建设单位项目负责人责任追究

发生上述所列情形之一的,对建设单位项目负责人按以下方式进行责任追究:

(1)项目负责人为国家公职人员的,将其违法违规行为告知其上级主管部门及纪检监察部门,并建议对项目负责人给予相应的行政、纪律处分。

(2)构成犯罪的,移送司法机关依法追究刑事责任。

(3)处单位罚款数额5%以上10%以下的罚款。

(4)向社会公布曝光。

3. 勘察单位、设计单位项目负责人责任追究

发生上述所列情形之一的,对勘察单位项目负责人、设计单位项目负责人按以下方式进行责任追究:

(1)项目负责人为注册建筑师、勘察设计注册工程师的,责令停止执业1年;造成重大质量事故的,吊销执业资格证书,5年以内不予注册;情节特别恶劣的,终身不予注册。

(2)构成犯罪的,移送司法机关依法追究刑事责任。

(3)处单位罚款数额5%以上10%以下的罚款。

(4)向社会公布曝光。

4. 施工单位项目经理责任追究

发生上述所列情形之一的,对施工单位项目经理按以下方式进行责任追究:

（1）项目经理为相关注册执业人员的，责令停止执业1年；造成重大质量事故的，吊销执业资格证书，5年以内不予注册；情节特别恶劣的，终身不予注册。

（2）构成犯罪的，移送司法机关依法追究刑事责任。

（3）处单位罚款数额5%以上10%以下的罚款。

（4）向社会公布曝光。

5. 监理单位总监理工程师责任追究

发生上述所列情形之一的，对监理单位总监理工程师按以下方式进行责任追究：

（1）责令停止注册监理工程师执业1年；造成重大质量事故的，吊销执业资格证书，5年以内不予注册；情节特别恶劣的，终身不予注册。

（2）构成犯罪的，移送司法机关依法追究刑事责任。

（3）处单位罚款数额5%以上10%以下的罚款。

（4）向社会公布曝光。

7.6.3 质量终身责任的实施规定

工程质量终身责任实行书面承诺和竣工后永久性标牌等制度。

五方责任主体项目负责人应当在办理工程质量监督手续前签署工程质量终身责任承诺书，连同法定代表人授权书，报工程质量监督机构备案。项目负责人如有更换的，应当按规定办理变更程序，重新签署工程质量终身责任承诺书，连同法定代表人授权书，报工程质量监督机构备案。

建筑工程竣工验收合格后，建设单位应当在建筑物明显部位设置永久性标牌，载明建设、勘察、设计、施工、监理单位名称和项目负责人姓名。

建设单位应当建立建筑工程各方主体项目负责人质量终身责任信息档案，工程竣工验收合格后移交城建档案管理部门。项目负责人质量终身责任信息档案包括下列内容：

（1）建设、勘察、设计、施工、监理单位项目负责人姓名、身份证号码、执业资格、所在单位、变更情况等。

（2）建设、勘察、设计、施工、监理单位项目负责人签署的工程质量终身责任承诺书。

（3）法定代表人授权书。

项目小结

建设工程质量法律制度涉及《建筑法》《建设工程质量管理条例》《工程建设标准强制性条文》《建筑工程五方责任主体项目负责人质量终身责任追究暂行办法》《房屋建筑和市政基础设施工程竣工验收备案管理办法》《房屋建筑工程和市政基础设施工程实行见证取样和送检的规定》《建筑业企业资质管理规定》等法律、行政法规，从主体资格、业务承揽、质量责任、建设程序、政府监督等方面予以法律规定。

技能训练

一、单项选择题

1. 根据《房屋建筑工程和市政基础设施工程实行见证取样和送检的规定》，下列试块、试件和材料必须实施见证取样和送检的是（　　）。

A．用于承重结构的混凝土试块　　　　B．用于墙体混凝土使用的掺加剂
C．用于砌筑结构的钢筋及连接接头试件　D．用于防水工程的水泥制品

2．根据《建设工程质量管理条例》规定，（　　）在领取施工许可证或者开工报告之前，应当按照国家有关规定办理工程质量监督手续。

A．施工单位　　B．建设单位　　C．监理单位　　D．勘察设计单位

3．施工单位在施工过程中发现设计文件和图纸有差错的，应当及时提出意见和建议。工程设计的修改由（　　）负责，建筑施工企业不得擅自修改工程设计。

A．建设单位　　B．施工单位　　C．监理单位　　D．原设计单位

4．根据《建设工程质量管理条例》，建设工程承包单位应当向建设单位出具质量保修书的时间是（　　）。

A．竣工验收时　B．竣工验收合格后　C．提交竣工验收报告时　D．交付使用时

5．施工过程中，建设单位违反规定提出降低工程质量要求时，施工企业应当（　　）。

A．予以拒绝　　　　　　　　　　B．征得设计单位同意
C．征得监理单位同意　　　　　　D．与相关各方协商一致

6．根据《建设工程质量管理条例》，施工单位在隐蔽工程实施隐蔽前，应通知参加的单位和机构是（　　）。

A．监理单位和检测机构　　　　　　B．建设单位和检测机构
C．建设单位和建设工程质量监督机构　D．监理单位和建设工程质量鉴定机构

7．根据《建设工程质量管理条例》，建筑材料、建筑构配件和设备等未经（　　）签字认可，不得在工程上使用或者安装。

A．建设单位项目负责人　　　　　　B．施工单位项目负责人
C．监理单位项目负责人　　　　　　D．监理工程师

8．根据《建设工程质量管理条例》，监理工程师应当按照工程监理规范的要求，采取旁站、巡视和（　　）检验等形式，对建设工程实施监理。

A．等距　　　　B．随机　　　　C．平行　　　　D．抽样

9．根据《建设工程质量管理条例》，当建设单位出现（　　）行为时，要责令改正，处50万元以上100万元以下的罚款。

A．将建设工程发包给不具有相应资质等级施工单位的

B．迫使承包方以低于成本的价格竞标的

C．施工图设计文件未经审查擅自施工的

D．任意压缩合理工期的

10．下列单位中，属于建设工程竣工验收主体的是（　　）。

A．质量检测站　B．项目咨询单位　C．监理单位　　D．建设行政主管部门

11．根据《建设工程质量管理条例》，建设单位在工程竣工验收合格之日起（　　）天内，应办理工程竣工验收备案手续。

A．5　　　　　　B．10　　　　　C．15　　　　　D．30

12．在正常使用条件下，建筑工程的外墙面的防渗漏最低保修期限为（　　）年。

A．2　　　　　　B．5　　　　　　C．10　　　　　D．合理使用年限

13．关于工程建设标准的说法，正确的是（　　）。

A. 强制性国家标准由国务院批准发布或者授权批准发布
B. 行业标准可以是强制性标准
C. 国家标准公布后，原有的行业标准继续实施
D. 国家标准的复审一般在颁布后 5 年进行一次

14. 下列关于团体标准的说法，正确的是（　　）。
A. 国家鼓励社会团体制定高于推荐性标准相关技术要求的团体标准
B. 在关键共性技术领域应当利用自主创新技术制定团体标准
C. 制定团体标准的一般程序包括准备、征求意见、送审和报批四个阶段
D. 团体标准对本团体成员强制适用

15. 根据《建设工程质量保证金管理办法》，关于预留质量保证金的说法，正确的是（　　）。
A. 合同约定由承包人以银行保函替代预留保证金的，保函金额不得高于工程价款结算总额的 5%
B. 社会投资项目采用预留保证金方式的，发、承包双方应当将保证金交由第三方金融机构托管
C. 采用工程质量保证担保，工程质量保险等保证方式的，发包人不得再预留保证金
D. 在工程项目竣工前，已经缴纳履约保证金的，发包人可以同时预留工程质量保证金

16. 李某借用甲公司的资质承揽了乙公司的装修工程，因为偷工减料不符合规定的质量标准，所造成的损失（　　）承担赔偿责任。
A. 仅由甲公司　　　　　　　　B. 由甲公司和李某共同
C. 仅由乙公司　　　　　　　　D. 仅由李某

17. 关于设计单位质量责任和义务的说法，正确的是（　　）。
A. 设计文件中选用的建筑材料、建筑构配件和设备，应当注明规格、型号、性能等技术指标
B. 不得任意压缩合理工期
C. 设计单位应当就审查合格的施工图设计文件向建设单位做出详细说明
D. 设计单位应当将施工图设计文件报有关部门审查

18. 关于工程质量检测的说法，正确的是（　　）。
A. 检测报告应当由工程质量检测机构法定代表人签署
B. 工程质量检测报告经建设单位或者工程监理单位确认后，由施工企业归档
C. 检测机构是具有独立法人资格的非营利性中介机构
D. 工程质量检测机构不得与建设单位有隶属关系

19. 建设工程未经竣工验收，发包人擅自使用后工程出现质量问题。关于该质量责任承担的说法，正确的是（　　）。
A. 承包人没有义务进行修复或返修
B. 承包人应当在建设工程的合理使用寿命内对地基基础工程和主体结构质量承担责任
C. 凡不符合合同约定或者验收规范的工程质量问题，承包人均应当承担责任
D. 发包人以使用部分质量不符合约定为由主张权利的，应当予以支持

20. 关于建设工程合理使用年限的说法，正确的是（　　）。

A. 建设工程合理使用年限由建设单位决定

B. 超过合理使用年限的建设工程必须报废、拆除

C. 建设工程合理使用年限从工程实际转移占有之日起算

D. 设计文件应当符合国家规定的设计深度要求,并注明工程合理使用年限

21. 根据《建设工程质量管理条例》,关于建设单位办理工程质量监督手续的说法,正确的是( )。

A. 可以在开工后持开工报告办理

B. 应当与施工图设计文件在同时进行

C. 可以与施工许可证或者开工报告合并办理

D. 应当在领取施工许可证后办理

22. 关于团体标准的说法,正确的是( )。

A. 在关键共性技术领域应当利用自主创新技术制定团体标准

B. 团体标准的技术要求不得高于强制性标准的相关技术要求

C. 团体标准由依法成立的社会团体协调相关市场主体共同制定

D. 团体标准对本团体成员强制通用

23. 关于工程建设企业标准实施的说法,正确的是( )。

A. 企业可以不公开其执行的企业标准的编号和名称

B. 企业执行自行制定的企业标准的,其产品的功能指标和性能指标不必公开

C. 国家实行企业标准自我声明公开和监督制度

D. 企业标准应当通过标准信息公共服务平台向社会公开

24. 关于建设工程未经竣工验收,建设单位擅自使用后,又以使用部分质量不符合约定为由主张权利的说法,正确的是( )。

A. 建设单位以装饰工程质量不符合约定主张保修的,应予支持

B. 凡不符合合同约定或者验收规范的工程质量问题,施工企业均应当承担民事责任

C. 施工企业的保修责任可以全部免除

D. 施工企业应当在工程的合理使用寿命内对地基基础和主体结构质量承担民事责任

25. 根据《建设工程质量保证金管理办法》,关于缺陷责任期内建设工程缺陷维修的说法,正确的是( )。

A. 如承包人不维修也不承担费用,发包人可以从保证金中扣除,费用超出保证金额的,发包人可以向承包人进行索赔

B. 缺陷责任期内由承包人原因造成的缺陷,承包人应当负责维修,承担维修费用,但不必承担鉴定费用

C. 承包人维修并承担相应费用后,不再对工程损失承担赔偿责任

D. 就他人的原因造成的缺陷,承包人负责组织维修,但不必承担费用,且发包人不得从保证金中扣除费用

26. 根据《建设工程质量管理条例》,县级以上人民政府建设行政主管部门和其他有关部门履行监督检查职责时,其有权采取的措施是( )。

A. 要求被检查单位提供工程质量保证金

B. 进入被检查单位的施工现场进行检查

C. 发现有严重影响工程质量问题时，责令停业整顿
D. 调查建设单位和施工企业之间的银行往来账单

27. 根据《建设工程质量管理条例》，建设工程竣工后，组织建设工程竣工验收的主体是（   ）。
   A. 建设单位   B. 建设行政主管部门
   C. 工程质量监督站   D. 施工企业

28. 关于质量保证金预留的说法，正确的是（   ）。
   A. 缺陷责任期内，实行国库集中支付的政府投资项目，保证金必须预留在财政部门
   B. 缺陷责任期内，实行国库集中支付的政府投资项目，保证金的管理应按照国库集中支付的有关规定执行
   C. 缺陷责任期内，如发包方被撤销，保证金随交付使用资产一并移交给当地建设行政主管部门统一管理
   D. 社会投资项目采用预留保证金方式的，发、承包双方必须将保证金交由第三方金融机构托管

29. 关于施工企业返修义务的说法，正确的是（   ）。
   A. 施工企业仅对施工中出现质量问题的建设工程负责返修
   B. 施工企业仅对竣工验收不合格的工程负责返修
   C. 非施工企业原因造成的质量问题，相应的损失和返修费用由责任方承担
   D. 对于非施工企业原因造成的质量问题，施工企业不承担返修的义务

30. 根据《建设工程质量管理条例》，下列情形中，属于违法分包的是（   ）。
   A. 施工企业将其承包的全部工程转给其他单位施工的
   B. 分包单位将其承包的建设工程再分包给具有相应资质条件的施工企业的
   C. 总承包单位将工程分包给具备相应资质条件的单位的
   D. 施工总承包单位不履行管理义务，只向实际施工企业收取费用，主要建筑材料、构配件及工程设备的采购由其他单位实施的

31. 根据《标准化法》，关于企业标准的说法，正确的是（   ）。
   A. 企业标准的制定应当经过行业主管部门批准
   B. 企业标准可以高于国家标准
   C. 企业标准应当高于行业标准
   D. 企业标准应当与团体标准相符

32. 根据《建筑施工企业负责人及项目负责人施工现场带班暂行办法》，关于施工企业负责任人施工现场带班制度的说法，正确的是（   ）。
   A. 建筑施工企业负责人，是指企业的法定代表人、总经理，不包括主管质量安全和生产工作的副总工程师
   B. 建筑施工企业负责人要定期带班检查，每月检查时间不少于其工作日的20%
   C. 有分公司的企业集团负责人因故不能到现场的，可口头委托工程所在地的分公司负责人对施工现场进行带班检查
   D. 建筑施工企业负责人带班检查时，应认真做好检查记录，并分别在企业和工程项目存档备查

33. 根据《标准化法》，关于团体标准的说法，正确的是（   ）。
   A. 仅供本团体成员约定采用   B. 由社会团体协调相关市场主体共同制定
   C. 技术要求不得高于强制性国家标准   D. 应当免费向社会公开标准文本
34. 关于缺陷责任期确定的说法，正确的是（   ）。
   A. 施工合同可以约定缺陷责任期为26个月
   B. 由于承包人的原因导致工程无法进行竣工验收，缺陷责任期从实际通过竣工验收之日开始计算
   C. 某工程2018年6月11日完成建设工程验收备案，该工程缺陷责任期起算时间为2018年6月11日
   D. 由于发包人的原因导致工程无法按规定期限进行竣工验收，在承包人提交验收报告60天后，工程自动进入缺陷责任期
35. 分包工程总承包发生质量问题时，关于总分包质量责任的说法，正确的是（   ）。
   A. 建设单位必须先向总承包单位请求赔偿，不足部分再向分包单位请求赔偿
   B. 建设单位应当在分包合同价款限额内向分包单位求偿
   C. 其他受害人可以向分包单位请求赔偿，也可以向总承包单位请求赔偿
   D. 其他受害人必须先向分包单位请求赔偿，不足部分再向总承包单位请求赔偿
36. 甲施工总承包企业承包某工程项目，将该工程的专业工程分包给乙企业，乙企业再将专业工程的劳务作业分包给丙企业，工程完工后，上述专业工程质量出现问题。经调查，是由于丙企业施工作业不规范导致，则该专业工程的质量责任应当由（   ）。
   A. 甲施工总承包企业对建设单位承担责任
   B. 丙企业对建设单位承担责任
   C. 甲施工总承包企业、乙企业和丙企业对建设单位共同承担责任
   D. 甲施工总承包企业和乙企业对建设单位承担连带责任

二、多项选择题
1. 工程建设标准根据标准的约束性划分为（   ）。
   A. 国家标准 B. 行业标准 C. 地方标准 D. 强制性标准 E. 推荐性标准
2. 在施工检测的见证取样中，取样人员应在试样或其包装上做出标识、封志，其中应标明（   ）。
   A. 工程名称 B. 取样部位 C. 工程地点 D. 样品名称 E. 取样日期
3. 根据《建设工程质量管理条例》，下列行为中属于建设单位应当被责令改正，处20万元以上50万元以下罚款的有（   ）。
   A. 迫使承包方以低于成本的价格竞标的
   B. 任意压缩合理工期的
   C. 未按照国家规定办理工程质量监督手续的
   D. 施工图设计文件未经审查擅自施工的
   E. 欠付工程款数额较大的
4. 下列工程建设国家标准中，属于强制性标准的有（   ）。
   A. 勘察、规划、设计等通用的综合标准
   B. 施工、验收等重要的通用的质量标准

C. 重要的通用的实验和评定方法等标准
D. 通用的有关安全、卫生和环境保护的标准
E. 重要的通用的信息管理标准

5. 根据《建设工程质量管理条例》，建设工程质量责任主体包括（   ）。
   A. 建设单位				B. 设计单位
   C. 施工单位				D. 监理单位
   E. 建筑材料检测单位

6. 建设单位和施工单位应当在工程质量保修书中约定的内容包括（   ）。
   A. 保修范围   B. 保修期限   C. 保修主体   D. 保修责任   E. 违约责任

7. 根据《建设工程质量管理条例》，以下属于法定质量保修范围的有（   ）。
   A. 土石方工程				B. 地基基础工程
   C. 电气管线工程				D. 景观绿化工程
   E. 屋面防水工程

8. 根据《建设工程质量管理条例》，竣工验收应当具备的条件有（   ）。
   A. 有完整的技术档案				B. 完成工程结算备案
   C. 有主要建筑材料的进场试验报告		D. 有设计单位签署的质量合格文件
   E. 有施工企业签署的质量保修书

9. 在正常使用条件下，建筑工程的最低保修期限为 2 年的有（   ）。
   A. 屋面防水工程				B. 有防水要求的卫生间
   C. 电气管线工程				D. 给水排水管道工程
   E. 装修工程

10. 建筑工程竣工验收合格后，建设单位应当在建筑物明显部位设置永久性标牌。永久性标牌应载明（   ）。
    A. 建设单位名称和项目负责人姓名		B. 施工单位名称和项目负责人姓名
    C. 监理单位名称和项目负责人姓名		D. 材料设备检测单位名称和项目负责人姓名
    E. 质量监督单位名称和项目负责人姓名

11. 根据《建设工程质量保证金管理办法》，下列关于缺陷责任期的说法，正确的有（   ）。
    A. 缺陷责任期由发、承包双方在合同中约定
    B. 缺陷责任期从工程通过竣工验收之日起计
    C. 缺陷责任期中的缺陷包括建设工程质量不符合承包合同的约定
    D. 缺陷责任期届满，承包人对工程质量不再承担责任
    E. 由于发包人原因导致工程无法按规定期限进行竣工验收的，缺陷责任期从实际通过竣工验收之日起计

12. 关于工程建设国家标准的制定，国务院标准化行政主管部门负责工程建设强制性国家标准的（   ）。
    A. 项目提出   B. 组织起草   C. 立项   D. 编号和对外通报   E. 征求意见

13. 在正常使用条件下，关于建设工程质量法定最低保修期限的说法，正确的有（   ）。
    A. 屋面防水工程为 5 年

B. 供热与供冷系统为 2 个采暖期、供冷期
C. 基础设施工程为设计文件规定的该工程的合理使用年限
D. 装修工程为 5 年
E. 给水排水管道为 2 年

14. 根据《最高人民法院关于审理建设工程施工合同纠纷案件适用法律问题的解释》，发包人的下列行为中，造成建设工程质量缺陷，应当承担过错责任的有（　　）。
A. 提供的设计有缺陷
B. 提供的建筑材料不符合强制性标准
C. 同意总承包人选择分包人分包专业工程
D. 指定购买的建筑构配件不符合强制性标准
E. 直接指定分包人分包专业工程

15. 下列文件和资料中，属于建设单位办理工程质量监督手续应提交的有（　　）。
A. 建设用地规划许可证
B. 可行性研究报告
C. 建设工程规划许可证
D. 施工企业资质等级证书及营业执照副本
E. 工程勘察设计文件

16. 根据《实施工程建设强制性标准监督规定》，属于强制性标准监督检查内容的有（　　）。
A. 有关工程技术人员是否熟悉掌握强制性标准的规定
B. 工程项目的规划、勘察、设计、施工、验收等是否符合强制性标准的规定
C. 工程项目采用的材料、设备是否符合强制性标准的规定
D. 有关行政部门处理重大事故是否符合强制性标准的规定
E. 工程项目中采用的导则、指南、手册、计算机软件的内容是否符合强制性标准的规定

17. 根据《建设工程质量检测管理办法》，关于建设工程质量检测的说法，正确的有（　　）。
A. 检测机构和检测人员不得推荐或监制建筑材料、建筑构配件和设备
B. 检测机构的资质分为综合检测资质和专项检测资质
C. 检测机构不得转包检测业务
D. 质量检测业务应当由施工企业书面委托具有相应资质的检测机构进行
E. 利害关系人对检测结果有争议的，由双方共同认可的检测机构复检，复检结果由提出复检方报当地建设主管部门备案

18. 关于工程保修期的说法，正确的有（　　）。
A. 基础设施工程的保修期为设计文件规定的该工程合理使用年限
B. 屋面防水工程的保修期为 4 年
C. 建设工程保修期的起始日是提交竣工验收报告之日
D. 保修期结束后，返还质量保证金
E. 在保修期内，施工企业一直负有维修保修义务

19. 根据《标准化法》，下列标准中，不能制定为强制性标准的有（　　）。
A. 行业标准　　B. 地方标准　　C. 团体标准　　D. 企业标准　　E. 国家标准

三、案例分析题

（一）[背景资料]

某工程在实施过程中发生如下事件：

事件1：由于工程施工工期紧迫，建设单位在未领取施工许可证的情况下，要求项目监理机构签发施工单位报送的《工程开工报审表》。

事件2：桩基工程施工中，在抽检材料试验未完成的情况下，施工单位已将该批材料用于工程，专业监理工程师发现后予以制止。其后完成的材料试验结果表明，该批材料不合格，经检验，使用该批材料的相应工程部位存在质量问题，需进行返修。

事件3：工程竣工验收后，建设单位指令设计、监理等参建单位将工程建设档案资料交施工单位汇总，施工单位把汇总资料提交给城建档案管理机构进行工程档案预验收。

[问题]

1. 指出事件1中建设单位做法的不妥之处，说明理由。
2. 施工单位如何处理事件2中的质量问题？
3. 指出事件3中建设单位做法的不妥之处，说明理由。

（二）[背景资料]

某写字楼建设项目在实施过程中发生了以下事件：

事件1：该工程项目设有地下室，属隐蔽工程，因而在建设工程合同中，双方约定了对隐蔽工程（地下室）的验收检查条款。规定：地下室的检查验收工作由双方共同负责，检查费用由业主负担。地下室竣工后，承包商通知业主检查验收，业主答复：因业主事务繁忙，由承包商自己检查出具检查记录即可。其后15天，业主又聘请专业人员对地下室质量进行检查，发现没有达到合同规定的标准，遂要求承包商负担此次检查费用，并对地下室工程返工。

事件2：由于建设单位急于搬进写字楼办公室，要求提前竣工验收，总监理工程师组织建设单位技术人员、施工单位项目经理及设计单位负责人进行了竣工验收。

事件3：工程最后一次阶段验收合格，施工单位于2015年9月18日提交工程验收报告，建设单位于当天投入使用。建设单位以工程质量问题需要在使用中才能发现为由，将工程竣工验收时间推迟到2015年11月18日进行，并要求《工程质量保修书》中竣工日期以2015年11月18日为准。施工单位对竣工日期提出异议。

事件4：在工程竣工验收合格并交付使用一年后，屋面出现多处渗漏，建设单位通知施工单位立即进行免费维修。施工单位接到维修通知24小时后，以已通过竣工验收为由不到现场，并拒绝免费维修。经鉴定该渗漏问题因施工质量缺陷所致。建设单位另行委托其他单位进行修理。

[问题]

1. 对于事件1，承包商如何处理，业主的事后检查费用由谁负担？
2. 对于事件2，总监理工程师做法是否妥当，为什么？
3. 对于事件3，施工单位对竣工日期提出异议是否合理？说明理由。本工程合理的竣工日期是哪天？
4. 事件4中，施工单位做法是否正确？说明理由。建设单位另行委托其他单位进行维修是否妥当？修理费用如何承担？

项目 8
建设工程其他相关法律制度

知识目标

1. 了解建设工程代理、工程物权、工程债权等法律基本知识
2. 熟悉建设工程担保的方式和责任
3. 了解建筑工程一切险的责任范围
4. 了解建设单位、设计单位、施工单位的建筑节能义务
5. 了解绿色施工"四节一环保"规定
6. 了解环境影响评价制度和三同时制度
7. 熟悉建设工程劳动合同履行、变更、解除和终止基本知识

8.1 建设工程代理制度

《中华人民共和国民法典》(以下简称《民法典》)规定,民事主体可以通过代理人实施民事法律行为。代理人在代理权限内,以被代理人的名义实施民事法律行为,对被代理人发生效力。但依照法律规定、当事人约定或者民事法律行为的性质,应当由本人亲自实施的民事法律行为,不得代理。

8-1 代理制度

8.1.1 代理的法律特征和主要种类

1. 代理的法律特征

代理具有下列法律特征:

(1)代理人必须在代理权限范围内实施代理行为。依据代理权,代理人必须在代理权限范围内与第三人或相对人实施代理行为。这一特征具有两层含义,其一,代理人必须具有代理权。有了代理权,代理人才能够以被代理人的名义实施民事法律行为,否则,所实施的民事法律行为属无权代理,对被代理人不发生法律效力。其二,代理人进行代理活动时,必须在代理权范围内进行活动,否则属于越权代理行为。越权代理行为不是被代理人的意思表示,而是代理人自己的行为。因此,其行为所产生的法律后果,被代理人不予承担。

(2)代理人应该以被代理人的名义实施法律行为。代理行为必须以被代理人的名义进行,因为代理行为产生的法律后果直接由被代理人承担。否则,代理人以自己名义进行的民事活动视为代理人自己的行为,而非代理行为,被代理人不对其法律后果承担责任。

（3）代理行为必须是具有法律意义的行为。代理行为必须是具有法律意义的行为，即代理人与第三人之间通过代理行为能够产生法律上的权利和义务，否则不构成代理行为。如：代理人向某人问好、请朋友吃饭等行为，不能产生权利和义务关系，就不是代理行为。

（4）代理行为的法律后果归属于被代理人。代理人以被代理人的名义在代理权限内进行的一切行为产生的法律后果，全部由被代理人直接承担。代理人不仅享受代理人行为所带来的权利，同时也承担代理人行为带来的义务，包括由于代理人的过错所造成的不利后果，在法律上产生与被代理人自己行为的同样后果。

2. 代理的主要种类

代理包括委托代理、法定代理。

（1）委托代理。委托代理按照被代理人的委托行使代理权。因委托代理中，被代理人是以意思表示的方法将代理权授予代理人的，故又称"意定代理"或"任意代理"。如：项目经理作为施工企业的代理人；总监理工程师作为监理单位的代理人。

（2）法定代理。法定代理是根据法律的直接规定而发生的代理。如：无民事行为能力人、限制民事行为能力人的监护人是他们的法定代理人。

8.1.2 建设工程代理行为的设立和终止

工程招标代理、材料设备采购代理以及诉讼代理等是建设工程活动中涉及的代理行为。

1. 建设工程代理行为的设立

（1）不得委托代理的建设工程活动。依照法律规定或按照双方当事人约定，应当由本人实施的民事法律行为，不得代理。如：建设工程承包活动不得委托代理。《建筑法》规定，禁止承包单位将其承包的全部建筑工程转包给他人，禁止承包单位将其承包的全部建筑工程肢解以后以分包的名义分别转包给他人。施工总承包的，建筑工程主体结构的施工必须由总承包单位自行完成。

（2）一般代理行为无法定的资格要求。一般的代理行为可以由自然人、法人担任代理人，对其资格并无法定的严格要求。即使是诉讼代理人，也不要求必须由具有律师资格的人担任。

（3）民事法律行为的委托代理。建设工程代理行为多为民事法律行为的委托代理。民事法律行为的委托代理，可以用书面形式，也可以用口头形式。但是，法律规定用书面形式的，应当用书面形式。

书面委托代理的授权委托书应当载明代理人的姓名或名称、代理事项、权限和期间，并由委托人签名或盖章。委托书授权不明的，被代理人应当向第三人承担民事责任，代理人负连带责任。

2. 建设工程代理行为的终止

（1）有下列行为之一的，委托代理终止：

1）代理期间届满或者代理事务完成。

2）被代理人取消委托或者代理人辞去委托。

3）代理人丧失民事行为能力。

4）代理人或者被代理人死亡。

5）作为代理人或者被代理人的法人、非法人组织终止。

建设工程代理行为的终止，主要是第1）、2）、5）三种情况。

代理期间届满或代理事项完成：被代理人通常是授予代理人某一特定期间内的代理权，或者是某一项也可能是某几项特定事务的代理权，那么在这一期间届满或者被指定的代理事项全部完成，代理关系即告终止，代理行为也随之终止。

被代理人取消委托或者代理人辞去委托：委托代理是被代理人基于对代理人的信任而授权其进行代理事务的。如果被代理人由于某种原因失去了对代理人的信任，法律就不应当强制被代理人仍须以其为代理人。反之，如果代理人由于某种原因不愿意再行代理，法律也不能强制要求代理人继续从事代理。因此，法律规定被代理人有权根据自己的意愿单方取消委托，也允许代理人单方辞去委托，均不必以对方同意为前提，并已通知到对方时，代理权即行消灭。

但是，单方取消或辞去委托可能会承担相应的民事责任。《民法典》规定，委托人或者受托人可以随时解除委托合同。因解除合同造成对方损失的，除不可归责于该当事人的事由外，无偿委托合同的解除方应当赔偿因解除时间不当造成的直接损失，有偿委托合同的解除方应当赔偿对方的直接损失和合同履行后可以获得的利益。

作为被代理人或者代理人的法人、非法人组织终止：在建设工程活动中，不管是被代理人还是代理人，任何一方的法人终止，代理关系均随之终止。因为，对方的主体资格已消灭，代理行为将无法继续，其法律后果亦将无从承担。

（2）有下列情形之一的，法定代理终止：
1）被代理人取得或者恢复完全民事行为能力。
2）代理人丧失民事行为能力。
3）代理人或者被代理人死亡。
4）法律规定的其他情形。

8.1.3　建设工程代理法律关系

建设工程代理存在着两个法律关系：一是代理人与被代理人之间的委托关系；二是被代理人与第三人的合同关系。

1. 代理人在代理权限内以被代理人的名义实施代理行为

《民法典》规定，代理人在代理权限内，以被代理人的名义实施民事法律行为，对被代理人发生效力。代理人必须取得代理权，并依据代理权限，以被代理人的名义实施民事法律行为。被代理人要对代理人的代理行为承担民事责任。

2. 转托他人代理（复代理）应当事先取得被代理人的同意

《民法典》规定，代理人需要转委托第三人代理的，应当取得被代理人的同意或者追认。转委托代理经被代理人同意或者追认的，被代理人可以就代理事务直接指示转委托的第三人，代理人仅就第三人的选任以及对第三人的指示承担责任。转委托代理未经被代理人同意或者追认的，代理人应当对转委托的第三人的行为承担责任，但是在紧急情况下代理人为了维护被代理人的利益需要转委托第三人代理的除外。

3. 无权代理与表见代理

《民法典》规定，行为人没有代理权、超越代理权或者代理权终止后，仍然实施代理行为，未经被代理人追认的，对被代理人不发生效力。相对人可以催告被代理人自收到通知之日起三十日内予以追认。被代理人未作表示的，视为拒绝追认。行为人实施的行为被追认前，善意相对人有撤销的权利。撤销应当以通知的方式作出。

（1）无权代理。无权代理是指行为人不具有代理权，但以他人的名义与第三人进行法律行为。无权代理一般存在三种表现形式：

1）自始未经授权。如果行为人自始至终没有被授予代理权，就以他人的名义进行民事行为，属于无权代理。

2）超越代理权。代理权限是有范围的，超越了代理权限，依然属于无权代理。

3）代理权终止。行为人虽曾得到被代理人的授权，但该代理权已经终止的，行为人如果仍以被代理人的名义进行民事行为，则属无权代理。

被代理人对无权代理人实施的行为如果予以追认，则无权代理可转化为有权代理，产生与有权代理相同的法律效力，并不会发生代理人的赔偿责任。如果被代理人不予追认的，对被代理人不发生效力，则无权代理人需承担因无权代理行为给被代理人和善意第三人造成的损失。

（2）表见代理。表见代理是指行为人虽无代理权，但由于行为人的某些行为，造成了足以使善意第三人相信其有代理权的表象，而与善意第三人进行的、由本人（被代理人）承担法律后果的代理行为。《民法典》规定，行为人没有代理权、超越代理权或者代理权终止后以被代理人名义订立合同，相对人有理由相信行为人有代理权的，该代理行为有效。

表见代理除需符合代理的一般条件外，还需具备以下特别构成要件：①须存在足以使相对人相信行为人具有代理权的事实或理由。这是构成表见代理的客观要件。它要求行为人与本人之间应存在某些事实上或法律上的联系，如行为人持有由本人发出的委任状、已加盖公章的空白合同书或者有显示本人向行为人授予代理权的通知函告等证明类文件。②须本人存在过失。其过失表现为本人表达了足以使相对人相信有授权意思的表示，或者实施了足以使相对人相信有授权意义的行为，发生了外表授权的事实。③须相对人为善意。这是构成表见代理的主观要件。如果相对人明知行为人无代理权而仍与之实施民事行为，则相对人为主观恶意，不构成表见代理。

表见代理对本人产生有权代理的效力，即在相对人与本人之间产生民事法律关系。本人受表见代理人与相对人之间实施的法律行为的约束，享有该行为设定的权利和履行该行为约定的义务。本人不能以无权代理为抗辩。本人在承担表见代理行为所产生的责任后，可以向无权代理人追偿因代理行为而遭受的损失。

（3）知道他人以本人名义实施民事行为不作否认表示的视为同意。本人知道他人以本人名义实施民事行为而不作否认表示的，视为同意。这是一种被称为默示方式的特殊授权。就是说，即使本人没有授予他人代理权，但事后并未作否认的意思表示，应视为授予了代理权。由此，他人以其名义实施法律行为的后果应由本人承担。

4．不当或违法行为应承担的法律责任

（1）委托书授权不明应承担的法律责任。委托书授权不明的，被代理人应当向第三人承担民事责任，代理人负连带责任。

（2）损害被代理人利益应承担的法律责任。代理人不履行职责而给被代理人造成损害的，应当承担民事责任。代理人和第三人串通，损害被代理人的利益的，由代理人和第三人负连带责任。

（3）相对人故意行为应承担的法律责任。相对人知道行为人没有代理权、超越代理权或者代理权已终止，还与行为人实施民事行为给他人造成损害的，由相对人和行为人负连带责任。

（4）违法代理行为应承担的法律责任。代理人知道被委托代理的事项违法仍然进行代理活动的，或者被代理人知道代理人的代理行为违法不表示反对的，被代理人和代理人负连带责任。

【案例】来源：最高人民法院 [2013] 民申字第 683 号。

某建筑公司因建设工程纠纷，在诉讼中称项目经理罗甲的哥哥罗乙，其既非该公司的职工，也非涉案工程项目的负责人，仅仅是在罗甲不在工地时代为签字支付了几笔款项，法院认定罗乙在"施工图预算书"上签字的行为构成表见代理系错误适用法律。

最高人民法院再审认为：表见代理属于广义上的无权代理，因被代理人与无权代理人之间的关系具有授予代理权的外观，致相对人相信无权代理人有代理权而与之为法律行为，法律使之发生与有权代理同样的法律效果。另案庭审时的证人范某、马某、安某、宋某称，"工地的一些事罗乙是可以作主的"，罗乙"业务上是项目经理""我的上级是罗乙，罗乙是项目经理""后期所有的活是给罗乙干的""罗乙在工地是项目经理"。可见，施工过程中罗乙对外是以该公司在涉案施工项目的项目经理名义实施民事法律行为，且客观上罗乙也确实实施了有被授予代理权的外观行为，包括在支付工程款项的票据上签字、在整改通知单上签字等，而对于罗乙签字支付工程款项等行为，该公司、罗甲均未提出异议。确定一种权利外观是否存在，不应从被代理人事后否认的表示来确定，而要从第三人是否相信或者应当相信的角度来考虑。因此，即便该公司、罗甲在庭审过程中否认罗乙签订"施工图预算书"的效力，并不影响对罗乙表见代理行为的认定。罗乙在涉案工程施工期间所实施的前述行为构成表见代理，符合法律规定。

8.2 建设工程物权制度

《民法典》也是规范财产关系的民事基本法律。其立法目的是为了维护国家基本经济制度，维护社会主义市场经济秩序，明确物的归属，发挥物的效用，保护权利人的物权。

8-2 物权制度

物权是一项基本民事权利，也是大多数经济活动的基础和目的。在建设工程活动中涉及的许多权利都源于物权。建设单位对建设工程项目的权利来自于物权中最基本的权利——所有权，施工单位的施工活动是为了形成《民法典》意义上的物——建设工程。

物权具有以下特征：

（1）物权是支配权。物权是权利人直接支配的权利，即物权人可以依自己的意志就标的物直接行使权利，无须他人的意思或义务人的行为介入。

（2）物权是绝对权。物权的权利人可以对抗一切不特定的人。物权的权利人是特定的，义务人是不特定的，且义务内容是不作为，即只要不侵犯物权人行使权利就履行义务。

（3）物权是财产权。物权是一种具有物质内容的、直接体现为财产利益的权利。财产利益包括对物的利用、物的归属和就物的价值设立的担保。

（4）物权具有排他性。物权人有权排除他人对于他行使物权的干涉。而且同一物上不许有内容不相容的物权并存，即"一物一权"。

8.2.1 物权的种类

《民法典》中所称物权,是指权利人依法对特定的物享有直接支配和排他的权利,包括所有权、用益物权和担保物权。所有民事主体都能够成为物权权利人,包括法人、法人以外的其他组织、自然人。物权的客体一般是物,包括不动产和动产。不动产是指土地以及房屋、林木等地上定着物。动产是指不动产以外的物。

1. 所有权

所有权是所有人依法对自己财产(不动产或动产)所享有的占有、使用、收益和处分的权利。它是一种财产权,又称财产所有权。所有权是物权中最重要也最完全的一种权利。所有权在法律上也受到一定限制,最主要的限制是,为了公共利益的需要,依照法律规定的权限和程序可以征收集体所有的土地和单位、个人的房屋及其他不动产。

(1)占有权。占有权是指对财产实际掌握、控制的权能。占有权是行使物的使用权的前提条件,是所有人行使财产所有权的一种方式。占有权可以根据所有人的意志和利益分离出去,由非所有人享有。如:根据货物运输合同,承运人对托运人的财产享有占有权。

(2)使用权。使用权是指对财产的实际利用和运用的权能。通过对财产实际利用和运用满足所有人的需要,是实现财产使用价值的基本渠道。使用权是所有人所享有的一项独立权能。所有人可以在法律规定的范围内,以自己的意志使用其所有物。

(3)收益权。收益权是指收取由原物产生出来的新增经济价值的权能。原物新增的经济价值,包括由原物直接派生出来的果实、由原物所产生出来的租金和利息、对原物直接利用而产生的利润等。收益往往是因为使用而产生的,因而收益权也往往与使用权联系在一起。但是,收益权本身是一项独立的权能,而使用权并不能包括收益权。有时,所有人并不行使对物的使用权,仍可以享有对物的收益权。

(4)处分权。处分权是指依法对财产进行处置,决定财产在事实上或法律上命运的权能。处分权的行使决定着物的归属。处分权是所有人的最基本的权利,是所有权内容的核心。

2. 用益物权

用益物权是权利人对他人所有的不动产或者动产,依法享有占有、使用和收益的权利。用益物权包括土地承包经营权、建设用地使用权、宅基地使用权和地役权。

国家所有或者国家所有由集体使用以及法律规定属于集体所有的自然资源,单位、个人依法可以占有、使用和收益。此时,单位或者个人就成为用益物权人。因不动产或者动产被征收、征用,致使用益物权消灭或者影响用益物权行使的,用益物权人有权获得相应补偿。

3. 担保物权

担保物权是权利人在债务人不履行到期债务或者发生当事人约定的实现担保物权的情形,依法享有就担保财产优先受偿的权利。债权人在借贷、买卖等民事活动中,为保障实现其债权,需要担保的,可以依照《民法典》和其他法律的规定设立担保物权,主要包括抵押权、质权、留置权三种。

8.2.2 土地所有权、建设用地使用权和地役权

1. 土地所有权

土地所有权是国家或农民集体依法对归其所有的土地所享有的具有支配性和绝对性的权

利。我国实行土地的社会主义公有制，即全民所有制和劳动群众集体所有制。

国家实行土地用途管制制度。国家编制土地利用总体规划，规定土地用途，将土地分为农用地、建设用地和未利用地。严格限制农用地转为建设用地，控制建设用地总量，对耕地实行特殊保护。

城市市区的土地属于国家所有。农村和城市郊区的土地，除由法律规定属于国家所有的以外，属于农民集体所有；宅基地和自留地、自留山，属于农民集体所有。

2. 建设用地使用权

《民法典》规定，建设用地使用权可以在土地的地表、地上或者地下分别设立。设立建设用地使用权，应当符合节约资源、保护生态环境的要求，遵守法律、行政法规关于土地用途的规定，不得损害已经设立的用益物权。

建设用地使用权是因建造建筑物、构筑物及其附属设施而使用国家所有的土地的权利。建设用地使用权只能存在于国家所有的土地上，不包括集体所有的农村土地。

设立建设用地使用权，可以采取出让或者划拨等方式。工业、商业、旅游、娱乐和商品住宅等经营性用地以及同一土地有两个以上意向用地者的，应当采取招标、拍卖等公开竞价的方式出让。严格限制以划拨方式设立建设用地使用权。

通过招标、拍卖、协议等出让方式设立建设用地使用权的，当事人应当采用书面形式订立建设用地使用权出让合同。建设用地使用权出让合同一般包括下列条款：

（1）当事人的名称和住所。
（2）土地界址、面积等。
（3）建筑物、构筑物及其附属设施占用的空间。
（4）土地用途、规划条件。
（5）建设用地使用权期限。
（6）出让金等费用及其支付方式。
（7）解决争议的方法。

取得建设用地使用权后，建设用地使用权人依法对国家所有的土地享有占有、使用和收益的权利，有权利用该土地建造建筑物、构筑物及其附属设施。

设立建设用地使用权的，应当向登记机构申请建设用地使用权登记。建设用地使用权自登记时设立。登记机构应当向建设用地使用权人发放建设用地使用权证书。建设用地使用权人应当合理利用土地，不得改变土地用途；需要改变土地用途的，应当依法经有关行政主管部门批准。

建设用地使用权人有权将建设用地使用权转让、互换、出资、赠与或者抵押，但法律另有规定的除外。建设用地使用权人将建设用地使用权转让、互换、出资、赠与或者抵押，应当符合以下规定：

（1）当事人应当采取书面形式订立相应的合同。使用期限由当事人约定，但不得超过建设用地使用权的剩余期限。
（2）应当向登记机构申请变更登记。
（3）附着于该土地上的建筑物、构筑物及其附属设施一并处分。

住宅建设用地使用权期间届满的，自动续期。非住宅建设用地使用权期间届满后的续期，依照法律规定办理。该土地上的房屋及其他不动产的归属，有约定的，按照约定；没有约定或者约定不明确的，依照法律、行政法规的规定办理。建设用地使用权消灭的，出让人应当及时办理注销登记，登记机构应当收回建设用地使用权证书。

3. 地役权

地役权是指为使用自己不动产的便利或提高其效益而按照合同约定利用他人不动产的权利。他人的不动产为供役地，自己的不动产为需役地。从性质上说，地役权是按照当事人的约定设立的用益物权。

设立地役权，当事人应当采取书面形式订立地役权合同，地役权合同一般包括下列条款：①当事人的姓名或者名称和住所；②供役地和需役地的位置；③利用目的和方法；④地役权期限；⑤费用及其支付方式；⑥解决争议的方法。土地上已设立土地承包经营权、建设用地使用权、宅基地使用权等权利的，未经用益物权人同意，土地所有权人不得设立地役权。地役权自地役权合同生效时设立，当事人要求登记的，可以向登记机构申请地役权登记；未经登记，不得对抗善意第三人。

需役地以及需役地上的土地承包经营权、建设用地使用权、宅基地使用权部分转让时，转让部分涉及地役权的，受让人同时享有地役权。供役地以及供役地上的土地承包经营权、建设用地使用权、宅基地使用权部分转让时，转让部分涉及地役权的，地役权对受让人具有约束力。

8.2.3 物权的设立、变更、转让、消灭和保护

1. 不动产物权的设立、变更、转让、消灭

不动产物权的设立、变更、转让和消灭，经依法登记，发生效力；未经登记，不发生效力，但法律另有规定的除外。不动产物权的设立、变更、转让和消灭，依照法律规定应当登记的，自记载于不动产登记簿时发生效力。依法属于国家所有的自然资源，所有权可以不登记。不动产登记，由不动产所在地的登记机构办理。

物权变动的基础往往是合同关系，如买卖合同导致物权的转让。需要注意的是，当事人之间订立有关设立、变更、转让和消灭不动产物权的合同，除法律另有规定或者合同另有约定外，自合同成立时生效；未办理物权登记的，不影响合同效力。

2. 动产物权的设立和转让

动产物权以占有和交付为公示手段。动产物权的设立和转让，应当依照法律规定交付。动产物权的设立和转让，自交付时发生效力，但法律另有规定的除外。船舶、航空器和机动车等物权的设立、变更、转让和消灭，未经登记，不得对抗善意第三人。

3. 物权的保护

物权的保护，是指通过法律规定的方法和程序保障物权人在法律许可的范围内对其财产行使占有、使用、收益、处分权利的制度。物权受到侵害的，权利人可以通过和解、调解、仲裁、诉讼等途径解决。

因物权的归属、内容发生争议的，利害关系人可以请求确认权利。无权占有不动产或者动产的，权利人可以请求返还原物。妨害物权或者可能妨害物权的，权利人可以请求排除妨害或者消除危险。造成不动产或者动产毁损的，权利人可以请求修理、重作、更换或者恢复原状。侵害物权，造成权利人损害的，权利人可以请求损害赔偿，也可以请求承担其他民事责任。对于物权保护方式，可以单独适用，也可以根据权利被侵害的情形合并适用。

侵害物权，除承担民事责任外，违反行政管理规定的，依法承担行政责任；构成犯罪的，依法追究刑事责任。

8.3 建设工程债权制度

在建设工程活动中，经常会遇到一些债权债务的问题。因此，学习有关债权的基本法律知识，有助于在实践中防范债务风险。

8-3 债权

8.3.1 建设工程债的发生根据

《民法典》规定，债权是因合同、侵权行为、无因管理、不当得利以及法律的其他规定，权利人请求特定义务人为或者不为一定行为的权利。

债是特定当事人之间的法律关系。债权人只能向特定的人主张自己的权利，债务人也只需向享有该项权利的特定人履行义务，即债的相对性。

债权与物权不同，物权是绝对权，而债权是相对权。债权相对性理论的内涵，可以归纳为以下三个方面：①债权主体的相对性；②债权内容的相对性；③债权责任的相对性。债务是根据当事人的约定或者法律规定，债务人所负担的应为特定行为的义务。

建设工程债的发生，是指特定当事人之间债权债务关系的产生。建设工程债产生根据有合同、侵权、无因管理和不当得利。

1. 合同

在当事人之间因产生了合同法律关系，也就是产生了权利义务关系，便设立了债的关系。任何合同关系的设立，都会在当事人之间发生债权债务的关系。合同引起债的关系，是债发生的最主要、最普遍的依据。合同产生的债被称为合同之债。

建设工程债的产生，最主要的也是合同。施工合同的订立，会在施工单位与建设单位之间产生债；材料设备买卖合同的订立，会在施工单位与材料设备供应商之间产生债的关系。

2. 侵权

侵权是指公民或法人没有法律依据而侵害他人的财产权利或人身权利的行为。侵权行为一经发生，即在侵权行为人和被侵权人之间形成债的关系。侵权行为产生的债被称为侵权之债。在建设工程活动中，也常会产生侵权之债。如施工现场的施工噪声，有可能产生侵权之债。

《民法典》规定，建筑物、构筑物或者其他设施倒塌、塌陷造成他人损害的，由建设单位与施工单位承担连带责任，但是建设单位与施工单位能够证明不存在质量缺陷的除外。

建设单位、施工单位赔偿后，有其他责任人的，有权向其他责任人追偿。因所有人、管理人、使用人或者第三人的原因，建筑物、构筑物或者其他设施倒塌、塌陷造成他人损害的，由所有人、管理人、使用人或者第三人承担侵权责任。

从建筑物中抛掷物品或者从建筑物上坠落的物品造成他人损害，难以确定具体侵权人的，除能够证明自己不是侵权人的外，由可能加害的建筑物使用人给予补偿。

3. 无因管理

无因管理是指管理人员和服务人员没有法律上的特定义务，也没有受到他人委托，自觉为他人管理事务或提供服务。无因管理在管理人员或服务人员与受益人之间形成了债的关系。无因管理产生的债被称为无因管理之债，如照料走失的小狗。

《民法典》规定，管理人没有法定的或者约定的义务，为避免他人利益受损失而管理他人事务的，可以请求受益人偿还因管理事务而支出的必要费用；管理人因管理事务受到损失的，可以请求受益人给予适当补偿。

4. 不当得利

不当得利是指没有法律上或者合同上的依据，有损于他人利益而自身取得利益的行为。由于不当得利造成他人利益的损害，在得利者与受害者之间形成债的关系。受损失的人有权请求其返还不当利益。不当得利产生的债被称为不当得利之债。

《民法典》规定，得利人没有法律根据取得不当利益的，受损失的人可以请求得利人返还取得的利益，但是有下列情形之一的除外：①为履行道德义务进行的给付；②债务到期之前的清偿；③明知无给付义务而进行的债务清偿。

8.3.2 建设工程债的常见种类

1. 施工合同债

施工合同债是发生在建设单位和施工单位之间的债。施工合同的义务主要是完成施工任务和支付工程款。对于完成施工任务，建设单位是债权人，施工单位是债务人；对于支付工程款，则相反。

2. 买卖合同债

在建设工程活动中，会产生大量的买卖合同，主要是材料设备买卖合同。材料设备的买方有可能是建设单位，也可能是施工单位，他们会与材料设备供应商产生债。

3. 侵权之债

在侵权之债中，最常见的是施工单位的施工活动产生的侵权。如施工噪声或者废水废弃物排放等扰民，可能对工地附近的居民构成侵权。此时，居民是债权人，施工单位或者建设单位是债务人。

8.4 建设工程担保制度

《民法典》规定，债权人在借贷、买卖等民事活动中，为保障实现其债权，需要担保的，可以依照本法和其他法律的规定设定担保物权。

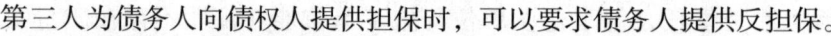

8-4 担保

第三人为债务人向债权人提供担保时，可以要求债务人提供反担保。

担保合同是主合同的从合同，主合同无效，担保合同无效。担保合同另有约定的，按照约定。担保合同被确认无效后，债务人、担保人、债权人有过错的，应当根据其过错各自承担相应的民事责任。

8.4.1 建设工程保证担保的方式和责任

《民法典》规定，担保方式为保证、抵押、质押、留置和定金。

在建设工程活动中，保证是最为常用的一种担保方式。所谓保证，是指保证人和债权人约定，当债务人不履行债务时，保证人按照约定履行债务或者承担责任的行为。具有代为清偿债务能力的法人、其他组织或者公民，可以作保证人。但在建设工程活动中，由于担保的标的额较大，保证人往往是银行，也有信用较高的其他担保人，如担保公司。银行出具的保证通常称为保函，其他保证人出具的书面保证一般称为保证书。

1. 保证合同

保证合同是为保障债权的实现，保证人和债权人约定，当债务人不履行到期债务或者发生当事人约定的情形时，保证人履行债务或者承担责任的合同。保证合同是主债权债务合同的从合同。主债权债务合同无效的，保证合同无效，但是法律另有规定的除外。保证合同被确认无效后，债务人、保证人、债权人有过错的，应当根据其过错各自承担相应的民事责任。

8-5 担保制度-保证

保证合同的内容一般包括被保证的主债权的种类、数额，债务人履行债务的期限，保证的方式、范围和期间等条款。

保证合同应当为书面形式。可以是一份独立的合同书，也可以是主合同中的保证条款。保证人与债权人可以就单个主合同分别订立保证合同，也可以协议在最高债权额限度内就一定期间连续发生的借款合同或者某项商品交易合同订立一个保证合同。

2. 保证方式

保证的方式有一般保证和连带责任保证两种方式。

当事人在保证合同中约定，债务人不能履行债务时，由保证人承担保证责任的，为一般保证。一般保证的保证人在主合同纠纷未经审判或者仲裁，并就债务人财产依法强制执行仍不能履行债务前，有权拒绝向债权人承担保证责任，但是有下列情形之一的除外：①债务人下落不明，且无财产可供执行；②人民法院已经受理债务人破产案件；③债权人有证据证明债务人的财产不足以履行全部债务或者丧失履行债务能力；④保证人书面表示放弃本款规定的权利。

当事人在保证合同中约定保证人与债务人对债务承担连带责任的，为连带责任保证。连带责任保证的债务人在主合同规定的债务履行期届满没有履行债务的，债权人可以要求债务人履行债务，也可以要求保证人在其保证范围内承担保证责任。当事人在保证合同中对保证方式没有约定或者约定不明确的，按照一般保证承担保证责任。

3. 保证人资格

《民法典》规定：机关法人不得为保证人，但是经国务院批准为使用外国政府或者国际经济组织贷款进行转贷的除外。以公益为目的的非营利法人、非法人组织不得为保证人。

4. 保证责任

保证合同生效后，保证人就应当在合同约定的保证范围和保证期间承担保证责任。

保证期间，债权人依法将主债权转让给第三人的，保证人在原保证担保的范围内继续承担保证责任。保证合同另有约定的，按照约定。保证期间，债权人许可债务人转让债务的，应当取得保证人书面同意，保证人对未经其同意转让的债务，不再承担保证责任。债权人与债务人协议变更主合同的，应当取得保证人书面同意，未经保证人书面同意的，保证人不再承担保证责任。保证合同另有约定的，按照约定。

一般保证的保证人未约定保证期间的，保证期间为主债务履行期届满之日起6个月。连带责任保证的保证人与债权人未约定保证期间的，债权人有权自主债务履行期届满之日起6个月内要求保证人承担保证责任。

5. 建设工程施工常用的担保种类

（1）投标保证金。投标保证金是指投标人按照招标文件的要求向招标人出具的，以一定金额表示的投标责任担保。其实质是为了避免因投标人在投标有效期内随意撤销投标或中标后不能提交履约保证金和签署合同等行为而给招标人造成损失。

投标保证金除现金外，可以是银行出具的银行保函、保兑支票、银行汇票或现金支票。

（2）合同履约保证金。《招标投标法》规定，招标文件要求中标人提交履约保证金的，中标人应当提供。施工合同履约保证金，是为了保证施工合同的顺利履行而要求承包人提供的担保。施工合同履约保证金多为提供第三人的信用担保（保证），一般是由银行或者担保公司向招标人出具履约保函或者保证书。

（3）工程款支付担保。《工程建设项目施工招标投标办法》规定，招标人要求中标人提供履约保证金或其他形式履约担保的，招标人应当同时向中标人提供工程款支付担保。

工程款支付担保，是发包人向承包人提交的、保证按照合同约定支付工程款的担保，通常采用由银行出具保函的方式。

（4）预付款担保。《建设工程施工合同（示范文本）》中提出，发包人要求承包人提供预付款担保的，承包人应在发包人支付预付款7天前提供预付款担保，专用合同条款另有约定除外。预付款担保可采用银行保函、担保公司担保等形式，具体由合同当事人在专用合同条款中约定。在预付款完全扣回之前，承包人应保证预付款担保持续有效。发包人在工程款中逐期扣回预付款后，预付款担保额度应相应减少，但剩余的预付款担保金额不得低于未被扣回的预付款金额。

8.4.2 抵押权、质权、留置权、定金的规定

1. 抵押权

按照《民法典》的规定，为担保债务的履行，债务人或者第三人不转移财产的占有，将该财产抵押给债权人的，债务人不履行到期债务或者发生当事人约定的实现抵押权的情形，债权人有权就该财产优先受偿。提供抵押财产的债务人或者第三人为抵押人，债权人为抵押权人，提供担保的财产为抵押财产。

（1）抵押物。债务人或者第三人提供担保的财产为抵押物。由于抵押物是不转移其占有的，因此能够成为抵押物的财产必须具备一定的条件。债务人或者第三人有权处分的下列财产可以抵押：

1）筑物和其他土地附着物。
2）建设用地使用权。
3）海域使用权。
4）生产设备、原材料、半成品、产品。
5）正在建造的建筑物、船舶、航空器。
6）交通运输工具。
7）法律、行政法规未禁止抵押的其他财产。

抵押人可以将上述所列财产一并抵押。

对于以上第1）项至第3）项规定的财产或者第5）项规定的正在建造的建筑物抵押的，应当办理抵押登记。抵押权自登记时设立。

下列财产不得抵押：①土地所有权；②宅基地、自留地、自留山等集体所有土地的使用权，但是法律规定可以抵押的除外；③学校、幼儿园、医疗机构等为公益目的成立的非营利法人的教育设施、医疗卫生设施和其他公益设施；④所有权、使用权不明或者有争议的财产；⑤依法被查封、扣押、监管的财产；⑥法律、行政法规规定不得抵押的其他财产。

以动产抵押的，抵押权自抵押合同生效时设立；未经登记，不得对抗善意第三人。

（2）抵押的效力。抵押担保的范围包括主债权及利息、违约金损害赔偿金和实现抵押权的费用。当事人也可以在抵押合同中约定抵押担保的范围。

抵押人有义务妥善保管抵押物并保证其价值。抵押期间，抵押人经抵押权人同意转让抵押财产的，应当将转让所得的价款向抵押权人提前清偿债务或者提存。转让的价款超过债权数额的部分归抵押人所有，不足部分由债务人清偿。抵押期间，抵押人未经抵押权人同意，不得转让抵押财产，但受让人代为清偿债务消灭抵押权的除外。抵押人的行为足以使抵押财产价值减少的，抵押权人有权要求抵押人停止其行为。

抵押权与其担保的债权同时存在。抵押权不得与债权分离而单独转让或者作为其他债权的担保。

（3）抵押权的实现。债务人不履行到期债务或者发生当事人约定的实现抵押权的情形，抵押权人可以与抵押人协议以抵押财产折价或者以拍卖、变卖该抵押财产所得的价款优先受偿。协议损害其他债权人利益的，其他债权人可以请求人民法院撤销该协议。抵押权人与抵押人未就抵押权实现方式达成协议的，抵押权人可以请求人民法院拍卖、变卖抵押财产。抵押财产折价或者变卖的，应当参照市场价格。

抵押财产折价或者拍卖、变卖后，其价款超过债权数额的部分归抵押人所有，不足部分由债务人清偿。

同一财产向两个以上债权人抵押的，拍卖、变卖抵押财产所得的价款依照下列规定清偿：

1）抵押权已经登记的，按照登记的时间先后确定清偿顺序。

2）抵押权已经登记的先于未登记的受偿。

3）抵押权未登记的，按照债权比例清偿。

其他可以登记的担保物权，清偿顺序参照上述规定。

2．质权

质押是指债务人或者第三人将其动产或权利移交债权人占有，将该动产或权利作为债权的担保。债务人不履行债务时，债权人有权依照法律规定以该动产或权利折价或者以拍卖、变卖该动产或权利的价款优先受偿。

质权是一种约定的担保物权，以转移占有为特征。债务人或者第三人为出质人，债权人为质权人，移交的动产或权利为质物。

质押分为动产质押和权利质押。动产质押是指债务人或者第三人将其动产移交债权人占有，将该动产作为债权的担保。法律、行政法规禁止转让的动产不得出质。质权自出质人交付质押财产时设立。

权利质押一般是将权利凭证交付质押人的担保。可以质押的权利包括汇票、支票、债券、存款单、依法可以转让的股份、股票、商标专用权、专利权、著作权中的财产权、现有的以及将有的应收账款等。以汇票、本票、支票、债券、存款单、仓单、提单出质的，质权自权利凭证交付质权人时设立；没有权利凭证的，质权自办理出质登记时设立。法律另有规定的，依照其规定。

3. 留置

留置是指债务人不履行到期债务，债权人可以留置已经合法占有的债务人的动产，并有权就该动产以折价或者以拍卖、变卖该财产的价款优先受偿，其中债权人为留置权人，占有的动产为留置财产。

《民法典》规定，留置权人与债务人应当约定留置财产后的债务履行期限；没有约定或者约定不明确的，留置权人应当给债务人六十日以上履行债务的期限，但是鲜活易腐等不易保管的动产除外。债务人逾期未履行的，留置权人可以与债务人协议以留置财产折价，也可以就拍卖、变卖留置财产所得的价款优先受偿。

留置权人负有妥善保管留置财产的义务。因保管不善致使留置财产毁损、灭失的，留置权人应当承担赔偿责任。

4. 定金

《民法典》规定，当事人可以约定一方向对方给付定金作为债权的担保。债务人履行债务后，定金应当抵作价款或者收回。给付定金的一方不履行约定的债务的，无权要求返还定金；收受定金的一方不履行约定的债务的，应当双倍返还定金。

8-6 定金与订金

定金的数额由当事人约定，但不得超过主合同标的额的20%，超过部分不产生定金的效力。实际交付的定金数额多于或者少于约定数额的，视为变更约定的定金数额。

定金应当以书面形式约定。当事人在定金合同中应当约定交付定金的期限。定金合同从实际交付定金之日起生效。当事人既约定违约金，又约定定金的，对方可以选择适用违约金或者定金条款。

8.5 建设工程保险制度

8.5.1 保险与保险索赔的规定

8-7 保险制度

1. 保险概述

保险是指投保人根据合同约定，向保险人支付保险费，保险人对于合同约定的可能发生的事故因其发生所造成的财产损失承担赔偿保险金责任，或者当被保险人死亡、伤残、疾病或者达到合同约定的年龄、期限等条件时承担给付保险金责任的商业保险行为。

保险是一种受法律保护的分散危险、消化损失的法律制度。因此，危险的存在是保险产生的前提。但保险制度上的危险具有损失发生的不确定性，包括发生与否的不确定性、发生时间的不确定性和发生后果的不确定性。

保险合同是指投保人与保险人约定保险权利义务关系的协议。投保人是指与保险人订立保险合同，并按照合同约定负有支付保险费义务的人。保险人是指与投保人订立保险合同，并按照合同约定承担赔偿或者给付保险金责任的保险公司。

保险合同在履行中还会涉及被保险人和受益人。被保险人是指其财产或者人身受保险合同保障，享有保险金请求权的人，投保人可以为被保险人。受益人是指人身保险合同中由被保险人或者投保人指定的享有保险金请求权的人，投保人、被保险人可以为受益人。

保险合同一般是以保险单的形式订立的。保险合同分为人身保险合同、财产保险合同。

人身保险合同是以人的寿命和身体为保险标的的保险合同。投保人应向保险人如实申报被保险人的年龄、身体状况。投保人于合同成立后，可以向保险人一次支付全部保险费，也可以按照合同规定分期支付保险费。人身保险的受益人由被保险人或者投保人指定。人身保险包括人寿保险、伤害保险、健康保险三种。

财产保险合同是以财产及其有关利益为保险标的的保险合同。在财产保险合同中，保险合同的转让应当通知保险人，经保险人同意继续承保后，依法转让合同。

在合同的有效期内，保险标的的危险程度显著增加的，被保险人应当按照合同约定及时通知保险人，保险人可以按照合同约定增加保险费或者解除合同。建筑工程一切险和安装工程一切险即为财产保险合同。

2. 保险索赔

对于投保人而言，保险的根本目的是发生灾难事件时能够得到补偿，而这一目的必须通过索赔来实现。

（1）投保人提供必要的有效的证明。保险事故发生后，依照保险合同请求保险人赔偿或者给付保险金时，投保人、被保险人或者受益人应当向保险人提供其所能提供的与确认保险事故的性质、原因、损失程度等有关的证明和资料。这就要求投保人在日常管理中应当注意证据的收集和保存。当保险事故发生后，更应注意证据收集，有时还需要有关部门的证明。索赔的证据一般包括保单、建设工程合同、事故照片、鉴定报告以及保单中规定的证明文件。

（2）投保人等及时提出保险索赔。投保人、被保险人或者受益人知道保险事故发生后，应当及时通知保险人。这与索赔的成功与否密切相关。因为，资金有时间价值，如果保险事故发生后很长时间才能取得索赔，即使是全额赔偿也不足以补偿自己的全部损失。而且，时间过长还会给索赔人的取证或保险人的理赔增加很大的难度。

（3）计算损失大小。保险单上载明的保险财产全部损失，应当按照全损进行保险索赔。保险单上载明的保险财产没有全部损失，应当按照部分损失进行保险索赔。但是，财产虽然没有全部毁损或者灭失，但其损坏程度已达到无法修理，或者虽然能够修理但修理费将超过赔偿金额的，也应当按照全损进行索赔。如果一个建设工程项目同时由多家保险公司承保，则应当按照约定的比例分别向不同的保险公司提出索赔要求。

8.5.2 建设工程保险的主要种类和投保权益

建设工程活动涉及的法律关系较为复杂，风险较为多样。因此，建设工程活动涉及的险种也较多，主要包括建筑工程一切险（及第三者责任险）、安装工程一切险（及第三者责任险）、机器损坏险、机动车辆险、建筑职工意外伤害险、勘察设计责任保险、工程监理责任保险等。

1. 建筑工程一切险

建筑工程一切险是承保各类民用、工业和公用事业建筑工程项目，包括道路、桥梁、水坝、港口等，在建造过程中因自然灾害或意外事故而引起的一切损失的险种。因在建工程抗灾能力差，危险程度高，一旦发生损失，不仅会对工程本身造成巨大的物质财富损失，甚至可能殃及邻近人员与财物。因此，许多保险公司已经开设这一险种。

建筑工程一切险往往还加保第三者责任险。第三者责任险是指在保险有效期内因在施工工地上发生意外事故造成在施工工地及邻近地区的第三者人身伤亡或财产损失，依法应由被保险人承担的经济赔偿责任。

（1）投保人与被保险人。《建设工程施工合同（示范文本）》中规定，除专用合同条款另有约定外，发包人应投保建筑工程一切险或安装工程一切险；发包人委托承包人投保的，因投保产生的保险费和其他相关费用由发包人承担。

建筑工程一切险的被保险人范围较宽，所有在工程进行期间，对该项工程承担一定风险的有关各方（即具有可保利益的各方），均可作为被保险人。具体包括：业主或工程所有人、承包商或者分包商、技术顾问（包括业主聘用的建筑师、工程师及其他专业顾问）。

（2）保险责任范围。保险人对下列原因造成的损失和费用，负责赔偿：

1）自然事件。指地震、海啸、雷电、飓风、台风、龙卷风、风暴、暴雨、洪水、水灾、冻灾、冰雹、地崩、山崩、雪崩、火山爆发、地面下陷下沉及其他人力不可抗拒的破坏力强大的自然现象。

2）意外事故。指不可预料的以及被保险人无法控制并造成物质损失或人身伤亡的突发性事件，包括火灾和爆炸等。

（3）第三者责任险。建筑工程一切险如果加保第三者责任险，保险人对下列原因造成的损失和费用，负责赔偿：

1）在保险期限内，因发生与所保工程直接相关的意外事故引起工地内及邻近区域的第三者人身伤亡、疾病或财产损失。

2）被保险人因上述原因支付的诉讼费用以及事先经保险人书面同意而支付的其他费用。

（4）赔偿金额与保险期限。保险人对每次事故引起的赔偿金额以法院或政府有关部门根据现行法律裁定的应由被保险人偿付的金额为准，但在任何情况下，均不得超过保险单明细表中对应列明的每次事故赔偿限额。在保险期限内，保险人经济赔偿的最高赔偿责任不得超过本保险单明细表中列明的累计赔偿限额。

建筑工程一切险的保险责任自保险工程在工地动工或用于保险工程的材料、设备运抵工地之时起始，至工程所有人对部分或全部工程签发完工验收证书或验收合格，或工程所有人实际占用或使用或接收该部分或全部工程之时终止，以先发生者为准。但在任何情况下，保险期限的起始或终止不得超出保险单明细表中列明的保险生效日或终止日。

2. 安装工程一切险

安装工程一切险是承保安装机器、设备、储油罐、钢结构工程、起重机以及包含机械工程因素的各种安装工程的险种。由于科学技术日益进步，现代工业的机器设备已进入电子计算机控制的时代，工艺精密、构造复杂、技术高度密集，价格十分昂贵。在安装、调试机器设备的过程中遇到自然灾害和意外事故的发生都会造成巨大的经济损失。安装工程一切险可以保障机器设备在安装、调试过程中，被保险人可能遭受的损失能够得到经济补偿。

安装工程一切险往往还加保第三者责任险。安装工程一切险的第三者责任险，负责被保险人在保险期限内，因发生意外事故，造成在工地及邻近地区的第三者人身伤亡、疾病或财产损失，依法应由被保险人赔偿的经济损失，以及因此而支付的诉讼费用和经保险人书面同意支付的其他费用。

（1）保险责任范围。保险人对因自然灾害、意外事故（具体内容与建筑工程一切险基本相同）造成的损失和费用，负责赔偿。

（2）保险期限。安装工程一切险的保险责任自保险工程在工地动工或用于保险工程的材料、设备运抵工地之时起始，至工程所有人对部分或全部工程签发完工验收证书或验收合格，或工程所有人实际占有或使用接收该部分或全部工程之时终止，以先发生者为准。但在任何情况下，安装期保险期限的起始或终止不得超出保险单明细表中列明的保险生效日或终止日。

安装工程一切险的保险期内，一般应包括一个试车考核期。试车考核期的长短一般根据安装工程合同中的约定进行确定，但不得超出安装工程保险单明细表中列明的试车和考核期限。安装工程一切险对考核期的保险责任一般不超过3个月，若超过3个月，应另行加收保险费。安装工程一切险对于旧机器设备不负考核期的保险责任，也不承担其维修期的保险责任。

3. 工伤保险和建筑职工意外伤害险

《建筑法》规定，建筑施工企业应当依法为职工参加工伤保险，缴纳工伤保险费。鼓励企业为从事危险作业的职工办理意外伤害保险，支付保险费。《建设工程安全生产管理条例》则规定，施工单位应当为施工现场从事危险作业的人员办理意外伤害保险。意外伤害保险费由施工单位支付。实行施工总承包的，由总承包单位支付意外伤害保险费。意外伤害保险期限自建设工程开工之日起至竣工验收合格止。劳务分包单位自行缴纳意外伤害保险费用。

4. 工伤认定

职工有下列情形之一，应当认定为工伤：

（1）在工作时间和工作场所内，因工作原因受到事故伤害。

（2）工作时间前后在工作场所内，从事与工作有关的预备性或者收尾性工作受到事故伤害的。

（3）在工作时间和工作场所内，因履行工作职责受到暴力等意外伤害的。

（4）患职业病的。

（5）因工外出期间，由于工作原因受到伤害或者发生事故下落不明的。

（6）在上下班途中，受到非本人主要责任的交通事故或者城市轨道交通、客运轮渡、火车事故伤害的。

（7）法律、行政法规规定应当认定为工伤的其他情形。

职工有下列情形之一的，视同工伤：

（1）在工作时间和工作岗位，突发疾病死亡或者在48小时之内经抢救无效死亡的。

（2）在抢险救灾等维护国家利益、公共利益活动中受到伤害的。

（3）职工原在军队服役，因战、因公负伤致残，已取得革命伤残军人证，到用人单位后旧伤复发的。

故意犯罪的、醉酒或者吸毒的、自残或者自杀的等不得认定为工伤或者视同工伤。

8.6 施工节约能源制度

节约资源是我国的基本国策。国家实施节约与开发并举、把节约放在首位的能源发展战略。

在工程建设领域，节约能源主要包括建筑节能和施工节能两个方面。建筑节能是解决建设项目建成后使用过程中的节能问题。施工节能则是要解决施工过程中的节约能源问题。

8.6.1 合理使用与节约能源的一般规定

1. 节能的产业政策

《中华人民共和国节约能源法》（以下简称《节约能源法》）规定，国家实行有利于节能和环境保护的产业政策，限制发展高耗能、高污染行业，发展节能环保型产业。

国家对落后的耗能过高的用能产品、设备和生产工艺实行淘汰制度。禁止使用国家明令淘汰的用能设备、生产工艺。国家鼓励企业制定严于国家标准、行业标准的企业节能标准。

2. 用能单位的法定义务

用能单位应当按照合理用能的原则，加强节能管理，制定并实施节能计划和节能技术措施，降低能源消耗。用能单位应当建立节能目标责任制，对节能工作取得成绩的集体、个人给予奖励。用能单位应当定期开展节能教育和岗位节能培训。

用能单位应当加强能源计量管理，按照规定配备和使用经依法检定合格的能源计量器具。用能单位应当建立能源消费统计和能源利用状况分析制度，对各类能源的消费实行分类计量和统计，并确保能源消费统计数据真实、完整。任何单位不得对能源消费实行包费制。

3. 循环经济的法律要求

循环经济是指在生产、流通和消费等过程中进行的减量化、再利用、资源化活动的总称。减量化是指在生产、流通和消费等过程中减少资源消耗和废物产生。再利用是指将废物直接作为产品或者经修复、翻新、再制造后继续作为产品使用，或者将废物的全部或者部分作为其他产品的部件予以使用。资源化是指将废物直接作为原料进行利用或者对废物进行再生利用。

《中华人民共和国循环经济促进法》（以下简称《循环经济促进法》）规定，发展循环经济应当在技术可行、经济合理和有利于节约资源、保护环境的前提下，按照减量化优先的原则实施。在废物再利用和资源化过程中，应当保障生产安全，保证产品质量符合国家规定的标准，并防止产生再次污染。

企业事业单位应当建立健全管理制度，采取措施，降低资源消耗，减少废物的产生量和排放量，提高废物的再利用和资源化水平。

国务院循环经济发展综合管理部门会同国务院环境保护等有关主管部门，定期发布鼓励、限制和淘汰的技术、工艺、设备、材料和产品名录。禁止生产、进口、销售列入淘汰名录的设备、材料和产品，禁止使用列入淘汰名录的技术、工艺、设备和材料。

8.6.2 建筑节能

《节约能源法》规定，国家实行固定资产投资项目节能评估和审查制度。不符合强制性节能标准的项目，依法负责项目审批或者核准的机关不得批准或者核准建设，建设单位不得开工建设；已经建成的，不得投入生产、使用。

国家鼓励在新建建筑和既有建筑节能改造中使用新型墙体材料等节能建筑材料和节能设备，安装和使用太阳能等可再生能源利用系统。

建筑工程的建设、设计、施工和监理单位应当遵守建筑节能标准。

1. 新建建筑节能的规定

国家推广使用民用建筑节能的新技术、新工艺、新材料和新设备，限制使用或者禁止使用能源消耗高的技术、工艺、材料和设备。国家限制进口或者禁止进口能源消耗高的技术、材料和设备。

建设单位、设计单位、施工单位不得在建筑活动中使用列入禁止使用目录的技术、工艺、材料和设备。

（1）施工图审查机构的节能义务。施工图设计文件审查机构应当按照民用建筑节能强制性标准对施工图设计文件进行审查；经审查不符合民用建筑节能强制性标准的，县级以上地方人民政府建设主管部门不得颁发施工许可证。

（2）建设单位的节能义务。建设单位不得明示或者暗示设计单位、施工单位违反民用建筑节能强制性标准进行设计、施工，不得明示或者暗示施工单位使用不符合施工图设计文件要求的墙体材料、保温材料、门窗、采暖制冷系统和照明设备。按照合同约定由建设单位采购墙体材料、保温材料、门窗、采暖制冷系统和照明设备的，建设单位应当保证其符合施工图设计文件要求。

建设单位组织竣工验收，应当对民用建筑是否符合民用建筑节能强制性标准进行查验；对不符合民用建筑节能强制性标准的，不得出具竣工验收合格报告。

（3）设计单位、施工单位、工程监理单位的节能义务。设计单位、施工单位、工程监理单位及其注册执业人员，应当按照民用建筑节能强制性标准进行设计、施工、监理。

施工单位应当对进入施工现场的墙体材料、保温材料、门窗、采暖制冷系统和照明设备进行查验；不符合施工图设计文件要求的，不得使用。工程监理单位发现施工单位不按照民用建筑节能强制性标准施工的，应当要求施工单位改正；施工单位拒不改正的，工程监理单位应当及时报告建设单位，并向有关主管部门报告。墙体、屋面的保温工程施工时，监理工程师应当按照工程监理规范的要求，采取旁站、巡视和平行检验等形式实施监理。未经监理工程师签字，墙体材料、保温材料、门窗、采暖制冷系统和照明设备不得在建筑上使用或者安装，施工单位不得进行下一道工序的施工。

2. 既有建筑节能的规定

既有建筑节能改造，是指对不符合民用建筑节能强制性标准的既有建筑的围护结构、供热系统、采暖制冷系统、照明设备和热水供应设施等实施节能改造的活动。

实施既有建筑节能改造，应当符合民用建筑节能强制性标准，优先采用遮阳、改善通风等低成本改造措施。既有建筑围护结构的改造和供热系统的改造应当同步进行。

8.6.3 绿色施工

绿色施工是指工程建设中，在保证质量、安全等基本要求的前提下，通过科学管理和技术进步，最大限度地节约资源与减少对环境负面影响的施工活动，实现四节一环保（节能、节地、节水、节材和环境保护）。

1. 节材与材料资源利用

《绿色施工导则》分别对节材措施、结构材料、围护材料、装饰装修材料、周转材料提出了明确要求。

（1）节材措施：

1）图纸会审时，应审核节材与材料资源利用的相关内容，达到材料损耗率比定额损耗率降低30%。

2）根据施工进度、库存情况等合理安排材料的采购、进场时间和批次，减少库存。

3）现场材料堆放有序，储存环境适宜，措施得当。保管制度健全，责任落实。

4）材料运输工具适宜，装卸方法得当，防止损坏和遗洒。根据现场平面布置情况就近卸载，避免和减少二次搬运。

5）采取技术和管理措施提高模板、脚手架等的周转次数。

6）优化安装工程的预留、预埋、管线路径等方案。

7）应就地取材，施工现场500km以内生产的建筑材料用量应占建筑材料总重量的70%以上。

（2）结构材料：

1）推广使用预拌混凝土和商品砂浆。准确计算采购数量、供应频率、施工速度等，在施工过程中动态控制。结构工程使用散装水泥。

2）推广使用高强钢筋和高性能混凝土，减少资源消耗。

3）推广钢筋专业化加工和配送。

4）优化钢筋配料和钢构件下料方案。钢筋及钢结构制作前应对下料单及样品进行复核，无误后方可批量下料。

5）优化钢结构制作和安装方法。大型钢结构宜采用工厂制作，现场拼装；宜采用分段吊装、整体提升、滑移、顶升等安装方法，减少方案的措施用材量。

6）采取数字化技术，对大体积混凝土、大跨度结构等专项施工方案进行优化。

（3）围护材料：

1）门窗、屋面、外墙等围护结构选用耐候性及耐久性良好的材料，施工确保密封性、防水性和保温隔热性。

2）门窗采用密封性、保温隔热性能、隔声性能良好的型材和玻璃等材料。

3）屋面材料、外墙材料应具有良好的防水性能和保温隔热性能。

4）当屋面或墙体等部位采用基层加设保温隔热系统的方式施工时，应选择高效节能、耐久性好的保温隔热材料，以减小保温隔热层的厚度及材料用量。

5）屋面或墙体等部位的保温隔热系统采用专用的配套材料，以加强各层次之间的粘结或连接强度，确保系统的安全性和耐久性。

6）根据建筑物的实际特点，优选屋面或外墙的保温隔热材料系统和施工方式，例如保温板粘贴、保温板干挂、聚氨酯硬泡喷涂、保温浆料涂抹等，以保证保温隔热效果，并减少材料浪费。

7）加强保温隔热系统与围护结构的节点处理，尽量降低热桥效应。针对建筑物的不同部位保温隔热特点，选用不同的保温隔热材料及系统，以做到经济适用。

（4）装饰装修材料：

1）贴面类材料在施工前，应进行总体排版策划，减少非整块材的数量。

2）采用非木质的新材料或人造板材代替木质板材。

3）防水卷材、壁纸、油漆及各类涂料基层必须符合要求，避免起皮、脱落。各类油漆及粘结剂应随用随开启，不用时及时封闭。

4）幕墙及各类预留预埋应与结构施工同步。

5）木制品及木装饰用料、玻璃等各类板材等宜在工厂采购或定制。

6）采用自粘类片材，减少现场液态粘结剂的使用量。

（5）周转材料：

1）应选用耐用、维护与拆卸方便的周转材料和机具。

2）优先选用制作、安装、拆除一体化的专业队伍进行模板工程施工。

3）模板应以节约自然资源为原则，推广使用定型钢模、钢框竹模、竹胶板。

4）施工前应对模板工程的方案进行优化。多层、高层建筑使用可重复利用的模板体系，模板支撑宜采用工具式支撑。

5）优化高层建筑的外脚手架方案，采用整体提升、分段悬挑等方案。

6）推广采用外墙保温板替代混凝土施工模板的技术。

7）现场办公和生活用房采用周转式活动房。现场围挡应最大限度地利用已有围墙，或采用装配式可重复使用围挡封闭。力争工地临房、临时围挡材料的可重复使用率达到70%。

2. 节水与水资源利用

《循环经济促进法》规定，国家鼓励和支持使用再生水。企业应当发展串联用水系统和循环用水系统，提高水的重复利用率。企业应当采用先进技术、工艺和设备，对生产过程中产生的废水进行再生利用。《绿色施工导则》进一步对提高用水效率、非传统水源利用和安全用水作出规定。

（1）提高用水效率：

1）施工中采用先进的节水施工工艺。

2）施工现场喷洒路面、绿化浇灌不宜使用市政自来水。现场搅拌用水、养护用水应采取有效的节水措施，严禁无措施浇水养护混凝土。

3）施工现场供水管网应根据用水量设计布置，管径合理、管路简捷，采取有效措施减少管网和用水器具的漏损。

4）现场机具、设备、车辆冲洗用水必须设立循环用水装置。施工现场办公区、生活区的生活用水采用节水系统和节水器具，提高节水器具配置比率。项目临时用水应使用节水型产品，安装计量装置，采取针对性的节水措施。

5）施工现场建立可再利用水的收集处理系统，使水资源得到梯级循环利用。

6）施工现场分别对生活用水与工程用水确定用水定额指标，并分别计量管理。

7）大型工程的不同单项工程、不同标段、不同分包生活区，凡具备条件的应分别计量用水量。在签订不同标段分包或劳务合同时，将节水定额指标纳入合同条款，进行计量考核。

8）对混凝土搅拌站点等用水集中的区域和工艺点进行专项计量考核。施工现场建立雨水、中水或可再利用水的收集利用系统。

（2）非传统水源利用：

1）优先采用中水搅拌、中水养护，有条件的地区和工程应收集雨水养护。

2）处于基坑降水阶段的工地，宜优先采用地下水作为混凝土搅拌用水、养护用水、冲洗用水和部分生活用水。

3）现场机具、设备、车辆冲洗、喷洒路面、绿化浇灌等用水，优先采用非传统水源，尽量不使用市政自来水。

4）大型施工现场，尤其是雨量充沛地区的大型施工现场建立雨水收集利用系统，充分收集自然降水用于施工和生活中适宜的部位。

5）力争施工中非传统水源和循环水的再利用量大于30%。

（3）安全用水。在非传统水源和现场循环再利用水的使用过程中，应制定有效的水质检测与卫生保障措施，确保避免对人体健康、工程质量以及周围环境产生不良影响。

3. 节能与能源利用

《绿色施工导则》对节能措施，机械设备与机具，生产、生活及办公临时设施，施工用电及照明分别作出规定。

（1）节能措施：

1）制订合理施工能耗指标，提高施工能源利用率。

2）优先使用国家、行业推荐的节能、高效、环保的施工设备和机具，如选用变频技术的节能施工设备等。

3）施工现场分别设定生产、生活、办公和施工设备的用电控制指标，定期进行计量、核算、对比分析，并有预防与纠正措施。

4）在施工组织设计中，合理安排施工顺序、工作面，以减少作业区域的机具数量，相邻作业区充分利用共有的机具资源。安排施工工艺时，应优先考虑耗用电能或其他能耗较少的施工工艺，避免设备额定功率远大于使用功率或超负荷使用设备的现象。

5）根据当地气候和自然资源条件，充分利用太阳能、地热等可再生能源。

（2）机械设备与机具：

1）建立施工机械设备管理制度，开展用电、用油计量，完善设备档案，及时做好维修保养工作，使机械设备保持低耗、高效的状态。

2）选择功率与负载相匹配的施工机械设备，避免大功率施工机械设备低负载长时间运行。机电安装可采用节电型机械设备，如逆变式电焊机和能耗低、效率高的手持电动工具等，以利节电。机械设备宜使用节能型油料添加剂，在可能的情况下，考虑回收利用，节约油量。

3）合理安排工序，提高各种机械的使用率和满载率，降低各种设备的单位耗能。

（3）生产、生活及办公临时设施：

1）利用场地自然条件，合理设计生产、生活及办公临时设施的体形、朝向、间距和窗墙面积比，使其获得良好的日照、通风和采光，南方地区可根据需要在其外墙窗设遮阳设施。

2）临时设施宜采用节能材料，墙体、屋面使用隔热性能好的材料，减少夏天空调、冬天取暖设备的使用时间及耗能量。

3）合理配置采暖、空调、风扇数量，规定使用时间，实行分段分时使用，节约用电。

（4）施工用电及照明：

1）临时用电优先选用节能电线和节能灯具，临电线路合理设计、布置，临时用电设备宜采用自动控制装置，采用声控、光控等节能照明灯具。

2）照明设计以满足最低照度为原则，照度不应超过最低照度的20%。

4. 节地与施工用地保护

《绿色施工导则》对临时用地指标、临时用地保护、施工总平面布置分别作出规定。

(1) 临时用地指标:

1) 根据施工规模及现场条件等因素合理确定临时设施,如临时加工厂、现场作业棚及材料堆场、办公生活设施等的占地指标,临时设施的占地面积应按用地指标所需的最低面积设计。

2) 要求平面布置合理、紧凑,在满足环境、职业健康与安全及文明施工要求的前提下尽可能减少废弃地和死角,临时设施占地面积有效利用率大于90%。

(2) 临时用地保护:

1) 应对深基坑施工方案进行优化,减少土方开挖和回填量,最大限度地减少对土地的扰动,保护周边自然生态环境。

2) 红线外临时占地应尽量使用荒地、废地,少占用农田和耕地。工程完工后,及时对红线外占地恢复原地形、地貌,使施工活动对周边环境的影响降至最低。

3) 利用和保护施工用地范围内原有绿色植被。对于施工周期较长的现场,可按建筑永久绿化的要求,安排场地新建绿化。

(3) 施工总平面布置:

1) 施工总平面布置应做到科学、合理,充分利用原有建筑物、构筑物、道路、管线为施工服务。

2) 施工现场搅拌站、仓库、加工厂、作业棚、材料堆场等布置应尽量靠近已有交通线路或即将修建的正式或临时交通线路,缩短运输距离。

3) 临时办公和生活用房应采用经济、美观、占地面积小、对周边地貌环境影响较小,且适合于施工平面布置动态调整的多层轻钢活动板房、钢骨架水泥活动板房等标准化装配式结构,生活区与生产区应分开布置,并设置标准的分隔设施。

4) 施工现场围墙可采用连续封闭的轻钢结构预制装配式活动围挡,减少建筑垃圾,保护土地。

5) 施工现场道路按照永久道路和临时道路相结合的原则布置,施工现场内形成环形通路,减少道路占用土地。

6) 临时设施布置应注意远近结合(本期工程与下期工程),努力减少和避免大量临时建筑拆迁和场地搬迁。

8.6.4 违法行为应承担的法律责任

1. 违反建筑节能标准应承担的法律责任

《节约能源法》规定,设计单位、施工单位、监理单位违反建筑节能标准的,由建设主管部门责令改正,处10万元以上50万元以下罚款;情节严重的,由颁发资质证书的部门降低资质等级或者吊销资质证书;造成损失的,依法承担赔偿责任。

《民用建筑节能条例》规定,施工单位未按照民用建筑节能强制性标准进行施工的,由县级以上地方人民政府建设主管部门责令改正,处民用建筑项目合同价款2%以上4%以下的罚款;情节严重的,由颁发资质证书的部门责令停业整顿,降低资质等级或者吊销资质证书;造成损失的,依法承担赔偿责任。

注册执业人员未执行民用建筑节能强制性标准的，由县级以上人民政府建设主管部门责令停止执业3个月以上1年以下；情节严重的，由颁发资格证书的部门吊销执业资格证书，5年内不予注册。

2. 违法施工节能行为应承担的法律责任

《民用建筑节能条例》规定，施工单位有下列行为之一的，由县级以上地方人民政府建设主管部门责令改正，处10万元以上20万元以下的罚款；情节严重的，由颁发资质证书的部门责令停业整顿，降低资质等级或者吊销资质证书；造成损失的，依法承担赔偿责任：

（1）未对进入施工现场的墙体材料、保温材料、门窗、采暖制冷系统和照明设备进行查验的。

（2）使用不符合施工图设计文件要求的墙体材料、保温材料、门窗、采暖制冷系统和照明设备的。

（3）使用列入禁止使用目录的技术、工艺、材料和设备的。

3. 用能单位违法行为应承担的法律责任

《节约能源法》规定，用能单位未按照规定配备、使用能源计量器具的，由产品质量监督部门责令限期改正；逾期不改正的，处1万元以上5万元以下罚款。

瞒报、伪造、篡改能源统计资料或者编造虚假能源统计数据的，依照《中华人民共和国统计法》的规定处罚。

无偿向本单位职工提供能源或者对能源消费实行包费制的，由管理节能工作的部门责令限期改正；逾期不改正的，处5万元以上20万元以下罚款。

进口列入淘汰名录的设备、材料或者产品的，由海关责令退运，可以处10万元以上100万元以下的罚款。进口者不明的，由承运人承担退运责任，或者承担有关处置费用。

8.7 施工环境保护制度

《建筑法》规定，建筑施工企业应当遵守有关环境保护和安全生产的法律、法规的规定，采取控制和处理施工现场的各种粉尘、废气、废水、固体废物以及噪声、振动对环境的污染和危害的措施。《建设工程安全生产管理条例》进一步规定，施工单位应当遵守有关环境保护法律、法规的规定，在施工现场采取措施，防止或者减少粉尘、废气、废水、固体废物、噪声、振动和施工照明对人和环境的危害和污染。在城市市区内的建设工程，施工单位应当对施工现场实行封闭围挡。

8.7.1 环境影响评价制度和三同时制度

1. 环境影响评价制度

我国对建设项目实行环境影响评价制度。环境影响评价制度是指在进行建设活动之前，对建设项目的选址、设计和建成投产使用后可能对周围环境产生的不良影响进行调查、预测和评定，提出防治措施，并按照法定程序进行报批的法律制度。

环境影响评价制度要求建设项目在立项阶段可行性研究环节进行环境影响评价，根据建设项目对环境的影响程度，实行分类管理。

（1）建设项目对环境可能造成重大影响的，应当编制环境影响报告书，对建设项目产生的污染和对环境的影响进行全面、详细的评价。

（2）建设项目对环境可能造成轻度影响的，应当编制环境影响报告表，对建设项目产生的污染和对环境的影响进行分析或者专项评价。

（3）建设项目对环境影响很小，不需要进行环境影响评价的，应当填报环境影响登记表。

特殊性质、跨区域、重要的建设项目环境影响报告书、环境影响报告表或者环境影响登记表由国务院环境保护行政主管部门负责审批，其他建设项目审批事项由省、自治区、直辖市人民政府规定。环境保护行政主管部门应当自收到建设项目环境影响报告书之日起60日内、收到环境影响报告表之日起30日内、收到环境影响登记表之日起15日内，分别做出审批决定并书面通知建设单位。

2. "三同时"制度

所谓"三同时"制度，指的是建设项目需要配套建设的环境保护设施，必须与主体工程同时设计、同时施工、同时投产使用。这里建设项目安全设施，是指生产经营单位在生产经营活动中用于预防生产安全事故的设备、设施、装置、构（建）筑物和其他技术措施的总称。

（1）同时设计。建设项目初步设计时，应当委托有相应资质的初步设计单位对建设项目安全设施同时进行设计，编制安全设施设计。建设项目安全设施设计完成后，建设单位应当按照相关的规定向安全生产监督管理部门提出审查申请，并提交相关文件资料。安全生产监督管理部门收到申请后，应当及时进行审查。

（2）同时施工。建设项目安全设施应与建设项目主体工程同时施工。施工单位应当严格按照安全设施设计和相关施工技术标准、规范施工，并对安全设施的工程质量负责。建设项目安全设施建成后，建设单位应当对安全设施进行检查，对发现的问题及时整改。

（3）同时投产使用。建设项目的主体工程完工后，进行生产或试生产的，其配套建设的环境保护设施必须与主体工程同时投入运行。建设项目竣工后，建设单位应当向审批该建设项目环境影响报告书、环境影响报告表或者环境影响登记表的环境保护行政主管部门，申请该建设项目需要配套建设的环境保护设施竣工验收。环境保护设施竣工验收，应当与主体工程竣工验收同时进行。环境保护行政主管部门应当自收到环境保护设施竣工验收申请之日起30日内，完成验收。安全设施竣工验收合格后，方可投入生产和使用。

8.7.2 施工现场噪声污染防治

施工噪声是指在建设工程施工过程中所产生的干扰周围生活环境的声音。施工噪声污染，是指所产生的施工噪声超过国家规定的环境噪声排放标准，并干扰他人正常生活、工作和学习的现象。近几年大规模的工程建设，施工噪声污染问题日趋严重，不仅影响周围居民的正常生活，还损害城市的环境形象。因此，依法加强施工现场噪声管理，有效防治施工噪声污染具有非常重要的意义。

1. 产生环境噪声施工机械设备申报的规定

《环境噪声污染防治法》规定，在城市市区范围内，建筑施工过程中使用机械设备可能产生环境噪声污染的，施工单位必须在工程开工15日前向工程所在地县级以上地方人民政府环境保护行政主管部门申报该工程的名称、施工场所和期限、可能产生的环境噪声值以及所采取的环境噪声污染防治措施的情况。

2. 施工场界环境噪声排放标准的规定

建筑施工场界是指由有关主管部门批准的建筑施工场地边界或建筑施工过程中实际使用的施工场地边界。根据《建筑施工场界环境噪声排放标准》，建筑施工过程中场界环境噪声昼间不得超过70分贝（dB），夜间不得超过55分贝（dB），夜间噪声最大声级超过限值的幅度不得高于15分贝（dB）。这里的"昼间"是指6:00—22:00的时段；"夜间"是指22:00—次日6:00的时段。

3. 夜间施工作业的规定

在城市市区噪声敏感建筑物集中区域内，禁止夜间进行产生环境噪声污染的建筑施工作业，但抢修、抢险作业和因生产工艺上要求或者特殊需要必须连续作业的除外。因特殊需要必须连续作业的，必须有县级以上人民政府或者其有关主管部门的证明。上述的夜间作业，必须公告附近居民。

噪声敏感建筑物是指医院、学校、机关、科研单位、住宅等需要保持安静的建筑物。

8.7.3　施工现场废气污染防治

对于施工现场的大气污染防治，主要是防治扬尘污染。

1.《中华人民共和国大气污染防治法》相关规定

建设单位应当将防治扬尘污染的费用列入工程造价，并在施工承包合同中明确施工单位扬尘污染防治责任。施工单位应当制定具体的施工扬尘污染防治实施方案。

从事房屋建筑、市政基础设施建设、河道整治以及建筑物拆除等施工的单位，应当向负责监督管理扬尘污染防治的主管部门备案。施工单位应当在施工工地设置硬质围挡，并采取覆盖、分段作业、择时施工、洒水抑尘、冲洗地面和车辆等有效防尘降尘措施。建筑土方、工程渣土、建筑垃圾应当及时清运。在场地内堆存的，应当采用密闭式防尘网遮盖。工程渣土、建筑垃圾应当进行资源化处理。

施工单位应当在施工工地公示扬尘污染防治措施、负责人、扬尘监督管理主管部门等信息。暂时不能开工的建设用地，建设单位应当对裸露地面进行覆盖；超过三个月的，应当进行绿化、铺装或者遮盖。

施工中运输垃圾、渣土、砂石、土方、灰浆等散装、流体物料的车辆应当采取密闭或者其他措施防止物料遗撒造成扬尘污染，并按照规定路线行驶。贮存水泥、石灰、石膏、砂土等易产生扬尘的物料应当密闭，不能密闭的，应当设置不低于堆放物高度的严密围挡，并采取有效覆盖措施防治扬尘污染。

2.《绿色施工导则》对防治扬尘污染的规定

（1）运送土方、垃圾、设备及建筑材料等，不污损场外道路。运输容易散落、飞扬、流漏的物料的车辆，必须采取措施封闭严密，保证车辆清洁。施工现场出口应设置洗车槽。

（2）土方作业阶段，采取洒水、覆盖等措施，达到作业区目测扬尘高度小于1.5m，不扩散到场区外。

（3）结构施工、安装装饰装修阶段，作业区目测扬尘高度小于0.5m。对易产生扬尘的堆放材料应采取覆盖措施，对粉末状材料应封闭存放。场区内可能引起扬尘的材料及建筑垃圾搬运应有降尘措施，如覆盖、洒水等。浇筑混凝土前清理灰尘和垃圾时尽量使用吸尘器，避免使用吹风器等易产生扬尘的设备。机械剔凿作业时可用局部遮挡、掩盖、水淋等防护措施；高层或多层建筑清理垃圾应搭设封闭性临时专用道或采用容器吊运。

（4）施工现场非作业区达到目测无扬尘的要求。对现场易飞扬物质采取有效措施，如洒水、地面硬化、围挡、密网覆盖、封闭等，防止扬尘产生。

（5）构筑物机械拆除前，做好扬尘控制计划。可采取清理积尘、拆除体洒水、设置隔挡等措施。

（6）构筑物爆破拆除前，做好扬尘控制计划。可采用清理积尘、淋湿地面、预湿墙体、屋面敷水袋、楼面蓄水、建筑外设高压喷雾状水系统、搭设防尘排栅和直升机投水弹等综合降尘。选择风力小的天气进行爆破作业。

（7）在场界四周隔挡高度位置测得的大气总悬浮颗粒物（TSP）月平均浓度，与城市背景值的差值不大于 $0.08mg/m^3$。

8.7.4 施工现场废水污染防治

当前，我国水污染形势严峻，水污染防治任务艰巨。水利部近期公布的数据显示，目前我国水库水源地水质有11%不达标，湖泊水源地水质约70%不达标，地下水水源地水质约60%不达标。全国城镇中，饮用水源地水质不安全涉及的人口约1.4亿人。

《中华人民共和国水污染防治法》规定，水污染防治应当坚持预防为主、防治结合、综合治理的原则，优先保护饮用水水源，严格控制工业污染、城镇生活污染，积极推进生态治理建设，预防、控制和减少水环境污染和生态破坏。

1. 建设项目水污染防治

《中华人民共和国水污染防治法》规定，禁止在饮用水水源一级保护区内新建、改建、扩建与供水设施和保护水源无关的建设项目，已建成的与供水设施和保护水源无关的建设项目，由县级以上人民政府责令拆除或者关闭。禁止在饮用水水源二级保护区内新建、改建、扩建排放污染物的建设项目，已建成的排放污染物的建设项目，由县级以上人民政府责令拆除或者关闭。禁止在饮用水水源准保护区内新建、扩建对水体污染严重的建设项目。改建建设项目，不得增加排污量。

国家对重点水污染物排放实施总量控制制度。省级人民政府应当按照国务院的规定控制本行政区域的重点水污染物排放总量，并将重点水污染物排放总量控制指标分解落实到市、县人民政府。市、县人民政府根据本行政区域重点水污染物排放总量控制指标的要求，将重点水污染物排放总量控制指标分解落实到排污单位。对超过重点水污染物排放总量控制指标的地区，有关人民政府环境保护主管部门应当暂停审批新增重点水污染物排放总量的建设项目的环境影响评价文件。

2. 施工现场水污染防治

《中华人民共和国水污染防治法》规定，直接或者间接向水体排放污染物的企业事业单位和个体工商户，应当按照国务院环境保护主管部门的规定，向县级以上地方人民政府环境保护主管部门申报登记拥有的水污染物排放设施、处理设施和在正常作业条件下排放水污染物的种类、数量和浓度，并提供防治水污染方面的有关技术资料。企业事业单位和个体工商户排放水污染物的种类、数量和浓度有重大改变的，应当及时申报登记；其水污染物处理设施应当保持正常使用；拆除或者闲置水污染物处理设施的，应当事先报县级以上地方人民政府环境保护主管部门批准。

（1）禁止向水体排放油类、酸液、碱液或者剧毒废液。禁止在水体清洗装贮过油类或者有毒污染物的车辆和容器。

（2）禁止向水体排放、倾倒放射性固体废物或者含有高放射性和中放射性物质的废水。向水体排放含低放射性物质的废水，应当符合国家有关放射性污染防治的规定和标准。

（3）向水体排放含热废水，应当采取措施，保证水体的水温符合水环境质量标准。含病原体的污水应当经过消毒处理，符合国家有关标准后，方可排放。

（4）禁止向水体排放、倾倒工业废渣、城镇垃圾和其他废弃物。禁止将含有汞、镉、砷、铬、铅、氰化物、黄磷等的可溶性剧毒废渣向水体排放、倾倒或者直接埋入地下。存放可溶性剧毒废渣的场所，应当采取防水、防渗漏、防流失的措施。

（5）禁止利用渗井、渗坑、裂隙和溶洞排放、倾倒含有毒污染物的废水、含病原体的污水和其他废弃物。

（6）兴建地下工程设施或者进行地下勘探、采矿等活动，应当采取防护性措施，防止地下水污染。人工回灌补给地下水，不得恶化地下水质。

3. 排水许可证制度

《城镇污水排入排水管网许可管理办法》规定，向城镇排水设施排放污水，需取得排水许可证，未取得排水许可证的，不得向城镇排水系统排放污水。建设工程在施工过程中需排水的，由建设单位向所在地城镇排水主管部门申请领取排水许可证。城镇排水主管部门应当自受理申请之日起20日内做出决定。

排水许可证的有效期为5年。因施工作业需要向城镇排水设施排水的，排水许可证的有效期，由城镇排水主管部门根据排水状况确定，但不得超过施工期限。在排水许可证的有效期内，排水口数量和位置、排水量、污染物项目或者浓度等排水许可内容变更的，排水户应重新申请领取排水许可证。

排水户不得有下列危及城镇排水设施安全的行为：

（1）向城镇排水设施排放、倾倒剧毒、易燃易爆物质、腐蚀性废液和废渣、有害气体及烹饪油烟等。

（2）堵塞城镇排水设施或者向城镇排水设施内排放、倾倒垃圾、渣土、施工泥浆、油脂、污泥等易堵塞物。

（3）擅自拆卸、移动和穿凿城镇排水设施。

（4）擅自向城镇排水设施加压排放污水。

8.7.5 施工现场固体废物污染防治

施工现场的固体废物主要是建筑垃圾和生活垃圾。固体废物分为一般废物和危险废物。

1. 一般固体废物污染防治

《固体废物污染环境防治法》规定，产生固体废物的单位和个人，应当采取措施，防止或者减少固体废物对环境的污染。

收集、贮存、运输、利用、处置固体废物的单位和个人，必须采取防扬散、防流失、防渗漏或者其他防止污染环境的措施，不得擅自倾倒、堆放、丢弃、遗撒固体废物。禁止任何单位或者个人向江河、湖泊、运河、渠道、水库及其最高水位线以下的滩地和岸坡等法律、法规规定禁止倾倒、堆放废弃物的地点倾倒、堆放固体废物。对收集、贮存、运输、处置固体废物的设施、设备和场所，应当加强管理和维护，保证其正常运行和使用。

转移固体废物出省、自治区、直辖市行政区域贮存、处置的，应当向固体废物移出地的省、自治区、直辖市人民政府环境保护行政主管部门提出申请。移出地的省、自治区、直辖市人民政府环境保护行政主管部门应当商经接受地的省、自治区、直辖市人民政府环境保护行政主管部门同意后，方可批准转移该固体废物出省、自治区、直辖市行政区域。未经批准的，不得转移。

工程施工单位应当及时清运工程施工过程中产生的固体废物，并按照环境卫生行政主管部门的规定进行利用或处置。

2. 危险固体废物污染防治

对危险废物的容器和包装物以及收集、贮存、运输、处置危险废物的设施、场所，必须设置危险废物识别标志。

国务院环境保护行政主管部门会同国务院经济综合宏观调控部门组织编制危险废物集中处置设施、场所的建设规划，报国务院批准后实施。县级以上地方人民政府应当依据危险废物集中处置设施、场所的建设规划组织建设危险废物集中处置设施、场所。产生危险废物的单位，必须按照国家有关规定制定危险废物管理计划，并向所在地县级以上地方人民政府环境保护行政主管部门申报危险废物的种类、产生量、流向、贮存、处置等有关资料。

以填埋方式处置危险废物不符合国务院环境保护行政主管部门规定的，应当缴纳危险废物排污费。危险废物排污费征收的具体办法由国务院规定。危险废物排污费用于污染环境的防治，不得挪作他用。

产生、收集、贮存、运输、利用、处置危险废物的单位，应当制定意外事故的防范措施和应急预案，并向所在地县级以上地方人民政府环境保护行政主管部门备案，环境保护行政主管部门应当进行检查。因发生事故或者其他突发性事件，造成危险废物严重污染环境的单位，必须立即采取措施消除或者减轻对环境的污染危害，及时通报可能受到污染危害的单位和居民，并向所在地县级以上地方人民政府环境保护行政主管部门和有关部门报告，接受调查处理。

3. 施工现场固体废物的减量化和回收利用

我国建筑垃圾的数量约占城市垃圾总量的30%～40%，其中大部分建筑垃圾未经任何处理，直接露天堆放或填埋，侵占土地，造成严重的水资源和土壤资源污染。中共中央国务院2015年4月发布的《关于加快推进生态文明建设的意见》中提出，按照减量化、再利用、资源化的原则发展循环经济，完善再生资源回收体系，推进建筑垃圾资源化利用。

《绿色施工导则》规定，制定建筑垃圾减量化计划，如住宅建筑，每万平方米的建筑垃圾不宜超过400t。

加强建筑垃圾的回收再利用，力争建筑垃圾的再利用和回收率达到30%，建筑物拆除产生的废弃物的再利用和回收率大于40%。对于碎石类、土石方类建筑垃圾，可采用地基填埋、铺路等方式提高再利用率，力争再利用率大于50%。

施工现场生活区设置封闭式垃圾容器，施工场地生活垃圾实行袋装化，及时清运。对建筑垃圾进行分类，并收集到现场封闭式垃圾站，集中运出。

8.8 建设工程劳动合同制度

劳动合同,是用人单位同劳动者之间确定劳动关系,明确相互权利义务的协议。

8.8.1 劳动合同订立的规定

1. 劳动合同订立的原则

《劳动合同法》规定,订立劳动合同,应当遵循合法、公平、平等自愿、协商一致、诚实信用的原则。用人单位招用劳动者,不得扣押劳动者的居民身份证和其他证件,不得要求劳动者提供担保或者以其他名义向劳动者收取财物。建立劳动关系应订立书面劳动合同。

住房和城乡建设部、人力资源和社会保障部《建筑工人实名制管理办法(试行)》(建市〔2019〕18号)规定,全面实行建筑业农民工实名制管理制度,坚持建筑企业与农民工先签订劳动合同后进场施工。建筑企业应与招用的建筑工人依法签订劳动合同,对其进行基本安全培训,并在相关建筑工人实名制管理平台上登记,方可允许其进入施工现场从事与建筑作业相关的活动。

2. 劳动合同的种类

按照劳动合同的期限分为固定期限劳动合同,无固定期限劳动合同和以完成一定工作任务为期限的劳动合同。

(1)固定期限劳动合同。是指劳动合同双方当事人在劳动合同中明确规定了合同效力的起始和终止的时间。到期终止,用工单位按照职工的工作年限计算职工的经济补偿金。根据劳动合同法的规定如果连续二次订立了固定期限的劳动合同应该签订无固定期限劳动合同,如果不签订,企业将会面临双倍工资的处罚。

(2)无固定期限劳动合同。是指用人单位与劳动者约定无确定终止时间的劳动合同。无确定终止时间的劳动合同并不是没有终止时间,一旦出现了法定的解除情形(如到了法定退休年龄)或者双方协商一致解除的,无固定期限劳动合同同样可以解除。用人单位自用工之日起满1年不与劳动者订立书面劳动合同的,则视为用人单位与劳动者已订立无固定期限劳动合同。

(3)以完成一定工作任务为期限的劳动合同。此类合同一般针对技术性较强的岗位,根据法律规定没有试用期且存在经济补偿。

3. 劳动合同的基本条款

劳动合同应当具备以下条款:

(1)用人单位的名称、住所和法定代表人或者主要负责人。

(2)劳动者的姓名、住址和居民身份证或者其他有效身份证件号码。

(3)劳动合同期限。

(4)工作内容和工作地点。

(5)工作时间和休息休假。

(6)劳动报酬。

(7)社会保险。

(8)劳动保护、劳动条件和职业危害防护。

(9)法律、法规规定应当纳入劳动合同的其他事项。

劳动合同除以上必备条款外，用人单位与劳动者还可以约定试用期、培训、保守秘密、补充保险和福利待遇等其他事项。

4. 订立劳动合同应当注意的事项

（1）建立劳动关系应订立书面劳动合同。单位自用工之日起即与劳动者建立劳动关系。建立劳动关系，应当订立书面劳动合同。已建立劳动关系，未同时订立书面劳动合同的，应当自用工之日起1个月内订立书面劳动合同。用人单位与劳动者在用工前订立劳动合同的，劳动关系自用工之日起建立。

（2）劳动报酬。劳动合同对劳动报酬和劳动条件等标准约定不明确，引发争议的，用人单位与劳动者可以重新协商；协商不成的，适用集体合同规定；没有集体合同或者集体合同未规定劳动报酬的，实行同工同酬；没有集体合同或者集体合同未规定劳动条件等标准的，适用国家有关规定。

（3）试用期。劳动合同期限三个月以上不满一年的，试用期不得超过一个月；劳动合同期限一年以上不满三年的，试用期不得超过二个月；三年以上固定期限和无固定期限的劳动合同，试用期不得超过六个月。

同一用人单位与同一劳动者只能约定一次试用期。

以完成一定工作任务为期限的劳动合同或者劳动合同期限不满三个月的，不得约定试用期。

试用期包含在劳动合同期限内。劳动合同仅约定试用期的，试用期不成立，该期限为劳动合同期限。

劳动者在试用期的工资不得低于本单位相同岗位最低档工资或者劳动合同约定工资的80%，并不得低于用人单位所在地的最低工资标准。

在试用期中，除劳动者有《劳动合同法》第三十九条和第四十条第一项、第二项规定的情形外，用人单位不得解除劳动合同。用人单位在试用期解除劳动合同的，应当向劳动者说明理由。

（4）劳动合同的生效与无效规定。劳动合同由用人单位与劳动者协商一致，并经用人单位与劳动者在劳动合同文本上签字或者盖章生效。双方当事人签字或者盖章时间不一致的，以最后一方签字或者盖章的时间为准；如果一方没有写签字时间，则另一方写明的签字时间就是合同生效时间。

以下劳动合同无效或者部分无效：①以欺诈、胁迫的手段或者乘人之危，使对方在违背真实意思的情况下订立或者变更劳动合同的；②用人单位免除自己的法定责任、排除劳动者权利的；③违反法律、行政法规强制性规定的。

对劳动合同的无效或者部分无效有争议的，由劳动争议仲裁机构或者人民法院确认。

5. 集体合同

企业职工一方与用人单位通过平等协商，可以就劳动报酬、工作时间、休息休假、劳动安全卫生、保险福利等事项订立集体合同。集体合同草案应当提交职工代表大会或者全体职工讨论通过。

集体合同由工会代表企业职工一方与用人单位订立；尚未建立工会的用人单位，由上级工会指导劳动者推举的代表与用人单位订立。

企业职工一方与用人单位可以订立劳动安全卫生、女职工权益保护、工资调整机制等专项集体合同。在县级以下区域内,建筑业、采矿业、餐饮服务业等行业可以由工会与企业方面代表订立行业性集体合同,或者订立区域性集体合同。集体合同订立后,应当报送劳动行政部门;劳动行政部门自收到集体合同文本之日起十五日内未提出异议的,集体合同即行生效。

依法订立的集体合同对用人单位和劳动者具有约束力。行业性、区域性集体合同对当地本行业、本区域的用人单位和劳动者具有约束力。用人单位违反集体合同,侵犯职工劳动权益的,工会可以依法要求用人单位承担责任;因履行集体合同发生争议,经协商解决不成的,工会可以依法申请仲裁、提起诉讼。

8.8.2 劳动合同的履行、变更、解除和终止

劳动合同一经依法订立便具有法律效力。用人单位与劳动者应当按照劳动合同的约定,全面履行各自的义务。

8-8 劳动合同的解除与经济补偿

1. 劳动合同的履行和变更

(1)用人单位应当履行向劳动者支付劳动报酬的义务。《劳动合同法》规定,用人单位应当按照劳动合同约定和国家规定,向劳动者及时足额支付劳动报酬。劳动报酬是指劳动者为用人单位提供劳动而获得的各种报酬,通常包括三个部分:①货币工资,包括各种工资、奖金、津贴、补贴等;②实物报酬,即用人单位以免费或低于成本价提供给劳动者的各种物品和服务等;③社会保险,即用人单位为劳动者支付的医疗、失业、养老、工伤等保险金。

用人单位和劳动者可以在法律允许的范围内对给劳动报酬的金额、支付时间、支付方式等进行平等协商。劳动报酬的支付要遵守国家的有关规定:①用人单位支付劳动者的工资不得低于当地的最低工资标准;②工资应当以货币形式按月支付给劳动者本人,即不得以实物或有价证券等形式代替货币支付;③用人单位应当依法向劳动者支付加班费;④劳动者在法定休假日、婚丧假期间、探亲假期间、产假期间和依法参加社会活动期间以及非因劳动者原因停工期间,用人单位应当依法支付工资。

用人单位拖欠或者未足额支付劳动报酬的,劳动者可以依法向当地人民法院申请支付令,人民法院应当依法发出支付令。

(2)依法限制用人单位安排劳动者加班。用人单位应当严格执行劳动定额标准,不得强迫或者变相强迫劳动者加班。用人单位安排加班的,应当按照国家有关规定向劳动者支付加班费。

(3)劳动者有权拒绝违章指挥、冒险作业。劳动者对危害生命安全和身体健康的劳动条件,有权对用人单位提出批评、检举和控告。劳动者拒绝用人单位管理人员违章指挥、强令冒险作业的,不视为违反劳动合同。

(4)用人单位发生变动不影响劳动合同的履行。用人单位变更名称、法定代表人、主要负责人或者投资人等事项,不影响劳动合同的履行。

用人单位发生合并或者分立等情况,原劳动合同继续有效,劳动合同由承继其权利和义务的用人单位继续履行。

(5)劳动合同的变更。用人单位与劳动者协商一致,可以变更劳动合同约定的内容。变更劳动合同,应当采用书面形式。变更后的劳动合同文本由用人单位和劳动者各执一份。

变更劳动合同时应当注意：①必须在劳动合同依法订立之后，在合同没有履行或者尚未履行完毕之前的有效时间内进行；②必须坚持平等自愿、协商一致的原则，即须经用人单位和劳动者双方当事人的同意；③不得违反法律法规的强制性规定；④劳动合同的变更须采用书面形式。

2. 劳动合同的解除和终止

劳动合同的解除，是指当事人双方提前终止劳动合同、解除双方权利义务关系的法律行为，可分为协商解除、法定解除和约定解除三种情况。

劳动合同的终止，是指劳动合同期满或者出现法定情形以及当事人约定的情形而导致劳动合同的效力消灭，劳动合同即行终止。

（1）劳动者可以单方解除劳动合同的规定。劳动者提前30日以书面形式通知用人单位，可以解除劳动合同。劳动者在试用期内提前3日通知用人单位，可以解除劳动合同。

《劳动合同法》规定，用人单位有下列情形之一的，劳动者可以解除劳动合同：①未按照劳动合同约定提供劳动保护或者劳动条件的；②未及时足额支付劳动报酬的；③未依法为劳动者缴纳社会保险费的；④用人单位的规章制度违反法律、法规的规定，损害劳动者权益的；⑤因《劳动合同法》规定的情形致使劳动合同无效的；⑥法律、行政法规规定劳动者可以解除劳动合同的其他情形。

用人单位以暴力、威胁或者非法限制人身自由的手段强迫劳动者劳动的，或者用人单位违章指挥、强令冒险作业危及劳动者人身安全的，劳动者可以立即解除劳动合同，不需事先告知用人单位。

（2）用人单位可以单方解除劳动合同的规定。《劳动合同法》在赋予劳动者单方解除权的同时，也赋予用人单位对劳动合同的单方解除权，以保障用人单位的用工自主权。《劳动合同法》第三十九条规定，劳动者有下列情形之一的，用人单位可以解除劳动合同：①在试用期间被证明不符合录用条件的；②严重违反用人单位的规章制度的；③严重失职，营私舞弊，给用人单位造成重大损害的；④劳动者同时与其他用人单位建立劳动关系，对完成本单位的工作任务造成严重影响，或者经用人单位提出，拒不改正的；⑤因《劳动合同法》第二十六条第一款第一项规定的情形致使劳动合同无效的；⑥被依法追究刑事责任的。

《劳动合同法》规定，有下列情形之一的，用人单位提前三十日以书面形式通知劳动者本人或者额外支付劳动者一个月工资后，可以解除劳动合同：①劳动者患病或者非因工负伤，在规定的医疗期满后不能从事原工作，也不能从事由用人单位另行安排的工作的；②劳动者不能胜任工作，经过培训或者调整工作岗位，仍不能胜任工作的；③劳动合同订立时所依据的客观情况发生重大变化，致使劳动合同无法履行，经用人单位与劳动者协商，未能就变更劳动合同内容达成协议的。

（3）用人单位经济性裁员的规定。经济性裁员是指用人单位由于经营不善等经济原因，一次性辞退部分劳动者的情形。经济性裁员仍属用人单位单方解除劳动合同。

《劳动合同法》规定，有下列情形之一，需要裁减人员20人以上或者裁减不足20人但占企业职工总数10%以上的，用人单位提前30日向工会或者全体职工说明情况，听取工会或者职工的意见后，裁减人员方案经向劳动行政部门报告，可以裁减人员：①依照企业破产法规定进行重整的；②生产经营发生严重困难的；③企业转产、重大技术革新或者经营方式调整，经变更劳动合同后，仍需裁减人员的；④其他因劳动合同订立时所依据的客观经济情况发生重大变化，致使劳动合同无法履行的。

裁减人员时，应当优先留用下列三种人员：①与本单位订立较长期限的固定期限劳动合同的；②与本单位订立无固定期限劳动合同的；③家庭无其他就业人员，有需要扶养的老人或者未成年人的。用人单位在6个月内重新招用人员的，应当通知被裁减的人员，并在同等条件下优先招用被裁减人员。

（4）用人单位不得解除劳动合同的规定。为了保护一些特殊群体劳动者的权益，《劳动合同法》规定，劳动者有下列情形之一的，用人单位不得依照该法第四十条、第四十一条的规定解除劳动合同：①从事接触职业病危害作业的劳动者未进行离岗前职业健康检查，或者疑似职业病病人在诊断或者医学观察期间的；②在本单位患职业病或者因工负伤并被确认丧失或者部分丧失劳动能力的；③患病或者非因工负伤，在规定的医疗期内的；④女职工在孕期、产期、哺乳期的；⑤在本单位连续工作满15年，且距法定退休年龄不足5年的；⑥法律、行政法规规定的其他情形。

用人单位违反《劳动合同法》规定解除或者终止劳动合同，劳动者要求继续履行劳动合同的，用人单位应当继续履行；劳动者不要求继续履行劳动合同或者劳动合同已经不能继续履行的，用人单位应当依法向劳动者支付赔偿金。赔偿金标准为经济补偿标准的2倍。

（5）劳动合同的终止。《劳动合同法》规定，有下列情形之一的，劳动合同终止：①劳动合同期满的；②劳动者开始依法享受基本养老保险待遇的；③劳动者死亡，或者被人民法院宣告死亡或者宣告失踪的；④用人单位被依法宣告破产的；⑤用人单位被吊销营业执照、责令关闭、撤销或者用人单位决定提前解散的；⑥法律、行政法规规定的其他情形。

但是，在劳动合同期满时，有《劳动合同法》第四十二条规定的情形之一的，劳动合同应当继续延续至相应的情形消失时才能终止。在本单位患有职业病或者因工负伤并被确认丧失或者部分丧失劳动能力的劳动者的劳动合同的终止，按照国家有关工伤保险的规定执行。

《工伤保险条例》规定：①职工因工致残被鉴定为1级至4级伤残的，保留劳动关系，退出工作岗位；②职工因工致残被鉴定为5级、6级伤残的，保留与用人单位的劳动关系，由用人单位安排适当工作。难以安排工作的，由用人单位按月发给伤残津贴。经工伤职工本人提出，该职工可以与用人单位解除或者终止劳动关系；③职工因工致残被鉴定为7级至10级伤残的，劳动、聘用合同期满终止，或者职工本人提出解除劳动、聘用合同的，由工伤保险基金支付一次性工伤医疗补助金，由用人单位支付一次性伤残就业补助金。

（6）终止劳动合同的经济补偿。《劳动合同法》规定，有下列情形之一的，用人单位应当向劳动者支付经济补偿：①劳动者依照《劳动合同法》第三十八条规定解除劳动合同的；②用人单位依照《劳动合同法》第三十六条规定向劳动者提出解除劳动合同并与劳动者协商一致解除劳动合同的；③用人单位依照《劳动合同法》第四十条规定解除劳动合同的；④用人单位依照《劳动合同法》第四十一条第一款规定解除劳动合同的；⑤除用人单位维持或者提高劳动合同约定条件续订劳动合同，劳动者不同意续订的情形外，依照《劳动合同法》第四十四条第一项规定终止固定期限劳动合同的；⑥依照《劳动合同法》第四十四条第四项、第五项规定终止劳动合同的；⑦法律、行政法规规定的其他情形。

经济补偿的标准，按劳动者在本单位工作的年限，每满1年支付1个月工资的标准向劳动者支付。6个月以上不满1年的，按1年计算；不满6个月的，向劳动者支付半个月工资的经济补偿。劳动者月工资高于用人单位所在直辖市、设区的市级人民政府公布的本地区上年度职工月平均工资3倍的，向其支付经济补偿的标准按职工月平均工资3倍的数额支付，向其支付经济补偿的年限最高不超过12年。月工资是指劳动者在劳动合同解除或者终止前12个月的平均工资。

8.8.3 合法用工方式与违法用工模式的规定

1. 劳务派遣用工模式

劳务派遣（又称劳动力派遣、劳动派遣或人才租赁），是指依法设立的劳务派遣单位与劳动者订立劳动合同，依据与接受劳务派遣单位（即实际用工单位）订立的劳务派遣协议，将劳动者派遣到实际用工单位工作，由派遣单位向劳动者支付工资、福利及社会保险费用，实际用工单位提供劳动条件并按照劳务派遣协议支付用工费用的新型用工方式。其显著特征是劳动者的聘用与使用分离。

（1）劳务派遣单位。《劳动合同法》规定，经营劳务派遣业务，应当向劳动行政部门依法申请行政许可。经许可的，依法办理相应的公司登记。未经许可，任何单位和个人不得经营劳务派遣业务。

劳务派遣用工是补充形式，只能在临时性、辅助性或者替代性的工作岗位上实施。临时性工作岗位是指存续时间不超过6个月的岗位；辅助性工作岗位是指为主营业务岗位提供服务的非主营业务岗位；替代性工作岗位是指用工单位的劳动者因脱产学习、休假等原因无法工作的一定期间内，可以由其他劳动者替代工作的岗位。

（2）劳动合同与劳务派遣协议。《劳动合同法》规定，劳务派遣单位是《劳动合同法》中所称的用人单位，应当履行用人单位对劳动者的义务。劳务派遣单位与被派遣劳动者订立的劳动合同，除应当载明《劳动合同法》第十七条规定的事项外，还应当载明被派遣劳动者的用工单位以及派遣期限、工作岗位等情况。劳务派遣单位应当与被派遣劳动者订立2年以上的固定期限劳动合同，按月支付劳动报酬；被派遣劳动者在无工作期间，劳务派遣单位应当按照所在地人民政府规定的最低工资标准，向其按月支付报酬。

劳务派遣单位派遣劳动者应当与接受以劳务派遣形式用工的单位（以下称用工单位）订立劳务派遣协议。劳务派遣单位应当将劳务派遣协议的内容告知被派遣劳动者。劳务派遣单位不得克扣用工单位按照劳务派遣协议支付给被派遣劳动者的劳动报酬。劳务派遣单位和用工单位不得向被派遣劳动者收取费用。

《劳务派遣暂行规定》规定，劳务派遣协议应当载明下列内容：派遣的工作岗位名称和岗位性质；工作地点；派遣人员数量和派遣期限；按照同工同酬原则确定的劳动报酬数额和支付方式；社会保险费的数额和支付方式；工作时间和休息休假事项；被派遣劳动者工伤、生育或者患病期间的相关待遇；劳动安全卫生以及培训事项；经济补偿等费用；劳务派遣协议期限；劳务派遣服务费的支付方式和标准；违反劳务派遣协议的责任；法律、法规、规章规定应当纳入劳务派遣协议的其他事项。

（3）被派遣劳动者。《劳动合同法》规定，被派遣劳动者享有与用工单位的劳动者同工同酬的权利。用工单位应当按照同工同酬原则，对被派遣劳动者与本单位同类岗位的劳动者实行相同的劳动报酬分配办法。用工单位无同类岗位劳动者的，参照用工单位所在地相同或者相近岗位劳动者的劳动报酬确定。劳务派遣单位与被派遣劳动者订立的劳动合同和与用工单位订立的劳务派遣协议，载明或者约定的向被派遣劳动者支付的劳动报酬应当符合前款规定。

被派遣劳动者有权在劳务派遣单位或者用工单位依法参加或者组织工会,维护自身的合法权益。被派遣劳动者可以依照《劳动合同法》第三十六条、第三十八条的规定与劳务派遣单位解除劳动合同。

(4)用工单位。《劳动合同法》规定,用工单位应当履行下列义务:①执行国家劳动标准,提供相应的劳动条件和劳动保护;②告知被派遣劳动者的工作要求和劳动报酬;③支付加班费、绩效奖金,提供与工作岗位相关的福利待遇;④对在岗被派遣劳动者进行工作岗位所必需的培训;⑤连续用工的,实行正常的工资调整机制。用工单位不得将被派遣劳动者再派遣到其他用人单位。

被派遣劳动者有《劳动合同法》第三十九条和第四十条第一项、第二项规定情形的,用工单位可以将劳动者退回劳务派遣单位,劳务派遣单位依照《劳动合同法》有关规定,可以与劳动者解除劳动合同。

《劳务派遣暂行规定》规定,用工单位应当按照《劳动合同法》第六十二条规定,向被派遣劳动者提供与工作岗位相关的福利待遇,不得歧视被派遣劳动者。被派遣劳动者在用工单位因工作遭受事故伤害的,劳务派遣单位应当依法申请工伤认定,用工单位应当协助工伤认定的调查核实工作。劳务派遣单位承担工伤保险责任,但可以与用工单位约定补偿办法。

被派遣劳动者在申请进行职业病诊断、鉴定时,用工单位应当负责处理职业病诊断、鉴定事宜,并如实提供职业病诊断、鉴定所需的劳动者职业史和职业危害接触史、工作场所职业病危害因素检测结果等资料,劳务派遣单位应当提供被派遣劳动者职业病诊断、鉴定所需的其他材料。

有下列情形之一的,用工单位可以将被派遣劳动者退回劳务派遣单位:①用工单位有《劳动合同法》第四十条第三项、第四十一条规定情形的;②用工单位被依法宣告破产、吊销营业执照、责令关闭、撤销、决定提前解散或者经营期限届满不再继续经营的;③劳务派遣协议期满终止的。被派遣劳动者退回后在无工作期间,劳务派遣单位应当按照不低于所在地人民政府规定的最低工资标准,向其按月支付报酬。被派遣劳动者有《劳动合同法》第四十二条规定情形的,在派遣期限届满前,用工单位不得依据上述第①项规定将被派遣劳动者退回劳务派遣单位;派遣期限届满的,应当延续至相应情形消失时方可退回。

2. 加强和完善建筑劳务管理

(1)倡导多元化建筑用工方式,推行实名制管理。施工总承包、专业承包企业可通过自有劳务人员或劳务分包、劳务派遣等多种方式完成劳务作业。施工总承包、专业承包企业应拥有一定数量的与其建立稳定劳动关系的骨干技术工人,或拥有独资或控股的施工劳务企业,组织自有劳务人员完成劳务作业;也可以将劳务作业分包给具有施工劳务资质的企业;还可以将部分临时性、辅助性或者替代性的工作使用劳务派遣人员完成作业。

施工劳务企业应组织自有劳务人员完成劳务分包作业。施工劳务企业应依法承接施工总承包、专业承包企业发包的劳务作业,并组织自有劳务人员完成作业,不得将劳务作业再次分包或转包。

推行劳务人员实名制管理。施工总承包、专业承包和施工劳务等建筑施工企业要严格落实劳务人员实名制,加强对自有劳务人员的管理,在施工现场配备专职或兼职劳务用工管理人员,负责登记劳务人员的基本身份信息、培训和技能状况、从业经历、考勤记录、诚信信息、工资结算及支付等情况，加强劳务人员动态监管和劳务纠纷调处。实行劳务分包的工程项目，施工劳务企业除严格落实实名制管理外，还应将现场劳务人员的相关资料报施工总承包企业核实、备查；施工总承包企业也应配备现场专职劳务用工管理人员监督施工劳务企业落实实名制管理，确保工资支付到位，并留存相关资料。

（2）落实企业责任，保障劳务人员合法权益与工程质量安全。建筑施工企业对自有劳务人员承担用工主体责任。建筑施工企业应对自有劳务人员的施工现场用工管理、持证上岗作业和工资发放承担直接责任。建筑施工企业应与自有劳务人员依法签订书面劳动合同，办理工伤、医疗或综合保险等社会保险，并按劳动合同约定及时将工资直接发放给劳务人员本人；应不断提高和改善劳务人员的工作条件和生活环境，保障其合法权益。

施工总承包、专业承包企业承担相应的劳务用工管理责任。按照"谁承包、谁负责"的原则，施工总承包企业应对所承包工程的劳务管理全面负责。施工总承包、专业承包企业将劳务作业分包时，应对劳务费结算支付负责，对劳务分包企业的日常管理、劳务作业和用工情况、工资支付负监督管理责任；对因转包、违法分包、拖欠工程款等行为导致拖欠劳务人员工资的，负相应责任。

建筑施工企业承担劳务人员的教育培训责任。建筑施工企业应通过积极创建农民工业余学校、建立培训基地、师傅带徒弟、现场培训等多种方式，提高劳务人员职业素质和技能水平，使其满足工作岗位需求。建筑施工企业应对自有劳务人员的技能和岗位培训负责，建立劳务人员分类培训制度，实施全员培训、持证上岗。对新进入建筑市场的劳务人员，应组织相应的上岗培训，考核合格后方可上岗；对因岗位调整或需要转岗的劳务人员，应重新组织培训，考核合格后方可上岗；对从事建筑电工、建筑架子工、建筑起重信号司索工等岗位的劳务人员，应组织培训并取得住房城乡建设主管部门颁发的证书后方可上岗。

施工总承包、专业承包企业应对所承包工程项目施工现场劳务人员的岗前培训负责，对施工现场劳务人员持证上岗作业负监督管理责任。

建筑施工企业承担相应的质量安全责任。施工总承包企业对所承包工程项目的施工现场质量安全负总责，专业承包企业对承包的专业工程质量安全负责，施工总承包企业对分包工程的质量安全承担连带责任。施工劳务企业应服从施工总承包或专业承包企业的质量安全管理，组织合格的劳务人员完成施工作业。

（3）加大监管力度，规范劳务用工管理。落实劳务人员实名制管理各项要求，积极推行信息化管理方式，将劳务人员的基本身份信息、培训和技能状况、从业经历和诚信信息等内容纳入信息化管理范畴，逐步实现不同项目、企业、地域劳务人员信息的共享和互通。有条件的地区，可探索推进劳务人员的诚信信息管理，对发生违法违规行为以及引发群体性事件的责任人，记录其不良行为并予以通报。

加大企业违法违规行为的查处力度。各地住房城乡建设主管部门应加大对转包、违法分包等违法违规行为以及不执行实名制管理和持证上岗制度、拖欠劳务费或劳务人员工资、引发群体性讨薪事件等不良行为的查处力度，并将查处结果予以通报，记入企业信用档案。有条件的地区可加快施工劳务企业信用体系建设，将其不良行为统一纳入全国建筑市场监管与诚信信息发布平台，向社会公布。

（4）加强政策引导与扶持，夯实行业发展基础，加强劳务分包计价管理。各地工程造价管理机构应根据本地市场实际情况，动态发布定额人工单价调整信息，使人工费用的变化在工程造价中得到及时反映；实时跟踪劳务市场价格信息，做好建筑工种和实物工程量人工成本信息的测算发布工作，引导建筑施工企业合理确定劳务分包费用，避免因盲目低价竞争和计费方式不合理引发合同纠纷。

推进建筑劳务基地化建设。鼓励大型建筑施工企业在劳务输出地建立独资或控股的施工劳务企业，或与劳务输出地有关单位建立长期稳定的合作关系，支持企业参与劳务输出地劳务人员的技能培训，建立双方定向培训机制。

做好引导和服务工作。鼓励施工总承包企业与长期合作、市场信誉好的施工劳务企业建立稳定的合作关系，鼓励和扶持实力较强的施工劳务企业向施工总承包或专业承包企业发展；加强培训工作指导，整合培训资源，推动各类培训机构建设，引导有实力的建筑施工企业按相关规定开办技工职业学校，培养技能人才，鼓励建筑施工企业加强校企合作，对自有劳务人员开展定向教育，加大高技能人才的培养力度。

3. 改革工程建设领域用工方式

加快培育建筑产业工人队伍，推进农民工组织化进程。鼓励施工企业将一部分技能水平高的农民工招用为自有工人，不断扩大自有工人队伍。引导具备条件的劳务作业班组向专业企业发展。

实行施工现场维权信息公示制度。施工总承包企业负责在施工现场醒目位置设立维权信息告示牌，明示业主单位、施工总承包企业及所在项目部、分包企业、行业监管部门等基本信息；明示劳动用工相关法律法规、当地最低工资标准、工资支付日期等信息；明示属地行业监管部门投诉举报电话和劳动争议调解仲裁、劳动保障监察投诉举报电话等信息，实现所有施工场地全覆盖。

8.8.4 劳动保护的规定

1. 劳动者的工作时间和休息休假

工作时间又称劳动时间，是指法律规定的劳动者在一昼夜和一周内从事生产、劳动或工作的时间。休息休假又称休息时间，是指劳动者在国家规定的法定工作时间外，不从事生产、劳动或工作而由自己自行支配的时间，包括劳动者每天休息的时数、每周休息的天数、节假日、年休假、探亲假等。

（1）工作时间。《劳动法》规定，国家实行劳动者每日工作时间不超过 8 小时、平均每周工作时间不超 44 小时的工时制度。用人单位应当保证劳动者每周至少休息 1 日。企业因生产特点不能实行上述规定的，经劳动行政部门批准，可以实行其他工作和休息办法。

1）缩短工作日。在特殊条件下从事劳动和有特殊情况需要适当缩短工作时间的，按照国家有关规定执行。目前，我国实行缩短工作时间的主要有：从事矿山、高山、有毒、有害、特别繁重和过度紧张的体力劳动职工，以及纺织、化工、建筑、冶炼、地质勘探、森林采伐、装卸搬运等行业或岗位的职工；从事夜班工作的劳动者；在哺乳期工作的女职工；16～18 岁的未成年劳动者等。

2）不定时工作日。实行不定时工作日制的有：企业中的高级管理人员、外勤人员、推销人员、部分值班人员和其他因工作无法按标准工作时间衡量的职工；企业中的长途运输人员、出租汽车司机和铁路、港口、仓库的部分装卸人员以及因工作性质特殊需机动作业的职工；其他因生产特点、工作特殊需要或职责范围的关系，适合实行不定时工作制的职工。

3）综合计算工作日。即分别以周、月、季、年等为周期综合计算工作时间，但其平均日工作时间和平均周工作时间应与法定标准工作时间基本相同。按规定，企业对交通、铁路等行业中因工作性质特殊需要连续作业的职工，地质及资源勘探、建筑等受季节和自然条件限制的行业的部分职工等，可实行综合计算工作日。

4）计件工资时间。对实行计件工作的劳动者，用人单位应当根据《劳动法》第三十六条规定的工时制度合理确定其劳动定额和计件报酬标准。

（2）休息休假。《劳动法》规定，用人单位在下列节日期间应当依法安排劳动者休假：元旦；春节；国际劳动节；国庆节；法律、法规规定的其他休假节日。目前，法律、法规规定的其他休假节日有：全体公民放假的节日是清明节、端午节和中秋节；部分公民放假的节日及纪念日是妇女节、青年节、儿童节、中国人民解放军建军纪念日。

劳动者连续工作1年以上的，享受带薪年休假。此外，劳动者按有关规定还可以享受探亲假、婚丧假、生育（产）假、节育手术假等。

用人单位由于生产经营需要，经与工会和劳动者协商可以延长工作时间，一般每日不得超过1小时；因特殊原因需要延长工作时间的，在保障劳动者身体健康的条件下延长工作时间每日不得超过3小时，但是每月不得超过36小时。在发生自然灾害、事故或者其他原因，威胁劳动者生命健康和财产安全需要紧急处理，或者生产设备、交通运输线路、公共设施发生故障，影响生产和公众利益，必须及时抢修的以及法律、行政法规规定的特殊情况的，延长工作时间不受上述限制。

用人单位应当按照下列标准支付高于劳动者正常工作时间工资的工资报酬：安排劳动者延长工作时间的，支付不低于工资的150%的工资报酬；休息日安排劳动者工作又不能安排补休的，支付不低于工资的200%的工资报酬；法定休假日安排劳动者工作的，支付不低于工资的300%的工资报酬。

2. 劳动者的工资

工资是指用人单位依据国家有关规定和劳动关系双方的约定，以货币形式支付给劳动者的劳动报酬，如计时工资、计件工资、奖金、津贴和补贴等。

（1）工资基本规定。《劳动法》规定，工资分配应当遵循按劳分配原则，实行同工同酬。工资水平在经济发展的基础上逐步提高。国家对工资总量实行宏观调控。用人单位根据本单位的生产经营特点和经济效益，依法自主确定本单位的工资分配方式和工资水平。

工资应当以货币形式按月支付给劳动者本人，不得克扣或者无故拖欠劳动者的工资。劳动者在法定休假日和婚丧假期间以及依法参加社会活动期间，用人单位应当依法支付工资。

在我国，企业、机关（包括社会团体）、事业单位实行不同的基本工资制度。企业基本工资制度主要有等级工资制、岗位技能工资制、岗位工资制、结构工资制、经营者年薪制等。

（2）最低工资保障制度。最低工资标准，是指劳动者在法定工作时间或依法签订的劳动合同约定的工作时间内提供了正常劳动的前提下，用人单位依法应支付的最低劳动报酬。所谓正常劳动，是指劳动者按依法签订的劳动合同约定，在法定工作时间或劳动合同约定的工作时间内从事的劳动。劳动者依法享受带薪年休假、探亲假、婚丧假、生育（产）假、节育手术假等国家规定的假期间，以及法定工作时间内依法参加社会活动期间，视为提供了正常劳动。《劳动法》规定，国家实行最低工资保障制度。最低工资的具体标准由省、自治区、直辖市人民政府规定,报国务院备案。用人单位支付劳动者的工资不得低于当地最低工资标准。

用人单位应支付给劳动者的工资在剔除下列各项以后,不得低于当地最低工资标准:①延长工作时间工资;②中班、夜班、高温、低温、井下、有毒有害等特殊工作环境、条件下的津贴;③法律、法规和国家规定的劳动者福利待遇等。实行计件工资或提成工资等工资形式的用人单位,在科学合理的劳动定额基础上,其支付劳动者的工资不得低于相应的最低工资标准。

(3)农民工工资支付的规定。《保障农民工工资支付条例》规定,农民工有按时足额获得工资的权利。任何单位和个人不得拖欠农民工工资。用人单位拖欠农民工工资的,应当依法予以清偿。

用工单位使用个人、不具备合法经营资格的单位或者未依法取得劳务派遣许可证的单位派遣的农民工,拖欠农民工工资的,由用工单位清偿,并可以依法进行追偿。用人单位允许个人、不具备合法经营资格或者未取得相应资质的单位以用人单位的名义对外经营,导致拖欠所招用农民工工资的,由用人单位清偿,并可以依法进行追偿。合伙企业、个人独资企业、个体经济组织等用人单位拖欠农民工工资的,应当依法予以清偿;不清偿的,由出资人依法清偿。

用人单位合并或者分立时,应当在实施合并或者分立前依法清偿拖欠的农民工工资;经与农民工书面协商一致的,可以由合并或者分立后承继其权利和义务的用人单位清偿。

用人单位被依法吊销营业执照或者登记证书、被责令关闭、被撤销或者依法解散的,应当在申请注销登记前依法清偿拖欠的农民工工资。未依据规定清偿农民工工资的用人单位主要出资人,应当在注册新用人单位前清偿拖欠的农民工工资。

建设单位应当按照合同约定及时拨付工程款,并将人工费用及时足额拨付至农民工工资专用账户,加强对施工总承包单位按时足额支付农民工工资的监督。因建设单位未按照合同约定及时拨付工程款导致农民工工资拖欠的,建设单位应当以未结清的工程款为限先行垫付被拖欠的农民工工资。

分包单位对所招用农民工的实名制管理和工资支付负直接责任。施工总承包单位对分包单位劳动用工和工资发放等情况进行监督。分包单位拖欠农民工工资的,由施工总承包单位先行清偿,再依法进行追偿。工程建设项目转包,拖欠农民工工资的,由施工总承包单位先行清偿,再依法进行追偿。

工程建设领域推行分包单位农民工工资委托施工总承包单位代发制度。用于支付农民工工资的银行账户所绑定的农民工本人社会保障卡或者银行卡,用人单位或者其他人员不得以任何理由扣押或者变相扣押。

施工总承包单位应当按照有关规定存储工资保证金,专项用于支付为所承包工程提供劳动的农民工被拖欠的工资。

建设单位与施工总承包单位或者承包单位与分包单位因工程数量、质量、造价等产生争议的,建设单位不得因争议不按照《保障农民工工资支付条例》第二十四条的规定拨付工程款中的人工费用,施工总承包单位也不得因争议不按照规定代发工资。

建设单位或者施工总承包单位将建设工程发包或者分包给个人或者不具备合法经营资格的单位,导致拖欠农民工工资的,由建设单位或者施工总承包单位清偿。施工单位允许其他单位和个人以施工单位的名义对外承揽建设工程，导致拖欠农民工工资的，由施工单位清偿。

人力资源和社会保障部《拖欠农民工工资"黑名单"管理暂行办法》规定，用人单位存在下列情形之一的，人力资源社会保障行政部门应当自查处违法行为并作出行政处理或处罚决定之日起 20 个工作日内，按照管辖权限将其列入拖欠工资"黑名单"：①克扣、无故拖欠农民工工资报酬，数额达到认定拒不支付劳动报酬罪数额标准的；②因拖欠农民工工资违法行为引发群体性事件、极端事件造成严重不良社会影响的。将劳务违法分包、转包给不具备用工主体资格的组织和个人造成拖欠农民工工资且符合前款规定情形的，应将违法分包、转包单位及不具备用工主体资格的组织和个人一并列入拖欠工资"黑名单"。

8.8.5 劳动争议的解决

1. 劳动争议的范围

劳动争议的范围主要是：①因确认劳动关系发生的争议；②因订立、履行、变更、解除和终止劳动合同发生的争议；③因除名、辞退和辞职、离职发生的争议；④因工作时间、休息休假、社会保险、福利、培训以及劳动保护发生的争议；⑤因劳动报酬、工伤医疗费、经济补偿或者赔偿金等发生的争议；⑥劳动者与用人单位在履行劳动合同过程中发生的纠纷；⑦劳动者与用人单位之间没有订立书面劳动合同，但已形成劳动关系后发生的纠纷；⑧劳动者退休后，与尚未参加社会保险统筹的原用人单位因追索养老金、医疗费、工伤保险待遇和其他社会保险而发生的纠纷；⑨法律、法规规定的其他劳动争议。

2. 劳动争议的解决方式

《劳动法》规定，用人单位与劳动者发生劳动争议，当事人可以依法申请调解、仲裁、提起诉讼，也可以协商解决。调解原则适用于仲裁和诉讼程序。对未经仲裁程序直接起诉到人民法院的劳动人事争议案件，人民法院应裁定不予受理；对已受理的，应驳回起诉，并告知当事人向有管辖权的仲裁委员会申请仲裁。

项目小结

了解《民法典》《保险法》《节约能源法》《循环经济促进法》《民用建筑节能条例》《绿色施工导则》《环境保护法》等与建设工程相关的法律、行政法规，能帮助我们在工程建设中更好地掌握和执行建设工程代理、债权、物权、担保、保险等相关制度，遵守国家倡导的绿色施工"四节一环保"的相关规定，熟悉建设工程中涉及的劳动合同相关知识，有利于依法保护建设活动中各方主体的利益。

技能训练

一、单项选择题

1. 下列情形中，构成委托代理终止的是（　　）。
   A. 代理人辞去委托　　　　　　B. 被代理人取得民事行为能力
   C. 被代理人死亡　　　　　　　D. 被代理人与代理人之间的监护关系消灭
2. 某单位甲委托乙代为采购 325 号硅酸盐水泥，乙持授权委托书向供应商丙采购，但供应商恰好缺货，在向乙说明情况后，乙同意购买 425 号水泥代替。本案说法错误的是（　　）。

A. 乙的行为属于表见代理　　　　　B. 甲有权拒绝接受这批 425 号水泥
C. 如甲拒绝，应由乙承担付款义务　D. 如甲同意，应由甲承担付款义务

3. 某单位甲委托乙代为采购 10t16mm 螺纹钢，但并未限定最高采购价格。乙持授权委托书向供应商丙采购，约定采购价格 4500 元/t，3 日内送货。但丙将货物发到后，甲单位认为该价格明显过高，拒绝付款。关于本案说法正确的是（　　）。

A. 属于授权不明，丙可以要求甲，也可以要求乙承担付款责任
B. 属于无权代理，丙只能要求乙承担付款责任
C. 属于表见代理，甲不能拒绝承担付款责任
D. 属于代理人与相对人恶意串通，甲有权拒绝承担付款责任

4. 张某原是甲建筑公司的采购员，辞职后与王某合办了一家建筑设备租赁公司。张某现在以甲公司的名义与其长期负责的大客户乙公司签订 3000t 钢材购销合同，乙公司对张某辞职并不知情。请问，对该合同承担付款义务的是（　　）。

A. 甲建筑公司　　　　　　　　　B. 建筑设备租赁公司
C. 张某　　　　　　　　　　　　D. 张某、王某与建筑设备租赁公司

5. 下列（　　）属于法定担保物权。

A. 建设用地使用权　B. 抵押权　　C. 质权　　　　D. 留置权

6. 某企业以其办公楼作为抵押物向银行贷款，并办理了抵押登记。该抵押权设立的时间为（　　）之日。

A. 抵押合同签字、盖章　　　　　B. 房产行政主管部门登记
C. 到公证部门办理公证　　　　　D. 贷款合同生效

7. 物权变更自登记时发生法律效力的是（　　）。

A. 船舶所有权　B. 土地抵押权　C. 机动车所有权　D. 地役权

8. 某施工单位向某建材商购买瓷砖，并约定合同履行地为建材商所在地，由建材商代为托运。货物在运输途中遭遇台风，致使部分瓷砖损坏，该损失应由（　　）。

A. 施工单位承担　　　　　　　　B. 建材商承担
C. 施工单位和建材商各承担一半　D. 建材商承担 3/4，施工单位承担 1/4

9. 甲将房屋以 70 万元卖给乙，但借故未办理过户登记，乙取得房屋钥匙后进行装修。丙得知此事后，向甲表示愿意加价 10 万元购买，后甲与丙办理了房屋过户登记，则（　　）。

A. 乙自房屋交付时起取得房屋所有权
B. 由于甲乙未办理过户登记，故甲乙房屋买卖合同无效
C. 由于甲丙已办理过户登记，故甲丙房屋买卖合同有效
D. 如甲乙签订房屋买卖合同后及时办理预告登记，则预告登记生效期间，甲丙的房屋转让行为不发生物权效力

10. 未进行不动产登记而使得不动产物权的转让行为不生效，则当事人应由此承担（　　）责任。

A. 侵权　　　　B. 违约　　　　C. 不当得利　　D. 无因管理

11. 施工合同无效，但竣工验收合格，承包人仍有权请求参照合同约定付款。这是因为当事人之间存在（　　）之债。

A. 合同　　　　B. 侵权　　　　C. 不当得利　　　　D. 无因管理

12. 某施工单位通过行贿中标某大型项目，并向项目建设单位提交了某银行出具的工程履约保函。目前工程已经实施过半，经其他投标人投诉，招标主管部门调查认定行贿谋取中标情节属实。则（　　）。
    A. 施工合同无效，履约保函有效　　B. 施工合同无效，履约保函也无效
    C. 施工合同有效，履约保函也有效　　D. 施工合同与履约保函效力没有相关性

13. 甲建筑公司与乙水泥厂约定，如果此次施工项目中标，就购买乙水泥厂的水泥1000t，并交付了1万元定金。但是，甲建筑公司没有中标，也就没有购买乙水泥厂的水泥，则（　　）。
    A. 这1万元定金归乙水泥厂所有　　B. 乙水泥厂应该返还甲建筑公司2万元
    C. 乙水泥厂应该返还甲建筑公司1万元　　D. 乙水泥厂有权要求甲公司赔偿损失

14. 在下列担保方式中，只能由债务人而非第三人提供担保的是（　　）。
    A. 抵押　　　　B. 保证　　　　C. 质押　　　　D. 留置

15. 在下列担保方式中，不转移对担保标的占有的是（　　）。
    A. 定金　　　　B. 质押　　　　C. 抵押　　　　D. 留置

16. 关于保证担保说法正确的是（　　）。
    A. 保证方式没有约定的，按照一般保证承担保证责任
    B. 保证期间没有约定的，按照主债务履行期限届满之日起2年承担保证责任
    C. 保证范围没有约定的，按照主债权范围承担保证责任
    D. 投标保证金不具有从合同性质，不属于合同担保方式

17. 保证期间，（　　）无须保证人同意，保证人仍应在原保证担保范围内继续承担保证责任。
    A. 主债权转让　　B. 主债务转移　　C. 主合同变更　　D. 主合同终止

18. 不动产可以依法（　　）。
    A. 抵押　　　　B. 抵押或质押　　C. 抵押或留置　　D. 抵押、质押或留置

19. 某开发商以A地块的建设用地使用权作为向银行贷款的担保，确保按期还贷，此担保方式属于（　　）。
    A. 证　　　　B. 质押　　　　C. 抵押　　　　D. 留置

20. 在建工程重复抵押的，按（　　）受偿。
    A. 抵押合同订立的先后顺序　　B. 抵押物登记的先后顺序
    C. 债权比例　　D. 申请拍卖、变卖的先后顺序

21. 以下因（　　）引起的损失和费用属于建筑工程一切险保险责任范围。
    A. 自然灾害　　B. 设计错误　　C. 自然磨损　　D. 材料缺陷

22. 某工程已投保建筑工程一切险，保险期间，因施工方法不当造成损失，并导致保险标的危险程度显著增加。以下说法错误的是（　　）。
    A. 被保险人应当及时通知保险人　　B. 保险人有权按照合同约定要求增加保费
    C. 保险人有权按照合同约定解除合同　　D. 被保险人有权要求保险人赔偿损失

23. 2014年2月1日某建设单位与某施工单位签订了施工合同，约定开工日期为2014年5月1日，竣工日期为2015年12月31日。2014年2月10日建设单位与保险公

司签订了建筑工程一切险保险合同。施工单位为保证工期，于 2014 年 4 月 20 日将建筑材料运至工地。后因设备原因，工程实际开工日为 2014 年 5 月 10 日。该工程保险开始生效日为（　　）。

A. 2014 年 2 月 10 日　　　　　　　B. 2014 年 4 月 20 日
C. 2014 年 5 月 1 日　　　　　　　　D. 2014 年 5 月 10 日

24. 《循环经济促进法》规定，发展循环经济应当在技术可行、经济合理和有利于节约资源、保护环境的前提下，按照（　　）优先的原则实施。

A. 减量化　　　B. 无害化　　　C. 产业化　　　D. 资源化

25. 关于代理的说法，正确的是（　　）。

A. 代理人实施代理行为时有独立进行意思表示的权利
B. 代理人知道代理事项违法仍然实施代理行为，其代理行为后果由被代理人承担
C. 代理人完全履行职责造成被代理人损害的，代理人对该代理行为承担民事责任
D. 代理人可以对被代理人的任何民事法律行为进行代理

26. 建设工程代理法律关系中，存在两个法律关系，分别是（　　）。

A. 代理人与被代理人之间的委托关系，被代理人与相对人之间的合同关系
B. 代理人与被代理人之间的合作关系，代理人与相对人之间的合同关系
C. 代理人与被代理人之间的委托关系，代理人与相对人之间的转委托关系
D. 代理人与被代理人之间的合作关系，被代理人与相对人之间的转委托关系

27. 甲施工企业与乙材料供应商订立了一份货物买卖合同，甲施工企业请求乙材料供应商交付货物，乙材料供应商请求甲施工企业支付货款，则甲施工企业和乙材料供应商行使的权利分别是（　　）。

A. 物权、债权　　B. 债权、物权　　C. 物权、物权　　D. 债权、债权

28. 下列损失和费用中，属于建筑工程一切险的保险责任范围的是（　　）。

A. 爆炸造成的施工企业人员伤亡
B. 设计错误引起的损失和费用
C. 自燃造成的保险财产自身的损失和费用
D. 维修保养的费用

29. 关于地役权的说法，正确的是（　　）。

A. 地役权自登记时设立
B. 地役权属于担保物权
C. 地役权人有权按照合同约定，利用他人的不动产，以提高自己不动产的效益
D. 供役地上的建设用地使用权部分转让时，转让部分涉及地役权的，地役权对受让人不具有约束力

30. 马某与某施工企业订立了一份 2 年期限的劳动合同，合同约定了试用期，同时约定合同生效时间为 5 月 1 日，则试用期最晚应当截止于当年（　　）。

A. 11 月 1 日　　B. 8 月 1 日　　C. 7 月 1 日　　D. 6 月 1 日

31. 根据《绿色施工导则》，建筑垃圾的再利用和回收率力争达到（　　）。

A. 50%　　　B. 40%　　　C. 30%　　　D. 20%

32. 甲施工企业在道路管道工程施工中未对施工现场采取安全措施，导致行人刘某

不慎摔入甲施工企业施工时开挖的沟槽中受伤，甲施工企业和刘某因此产生的纠纷，属于（   ）。

　　A．合同纠纷　　　B．侵权纠纷　　　C．无因管理纠纷　　　D．不当得利纠纷

33．根据《环境保护法》，关于企业违法排放污染物，受到罚款处罚，承担按日连续处罚法律责任的说法，正确的是（   ）。

　　A．被责令改正，拒不改正的，应当按照原处罚数额按日连续处罚
　　B．按日连续处罚的时间自责令改正之日起计算
　　C．被责令改正，拒不改正是按日连续处罚的前提
　　D．处罚按照执法成本确定

34．建设用地使用权设立空间的说法，正确的是（   ）。

　　A．建设用地使用权只能在土地的地表设立
　　B．建设用地使用权在土地的地表和地下设立的，应当共同设立
　　C．建设用地使用权在土地的地上设立后，权利人自动获得该土地地下的使用权
　　D．建设用地使用权可以在土地的地表、地上或者地下分别设立

35．关于用能单位节能管理要求的说法，正确的是（   ）。

　　A．用能单位应当加强能源计价管理
　　B．用能单位应当不定期开展节能教育和岗前节能培训
　　C．用能单位应当建立节能目标责任制
　　D．鼓励用能单位对能源消费实行包费制

36．属于安装工程一切险的保险责任范围的是（   ）。

　　A．因原材料缺陷引起的保险财产本身的损失
　　B．火灾造成的损失
　　C．由于超电压造成电气设备本身的损失
　　D．施工用机具失灵造成的本身损失

37．关于担保合同的说法，正确的是（   ）。

　　A．保证合同的双方当事人是保证人与债权人
　　B．第三人为债务人向债权人提供担保时，不得要求债务人提供反担保
　　C．主合同的效力不影响担保合同的效力
　　D．担保合同被确认无效后，担保人不承担民事责任

38．关于租赁合同的说法，正确的是（   ）。

　　A．租赁期限超过 6 个月的，可以采用书面形式
　　B．租赁合同应当采用书面形式，当事人未采用的，视为租赁合同未生效
　　C．租赁期限超过 20 年的，超过部分无效
　　D．租赁物在租赁期间发生所有权变动的，租赁合同解除

39．因合同、侵权行为、无因管理、不当得利以及法律的其他规定，权利人请求特定义务人为或者不为一定行为的权利是（   ）。

　　A．物权　　　　B．特许物权　　　C．抗辩权　　　D．债权

40．关于工伤认定的说法，正确的是（   ）。

　　A．社会保险行政部门应当对事故伤害进行调查核实

B. 工伤认定决定的时限可以因司法机关尚未做出结论而中止
C. 职工和用人单位对是否是工伤有争议的，实行谁主张、谁举证的原则
D. 工伤认定的决定，由用人单位转交职工本人

41. 根据《劳动合同法》，下列情形中，用人单位不得与劳动者解除劳动合同的是（　　）。
  A. 在试用期间被证明不符合录用条件的
  B. 患病或非因工负伤，在规定的医疗期内的
  C. 严重违反用人单位的规章制度的
  D. 被依法追究刑事责任的

42. 在财产保险合同有效期内，保险标的物危险程度显著增加的，被保险人应当按照合同约定及时通知保险人，保险人可以按照合同约定提出的权利主张是（　　）。
  A. 减少保险费　　　　　　　　B. 增加保险费，但无权解除合同
  C. 增加保险费或者解除合同　　D. 中止保险合同

43. 关于表见代理的说法，正确的是（　　）。
  A. 表见代理属于无权代理，对本人不发生法律效力
  B. 表见代理中，由行为人和本人承担连带责任
  C. 表见代理对本人产生有权代理的效力
  D. 第三人明知行为人无代理权仍与之实施民事法律行为，属于表见代理

44. 关于建设工程中代理的说法，正确的是（　　）。
  A. 建设工程合同只能委托律师代理
  B. 建设过程中的代理主要是法定代理
  C. 建设工程中应当由本人实施的民事法律行为，不得代理
  D. 建设工程中为了被代理人的利益，代理人可以直接转托他人代理

45. 建设用地使用权自（　　）时设立。
  A. 土地交付　　B. 支付出让金　　C. 转让　　D. 登记

46. 关于不动产物权的说法，正确的是（　　）。
  A. 依法属于国家所有的自然资源，所有权可以不登记
  B. 不动产物权的转让未经登记不得对抗善意第三人
  C. 不动产物权的转让在合同成立时发生效力
  D. 未办理物权登记的，不动产物权转让合同无效

47. 下列损失，属于建筑工程一切险保险责任范围的是（　　）。
  A. 设计错误引起的缺陷　　　　　B. 地震引起的损失
  C. 工艺不良引起的保险财产本身的损失　D. 非外力引起的机械装置本身的损失

48. 关于民用建筑强制节能标准的说法，正确的是（　　）。
  A. 不符合民用建筑强制性节能标准的项目，已经建成的必须拆除
  B. 监理单位发现某企业不按照民用建筑强制性节能标准施工的，应当直接向建设单位报告
  C. 不符合民用建筑强制性节能标准的项目，建设单位不得开工建设
  D. 监理单位发现施工企业不按照民用建筑强制性节能标准施工的，应当直接向有关行政部门报告

49. 下列情形中，产生合同之债的是（ ）。
A. 施工企业与监理单位恶意串通造成建设单位损失
B. 建设单位与施工企业签订施工承包协议书
C. 施工现场的砖块坠落砸伤场外的行人
D. 施工企业将本应当汇给甲的设备租赁款汇给了乙

50. 某施工现场围挡倒塌造成路上行人腿部骨折，应当由（ ）承担连带责任。
A. 建设单位和施工企业　　　　B. 建设单位和监理单位
C. 监理单位和施工企业　　　　D. 道路管理部门和施工企业

51. 关于建筑意外伤害保险的说法，正确的是（ ）。
A. 应当由建设单位统一投保　　B. 保险期限自开工之日起计算
C. 费用由作业人员负担　　　　D. 保险期限至缺陷责任期届满之日止

52. 以下可以质押的财产是（ ）。
A. 耕地使用权　　B. 建筑物　　C. 生产设备　　D. 土地所有权

53. 关于劳动合同履行的说法，正确的是（ ）。
A. 用人单位可以根据单位实际情况，不执行劳动定额标准
B. 用人单位不得强迫或者变相强迫劳动者加班
C. 因为单位拖欠或者未足额支付劳动报酬的，劳动者可以向当地劳动仲裁机构申请支付令
D. 因为单位发生合并或者分立等情况，原劳动合同自行终止

54. 关于保证责任的说法，正确的是（ ）。
A. 当事人在保证合同中约定债务人不能履行债务时，由保证人承担保证责任的为连带责任保证
B. 当事人对保证方式没有约定或者约定不明确的，按照一般保证承担保证责任
C. 当事人对保证的范围没有约定，保证人应当对全部债务承担责任
D. 一般保证的保证人未约定保证期间的，保证期间为主债务履行期届满前六个月

55. 根据《绿色施工导则》，关于扬尘污染防治的说法，正确的是（ ）。
A. 运送容易散落、飞扬、流漏的物料的车辆，不必采取措施封闭严密，但需保证车辆清洁
B. 施工现场作业区应当达到目测无扬尘要求
C. 构筑物爆破拆除前，做好扬尘控制计划，应当选择无风的天气进行爆破作业
D. 施工现场出口应当设置洗车槽

56. 关于施工中产生的固体废物污染环境防治的说法，正确的是（ ）。
A. 施工现场的生活垃圾实行散装清运
B. 处置建筑垃圾的单位在运输建筑垃圾时，应当随车携带建筑垃圾处置核准文件
C. 施工企业可以将建筑垃圾交给从事建筑垃圾运输的个人运输
D. 转移固体废物，出省、自治区、直辖市行政区域处置的，应当同时向固体废物移出地和接受地的省级环境保护行政主管部门提出申请

57. 关于委托代理的说法，正确的是（ ）。
A. 委托代理授权必须采用书面形式

B. 数人为同一事项的代理人,若无特别约定,应当分别行使代理权
C. 代理人明知代理事项违法仍然实施代理行为,应与被代理人承担连带责任
D. 被代理人明知代理人的代理行为违法未作反对表示,应由被代理人单独承担责任

58. 甲、乙两单位相邻,甲需经过乙的厂区道路出入,甲乙之间约定甲向乙支付一定的费用。该约定中甲享有的权利是( )。
A. 土地承包经营权　B. 地役权　　　　C. 土地使用权　　D. 土地所有权

59. 根据《环境噪声污染防治法》,关于建设项目环境噪声污染防治的说法,正确的是( )。
A. 建设项目可能产生环境噪声污染的,施工企业必须提出环境影响报告书
B. 环境影响报告书中应当有施工企业的意见
C. 环境影响报告书应当报环境保护行政主管部门批准
D. 环境影响报告书,应当征得该建设项目所在地单位和居民的同意

60. 某工程夜间施工产生的噪声严重影响相邻小区居民的休息,小区居民与该工程施工企业谈判,要求其停止夜间施工,并给予赔偿。该施工企业与小区居民之间债发生的根据是( )。
A. 侵权　　　　B. 不当得利　　　C. 无因管理　　　D. 合同

61. 在安装工程一切险中,保险人应当赔偿损失的是( )。
A. 自然磨损　　B. 维修保养　　　C. 意外事故　　　D. 盘点时发生的短缺

62. 保证合同的当事人为( )。
A. 债权人与保证人　B. 债权人与债务人　C. 债务人与保证人　D. 保证人与被保证人

63. 根据《绿色施工导则》,临时用电照明设计以满足最低照度为原则,照度不应超过最低照度的( )。
A. 10%　　　　B. 15%　　　　C. 20%　　　　D. 30%

64. 根据《劳动合同法》,下列情形中,用人单位不得解除劳动者劳动合同的是( )。
A. 在本单位连续工作满15年,且距法定退休年龄不足5年的
B. 在试用期间被证明不符合录用条件的
C. 严重违反用人单位的规章制度的
D. 因公负伤,不在规定的医疗期内的

65. 某建设项目可能造成重大环境影响时,建设单位应当在计划部门批准建设项目设计任务书之前组织编制环境影响( )。
A. 报告书　　　B. 报告表　　　C. 公告书　　　D. 登记表

66. 《环境噪声污染防治法》规定,在城市市区范围内,建筑施工过程可能产生噪声污染,( )须在开工15天以前向所在地县以上环境行政主管部门申报该工程采取的环境噪声污染防治情况。
A. 建设单位　　　　　　　　　B. 施工单位
C. 设计单位　　　　　　　　　D. 建设单位和施工单位

67. 在城市市区噪声敏感区域内,禁止夜间进行产生噪声污染的施工作业,因特殊需要必须连续作业的,必须( )。
A. 经附近居民所在单位的同意　　B. 在居民小区代表监视下施工

C. 公告附近居民　　　　　　　　　D. 经居民小区业主委员会同意

68. 按照《建筑施工场界环境噪声排放标准》，建筑施工场界环境噪声排放限值为（　　）。
   A. 昼间 60dB，夜间 50dB　　　　B. 昼间 65dB，夜间 50dB
   C. 昼间 70dB，夜间 55dB　　　　D. 昼间 75dB，夜间 60dB

69. 根据《建筑施工场界环境噪声排放标准》，建筑施工场界环境夜间噪声的夜间是指（　　）期间。
   A. 21 点至次日 6 点　　　　　　B. 22 点至次日 8 点
   C. 21 点至次日 8 点　　　　　　D. 22 点至次日 6 点

70. 关于定金的说法，正确的是（　　）。
   A. 收受定金的一方不履行约定的债务的，应当原数额返还定金
   B. 定金合同自合同订立之日起生效
   C. 既约定违约金又约定定金的，一方违约时，对方可以选择适用违约金或者定金条款
   D. 定金的数额由当事人约定，但不得超过主合同标的额的 10%

71. 定金的数额由当事人约定，但定金不得超过主合同标的额的（　　）。
   A. 20%　　　　B. 30%　　　　C. 50%　　　　D. 80%

二、多项选择题

1. 根据《民法典》，当事人之间订立有关设立、变更、转让和消灭不动产物权合同，除法律另有规定或合同另有约定外，该合同效力为（　　）。
   A. 合同自成立时生效　　　　　　B. 合同自办理物权登记时生效
   C. 未办理物权登记合同无效　　　D. 未办理物权登记不影响合同效力
   E. 合同生效当然发生物权效力

2. 某工程招标文件规定"投标人应提交 10 万元的银行保函或等额汇票作为投标担保"，则该担保的方式包括（　　）。
   A. 保证　　B. 抵押　　C. 动产质押　　D. 权利质押　　E. 定金

3. 甲企业与乙银行签订一份 50 万元的贷款合同，丙企业在贷款合同的担保人栏目中加盖了企业印章。现甲企业逾期没有还款，对于该债务清偿表述正确的有（　　）。
   A. 乙银行有权要求甲企业对 50 万元债务承担全部责任
   B. 乙银行有权要求丙企业对 50 万元债务承担责任
   C. 乙银行只能通过司法途径要求甲企业承担责任后，才可要求丙企业承担责任
   D. 乙银行有权要求甲企业对 30 万元承担责任，丙企业对 20 万元债务承担责任
   E. 乙银行有权要求甲企业与丙企业对 50 万元债务平均分摊责任

4. 某设计合同采用定金担保方式，该定金合同生效必须满足的条件有（　　）。
   A. 建设单位与设计单位书面约定定金担保
   B. 设计合同生效
   C. 建设单位将定金实际交付给设计院
   D. 建设单位将设计依据材料移交给设计院
   E. 设计院开始设计工作

5. 6月1日，甲乙双方签订建材买卖合同，总价款为 100 万元，约定由买方交付定金

30万元。由于资金周转困难,买方6月10日实际只交付了25万元,卖方签收。下列说法正确的有（　　）。

A. 买卖合同是主合同,定金合同是从合同

B. 买卖合同自6月1日成立

C. 定金合同自6月1日成立

D. 若卖方不能交付货物,应返还50万元

E. 若买方放弃购买,仍可以要求卖方返还5万元

6. 有关总承包单位与分包单位安全施工问题,说法正确的有（　　）。

A. 分包工程的安全生产由分包单位负责,总承包单位仅有协调责任

B. 建设工程实行施工总承包的,由总承包单位对施工现场的安全生产负总责

C. 分包合同没有约定的,分包单位高处作业人员的意外伤害险费用应由分包单位自行承担

D. 分包单位的安全事故应由总承包单位向建设行政主管部门报告

E. 总承包单位应为分包单位的工人购买工伤社会保险

7. 根据《建设工程安全生产管理条例》,关于意外伤害保险的说法,正确的有（　　）。

A. 意外伤害保险为非强制保险　　　B. 被保险人为从事危险作业人员

C. 受益人可以不是被保险人　　　　D. 保险费由分包单位支付

E. 保险期限由施工企业根据实际自行确定

8. 施工企业职工有下列情形之一的,应当认定或视同工伤（　　）。

A. 驾车下班途中发生交通事故致残,在事故中负同等责任

B. 在工地现场被讨要工资的农民工殴打致伤

C. 为催讨工程欠款宴请甲方负责人时饮酒过量死亡

D. 在外地参加投标活动时因地震下落不明

E. 夜班中突发脑溢血死亡,经医学鉴定有先天性脑血管疾病

三、案例分析题

（一）[背景资料]

某工程在实施过程中发生如下事件:

事件1：某房地产开发公司甲公司现要开发某小区,通过招标投标将该小区的建设项目总承包给乙公司,乙公司由于业务繁忙,将其中三栋楼的建设项目委托给丙公司代为建设。

事件2：乙公司采购员张某因违反公司相关规定被公司辞退,但该公司并未告知长期合作的供应商,张某由于被辞退,产生报复心理,打电话给长期合作的钢筋供应商王老板订购20t钢材,并将钢材倒卖给他人。

事件3：工程施工中,乙公司由于脚手架周转不灵,而丙公司有比较熟识的脚手架租赁公司,乙公司委托丙公司代为租赁,乙公司项目经理李某将盖有乙公司合同专用章的空白合同书及该单位的空白介绍信交给丙公司项目经理王某。次日,王某找到脚手架租赁公司,出具了乙公司的介绍信（没有注明租赁的财产）和空白合同书,要求租赁脚手架。租赁公司经过审查,认为王某出具的介绍信与空白合同书均盖有公章,真实无误,确信其有授权,于是签订了租赁合同。丙租赁公司依约将脚手架交给王某,但王某将脚手架用到了由他负责的其他工程上。后租赁公司多次向乙公司催要价款无果后,将乙公司诉至人民法院。

[问题]
1. 指出事件1中施工单位乙做法的不妥之处，说明理由。
2. 事件2中供应商王老板应该找谁要工程款？说明理由。
3. 事件3中王某的行为属于无权代理还是表见代理，法律后果如何？

（二）[背景资料]

事件1：2014年12月8日，原、被告双方协商后，由被告出具一份买房合约给原告，其主要内容是：被告自有房屋一幢，以人民币283000元的价格出卖给原告，定金人民币10000元，在12月15日前房款两清，违约方按房价的20%支付违约金给对方。原告当即交付给被告定金人民币10000元。在原告要交纳房款给被告时被告反悔，不同意将该房屋出卖给原告。原告主张该买卖合同是合法有效的，被告应按合同约定履行义务，要求被告双倍返还定金，并支付违约金的责任。被告辩解该房屋的价格远远超过人民币283000元，被告虽然在买房合约上签名，但原告未签名，该合约只是收取定金的凭据，而不是房屋买卖的书面合同，且双方没有到房产部门办理过户登记手续，是无效的合同，被告只同意返还定金人民币10000元。

事件2：某实业有限公司与某县土地管理局于2016年3月18日订立《工业开发及用地出让合同》，约定该实业有限公司在取得土地使用证后1个月内将进行工业项目开工建设等相关事项。之后，县土地管理局依合同约定将土地交付给该实业有限公司使用。该实业有限公司对土地进行平整等工作，支付相关费用78万元。2016年6月16日，县土地管理局以改变土地规划为由，要求该实业有限公司退回土地使用权。此时，尚未完成土地使用权登记。县土地管理局认为由于尚未进行土地使用权登记，合同还没有生效。该实业有限公司则向法院提起诉讼，要求继续履行合同，办理建设用地使用权登记手续。

[问题]
1. 对于事件1，法院应该如何审理？
2. 对于事件2，双方订立的合同是否生效，为什么？
3. 对于事件2，原告的建设用地使用权是否已经设立？纠纷应当如何解决？

参考文献

[1] 徐广舒. 建设法规 [M]. 北京：机械工业出版社，2017.
[2] 周艳冬. 工程项目招投标与合同管理 [M]. 北京：北京大学出版社，2017.
[3] 余水生. 建设工程全程法律解读和风险防控 [M]. 北京：法律出版社，2021.
[4] 张晓霞，王登山. 最高人民法院建设工程施工合同纠纷典型案例与裁判规则 [M]. 北京：法律出版社，2021.
[5] 全国一级建造师执业资格考试用书编写委员会. 建筑工程法规及相关知识 [M]. 北京：中国建筑工业出版社，2021.